中华人民共和国
国家知识产权局公报

GAZETTE OF STATE INTELLECTUAL PROPERTY
OFFICE OF THE PEOPLE'S REPUBLIC OF CHINA

2013 年第四期（总第 20 期）

主办单位：中华人民共和国国家知识产权局办公室
编辑者：《中华人民共和国国家知识产权局公报》编辑部
通讯处：北京市海淀区蓟门桥西土城路 6 号
邮政编码：100088
电话：（010）82000887

出版发行：知识产权出版社
发行部地址：北京市海淀区马甸南村 1 号院
邮政编码：100088
电话：（010）82000893

目　　录

公告和通知 · 1

重要活动和重要工作·35

统计数据·39

CONTENTS

Announcement and Circular · 1

Important Activities and Works · 35

Statistics · 39

公告和通知

国家知识产权局公告

（第一九二号）

因国家知识产权局专利局哈尔滨代办处迁移新址，专利费用收缴账号相应变更。具体信息如下：

户　　名：国家知识产权局专利局哈尔滨代办处

开户银行：龙江银行股份有限公司哈尔滨滨江支行

账　　号：21090120544000125

启用时间：2013 年 9 月 25 日

自 2013 年 10 月 15 日起，原账号停止使用。

特此公告。

2013 年 10 月 10 日

国家知识产权局公告

（第一九四号）

根据《专利代理条例》和《专利代理管理办法》的规定，依当事人申请，在其已经妥善处理各种尚未办结的事项后，同意撤销北京市颐合律师事务所开办专利代理业务的资格。

特此公告。

2013 年 12 月 3 日

国家知识产权局公告

（第一九五号）

根据《专利代理条例》和《专利代理管理办法》的有关规定，我局于 2013 年 9 月 1 日至 10 月 31 日对全国专利代理机构进行了年检。现将首批通过 2013 年年检的 886 家专利代理机构予以公告。

上述通过年检的专利代理机构的地址、人员组成等信息将在我局网站（http：//www. sipo. gov. cn）上予以公布。

特此公告。

2013 年 12 月 3 日

首批通过 2013 年年检的 886 家专利代理机构名单

北　京

1	11001	北京国林贸知识产权代理有限公司
2	11002	北京路浩知识产权代理有限公司
3	11003	北京中创阳光知识产权代理有限责任公司
4	11006	北京律诚同业知识产权代理有限公司
5	11013	北京市中实友知识产权代理有限责任公司
6	11014	北京金富邦专利事务所有限责任公司
7	11015	北京英特普罗知识产权代理有限公司
8	11017	北京华夏正合知识产权代理事务所（普通合伙）
9	11018	北京德琦知识产权代理有限公司
10	11019	北京中原华和知识产权代理有限责任公司
11	11025	北京振安创业专利代理有限责任公司
12	11038	中国贸促会专利商标事务所
13	11039	北京知本村知识产权代理事务所
14	11042	北京乾诚五洲知识产权代理有限责任公司

15	11100	北京北新智诚知识产权代理有限公司
16	11105	北京市柳沈律师事务所
17	11111	北京万慧达知识产权代理有限公司
18	11112	北京天昊联合知识产权代理有限公司
19	11116	北京宇生知识产权代理事务所（普通合伙）
20	11121	北京永创新实专利事务所
21	11127	北京三友知识产权代理有限公司
22	11129	北京海虹嘉诚知识产权代理有限公司
23	11130	北京华科联合专利事务所
24	11132	小松专利事务所
25	11134	北京博浩百睿知识产权代理有限责任公司
26	11136	北京同汇友专利事务所（普通合伙）
27	11137	北京金之桥知识产权代理有限公司
28	11138	北京三高永信知识产权代理有限责任公司
29	11139	北京科龙寰宇知识产权代理有限责任公司
30	11200	北京君尚知识产权代理事务所（普通合伙）
31	11201	北京清亦华知识产权代理事务所（普通合伙）
32	11203	北京思海天达知识产权代理有限公司
33	11204	北京英赛嘉华知识产权代理有限责任公司
34	11205	北京同立钧成知识产权代理有限公司
35	11207	北京华谊知识产权代理有限公司
36	11212	北京轻创知识产权代理有限公司
37	11214	北京申翔知识产权代理有限公司
38	11216	北京三幸商标专利事务所
39	11219	中原信达知识产权代理有限责任公司
40	11221	北京捷诚信通专利事务所（普通合伙）
41	11223	北京元中知识产权代理有限责任公司
42	11224	北京金阙华进专利事务所（普通合伙）
43	11226	北京中知法苑知识产权代理事务所
44	11227	北京集佳知识产权代理有限公司
45	11228	北京汇泽知识产权代理有限公司
46	11229	北京金言诚信知识产权代理有限公司
47	11230	北京万科园知识产权代理有限责任公司
48	11232	北京慧泉知识产权代理有限公司
49	11233	北京科兴园专利事务所
50	11234	中国商标专利事务所有限公司
51	11237	北京市广友专利事务所有限责任公司
52	11238	北京博圣通专利事务所

53　11240　北京康信知识产权代理有限责任公司

54　11241　北京双收知识产权代理有限公司

55　11243　北京银龙知识产权代理有限公司

56　11244　北京市合德专利事务所

57　11245　北京纪凯知识产权代理有限公司

58　11246　北京众合诚成知识产权代理有限公司

59　11247　北京市中咨律师事务所

60　11249　北京中恒高博知识产权代理有限公司

61　11250　北京三聚阳光知识产权代理有限公司

62　11251　北京利迪生专利代理有限责任公司

63　11253　北京中北知识产权代理有限公司

64　11254　北京连城创新知识产权代理有限公司

65　11255　北京市商泰律师事务所

66　11256　北京市金杜律师事务所

67　11257　北京正理专利代理有限公司

68　11259　北京金硕果知识产权代理事务所

69　11260　北京凯特来知识产权代理有限公司

70　11262　北京安信方达知识产权代理有限公司

71　11264　北京华夏博通专利事务所（普通合伙）

72　11265　北京挺立专利事务所（普通合伙）

73　11266　北京工信联合知识产权代理事务所（普通合伙）

74　11269　北京嘉和天工知识产权代理事务所（普通合伙）

75　11270　北京派特恩知识产权代理事务所（普通合伙）

76　11271　北京安博达知识产权代理有限公司

77　11272　北京富天民宏济知识产权代理事务所（普通合伙）

78　11274　北京中博世达专利商标代理有限公司

79　11275　北京同恒源知识产权代理有限公司

80　11276　北京市浩天知识产权代理事务所

81　11277　北京林达刘知识产权代理事务所（普通合伙）

82　11278　北京连和连知识产权代理有限公司

83　11279　北京中誉威圣知识产权代理有限公司

84　11280　北京泛华伟业知识产权代理有限公司

85　11281　北京明和龙知识产权代理有限公司

86　11282　北京中海智圣知识产权代理有限公司

87　11285　北京北翔知识产权代理有限公司

88　11287　北京律盟知识产权代理有限责任公司

89　11288　北京瑞成兴业知识产权代理事

务所（普通合伙）

90 11290 北京信慧永光知识产权代理有限责任公司

91 11291 北京同达信恒知识产权代理有限公司

92 11293 北京怡丰知识产权代理有限公司

93 11294 北京五月天专利商标代理有限公司

94 11296 北京东方汇众知识产权代理事务所（普通合伙）

95 11297 北京鑫媛睿博知识产权代理有限公司

96 11299 北京市卓华知识产权代理有限公司

97 11300 北京瑞盟知识产权代理有限公司

98 11301 北京汇智英财专利代理事务所（普通合伙）

99 11302 北京华沛德权律师事务所

100 11303 北京方韬法业专利代理事务所

101 11304 北京信远达知识产权代理事务所（普通合伙）

102 11305 北京君智知识产权代理事务所

103 11306 北京德恒律师事务所

104 11308 北京元本知识产权代理事务所

105 11309 北京亿腾知识产权代理事务所

106 11310 北京立成智业专利代理事务所（普通合伙）

107 11311 北京天悦专利代理事务所（普通合伙）

108 11312 北京东正专利代理事务所

109 11313 北京市铸成律师事务所

110 11314 北京戈程知识产权代理有限公司

111 11315 北京国昊天诚知识产权代理有限公司

112 11316 北京一格知识产权代理事务所（普通合伙）

113 11319 北京润泽恒知识产权代理有限公司

114 11320 北京王景林知识产权代理事务所

115 11321 北京市京大律师事务所

116 11322 北京尚诚知识产权代理有限公司

117 11323 北京市隆安律师事务所

118 11324 北京金恒联合知识产权代理事务所

119 11326 北京市路盛律师事务所

120 11327 北京鸿元知识产权代理有限公司

121 11328 北京汉德知识产权代理事务所（普通合伙）

122 11333 北京兆君联合知识产权代理事务所（普通合伙）

123 11334 北京国帆知识产权代理事务所（普通合伙）

124 11335 北京汇信合知识产权代理有限公司

125 11336 北京市磐华律师事务所

126 11337 北京市盛峰律师事务所

127 11338 北京挚诚信奉知识产权代理有限公司

128 11339 北京市安伦律师事务所

129 11340 北京天奇智新知识产权代理有限公司

130 11341 北京瑞思知识产权代理事务所

		（普通合伙）
131	11343	北京友联知识产权代理事务所（普通合伙）
132	11344	北京市盈科律师事务所
133	11345	北京蓝智辉煌知识产权代理事务所（普通合伙）
134	11346	北京汇智胜知识产权代理事务所（普通合伙）
135	11348	北京鼎佳达知识产权代理事务所（普通合伙）
136	11349	北京金思港知识产权代理有限公司
137	11350	北京科亿知识产权代理事务所（普通合伙）
138	11352	北京大成律师事务所
139	11353	北京市惠诚律师事务所
140	11354	北京市兰台律师事务所
141	11355	北京泰吉知识产权代理有限公司
142	11357	北京同辉知识产权代理事务所（普通合伙）
143	11358	北京神州华茂知识产权有限公司
144	11359	北京高文律师事务所
145	11360	北京万象新悦知识产权代理事务所（普通合伙）
146	11361	北京市联德律师事务所
147	11362	北京联创佳为专利事务所（普通合伙）
148	11363	北京弘权知识产权代理事务所（普通合伙）
149	11365	北京卓言知识产权代理事务所（普通合伙）
150	11366	北京国枫凯文律师事务所
151	11367	北京驰纳智财知识产权代理事务所（普通合伙）
152	11368	北京世誉鑫诚专利代理事务所（普通合伙）
153	11369	北京远大卓悦知识产权代理事务所（普通合伙）
154	11370	北京汉昊知识产权代理事务所（普通合伙）
155	11371	北京超凡志成知识产权代理事务所（普通合伙）
156	11373	北京市汉信律师事务所
157	11374	北京攀腾专利代理事务所（普通合伙）
158	11375	北京市炜衡律师事务所
159	11376	北京永新同创知识产权代理有限公司
160	11377	北京航忱知识产权代理事务所（普通合伙）
161	11378	北京尚德技研知识产权代理事务所（普通合伙）
162	11379	北京金知睿知识产权代理事务所（普通合伙）
163	11380	北京鑫浩联德专利代理事务所（普通合伙）
164	11381	北京汲智翼成知识产权代理事务所（普通合伙）
165	11382	北京瑞恒信达知识产权代理事务所（普通合伙）
166	11384	北京青松知识产权代理事务所（特殊普通合伙）
167	11385	北京方圆嘉禾知识产权代理有限公司
168	11386	北京天达知识产权代理事务所（普通合伙）

169	11387	北京五洲洋和知识产权代理事务所（普通合伙）
170	11389	北京市振邦律师事务所
171	11390	北京和信华成知识产权代理事务所（普通合伙）
172	11391	北京智汇东方知识产权代理事务所（普通合伙）
173	11392	北京卫平智业专利代理事务所（普通合伙）
174	11393	北京市维诗律师事务所
175	11394	北京卓恒知识产权代理事务所（特殊普通合伙）
176	11395	北京恒都律师事务所
177	11396	北京思睿峰知识产权代理有限公司
178	11397	北京新知远方知识产权代理事务所（普通合伙）
179	11398	北京魏启学律师事务所
180	11399	北京冠和权律师事务所
181	11400	北京商专永信知识产权代理事务所（普通合伙）
182	11401	北京金智普华知识产权代理有限公司
183	11402	北京再言智慧知识产权代理事务所（普通合伙）
184	11403	北京风雅颂专利代理有限公司
185	11404	北京钧鼎律师事务所
186	11405	北京德和衡律师事务所
187	11406	北京格罗巴尔知识产权代理事务所（普通合伙）
188	11407	北京彭丽芳知识产权代理有限公司
189	11408	北京寰华知识产权代理有限公司
190	11409	北京德恒律治知识产权代理有限公司
191	11411	北京联瑞联丰知识产权代理事务所（普通合伙）
192	11412	北京鸿德海业知识产权代理事务所（普通合伙）
193	11413	北京柏杉松知识产权代理事务所（普通合伙）
194	11414	北京递进知识产权代理事务所（特殊普通合伙）
195	11415	北京博思佳知识产权代理有限公司
196	11416	北京律恒立业知识产权代理事务所（特殊普通合伙）
197	11417	北京庆峰财智知识产权代理事务所（普通合伙）
198	11418	北京思益华伦专利代理事务所（普通合伙）
199	11419	北京爱普纳杰专利代理事务所（特殊普通合伙）
200	11420	北京罗杰律师事务所
201	11421	北京天盾知识产权代理有限公司
202	11422	北京骥驰知识产权代理有限公司
203	11423	北京市中银律师事务所
204	11424	北京修典盛世知识产权代理事务所（特殊普通合伙）
205	11425	北京市金栋律师事务所
206	11428	北京麟保德和知识产权代理事务所（普通合伙）
207	11429	北京中济纬天专利代理有限公司
208	11430	北京市诚辉律师事务所

209 11431 北京博华智恒知识产权代理事务所（普通合伙）
210 11432 北京旭知行专利代理事务所（普通合伙）
211 11433 北京市百伦律师事务所
212 11434 北京献智知识产权代理事务所（特殊普通合伙）
213 11435 北京志霖恒远知识产权代理事务所（普通合伙）
214 11436 北京华睿卓成知识产权代理事务所（普通合伙）
215 11437 北京市邦道律师事务所
216 11438 北京律智知识产权代理有限公司
217 11439 北京远峰律师事务所
218 11440 北京京万通知识产权代理有限公司
219 11441 北京市清华源律师事务所
220 11442 北京博雅睿泉专利代理事务所（特殊普通合伙）
221 11443 北京格旭知识产权代理事务所（普通合伙）
222 11444 北京汇思诚业知识产权代理有限公司
223 11445 北京市首信律师事务所
224 11446 北京律和信知识产权代理事务所（普通合伙）
225 11447 北京英创嘉友知识产权代理事务所（普通合伙）
226 11448 北京中强智尚知识产权代理有限公司
227 11449 北京成创同维知识产权代理有限公司
228 11452 北京展翼知识产权代理事务所（特殊普通合伙）
229 11454 北京市万瑞律师事务所

天　津

1 12002 天津佳盟知识产权代理有限公司
2 12101 天津市鼎和专利商标代理有限公司
3 12103 天津市宗欣专利商标代理有限公司
4 12104 天津市新天方有限责任专利代理事务所
5 12105 天津中环专利商标代理有限公司
6 12107 天津市三利专利商标代理有限公司
7 12108 天津才智专利商标代理有限公司
8 12201 天津市北洋有限责任专利代理事务所
9 12203 天津三元专利商标代理有限责任公司
10 12207 天津市杰盈专利代理有限公司
11 12208 天津伊加知识产权代理有限公司
12 12209 天津盛理知识产权代理有限公司
13 12210 天津翰林知识产权代理事务所（普通合伙）
14 12211 天津滨海科纬知识产权代理有限公司
15 12212 天津天麓律师事务所

河　北

1 13100 石家庄新世纪专利商标事务所有限公司

2　13101　石家庄海天知识产权代理有限公司

3　13102　秦皇岛市维信专利事务所

4　13103　唐山永和专利商标事务所

5　13106　唐山顺诚专利事务所

6　13108　石家庄冀科专利商标事务所有限公司

7　13112　石家庄国域专利商标事务所有限公司

8　13113　石家庄科诚专利事务所

9　13115　石家庄汇科专利商标事务所

10　13116　石家庄一诚知识产权事务所

11　13119　衡水市盛博专利事务所

12　13120　石家庄国为知识产权事务所

13　13121　保定市燕赵恒通知识产权代理事务所

14　13122　唐山润昌专利代理事务所（特殊普通合伙）

15　13123　石家庄众志华清知识产权事务所（特殊普通合伙）

16　13124　河北东尚律师事务所

山　西

1　14100　山西太原科卫专利事务所

2　14101　太原市科瑞达专利代理有限公司

3　14106　山西科贝律师事务所

4　14107　太原同圆知识产权代理事务所（特殊普通合伙）

5　14108　太原华弈知识产权代理事务所

6　14109　太原高欣科创专利代理事务所（普通合伙）

7　14110　太原晋科知识产权代理事务所（特殊普通合伙）

内蒙古

1　15100　呼和浩特北方科力专利代理有限公司

2　15101　包头市专利事务所

3　15103　赤峰市专利事务所

4　15104　乌海市知新专利事务所

辽　宁

1　21100　辽宁沈阳国兴专利代理有限公司

2　21101　沈阳科威专利代理有限责任公司

3　21102　抚顺宏达专利代理有限责任公司

4　21105　铁岭天工专利商标事务所

5　21110　鞍山大千专利事务所

6　21113　辽阳新创专利事务所

7　21119　大连科技专利代理有限责任公司

8　21205　沈阳技联专利代理有限公司

9　21207　沈阳杰克知识产权代理有限公司

10　21208　大连星海专利事务所

11　21209　沈阳利泰专利商标代理有限公司

12　21212　大连东方专利代理有限责任公司

13　21213　鞍山华惠专利事务所

14　21215　大连智慧专利事务所

15　21219　大连万友专利事务所

16　21220　大连非凡专利事务所

17　21221　沈阳圣群专利事务所

18　21223　鞍山贝尔专利代理有限公司

19　21226　大连八方知识产权代理有限公司

20　21229　沈阳维特专利商标事务所

21　21230　葫芦岛天开专利代理事务所

22	21232	沈阳世纪蓝海专利事务所（普通合伙）
23	21233	大连一通专利代理事务所（普通合伙）
24	21234	沈阳优普达知识产权代理事务所
25	21235	大连智高专利事务所（特殊普通合伙）

吉　林

1	22001	长春科宇专利代理有限责任公司
2	22100	吉林长春新纪元专利代理有限责任公司
3	22102	吉林市达利专利事务所
4	22103	长春市四环专利事务所
5	22104	延边科友专利商标代理有限公司
6	22201	长春吉大专利代理有限责任公司
7	22202	长春市东师专利事务所
8	22204	吉林省长春市新时代专利商标代理有限公司
9	22205	通化旺维专利商标事务所有限公司
10	22206	长春市吉利专利事务所
11	22207	吉林市华明专利商标代理有限公司
12	22208	吉林大华铭仁律师事务所
13	22210	长春菁华专利商标代理事务所
14	22211	长春众益专利商标事务所

黑龙江

1	23109	哈尔滨市松花江专利商标事务所
2	23118	哈尔滨东方专利事务所
3	23119	大庆市建华专利事务所
4	23201	哈尔滨市船大专利事务所
5	23202	大庆市远东专利商标事务所
6	23203	双鸭山欣合专利事务所
7	23204	佳木斯市华镕专利事务所
8	23205	牡丹江市丹江专利商标事务所（特殊普通合伙）
9	23207	齐齐哈尔鹤城专利事务所
10	23208	大庆禹奥专利事务所
11	23209	哈尔滨市伟晨专利代理事务所（普通合伙）
12	23210	哈尔滨市文洋专利代理事务所（普通合伙）

上　海

1	31001	上海申汇专利代理有限公司
2	31002	上海智信专利代理有限公司
3	31100	上海专利商标事务所有限公司
4	31101	上海市沪一律师事务所
5	31104	上海华工专利事务所
6	31105	上海智力专利商标事务所
7	31113	上海浦东良风专利代理有限责任公司
8	31114	上海开祺知识产权代理有限公司
9	31117	上海科琪专利代理有限责任公司
10	31121	上海东方易知识产权事务所
11	31127	上海三方专利事务所
12	31128	上海世贸专利代理有限责任公司
13	31200	上海正旦专利代理有限公司
14	31201	上海交达专利事务所
15	31203	上海顺华专利代理有限责任公司

16	31204	上海德昭知识产权代理有限公司
17	31205	上海上大专利事务所（普通合伙）
18	31208	上海东亚专利商标代理有限公司
19	31210	上海市华诚律师事务所
20	31211	上海浦一知识产权代理有限公司
21	31213	上海新天专利代理有限公司
22	31214	上海申蒙商标专利代理有限公司
23	31215	上海蓝迪专利事务所
24	31216	上海天协和诚知识产权代理事务所
25	31217	上海欣创专利商标事务所
26	31218	上海翼胜专利商标事务所（普通合伙）
27	31219	上海光华专利事务所
28	31220	上海旭诚知识产权代理有限公司
29	31221	上海市中大律师事务所
30	31222	上海宝鼎专利代理有限公司
31	31224	上海天翔知识产权代理有限公司
32	31225	上海科盛知识产权代理有限公司
33	31227	上海伯瑞杰知识产权代理有限公司
34	31228	上海东信专利商标事务所（普通合伙）
35	31229	上海唯源专利代理有限公司
36	31230	上海三和万国知识产权代理事务所（普通合伙）
37	31233	上海泰能知识产权代理事务所
38	31234	上海衡方知识产权代理有限公司
39	31235	上海京沪专利代理事务所（普通合伙）
40	31236	上海汉声知识产权代理有限公司
41	31237	上海思微知识产权代理事务所（普通合伙）
42	31239	上海和跃知识产权代理事务所（普通合伙）
43	31241	上海兆丰知识产权代理事务所（有限合伙）
44	31242	上海金盛协力知识产权代理有限公司
45	31243	上海百一领御专利代理事务所（普通合伙）
46	31245	上海东创专利代理事务所（普通合伙）
47	31246	上海翰鸿律师事务所
48	31247	上海华祺知识产权代理事务所
49	31249	上海信好专利代理事务所（普通合伙）
50	31250	上海宏威知识产权代理有限公司
51	31251	上海硕力知识产权代事务所
52	31252	上海大邦律师事务所
53	31253	上海精晟知识产权代理有限公司
54	31254	上海集信知识产权代理有限公司
55	31255	上海嘉和知识产权代理事务所（普通合伙）
56	31256	上海元达律师事务所
57	31257	上海麦其知识产权代理事务所

		（普通合伙）
58	31258	上海海颂知识产权代理事务所（普通合伙）
59	31259	上海脱颖律师事务所
60	31260	上海晨皓知识产权代理事务所（普通合伙）
61	31261	上海瀚桥专利代理事务所（普通合伙）
62	31262	上海卓阳知识产权代理事务所（普通合伙）
63	31263	上海胜康律师事务所
64	31264	上海波拓知识产权代理有限公司
65	31265	上海富石律师事务所
66	31266	上海一平知识产权代理有限公司
67	31267	上海音科专利商标代理有限公司
68	31268	上海元一成知识产权代理事务所（普通合伙）
69	31269	上海方本律师事务所
70	31270	上海翰信知识产权代理事务所（普通合伙）
71	31271	上海正策律师事务所
72	31272	上海申新律师事务所
73	31273	上海市锦天城律师事务所
74	31274	上海君铁泰知识产权代理事务所（普通合伙）
75	31275	上海天辰知识产权代理事务所（特殊普通合伙）
76	31276	上海序伦律师事务所
77	31277	上海希良成律师事务所
78	31278	国浩律师（上海）事务所
79	31279	上海市方达律师事务所
80	31280	上海申浩律师事务所
81	31281	上海瑞泽律师事务所
82	31282	上海隆天律师事务所
83	31283	上海弼兴律师事务所

江　苏

1	32100	南通市永通专利事务所
2	32102	南京苏科专利代理有限责任公司
3	32103	苏州创元专利商标事务所有限公司
4	32104	无锡市大为专利商标事务所
5	32105	常州市天龙专利事务所有限公司
6	32106	扬州市锦江专利事务所
7	32107	镇江京科专利商标代理有限公司
8	32108	泰州地益专利事务所
9	32110	淮安市科翔专利商标事务所
10	32112	南京天翼专利代理有限责任公司
11	32113	常熟市常新专利商标事务所
12	32200	南京经纬专利商标代理有限公司
13	32204	南京苏高专利商标事务所（普通合伙）
14	32205	徐州市淮海专利事务所
15	32206	南京众联专利代理有限公司
16	32207	南京知识律师事务所
17	32209	张家港市高松专利事务所
18	32210	江阴市同盛专利事务所（普通合伙）
19	32211	常州市维益专利事务所
20	32212	昆山四方专利事务所
21	32214	常州市江海阳光知识产权代理有限公司

22	32215	南京君陶专利商标代理有限公司
23	32216	如皋市江海专利事务所
24	32218	南京天华专利代理有限责任公司
25	32219	靖江市靖泰专利事务所
26	32220	徐州市三联专利事务所
27	32221	苏州市新苏专利事务所有限公司
28	32222	扬州苏中专利事务所（普通合伙）
29	32223	淮安市科文知识产权事务所
30	32224	南京纵横知识产权代理有限公司
31	32225	常州市科谊专利代理事务所
32	32226	南京中新达专利代理有限公司
33	32227	无锡盛阳专利商标事务所（普通合伙）
34	32228	无锡华源专利事务所（普通合伙）
35	32229	江苏英特东华律师事务所
36	32230	江苏致邦律师事务所
37	32231	常州佰业腾飞专利代理事务所（普通合伙）
38	32232	苏州华博知识产权代理有限公司
39	32233	常州市夏成专利事务所（普通合伙）
40	32234	苏州广正知识产权代理有限公司
41	32235	苏州威世朋知识产权代理事务所（普通合伙）
42	32236	无锡互维知识产权代理有限公司
43	32237	江苏圣典律师事务所
44	32238	南京汇盛专利商标事务所
45	32239	苏州慧通知识产权代理事务所
46	32240	江阴市永兴专利事务所（普通合伙）
47	32241	江苏爱信律师事务所
48	32242	江苏银创律师事务所
49	32243	南京正联知识产权代理有限公司
50	32244	徐州支点知识产权代理事务所（普通合伙）
51	32245	南京同泽专利事务所（特殊普通合伙）
52	32246	苏州铭浩知识产权代理事务所（普通合伙）
53	32247	江阴大田知识产权代理事务所（普通合伙）
54	32248	无锡大扬专利事务所（普通合伙）
55	32249	南京瑞弘专利商标事务所（普通合伙）
56	32250	江苏永衡昭辉律师事务所
57	32251	苏州翔远专利代理事务所（普通合伙）
58	32252	南京钟山专利代理有限公司
59	32253	江苏纵联律师事务所
60	32255	连云港润知专利代理事务所
61	32256	南京利丰知识产权代理事务所（特殊普通合伙）
62	32257	苏州市中南伟业知识产权代理事务所（普通合伙）

浙　江

1	33100	浙江杭州金通专利事务所有限公司

2 33101 杭州九洲专利事务所有限公司

3 33102 宁波诚源专利事务所有限公司

4 33103 金华科源专利事务所有限公司

5 33106 舟山固浚专利事务所

6 33107 台州市方圆专利事务所

7 33109 杭州杭诚专利事务所有限公司

8 33200 杭州求是专利事务所有限公司

9 33201 杭州天正专利事务所有限公司

10 33202 杭州中平专利事务所有限公司

11 33205 温州高翔专利事务所

12 33206 浙江翔隆专利事务所（普通合伙）

13 33207 宁波天一专利代理有限公司

14 33209 杭州天欣专利事务所

15 33210 温州新瓯专利事务所

16 33211 温州瓯越利专利代理有限公司

17 33212 杭州中成专利事务所有限公司

18 33213 杭州浙科专利事务所（普通合伙）

19 33214 杭州丰禾专利事务所有限公司

20 33215 台州市中唯专利事务所（普通合伙）

21 33216 杭州之江专利事务所

22 33217 杭州华鼎知识产权代理事务所（普通合伙）

23 33218 浙江凯麦律师事务所

24 33219 宁波市天晟知识产权代理有限公司

25 33220 绍兴市越兴专利事务所

26 33221 杭州裕阳专利事务所（普通合伙）

27 33222 瑞安市翔东知识产权代理事务所

28 33224 杭州天勤知识产权代理有限公司

29 33225 台州市南方商标专利事务所

30 33226 宁波奥圣专利代理事务所（普通合伙）

31 33227 宁波奥凯专利事务所

32 33228 宁波市鄞州甬致专利代理事务所

33 33229 台州蓝天知识产权代理有限公司

34 33230 杭州赛科专利代理事务所

35 33231 杭州宇信知识产权代理事务所（普通合伙）

36 33232 湖州金卫知识产权代理事务所（普通合伙）

37 33233 浙江永鼎律师事务所

38 33234 杭州新源专利事务所

39 33235 杭州华知专利事务所（普通合伙）

40 33236 宁波市鄞州金源通汇专利事务所（普通合伙）

41 33237 温州金瓯专利事务所（普通合伙）

42 33238 浙江英普律师事务所

43 33239 余姚德盛专利代理事务所（普通合伙）

44 33240 嘉兴君度知识产权代理事务所（特殊普通合伙）

45 33241 杭州斯可睿专利事务所有限公司

46 33242 宁波江东全方专利商标事务所（普通合伙）

47 33243 宁波市鄞州盛飞专利代理事务所（普通合伙）

48 33244 宁波理文知识产权代理事务所（特殊普通合伙）

安　徽

1	34101	安徽省合肥新安专利代理有限责任公司
2	34102	蚌埠鼎力专利商标事务有限公司
3	34105	铜陵市天成专利事务所
4	34107	芜湖安汇知识产权代理有限公司
5	34108	安徽省阜阳市科颖专利事务所
6	34109	合肥诚兴知识产权代理有限公司
7	34111	马鞍山市金桥专利代理有限公司
8	34112	安徽合肥华信知识产权代理有限公司
9	34113	安徽省蚌埠博源专利商标事务所
10	34114	合肥金安专利事务所
11	34115	合肥天明专利事务所
12	34116	安徽汇朴律师事务所
13	34117	安徽信拓律师事务所
14	34118	合肥和瑞知识产权代理事务所（普通合伙）
15	34119	合肥市长远专利代理事务所（普通合伙）

福　建

1	35001	福州科扬专利事务所
2	35100	福州元创专利商标代理有限公司
3	35101	厦门原创专利事务所
4	35200	厦门南强之路专利事务所（普通合伙）
5	35201	福州展晖专利事务所
6	35203	厦门市新华专利商标代理有限公司
7	35204	厦门市首创君合专利事务所有限公司
8	35205	泉州市文华专利代理有限公司
9	35207	厦门龙格专利事务所（普通合伙）
10	35209	厦门市诚得知识产权代理事务所（普通合伙）
11	35212	福州市鼓楼区京华专利事务所（普通合伙）
12	35213	泉州市博一专利事务所
13	35214	福州市鼓楼区博深专利代理事务所（普通合伙）
14	35215	福建炼海律师事务所
15	35216	泉州劲翔专利事务所（普通合伙）
16	35217	福州市鼓楼区鼎兴专利代理事务所（普通合伙）
17	35218	厦门市精诚新创知识产权代理有限公司

江　西

1	36100	江西省专利事务所
2	36111	南昌洪达专利事务所
3	36112	鹰潭市博惠专利事务所
4	36115	南昌新天下专利商标代理有限公司
5	36116	赣州凌云专利事务所
6	36117	南昌佳诚专利事务所
7	36119	萍乡益源专利事务所
8	36120	景德镇市高岭专利事务所（普通合伙）
9	36121	宜春赣西专利代理事务所
10	36122	南昌市平凡知识产权代理事务所

山　东

1	37101	青岛联智专利商标事务所有限公司
2	37104	青岛高晓专利事务所
3	37105	济南诚智商标专利事务所有限公司
4	37106	济宁众诚专利事务所
5	37107	东营双桥专利代理有限责任公司
6	37108	山东济南齐鲁科技专利事务所有限公司
7	37201	青岛海昊知识产权事务所有限公司
8	37202	威海科星专利事务所
9	37205	济南舜源专利事务所有限公司
10	37207	泰安市泰昌专利事务所
11	37210	德州市天科专利商标事务所
12	37212	青岛发思特专利商标代理有限公司
13	37214	济南鲁科专利代理有限公司
14	37215	潍坊鸢都专利事务所
15	37216	潍坊正信专利事务所
16	37217	济宁宏科利信专利代理事务所
17	37218	济南泉城专利商标事务所
18	37219	济南金迪知识产权代理有限公司
19	37221	济南圣达知识产权代理有限公司
20	37222	山东清泰律师事务所
21	37223	淄博佳和专利代理事务所
22	37224	济南日新专利代理事务所
23	37225	烟台双联专利事务所（普通合伙）
24	37226	山东舜天律师事务所
25	37227	青岛联信知识产权代理事务所
26	37228	山东重诺律师事务所
27	37229	山东众成仁和律师事务所
28	37230	烟台智宇知识产权事务所（特殊普通合伙）
29	37231	济南智圆行方专利代理事务所（普通合伙企业）
30	37232	济南千慧专利事务所（普通合伙企业）

河　南

1	41102	郑州科维专利代理有限公司
2	41104	郑州联科专利事务所（普通合伙）
3	41107	新乡市平原专利有限责任公司
4	41109	郑州中原专利事务所有限公司
5	41110	郑州中民专利代理有限公司
6	41111	郑州大通专利商标代理有限公司
7	41112	洛阳市凯旋专利事务所
8	41113	郑州天阳专利事务所（普通合伙）
9	41114	郑州异开专利事务所（普通合伙）
10	41115	南阳市智博维创专利事务所
11	41116	安阳市智浩专利代理事务所
12	41117	郑州红元帅专利代理事务所（普通合伙）
13	41118	洛阳明律专利代理事务所
14	41119	郑州睿信知识产权代理有限公司
15	41120	洛阳公信知识产权事务所（普通合伙）
16	41121	郑州金成知识产权事务所（普通合伙）
17	41123	河南科技通律师事务所

湖 北

序号	机构代码	机构名称
1	42001	武汉宇晨专利事务所
2	42102	湖北武汉永嘉专利代理有限公司
3	42103	宜昌市三峡专利事务所
4	42104	武汉开元知识产权代理有限公司
5	42107	荆门市首创专利事务所
6	42109	黄石市三益专利商标事务所
7	42110	十堰博迪专利事务所
8	42113	武汉楚天专利事务所
9	42208	武汉天力专利事务所
10	42212	武汉金堂专利事务所
11	42214	武汉华旭知识产权事务所
12	42215	武汉荆楚联合知识产权代理有限公司
13	42216	荆州市亚德专利事务所
14	42217	襄樊嘉琛知识产权事务所
15	42218	襄樊中天信诚专利事务所
16	42219	荆州市技经专利事务所
17	42220	武汉帅丞专利代理有限公司
18	42221	武汉凌达知识产权事务所（特殊普通合伙）
19	42222	武汉科皓知识产权代理事务所
20	42223	襄阳市襄科知识产权代理事务所

湖 南

序号	机构代码	机构名称
1	43001	长沙永星专利商标事务所
2	43005	安化县梅山专利事务所
3	43008	湖南兆弘专利事务所
4	43101	衡阳市科航专利事务所
5	43103	岳阳市大正专利事务所
6	43105	株洲市奇美专利商标事务所
7	43106	湖南省娄底市兴娄专利事务所
8	43107	益阳市银城专利事务所
9	43108	湘潭市汇智专利事务所
10	43113	长沙正奇专利事务所有限责任公司
11	43114	长沙市融智专利事务所
12	43115	永州市零陵专利事务所
13	43203	岳阳市科明专利事务所
14	43204	常德市长城专利事务所
15	43205	长沙星耀专利事务所
16	43208	常德市源友专利代理事务所
17	43209	张家界市慧诚商标专利事务所
18	43211	长沙丁卯专利代理事务所（普通合伙）
19	43212	郴州大天知识产权事务所（普通合伙）

广 东

序号	机构代码	机构名称
1	44001	广州科粤专利商标代理有限公司
2	44100	广州新诺专利商标事务所有限公司
3	44101	深圳市中知专利商标代理有限公司
4	44102	广州粤高专利商标代理有限公司
5	44103	汕头市高科专利事务所
6	44104	广州知友专利商标代理有限公司
7	44106	茂名市穗海专利事务所
8	44202	广州三环专利代理有限公司
9	44205	广州嘉权专利商标事务所有限公司
10	44206	佛山市永裕信专利代理有限公司
11	44209	深圳市睿智专利事务所

12	44210	广州市华创源专利事务所有限公司
13	44211	中山市科创专利代理有限公司
14	44214	广州市红荔专利代理有限公司
15	44216	广东世纪专利事务所
16	44217	深圳市顺天达专利商标代理有限公司
17	44218	深圳市千纳专利代理有限公司
18	44219	汕头新星专利事务所
19	44220	广州市一新专利商标事务所有限公司
20	44221	广东国欣律师事务所
21	44222	江门创颖专利事务所（普通合伙）
22	44223	深圳新创友知识产权代理有限公司
23	44224	广州华进联合专利商标代理有限公司
24	44226	韶关市雷门专利事务所
25	44227	广州三辰专利事务所（普通合伙）
26	44228	广州市南锋专利事务所有限公司
27	44229	广州市深研专利事务所
28	44230	汕头市潮睿专利事务有限公司
29	44231	东莞市中正知识产权事务所
30	44232	深圳市隆天联鼎知识产权代理有限公司
31	44233	深圳市毅颖专利商标事务所
32	44235	珠海市威派特专利事务所
33	44236	广州弘邦专利商标事务所有限公司
34	44237	深圳中一专利商标事务所
35	44238	深圳汇智容达专利商标事务所（普通合伙）
36	44239	广州中瀚专利商标事务所
37	44240	深圳市百瑞专利商标事务所（普通合伙）
38	44241	深圳市智科友专利商标事务所
39	44242	深圳市精英专利事务所
40	44244	广州市天河庐阳专利事务所
41	44245	广州市华学知识产权代理有限公司
42	44246	深圳市兴力桥知识产权事务所
43	44247	深圳市康弘知识产权代理有限公司
44	44248	深圳市科吉华烽知识产权事务所（普通合伙）
45	44249	东莞市创益专利事务所
46	44250	佛山市科顺专利事务所
47	44251	东莞市众达专利商标事务所（普通合伙）
48	44252	揭阳市博佳专利代理事务所
49	44253	广州致信伟盛知识产权代理有限公司
50	44254	广州中浚雄杰知识产权专利代理有限公司
51	44255	中山市汉通知识产权代理事务所（普通合伙）
52	44256	深圳市凯达知识产权事务所
53	44257	深圳市汇力通专利商标代理有限公司
54	44258	深圳市港湾知识产权代理有限公司
55	44259	广州凯东知识产权代理有限公司
56	44260	深圳市兴科达知识产权代理有限公司

序号	机构代码	机构名称
57	44261	广州广信知识产权代理有限公司
58	44262	珠海智专专利商标代理有限公司
59	44263	广东星辰律师事务所
60	44264	佛山市粤顺知识产权代理事务所
61	44265	深圳市德力知识产权代理事务所
62	44266	广东国晖律师事务所
63	44267	深圳冠华专利事务所（普通合伙）
64	44269	深圳市维邦知识产权事务所
65	44270	深圳市启明专利代理事务所（普通合伙）
66	44271	深圳市惠邦知识产权代理事务所
67	44272	东莞市冠诚知识产权代理有限公司
68	44273	深圳市嘉宏博知识产权代理事务所
69	44274	深圳市中联专利代理有限公司
70	44275	深圳市博锐专利事务所
71	44276	深圳市远航专利商标事务所（普通合伙）
72	44277	广东中亿律师事务所
73	44279	深圳市万商天勤知识产权事务所（普通合伙）
74	44280	深圳市威世博知识产权代理事务所（普通合伙）
75	44281	深圳鼎合诚知识产权代理有限公司
76	44282	珠海市英华知识产权代理事务所（普通合伙）
77	44283	佛山市中迪知识产权代理事务所（普通合伙）
78	44284	东莞市科安知识产权代理事务所
79	44285	深圳市深佳知识产权代理事务所（普通合伙）
80	44286	中山市铭洋专利商标事务所（普通合伙）
81	44287	深圳市世纪恒程知识产权代理事务所
82	44288	广州市越秀区哲力专利商标事务所
83	44289	深圳市中原力和专利商标事务所（普通合伙）
84	44291	广东秉德律师事务所
85	44293	佛山市名诚专利商标事务所（普通合伙）
86	44294	广州天河互易知识产权代理事务所（普通合伙）
87	44295	广州市越秀区海心联合专利代理事务所（普通合伙）
88	44296	深圳市国科知识产权代理事务所（普通合伙）
89	44297	深圳市金笔知识产权代理事务所（特殊普通合伙）
90	44298	广东广和律师事务所
91	44299	广州天河恒华智信专利代理事务所（普通合伙）
92	44300	深圳翼盛智成知识产权事务所（普通合伙）
93	44301	汕头市南粤专利商标事务所（特殊普通合伙）
94	44302	广州圣理华知识产权代理有限公司

95	44303	深圳市盈方知识产权事务所（普通合伙）
96	44304	深圳市铭粤知识产权代理有限公司
97	44305	广东卓建律师事务所
98	44306	深圳市携众至远知识产权代理事务所（普通合伙）
99	44307	佛山东平知识产权事务所（普通合伙）
100	44308	东莞市展智知识产权代理事务所（普通合伙）
101	44309	深圳市合道英联专利事务所（普通合伙）
102	44310	广东赋权律师事务所
103	44311	深圳市鼎言知识产权代理有限公司
104	44312	深圳市恒申知识产权事务所（普通合伙）
105	44313	深圳力拓知识产权代理有限公司
106	44314	深圳市瑞方达知识产权事务所（普通合伙）
107	44315	深圳市君盈知识产权事务所（普通合伙）
108	44316	深圳市科进知识产权代理事务所（普通合伙）
109	44317	广东安国律师事务所
110	44318	广东祁增颢律师事务所
111	44319	深圳市福田区优壹知识产权代理事务所（普通合伙）
112	44320	深圳市弘拓知识产权代理事务所（普通合伙）
113	44321	深圳市硕法知识产权代理事务所（普通合伙）

广　西

1	45102	柳州市集智专利商标事务所
2	45104	广西南宁公平专利事务所有限责任公司
3	45106	广西南宁明智专利商标代理有限责任公司
4	45107	桂林市持衡专利商标事务所有限公司
5	45108	梧州市万达专利事务所（普通合伙）
6	45109	玉林市振盛专利商标代理事务所
7	45112	桂林市华杰专利商标事务所有限责任公司
8	45113	柳州市荣久专利商标事务所（普通合伙）
9	45114	广西南宁汇博专利代理有限公司
10	45115	北海市海城区佳旺专利代理事务所（普通合伙）

海　南

1	46001	海口翔翔专利事务有限公司
2	46002	海口兴南专利商标代理有限公司

重　庆

1	50102	重庆市恒信知识产权代理有限公司
2	50123	重庆华科专利事务所
3	50209	重庆弘旭专利代理有限责任公司
4	50210	重庆志合专利事务所
5	50211	重庆市前沿专利事务所（普通合伙）
6	50212	重庆博凯知识产权代理有限

		公司
7	50213	重庆中之信知识产权代理事务所
8	50214	重庆中流知识产权代理事务所（普通合伙）
9	50215	重庆辉腾律师事务所
10	50216	重庆为信知识产权代理事务所（普通合伙）

四　川

1	51100	成都立信专利事务所有限公司
2	51101	成都科奥专利事务所
3	51106	成都蓉信三星专利事务所（普通合伙）
4	51120	成都市辅君专利代理有限公司
5	51124	成都虹桥专利事务所（普通合伙）
6	51126	成都中亚专利代理有限公司
7	51200	成都信博专利代理有限责任公司
8	51202	成都科海专利事务有限责任公司
9	51207	南充三新专利代理有限责任公司
10	51208	成都博通专利事务所
11	51211	成都天嘉专利事务所（普通合伙）
12	51212	成都赛恩斯知识产权代理事务所（普通合伙）
13	51213	四川省成都市天策商标专利事务所
14	51214	成都九鼎天元知识产权代理有限公司
15	51215	成都惠迪专利事务所
16	51216	四川君士达律师事务所
17	51217	成都睿道专利代理事务所（普通合伙）
18	51218	成都金英专利代理事务所
19	51219	泰和泰律师事务所
20	51220	成都行之专利代理事务所（普通合伙）
21	51221	四川力久律师事务所
22	51222	成都高远知识产权代理事务所（普通合伙）
23	51223	成都华典专利事务所（普通合伙）
24	51224	成都顶峰专利事务所（普通合伙）
25	51225	四川泽坤律师事务所
26	51226	成都希盛知识产权代理有限公司
27	51227	成都宏顺专利代理事务所（普通合伙）

贵　州

1	52002	贵阳东圣专利商标事务有限公司
2	52100	贵阳中新专利商标事务所
3	52102	遵义市遵科专利所
4	52105	贵州省遵义科峰专利商标事务所
5	52106	贵阳中工知识产权代理事务所

云　南

1	53100	昆明正原专利商标代理有限责任公司
2	53102	红河州专利事务所
3	53104	云南省曲靖市专利事务所
4	53106	昆明大百科专利事务所
5	53108	昆明协立知识产权代理事务所（普通合伙）

6	53110	云南派特律师事务所
7	53111	昆明科阳知识产权代理事务所
8	53112	昆明慧翔专利事务所
9	53113	昆明合众智信知识产权事务所
10	53114	昆明祥和知识产权代理有限公司
11	53115	昆明今威专利商标代理有限公司
12	53116	昆明知道专利事务所（特殊普通合伙企业）

陕 西

1	61100	西安文盛专利代有限公司
2	61106	宝鸡市新发明专利事务所
3	61114	西安新思维专利商标事务所有限公司
4	61200	西安通大专利代理有限责任公司
5	61201	西安永生专利代理有限责任公司
6	61202	西安西达专利代理有限责任公司
7	61211	西安智邦专利商标代理有限公司
8	61213	西安创知专利事务所
9	61214	西安弘理专利事务所
10	61215	西安智大知识产权代理事务所
11	61216	西安恒泰知识产权代理事务所
12	61217	西安西交通盛知识产权代理有限责任公司
13	61218	西安高新睿通知识产权事务所
14	61220	西安亿诺专利代理有限公司

甘 肃

1	62002	兰州中科华西专利代理有限公司
2	62100	甘肃省知识产权事务中心
3	62102	兰州振华专利代理有限责任公司

青 海

1	63100	青海省专利服务中心
2	63102	西宁工道知识产权代理事务所

宁 夏

1	64100	宁夏专利服务中心
2	64102	银川长征知识产权代理事务所
3	64103	合天律师事务所

新 疆

1	65102	石河子恒智专利代理事务所
2	65105	乌鲁木齐合纵专利商标事务所
3	65106	乌鲁木齐中科新兴专利事务所
4	65107	乌鲁木齐新科联专利代理事务所（有限公司）
5	65108	乌鲁木齐市禾工专利代理事务所

香港特别行政区涉外专利代理机构驻京办事处

1	72001	中国专利代理（香港）有限公司
2	72002	永新专利商标代理有限公司
3	72003	隆天国际知识产权代理有限公司

国防专利代理机构

1	11007	核工业专利中心
2	11008	中国航空专利中心
3	11009	中国航天科技专利中心
4	11010	工业和信息化部电子专利中心
5	11011	中国兵器工业集团公司专利中心
6	11024	中国航天科工集团公司专利中心
7	11026	中国船舶专利中心

8	11028	中国有色金属工业专利中心
9	11035	中国人民解放军空军专利服务中心
10	11036	中国人民解放军总后勤部专利服务中心
11	11040	中国人民解放军第二炮兵专利服务中心
12	11043	国防专利服务中心
13	11044	中国人民解放军海军专利服务中心
14	11046	中国人民解放军防化研究院专利服务中心
15	11117	首钢总公司专利中心
16	11120	北京理工大学专利中心
17	11215	中国和平利用军工技术协会专利中心
18	21200	大连理工大学专利中心
19	23200	哈尔滨工业大学专利中心
20	31107	上海航天局专利中心
21	32002	总装工程兵科研一所专利服务中心
22	32203	南京理工大学专利中心
23	42201	华中科技大学专利中心
24	43102	湖南省国防科技工业局专利中心
25	43200	中南大学专利中心
26	43202	国防科技大学专利服务中心
27	50201	重庆大学专利中心
28	51121	成飞（集团）公司专利中心
29	51203	电子科技大学专利中心
30	51210	中国工程物理研究院专利中心
31	52001	贵州国防工业专利中心
32	61001	中国科学院西安专利中心
33	61204	西北工业大学专利中心
34	61205	陕西电子工业专利中心

国家知识产权局公告

（第一九六号）

为方便专利申请人办理要求优先权手续，提高专利审批效率，根据《中华人民共和国专利法实施细则》第三十一条的规定，以及国家知识产权局与韩国知识产权局达成的协议，国家知识产权局自2014年1月1日起开通中韩优先权文件电子交换服务。现将相关事项公告如下：

向国家知识产权局第一次提出专利申请，又向韩国知识产权局就相同主题提出专利申请并要求该第一次申请的优先权的，韩国知识产权局将自动从国家知识产权局获取在先申请文件副本。

向韩国知识产权局第一次提出专利申请，又向国家知识产权局就相同主题提出专利申请并要求该第一次申请的优先权的，国家知识产权局将自动从韩国知识产权局获取在先申请文件副本。

国家知识产权局通过本服务获得在先申请文件副本的，视为申请人按照中国《专利法》第三十条的规定提交了在先申请文件副本。如果国家知识产权局未能在中国《专利法》第三十条规定的期限内获得在先申请文件副本，国家知识产权局将及时通知申请人办理相关手续，申请人应当自收到通知之日起 2 个月内提交经韩国知识产权局证明的在先申请文件副本。

本服务适用于 2014 年 1 月 1 日当日或者之后提交的发明或实用新型专利申请，但不适用于申请人依据《专利合作条约》提交的国际申请或者要求以国际申请作为优先权基础的情形。

国家知识产权局提供本服务不收取费用。

特此公告。

2013 年 12 月 23 日

国家知识产权局　江苏省人民政府关于印发创建实施知识产权战略示范省 2013 年合作计划的通知

国知发协字［2013］76 号

国家知识产权局有关部门；江苏省人民政府知识产权联席会议各成员单位，江苏省各省辖市人民政府：

2013 年 9 月 6 日，国家知识产权局、江苏省人民政府创建实施知识产权战略示范省 2013 年工作会商在京举行，会商确定了《国家知识产权局　江苏省人民政府创建实施知识产权战略示范省 2013 年合作计划》，现予印发，请结合实际认真贯彻执行。

特此通知。

2013 年 10 月 30 日

国家知识产权局　江苏省人民政府创建实施知识产权战略示范省 2013 年合作计划

为大力推进创建实施知识产权战略示范省工作，加快江苏知识产权强省建设，根据《国家知识产权局　江苏省人民政府创建实施知识产权战略示范省“十二五”合作框架》，国家知识产权局和江苏省人民政府经友好协商，特制定 2013 年度合作计划。

一、加快建设知识产权强省

（一）加强知识产权强省建设整体部署。江苏省制定实施《关于深入实施知识产权战略加快建设知识产权强省的决定》，研究制定知识产权强省评价指标体系，并召开全省知识产权工作会议。国家知识产权局指导江苏制定完善知识产权强省指标体系，探索知识产权强省建设路径，加大对江苏知识产权基础设施建设投入，推动江苏加快建设知识产权强省。

（二）加快建设实施知识产权战略示范省。江苏省按照局省合作协议要求，查漏补缺，突破瓶颈制约，重点加快推进知识产权行政管理体制改革；成立实施知识产权战略示范省推进工作小组。国家知识产权局支持江苏成立示范省推进工作小组，促进江苏知识产权行政管理体制改革，推动江苏建成实施知识产权战略示范省。

（三）深入实施知识产权战略。江苏省积极争取国家商标、版权等部门开展共建工作，推进商标、版权等战略实施；认真组织开展实施知识产权战略阶段性总结评价工作，适时修订实施知识产权战略纲要。大力推进国家知识产权试点示范城市（园区）建设，新增 2 ~3 个试点示范城市、2 ~3 个试点示范园区、3 ~4 个强县工程试点示范县（区）。国家知识产权局协调国家商标、版权等部门与江苏开展共建工作，指导江苏开展实施知识产权战略阶段性总结评价和修订战略纲要，支持江苏市、县、园区开展知识产权试点示范。

二、着力发展知识产权密集型产业

（四）培育知识产权优势企业。江苏省认真贯彻国家《企业知识产权管理规范》，积极承担国家企业知识产权管理标准提升版研究制定工作；研究制定知识产权优势企业认定办法；加强企业知识产权战略实施考核指标体系研究，提升企业知识产权综合运用水平。全年开展“贯标”企业达到 800 家，认定知识产权优势企业 200 家，推动 80 家企业实施省知识产权战略推进计划。国家知识产权局指导江苏制定知识产权优势企业认定办法，将江苏列为国家企业“贯标”试点省。

（五）实施专利导航计划。江苏省认真实施专利导航试点工程，采取有力措施，鼓励专利协同运用，培育专利运营业态发展；开展知识产权集群管理，全年培育 11 个战略性新兴产业知识产权集群管理试点单位，加快发展知识产权密集型产业；加强重大经济科技活动的知识产权评议，建立行业知识产权战略支持中心。国家知识产权局支持江苏实施专利导航试点工程，支持苏州工业园区建设国家专利导航产业发展实验区，支持江苏培育国家专利运营试点企业，将江苏列入首批国家战略性新兴产业知识产权集群管理试点单位，推动江苏建设行业知识产权战略支持中心。

（六）推动专利实现市场价值。江苏省研究制定专利质押融资工作指导意见和促进专利运营机构发展意见，推动各地建立专利运营公司，开展专利投融资、价值分析等服务，促进专利转移转化。办好中国（无锡）国际设计博览会、中国（泰州）国际医药博览会等，为专利技术和产品交易搭建平台。国家知识产权局支持江苏开展专利运营、质押融资及展示交易等工作，为江苏提供专利信息支撑和专业人才支持，在江苏昆山市建设国际发明展永久会址。

（七）提升知识产权产出质量。江苏省进一步完善知识产权资助奖励政策，重点资助发明专利授权及 PCT 专利、地理标志商标、国际注册商标的申请；加强专利申请、商标注册和版权登记与管理，加大对优质知识产权的奖励力度；将专利质量指标纳入科技计划项目申报评定、技术创新绩效评价等指标体系；建立中介机构与重点企业对接服务机制，支持企业创造优质知识产权。国家知识产权局支持江苏培育知识产权重点企业，加大对江苏 PCT 专利的资助力度，不断提升江苏知识产权产出质量。

三、不断加大知识产权保护力度

（八）*推进知识产权保护能力建设*。江苏省充实知识产权行政执法力量，加大知识产权行政执法力度；加快建设知识产权维权援助机构和企业维权工作站，建立专利侵权判定咨询委员会，完善知识产权民事纠纷案件诉调对接机制；推进高校、法院专利保护重点联系基地以及中国南通（家纺）快速维权援助中心建设。新建 5 个专利行政执法审理庭。国家知识产权局指导江苏专利行政执法机构和执法审理庭建设，推动知识产权维权援助机构积极拓展业务，确定 2～3 所重点院校、法院为专利保护重点联系基地。

（九）*开展知识产权执法维权“护航”行动*。江苏省研究制定《江苏省专利行政执法办法》、《江苏省展会知识产权监督办法》和《关于加强专业市场知识产权保护的指导意见》，不断规范知识产权行政执法程序。全年集中开展两次知识产权执法维权“护航”行动，加大专利侵权纠纷案件调处力度，建立专利纠纷快速调解机制，专利行政执法结案率达 90% 以上。国家知识产权局指导江苏制定相关政策法规，支持江苏开展知识产权执法维权“护航”行动，帮助江苏在全国率先建成知识产权保护示范区域。

（十）*强化国际知识产权保护合作*。江苏省积极参与知识产权公共外交工作，加快建立企业涉外知识产权数据库，指导企业加强知识产权保护；加强与欧洲及美国、韩国等在知识产权信息平台建设、专利技术转移、人员培训等方面的知识产权合作交流，建立企业境外投资的知识产权保护绿色通道。国家知识产权局指导江苏开展国际知识产权交流与合作。

四、切实提升知识产权服务与人才保障能力

（十一）*推动国家知识产权局在苏服务机构加快发展*。江苏省积极协调解决国家知识产权局专利局专利审查协作江苏中心建设过程中遇到的困难和问题；在省知识产权相关专项经费中，加大对国家专利战略推进与服务（泰州）中心的资金投入力度，支持中心加快人才队伍建设，不断拓展服务范围和规模；完成国家知识产权局区域专利信息服务（南京）中心各项建设任务，年底前正式投入运营，并以此推动省、市、县三级专利信息服务体系建设；支持无锡市与国家知识产权局共建无锡（国家）外观设计专利信息中心。国家知识产权局按期完成江苏中心用房建设、人员招聘等工作，加大对泰州中心业务指导和资金支持力度，及时为南京中心提供所需专利数据资源，支持江苏省按照相关标准建设南京中心，并在达到相应条件后，组织南京中心的验收挂牌工作，加强对无锡中心专利信息检索、数据加工、人员培训等工作的指导。

（十二）*提高知识产权服务能力*。江苏省进一步完善知识产权服务体系，探索建设以区域帮扶为目的的知识产权公益服务机构；研究制定《专利代理服务质量管理规范》、《江苏省专利代理机构分支机构管理办法（暂行）》，开展百件优秀发明专利申请文件评选工作，加大品牌服务机构培育力度；实施省知识产权服务业发展促进计划，支持知识产权服务机构创新商业模式、开发优质产品，提升知识产权服务能力。国家知识产权局支持江苏建设知识产权公益服务机构，支持江苏加强知识产权服务业统计调查，加强对知识产权服务机构的规范管理，加快培育知识产权服

务品牌机构。

（十三）加快知识产权服务集聚区建设。江苏省加强知识产权服务集聚区建设规划，推进苏州高新区知识产权服务集聚区建设，完善功能区域规划设计，着力开展招商引智工作；按照苏南现代化示范区建设要求，启动南京、无锡知识产权服务集聚区建设工作，着力构筑苏南知识产权高端服务业高地。国家知识产权局指导江苏建设苏南高端知识产权服务业基地，加大对培育知识产权服务集聚区的支持力度。

（十四）建设高水平知识产权教学研究基地。江苏省加强与工业和信息化部、国家知识产权局合作，共同建设南京理工大学知识产权学院，合力将学院建成国际知名、国内一流、特色鲜明、充满活力的高水平知识产权教学研究机构和人才培养基地；支持江苏省知识产权研究中心与国家知识产权局知识产权发展研究中心开展合作，组建国家知识产权发展研究基地，提升江苏知识产权研究水平。国家知识产权局支持南京理工大学建立知识产权学院，加大智力支持力度；在江苏建立国家知识产权发展研究基地，定期派出专家参与江苏知识产权战略实施研究，并提供最新知识产权发展研究成果。

（十五）强化知识产权人才培养。江苏省建立政府、高校和企业联合培养机制，与国家知识产权局建立及时、有效的培训沟通机制；举办企业知识产权工程师、品牌管理师、专利代理人、专利行政执法、企业知识产权总监、知识产权运营等培训班，开展知识产权专业人才系统培训工作。全年培训专利代理人资格考试考前培训120人、专利代理人实务技能培训200人、企业知识产权总监500人、企业知识产权工程师2000人、品牌管理师1000人。国家知识产权局为江苏知识产权人才培养培训提供师资、教材等支持，继续在江苏开展专利代理人考前培训和专利代理人实务技能培训，在南京工业大学设立华东地区专利代理人实务技能培训点，依托江苏省知识产权研究中心开展《企业知识产权管理规范》国家标准推广实施相关培训。

国家知识产权局关于印发《全国知识产权教育培训指导纲要（修订版）》的通知

国知发人字［2013］82号

各省、自治区、直辖市、新疆生产建设兵团知识产权局；局机关各部门，专利局各部门，局直属各单位：

为进一步加强知识产权教育培训工作的科学化水平，不断提升知识产权人才队伍素质，提高知识产权人才服务经济社会发展能力，为国家经济社会发展和知识产权事业发展提供人才保证和智力支持，根据《国家中长期人才发展规划纲要（2010～2020 年）》、《知识产权人才“十二五”规划（2011～2015 年）》以及《关于加强知识产权人才体系建设的意见》精神，修订《全国知识产权教育培训指导纲要》，现予印发。

特此通知。

2013 年 11 月 27 日

全国知识产权教育培训指导纲要（修订版）

为进一步增强知识产权教育培训工作的科学化水平，大幅提升知识产权人才队伍素质，提高知识产权人才服务经济社会发展能力，根据《国家中长期人才发展规划纲要（2010～2020 年）》、《知识产权人才“十二五”规划（2011～2015 年）》以及《关于加强知识产权人才体系建设的意见》精神，结合新形势新任务和工作实际，对 2007 年制定的《全国知识产权教育培训指导纲要》进行修订，制定本纲要。

一、知识产权教育培训工作的重要性和紧迫性

党的十八大明确提出要实施知识产权战略，加强知识产权保护，这对知识产权工作特别是教育培训工作提出了更高的要求。知识产权教育培训是建设一支高素质知识产权人才队伍的关键性工作，是加强和完善知识产权人才体系建设的重要内容和基础，是推动创新驱动发展战略、知识产权战略和专利事业发展战略实施的重要手段，是提高知识产权服务经济社会发展能力的重要保证，在加快建设创新型国家、推动知识产权事业发展的过程中具有基础性的地位和作用。

“十二五”以来，全国知识产权系统高度重视知识产权教育培训工作，始终把教育培训工作作为知识产权事业发展全局中的一项重要内容抓紧抓实，不断完善培训制度、健全培训机制、丰富培训类型、创新培训方式、提高培训质量，初步形成了全方位、多领域、开放型的知识产权教育培训体系。各级各类知识产权教育培训机构充分发挥作用，知识产权教育培训工作取得了显著成效。

随着知识产权事业的不断发展以及知识产权教育培训需求的日益多样化和个性化，知识产权教育培训发展不均衡、针对性和实效性不强、激励约束不够、优质培训资源相对不足等问题日益显现，制约了知识产权教育培训工作的科学发展。全国知识产权系统必须从全局和战略高度深刻认识教育培训工作的重要意义，进一步增强做好新形势下教育培训工作的责任感和紧迫感，切实提高知识产权教育培训质量和效益，推进知识产权教育培训工作全面发展。

二、指导思想、基本原则和主要目标

（一）指导思想

高举中国特色社会主义伟大旗帜，全面贯彻落实党的十八大精神，以邓小平理论、“三个代表”重要思想、科学发展观为指导，围绕促进知识产权人才体系建设，推动国家知识产权战略和

全国专利事业发展战略实施，以建立健全知识产权教育培训体系为目标，以体制机制创新为重点，不断提高知识产权教育培训科学化水平，努力培养造就一支适应经济社会发展需要、具有良好能力素质和职业道德的知识产权人才队伍，为国家经济社会发展和知识产权事业发展提供人才保证和智力支持。

（二）基本原则

——服务大局、以人为本。适应知识产权事业发展的需要，强化各级各类知识产权人才在教育培训中的主体地位，充分满足人才的个性需求，真正做到干什么学什么、缺什么补什么，更好地为知识产权人才队伍建设服务。

——统筹兼顾、突出重点。统筹推进知识产权教育培训体制机制建设，促进各级知识产权教育培训工作协调联动，不断完善知识产权人才队伍分级分类培训体系，重点抓好高层次人才、企业和服务业等实务型人才的教育培训。

——注重实践，学用结合。树立以解决实际问题为导向的培训理念，按需设计课程，结合实际施教，切实提高知识产权教育培训解决实际问题的能力，提升教育培训工作的实效性。

——改革创新、提升质量。坚持将提高教育培训质量作为改革创新的基本要求，及时更新培训内容，不断改进培训方式，有效整合培训资源，全面夯实培训基础，切实增强教育培训的针对性。

（三）主要目标

到2020年，建立健全与国家经济社会发展和知识产权事业发展相适应，与知识产权人才队伍建设要求相符合，更加开放、更具活力、更有实效的知识产权教育培训体系。

——形成促进知识产权教育培训科学化、合理配置和有效利用各类优质培训资源、教育培训工作均衡发展、格局合理规划、网络教育培训规范高效的教育培训体制。

——形成遵循知识产权人才成长规律和教育培训规律、以培训需求为导向、培训计划不断完善、培训动力不断增强、培训考核评价更加完善、培训经费稳定增长的教育培训运行机制。

——形成适应知识产权工作科学发展新要求，教育培训管理人员队伍专业化，优秀培训师资充足，培训项目、培训课程和教材体系完备的教育培训支撑保障体系。

三、完善教育培训体制

（一）构建协调开放的教育培训格局。全国知识产权教育培训工作要统筹规划、齐抓共管、协同配合、共同发展。国家知识产权局应充分发挥宏观管理、统筹协调的重要作用，制定出台国家知识产权教育培训相关规划、政策。中国知识产权培训中心、国家知识产权培训基地和专利审查协作中心要大规模开展知识产权教育培训，逐步建立知识产权教育培训的长效机制。各地知识产权局要制订本地区教育培训计划，充分发挥当地培训机构的作用，将教育培训工作落到实处。鼓励和引导社会培训机构参与知识产权教育培训，积极开发利用国外优质教育培训资源开展教育培训。到2020年，基本建立更协调、更开放、更有活力的知识产权教育培训格局。

（二）优化整合教育培训资源。大力加强全国知识产权系统教育培训机构建设，充分发挥其在教育培训工作中的主阵地作用，有效利用培训基地、高等院校、社会培训机构等优质培训资源，形成布局合理、优势互补、竞争有序的知识产权教育培训机构网络。推动建立省级知识产权培训基地，加大经费投入，改善基础设施，不断适应新形势下教育培训工作的需要。通过完善竞争择优、优化整合、考核评估等机制，激发各级各类教育培训机构的办学活力，提高培训的质量和效益。到 2015 年，初步形成区域布局合理、品牌特色鲜明、影响辐射全国的培训基地体系。

（三）加快推动网络教育培训工作。适应信息技术迅猛发展的新形势，加强网络培训基础设施建设，推动知识产权网络教育培训，更好地满足多样化的培训需求。充分利用中国知识产权远程教育平台开展远程培训，积极整合现有网络培训资源，提高国家知识产权人才信息库的公共服务能力，实现开放、互动、高效、安全的人才资源公共信息共享机制。到 2020 年，建成开放、兼容、共享的知识产权网络培训体系。

四、健全运行机制

（一）建立健全教育培训计划统筹机制。全面推行培训需求调研制度，准确把握社会需求、岗位需求和人才需求，科学制订年度教育培训计划。坚持教育培训计划申报归口制度，增强教育培训计划的指导性和科学性。建立培训需求动态反馈和计划调整机制，使培训计划更具针对性和合理性。

（二）建立健全教育培训考核评价机制。高度重视教育培训考核评价机制建设，考评机制应贯穿于教育培训的整个环节。不断深化考核评价，对培训项目的筹备过程、实施过程和培训效果进行多角度、深层次、全过程评价。全国知识产权系统要立足知识产权教育培训工作的实际，研究制定教育培训质量考核评价办法和指标体系，定期开展评价，把评价结果作为改进培训工作、提高培训质量的重要依据。

（三）建立健全教育培训激励约束机制。要健全完善教育培训激励约束机制，充分激发广大知识产权人才的内生动力，运用多种激励方式增强学习兴趣，切实提高教育培训效果。教育培训工作要严格考核、严格奖惩，强化监督，切实改进教育培训学风作风。建立教育培训约束的长效机制，把日常监督与定期检查结合起来，激发人才的学习意识和争先意识，促进知识产权教育培训工作良好氛围的形成。

（四）完善教育培训经费保障机制。全国知识产权系统要加强教育培训经费投入，切实满足教育培训工作需要。要按照《全国知识产权人才专项经费管理办法》要求，加强全国知识产权人才培训专项经费管理，推进培训项目审计管理，确保专款专用。对重点培训项目给予优先保证，提高教育培训经费使用效益。要拓宽教育培训资金投入渠道，探索国家、社会、单位和个人相结合的多种经费投入方式，实现教育培训经费来源的多元化。

五、丰富内容体系，创新方式方法

（一）制定分类培训大纲。根据各类培训对象特点和岗位职责要求，按照分类指导的原则，分别就知识产权行政管理人员、企事业单位知识产权从业人员、知识产权中介服务人员、知识产权师资、党政领导干部、社会公众等制定分类培训大纲，为指导知识产权教育培训提供科学依据。培训大纲要充分考虑各类培训对象在品德、知识和能力等方面应具备的条件，明确培训目的、培训对象、培训方法、培训内容和要求等。

（二）完善培训内容体系。要贴近知识产权中心工作，适应当前形势任务的发展变化，着眼于提高知识产权人才素质和能力，根据不同类别、不同层次的培训对象的培训需求，确定清晰明确的培训目标，制定内容丰富、针对性强、操作性好的培训内容体系。推动培训内容更新，及时将知识产权领域的最新成果、实践经验、典型案例转化为培训内容，不断完善知识产权教育培训内容体系。

（三）大力创新培训方式方法。针对不同类型、不同层次知识产权人才的特点和实际需求，组织开展专业培训和岗位培训，引导人才树立终身学习意识。改进和完善常规培训班次设置。推广专题研讨、短期培训、小班教学，倡导挂职培训、分段培训、定制培训等，推动跨地区跨部门跨学校合作培训。加大案例教学比重，综合运用讲授式、研究式、案例式、模拟式、体验式等方法开展培训。高度重视推进中小学知识产权教育方式方法研究，培养青少年自主创新能力。

六、强化支撑保障

（一）加强师资队伍培养。高度重视师资队伍建设，按照素质优良、结构合理、专兼结合、比例适当的原则，充分发挥知识产权人才库人才的作用，积极参与知识产权教育培训工作。完善国内外进修、参加重大科研项目、挂职锻炼、实地调研相结合的教师知识更新机制。到2020年，建立一支1000人左右的高水平知识产权培训师资队伍。

（二）加大教材建设力度。要加大知识产权教材开发力度，不断完善政府推动与社会参与相结合的教材开发机制，加强教材使用管理和检查评估，提高人才培训的质量和效果。国家知识产权局开展知识产权培训教材编写工作，加快推出一批系列精品知识产权教材。各地知识产权局要建立以人才需求为导向，与当地社会经济发展相适应，系统、科学、规范的培训教材建设流程和管理制度，并在实践中不断加以完善。到2015年，出版一批针对性强、实用性高、内容全面的知识产权培训教材。

（三）提升教育培训管理人员水平。要不断加强对知识产权教育培训管理人员培训，通过经验交流、专题研讨、课题研究、自学等形式，深入开展面向知识产权管理人员的培训理论和现实问题研究，积极探索教育培训规律，提高教育培训管理人员综合素质和专业化水平。要注重培养和充实培训业务骨干，优化队伍结构，建设一支懂培训、善组织、会管理的教育培训管理人员队伍。

七、加强宏观管理

（一）加强组织管理。充分发挥国家知识产权局人才工作领导小组核心作用，在各省级知识产权局建立健全人才工作联络员制度，设专人负责知识产权教育培训工作，形成领导小组核心领导、统揽全局、协调各方，全国知识产权系统各司其职、分工协作、密切配合，社会各方力量积极参与的工作格局，推动建立上下联动、协同配合的工作机制，确保教育培训工作各项任务落到实处。

（二）加强统筹协调。充分发挥国家知识产权局统筹协调的作用，做好知识产权培训计划的制订，开展教育培训工作研究。各地知识产权局要加强对教育培训工作的指导，通过经验交流、专题研讨、课题研究等形式，鼓励教育培训机构大胆探索，深入开展培训理论和现实问题研究，积极探索教育培训规律，认真总结推广好的做法和经验。

（三）加强督促检查。加强教育培训的督促检查工作，就教育培训工作有重点、有针对性地开展督办，发现工作中存在的问题、面临的困难，研究解决办法，推动教育培训工作落到实处。各地知识产权局要建立健全教育培训考核检查机制，加强培训督查，做到有部署，有落实，有检查，有总结。

国家知识产权局关于进一步提升专利申请质量的若干意见

国知发管字［2013］87号

各省、自治区、直辖市、新疆生产建设兵团知识产权局；局机关各部门、专利局各部门、局直属各单位：

为全面贯彻落实党的十八大精神，深入实施国家知识产权战略，进一步提升专利申请质量，充分发挥专利制度激励和保护创新的作用，支撑创新驱动发展，特提出以下意见。

一、充分认识提升专利申请质量的重要性和紧迫性

专利申请质量以专利申请文件为载体，主要由专利申请的文件撰写水平和专利申请的技术创新水平决定。进一步提升专利申请质量对提高我国自主创新成果专利保护水平、保障专利制度高效运行具有重要意义。国家知识产权战略实施以来，我国专利申请数量持续快速增长，为建设创新型国家提供了有力支撑。但专利申请质量也暴露出一些亟待解决的问题，主要表现在：专利申请的文件撰写水平较低，专利申请的技术创新水平不高，部分引导政策和考核评价工作存在重数量轻质量的倾向，出现了一些不以保护创新成果为根本、不以提升市场竞争力为目的的专利申请。这些问题虽然是少数和局部现象，但已造成不良影响，如不及时解决，将削弱专利制度的公信力，影响社会公众对专利制度作为支撑创新驱动发展战略基本制度的信心。必须从加快建设创新型国家的大局出发，充分认识提升专利申请质量的重要性和紧迫性，采取切实有效措施，抓好专利申请质量提升工作。

二、优化有利于提升专利申请质量的政策导向

（一）优化区域专利评价工作导向。按照“量质并重、质量优先”的要求，进一步突出区域专利评价工作的专利申请质量导向。在充分发挥“每万人口发明专利拥有量”指标引领作用的基础上，结合不同区域发展水平，分类确定评价指标，逐步将发明专利申请量占比、发明专利授权率、PCT专利申请量、专利维持率、未缴纳申请费视撤率、视为放弃取得专利权率等指标纳入区域专利工作评价指标体系，不得设定不符合实际的增长率评价指标。

（二）完善专利一般资助政策。专利一般资助政策应以扶小扶弱为导向，以中小微企业、事业单位、科研机构及非职务发明申请人为主要资助对象，对其向国内外有关专利审查机构缴纳的官方规定费用和向专利代理机构支付的服务费给予资助。要按照“授权在先、部分资助”的要求，不断调整和完善专利一般资助政策。资助范围仅限于获得授权的专利申请。资助对象所获得的各级资助总额不得高于其缴纳的官方规定费用和专利代理服务费总额。实用新型和外观设计专利申请资助，应提供由专利代理服务机构或专利信息服务机构出具的专利检索分析报告，或提供由国务院专利行政部门出具的专利权评价报告。

（三）推行专利专项资助政策。专利专项资助政策应以扶优扶强为导向，以各级知识产权优势、示范企业或专利工作基础较好的其他企事业单位以及知识产权服务机构为主要资助对象，对其开展专利信息利用、分析评议、转移转化、质押融资、专利保险、海外维权、管理标准化建设等工作给予一定资助。资助对象通过评审方式择优确定。要在不断提高投入产出绩效的基础上，推动各地加大专利专项资助资金规模，指导各地根据实际逐步将资助重点由一般资助转向专项资助。

（四）突出专利奖励政策的质量导向。充分发挥专利奖励政策的激励引导作用，对在技术创新和专利技术产业化等方面作出突出贡献的专利权人和发明人给予奖励。专利奖励对象通过评审方式择优确定，评审结果应向社会公示，不得简单将专利申请、授权数量作为奖励的主要条件。鼓励地方政府对获得中国专利金奖、优秀奖的专利权人和发明人（设计人）予以配套资金奖励。

（五）推动专利申请质量指标纳入相关政策。要采取试点探索、分类推进的方式，积极推动科技研发项目、产业化项目、企事业单位创新能力评价、人才引进及职称评审等涉及专利考核评价的政策和项目，逐步采用发明专利拥有量、发明专利授权率、发明专利申请量占比、研发投入发明专利产出比、实施率、专利许可合同数量和金额等与政策类型、项目特点相适合的评价指标。积极协调推动将贯彻《企业知识产权管理规范》国家标准作为高新技术企业培育工作的重要内容。实用新型和外观设计专利作为评价条件时，应提供由专利代理服务机构或专利信息服务机构出具的专利检索分析报告，或提供由国务院专利行政部门出具的专利权评价报告。

三、建立有利于提升专利申请质量的监管机制

（六）强化对非正常专利申请的查处。加强专利审查过程中对非正常专利申请等不规范专利申请行为查处的及时性、准确性和全面性。各地发现疑似非正常专利申请等不规范专利申请行为的线索应及时上报。对于被确认存在非正常专利申请行为的专利申请人、专利代理机构和代理人，按照相关规定严肃处理。建立申请主体信用档案管理制度，推动将专利申请信用情况纳入知识产权保护社会信用体系。

（七）严肃处理套取专利资助和奖励资金行为。对于弄虚作假套取专利资助和奖励资金的申请人，限期收回已拨付的资助和奖励资金，情节严重的，依法追究法律责任。对于弄虚作假获得专利费用减缓的专利申请人或专利权人，要求在指定期限内补缴全部已经减缓缴纳的费用。

（八）进一步规范专利代理行为。积极协调有关部门，共同加强对非法从事专利代理业务的组织和个人的查处，制止低价恶性竞争和虚假宣传，不断规范专利代理服务市场秩序。进一步加强对专利代理机构分支机构的监督管理，规范分支机构的经营行为和业务活动。完善“中华全国专利代理诚信信息平台”，加强对违规行为的曝光。

（九）探索建立专利申请质量监测和反馈机制。探索建立面向区域、产业和各类主体的专利申请质量信息监测体系，开展专利申请质量监测试点工作。完善专利申请质量信息反馈机制，定期将监测信息向有关部门、地方政府和行业协会等进行反馈，为其决策提供支撑。

四、加强有利于提升专利申请质量的能力建设

（十）提升专利信息利用和专利挖掘设计能力。实施专利信息促进工程，指导创新主体充分利用专利文献和信息，分析未来技术发展路线，将专利信息利用融入技术研发全过程。积极推动咨询服务体系建设，指导企事业单位深入挖掘创新成果，针对产业链关键环节和核心技术加强专利布局设计，系统保护创新成果。

（十一）提高专利申请质量的内部管理能力。通过《企业知识产权管理规范》国家标准的实施，指导企业建立专利申请质量内部管理机制；研究制定高校、科研院所知识产权管理规范，推动将专利申请质量的管理作为其重要内容；推行《专利代理服务指导标准》，加强专利代理服务质量管理标准化建设，规范专利代理机构和代理人的执业行为，引导提升专利申请质量内部管理能力。

（十二）增强专利代理服务能力。实施专利代理行业发展促进工程，持续壮大专利代理服务人才队伍。建立常态化专利代理人知识更新培训制度，加强专利代理人实务技能培训，促进专利代理机构提高专利申请文件撰写水平。指导实施专利代理行业服务能力建设项目，加强专利代理行业高端人才培养。

（十三）营造注重专利申请质量的良好环境。突出专利申请质量的宣传导向，开展多种形式的关于提升专利申请质量的宣传报道，挖掘报道利用自主核心专利获取较高经济利益的典型成功案例，提升全社会专利申请质量意识。加大执法维权工作力度，强化专利执法手段，提升专利保护水平，进一步增强专利权人和社会公众对专利制度的信心，激发各类创新主体的创新热情。

五、强化组织保障措施

（十四）加强组织领导。国家知识产权局将专利申请质量提升工作作为全国专利事业发展战略推进工作的重点内容，组织各省（自治区、直辖市）知识产权局（以下简称“各省知识产权局”）和局内各有关部门结合实际制定具体实施方案，分阶段、分步骤予以推进。各省知识产权局和局内各有关部门应给予高度重视，加强组织保障，加大工作投入，扎实推进相关工作。

（十五）健全工作机制。国家知识产权局建立信息通报机制，定期向各省知识产权局通报非正常专利申请数量、未缴纳申请费视撤率、视为放弃取得专利权率等数据；建立重点区域监控机制，对专利申请质量问题严重的区域进行重点监控；建立专利资助、奖励政策评估机制，各省知识产权局应及时将制定或修订的专利资助、奖励政策报国家知识产权局，国家知识产权局对各省（自治区、直辖市）专利资助、奖励政策进行评估。

（十六）严控专利审查质量。完善专利审查业务指导体系和审查质量保障体系，加强专利审查能力建设，提高专利检索水平，严格执行专利审查标准，强化对明显不具备新颖性的实用新型专利申请和明显属于现有设计的外观设计专利申请的审查，严把专利审查质量关。

（十七）狠抓督导落实。国家知识产权局结合全国专利事业发展战略推进工作的督办工作，加强对本《意见》落实情况的督办，将落实情况与我局相关政策、项目挂钩。对因工作落实不力，导致专利申请质量不升反降的地区给予通报。

重要活动和重要工作

专利审查协作四川中心落户成都

2013 年 10 月 9 日，由国家知识产权局、四川省人民政府、成都市人民政府共建的国家知识产权局专利局专利审查协作四川中心签约仪式在成都举行。国家知识产权局局长田力普、四川省省长魏宏共同签署了《国家知识产权局、四川省人民政府关于共建国家知识产权局专利局专利审查协作四川中心的合作框架协议》。国家知识产权局、四川省人民政府、成都市人民政府还共同签署了《关于共建国家知识产权局专利局专利审查协作四川中心任务分工协议书》。共建四川中心是贯彻落实党的十八大提出的实施创新驱动发展战略、推动国家知识产权战略深入实施的有效实践。四川中心的设立，对于进一步发挥四川作为西部大省的科技和人才比较优势，进一步发挥成都作为西部中心城市的辐射带动作用，促进知识产权专业人才在四川省聚集，支撑和服务四川省科技创新和产业高端化发展，促进全省投资创业环境优化，服务四川省“三大发展战略”的深入实施，提升四川省综合竞争力具有十分重要的作用。四川中心位于成都市天府新区核心区，是目前国家知识产权局面向未来进行区域布局在西部地区设立的唯一一个专利审查协作中心。2018 年年底，四川中心工作人员规模将达 2000 人左右，年审查发明专利申请能力将达 11 万件。

国家知识产权局与河南省政府签署会商议定书

2013 年 10 月 15 日，国家知识产权局与河南省人民政府知识产权合作会商第一次会议在郑州举行，国家知识产权局局长田力普与河南省省长谢伏瞻共同签署《知识产权合作会商议定书》，标志着国家知识产权局与河南省的知识产权合作会商制度正式建立。根据《议定书》，双方合作会商将紧紧围绕中原经济区、粮食生产核心区和郑州航空港经济综合实验区三大国家战略规划，深入实施知识产权战略，共同推动中原经济区实现创新驱动发展的会商主题，发挥知识产权支撑产业升级发展作用，推进中原经济区现代产业体系建设；发挥知识产权制度促进创新作用，加快中原经济区自主创新体系建设；发挥知识产权助推区域发展作用，促进中原经济区现代城镇体系建设；加强知识产权体系建设，支撑中原经济区实现创新驱动发展。

田力普率团对欧洲进行工作访问

2013 年 10 月 16～25 日，国家知识产权局局长田力普率代表团分别对欧洲专利局、西班牙专利商标局和葡萄牙工业产权局进行了工作访问，出席《欧洲专利公约》（EPC）签署 40 周年系列纪念活动，在欧洲与创新圆桌会议上，就中国知识产权发展状况、中国的专利质量等热点议题作主旨发言，与欧洲内部市场协调局（OHIM）局长举行双边会谈，并签署《中华人民共和国国家知识产权局－欧洲内部市场协调局 2013～2015 年执行计划》和中国国家知识产权局与西班牙专利商标局、葡萄牙工业产权局关于专利审查高速路试点的谅解备忘录。

2013 年全国专利代理人资格考试举行

2013 年 11 月 2～3 日，2013 年全国专利代理人资格考试在全国 20 个考点城市同时开考。今年参加考试人数达到 2.1689 万人，同比增长 29.26%，增长幅度为历年来最高，参考人数最多。根据改革后新的考试规则，今年报考单科的考生数量也增长明显。从初步统计情况看，今年全国各省（区、市）和香港、澳门特别行政区及台湾地区均有人报名参考。今年首次报名参加考试人数为 1.2265 万人，占总人数比例为 56.55%，比 2012 年略有上升。在 2012 年关于在读研究生可以报考的规定出台后，2013 年在读研究生报名人数为 1949 人，比 2012 年有大幅增长。同时，还有 9424 人为报名两次以上者，这表明全国专利代理人考试改革方案中“单科通过成绩有效期 3 年”的相关规定，已使越来越多的考生享受到了实惠。

第十五届中国专利奖颁奖大会举行

2013 年 11 月 11 日，第十五届中国专利奖颁奖大会在京举行。国家知识产权局局长田力普、世界知识产权组织总干事弗朗西斯·高锐出席大会并致辞。本届中国专利奖评选共收到国务院有关部门、有关全国性行业协会、两院院士以及各省（区、市）推荐的优秀项目 800 个，参评数量再创历史新高。经过国家知识产权局和世界知识产权组织评审，共评出中国专利金奖项目 20 项、中国外观设计金奖项目 5 项、中国专利优秀奖项目 336 项、中国外观设计优秀奖项目 53 项。获奖项目专利质量优秀，并表现出很强的创新发展优势，25 项金奖项目自实施之日起至 2012 年年底，新增销售额 1095 亿元，新增利润 371 亿元，为专利权人赢得了显著的经济效益和市场竞争力。

王勇会见世界知识产权组织总干事

2013 年 11 月 11 日，国务委员王勇在中南海会见世界知识产权组织总干事弗朗西斯·高锐。王勇对世界知识产权组织给予中国知识产权事业发展的支持和帮助表示感谢，希望该组织在促进知识产权国际合作、完善国际知识产权制度等方面发挥更大作用。高锐高度评价中国在知识产权领域取得的成绩，表示愿与中国加强合作，共同推动世界知识产权体系的发展。高锐此行是应中国国家知识产权局邀请访华，其间与国家知识产权局等部门负责同志举行了会谈，并签署了《世界知识产权组织与国家知识产权局关于发展基础设施服务以支持专利审查工作共享的合作协议》。

企业知识产权管理规范国家标准认证工作全面启动

2013 年 11 月 13 日，国家知识产权局和国家认证认可监督管理委员会共同印发《知识产权管理体系认证实施意见》，标志着我国将实行统一的知识产权管理体系认证制度，全国贯标认证工作全面启动。《知识产权管理体系认证实施意见》从工作机制、认证机构、认证实施、认证证书与认证标志、监督管理等方面对知识产权管理体系认证活动作了明确规定。

第六届两岸专利论坛举行

2013 年 11 月 19 ~ 20 日，第六届两岸专利论坛在山东济南举行。本次论坛由中华全国专利代理人协会与台湾工业总会共同主办，以“两岸知识产权（智慧财产权）情势发展”为主旨，来自两岸专利主管部门、产业界和专利代理行业的近 200 名代表参加了本次论坛。与会人士就两岸专利法制最新动态、提升专利审查质量运作实务、专利行政救济实务经典案例分享、专利诉讼实务发展与趋势、专利代理制度经验、高科技（高新技术）产业发展趋势、因应国际专利争讼的策略等开展了广泛而深入的交流。

首批国家级知识产权示范企业和优势企业名单公布

2013 年 11 月 21 日，首批国家级知识产权示范企业和优势企业名单公布，华为技术有限公司等 127

家企业成为第一批国家级知识产权示范企业，中国神华能源股份有限公司等 771 家企业为第一批国家级知识产权优势企业。

中英两局签署 PPH 试点联合意向性声明

2013 年 12 月 2 日，中国国家知识产权局与英国知识产权局在中国国务院总理李克强和英国首相卡梅伦见证下签署了《中华人民共和国国家知识产权局与英国知识产权局关于专利审查高速路试点的联合意向性声明》，中英 PPH 试点将于 2014 年 7 月 1 日正式启动。

第十九次中韩知识产权局局长会举行

2013 年 12 月 9 日，第十九次中韩知识产权局局长会议在京举行。双方签署了知识产权领域全面合作谅解备忘录、第十九次中韩知识产权局长会会谈纪要、关于延长专利审查高速路试点项目的联合意向声明和优先权文件电子交换协议等文件。此次签署的谅解备忘录是双方合作史上的一座里程碑，标志着双方将全面加强知识产权领域的战略合作。

我国专利代理机构数量逾千家

截至 2013 年 12 月 11 日，我国已通过审批的专利代理机构数量突破 1000 家，达到 1001 家，创历史新纪录。具有专利代理人资格人员和执业专利代理人数量分别达到 1.7886 万人和 8861 人，增长明显。2012 年 205.1 万件专利申请中约 65% 为专利代理机构代理。

3812 人通过 2013 年全国专利代理人资格考试

2013 年 12 月 18 日，专利代理人考核委员会公布 2013 年全国专利代理人资格考试合格分数线，全国共有 3812 人通过专利代理人资格考试，同比增长 28.52%。此次考试全国参考人数 2.1689 万人，与 2012 年相比增长 29.26%，继续刷新纪录。

统计数据

1985 年 4 月 ~2013 年 12 月国内外三种专利申请受理状况总累计表

单位：件

按国内外分组		合计		发明		实用新型		外观设计	
		申请量	构成	申请量	构成	申请量	构成	申请量	构成
合计	小计	13093538	100. 0%	4327819	100. 0%	4629895	100. 0%	4135824	100. 0%
	职务	8013158	61. 2%	3489031	80. 6%	2517388	54. 4%	2006739	48. 5%
	非职务	5080380	38. 8%	838788	19. 4%	2112507	45. 6%	2129085	51. 5%
国内	小计	11646748	89. 0%	3084208	71. 3%	4595941	99. 3%	3966599	95. 9%
	职务	6617531	56. 8%	2284052	74. 1%	2488252	54. 1%	1845227	46. 5%
	非职务	5029217	43. 2%	800156	25. 9%	2107689	45. 9%	2121372	53. 5%
国外	小计	1446790	11. 0%	1243611	28. 7%	33954	0. 7%	169225	4. 1%
	职务	1395627	96. 5%	1204979	96. 9%	29136	85. 8%	161512	95. 4%
	非职务	51163	3. 5%	38632	3. 1%	4818	14. 2%	7713	4. 6%

* 注：按照国家统计局统计制度备案的要求执行

2013 年 1 月 ~2013 年 12 月国内外三种专利申请受理状况年表

单位：件

按国内外分组		合计		发明		实用新型		外观设计	
		申请量	构成	申请量	构成	申请量	构成	申请量	构成
合计	小计	2377061	100. 0%	825136	100. 0%	892362	100. 0%	659563	100. 0%
	职务	1693679	71. 3%	688727	83. 5%	640112	71. 7%	364840	55. 3%
	非职务	683382	28. 7%	136409	16. 5%	252250	28. 3%	294723	44. 7%
国内	小计	2234560	94. 0%	704936	85. 4%	885226	99. 2%	644398	97. 7%
	职务	1555070	69. 6%	571073	81. 0%	633446	71. 6%	350551	54. 4%
	非职务	679490	30. 4%	133863	19. 0%	251780	28. 4%	293847	45. 6%
国外	小计	142501	6. 0%	120200	14. 6%	7136	0. 8%	15165	2. 3%
	职务	138609	97. 3%	117654	97. 9%	6666	93. 4%	14289	94. 2%
	非职务	3892	2. 7%	2546	2. 1%	470	6. 6%	876	5. 8%

1985 年 4 月 ~2013 年 12 月国内外三种专利授权状况总累计表

单位：件

按国内外分组		合计		发明		实用新型		外观设计	
		授权量	构成	授权量	构成	授权量	构成	授权量	构成
合计	小计	7426010	100.0%	1318659	100.0%	3385236	100.0%	2722115	100.0%
	职务	4532178	61.0%	1168620	88.6%	1946785	57.5%	1416773	52.0%
	非职务	2893832	39.0%	150039	11.4%	1438451	42.5%	1305342	48.0%
国内	小计	6659972	89.7%	735863	55.8%	3357509	99.2%	2566600	94.3%
	职务	3791859	56.9%	601208	81.7%	1922970	57.3%	1267681	49.4%
	非职务	2868113	43.1%	134655	18.3%	1434539	42.7%	1298919	50.6%
国外	小计	766038	10.3%	582796	44.2%	27727	0.8%	155515	5.7%
	职务	740319	96.6%	567412	97.4%	23815	85.9%	149092	95.9%
	非职务	25719	3.4%	15384	2.6%	3912	14.1%	6423	4.1%

2013 年 1 月 ~2013 年 12 月国内外三种专利授权状况年表

单位：件

按国内外分组		合计		发明		实用新型		外观设计	
		授权量	构成	授权量	构成	授权量	构成	授权量	构成
合计	小计	1313000	100.0%	207688	100.0%	692845	100.0%	412467	100.0%
	职务	954937	72.7%	189851	91.4%	518436	74.8%	246650	59.8%
	非职务	358063	27.3%	17837	8.6%	174409	25.2%	165817	40.2%
国内	小计	1228413	93.6%	143535	69.1%	686208	99.0%	398670	96.7%
	职务	872597	71.0%	126860	88.4%	512203	74.6%	233534	58.6%
	非职务	355816	29.0%	16675	11.6%	174005	25.4%	165136	41.4%
国外	小计	84587	6.4%	64153	30.9%	6637	1.0%	13797	3.3%
	职务	82340	97.3%	62991	98.2%	6233	93.9%	13116	95.1%
	非职务	2247	2.7%	1162	1.8%	404	6.1%	681	4.9%

内容提要

《中华人民共和国国家知识产权局公报》是由国家知识产权局办公室编辑出版的面向国内外公开发行的政府出版物。主要刊载内容为：全国人民代表大会及其常务委员会通过的涉及知识产权的法律；国务院发布的涉及知识产权的法规和法规性文件；国家知识产权局发布的规章、公告、重要文件、统计数据以及其他需要公告的事项。本公报刊登的国家知识产权局规章、规范性文件为标准文本。

读者对象：国务院各部委（局）相关机构工作人员、相关教研机构教学研究人员及社会公众。

责任编辑：卢海鹰　王祝兰　　**责任校对**：韩秀天
版式设计：王祝兰　　**责任出版**：卢运霞

图书在版编目（CIP）数据

中华人民共和国国家知识产权局公报．2013年．第4期：总第20期/
国家知识产权局办公室编．—北京：知识产权出版社，2014.1
ISBN 978-7-5130-2561-4
Ⅰ．①中…　Ⅱ．①国…　Ⅲ．①知识产权—公报—中国—2013　Ⅳ．①D923.4
中国版本图书馆CIP数据核字（2014）第014091号

中华人民共和国国家知识产权局公报（2013年第4期）
ZHONGHUARENMINGONGHEGUO GUOJIAZHISHICHANQUANJU GONGBAO
国家知识产权局办公室　编

出版发行：知识产权出版社
社　　址：北京市海淀区马甸南村1号院　　邮　　编：100088
网　　址：http://www.ipph.cn　　邮　　箱：bjb@cnipr.com
发行电话：010-82000860转8101/8102　　传　　真：010-82005070/82000893
责编电话：010-82000860转8122　　经　　销：新华书店及相关销售网点
印　　刷：北京中献拓方科技发展有限公司　　印　　张：3
开　　本：880mm×1230mm　1/16　　印　　次：2014年1月第1次印刷
版　　次：2014年1月第1版　　定　　价：5.00元
字　　数：64千字
ISBN 978-7-5130-2561-4

目　录

下编　比较文学实践

上编
比较文学的学科定位

第一章　比较文学的历史

第一节　比较文学学科兴起的历史土壤

比较文学是在打破民族、文化以及语言疆界的基础上，对两个或两个以上民族(国家)的文学进行比较研究，以探寻共同的“文心”、“诗心”，讨论各民族文学的特色，考察不同民族文学之间的相互影响和接受关系，追溯各民族文学思想、风格、流派、艺术手法等的流传与变异。此外，比较文学还打破各学科之间的界限，研究文学与相邻艺术门类之间和文学与其他学科之间的关系，从而在跨学科的语境中阐释和研究文学。

作为一门正式学科的比较文学，它产生于19世纪后期的欧洲。一百多年来，比较文学走过了一条极不平坦的道路，来自学科外部的质疑和学科内部的论争，使比较文学自产生之日起就在诸如学科定义、研究方法等许多问题上存在争议。然而，比较文学也正因此使自己充满了自我更新和不断成长的生命活力，经过长期的发展，比较文学终于成为了当今各学科门类中的一门显学。

纵观比较文学的历史发展，可以说在比较文学学科兴起之前，人类就曾有过很长时间的从事比较文学性质的研究实践，有人甚至认为，文学批评和研究的历史有多长，比较文学的历史也就有多长，这可称之为前比较文学阶段。比如古罗马时代，“贺拉斯叮咛罗马作家昼夜不息地阅读希腊手稿，并力劝那些赞赏维吉尔的人把维吉尔比作荷马，那些推崇普劳图斯的人把普劳图斯与阿里斯托芬相比较”①。又如17世纪法国文学史上著名的“古今之争”实质上也是一种文学比较。在中国文化史上，印度佛教的传入，也曾引起了中印文学多方位的比较研究，如早在唐代就有人在中国故事中寻找佛典渊源，进行影响研究，还有一些人则对中印故事传说进行横向的平行比较，而且，当时译界曾发生过关于佛经的直译、意译以及梵汉文体转换等问题的讨论，以今天的眼光看，也应属于比较文学的范畴。可以说，在前比较文学阶段，比较作为一种文学研究方法是早已存在的，它几乎伴随着人类最初的认识活动而出现，正如英国学者波斯奈特所说：

---

① ［美］罗伯特·克莱门茨：《比较文学的渊源和定义》，载于永昌：《比较文学研究译文集》，上海译文出版社1985年版，第225页。

"用比较法来获得知识或者交流知识，这种方法在某种意义上说和思维本身的历史一样悠久。"①因此，当人们对不同民族文学进行考察时，自觉与不自觉地运用了比较思维的方法是很自然的。不过必须指出，在19世纪之前，比较文学的研究实践只是零碎的、偶发性的，尚不具备真正自觉的"比较意识"，更不可能形成一套系统的学科理论。当然，从学科形成的角度说，前比较文学阶段应看成是比较文学学科形成的一个长期积累和准备阶段，是非常重要的。到19世纪后期，当各种历史条件成熟以后，比较文学便作为一门学科应运而生了。

一、社会经济对学科兴起的决定作用

比较文学兴起于19世纪后期的欧洲并非偶然，它的产生具有明显的社会历史和经济的原因。

比较文学产生的首要前提是各民族文学间存在着交流和融合、影响和接受的历史需要。我们知道，不同的生存环境铸就了不同的民族文化和民族文学。在相当长的历史时期里，不同的民族文学主要滋生于各自的民族文化土壤之上。尽管一些地区民族间的文化和文学很早就有了交流，但由于历史的条件使其交流的规模和相互的沟通都受到了限制。由此，19世纪之前，比较文学研究只能是零碎的、断断续续的，正如曾逸主编的《走向世界文学·导言》中所言："自然界的地理和气候条件，不同的经济生活方式、政治体制、社会状况和宗教信仰以及其他各种必然的和偶然的因素，决定了民族文学时代的外部交流——不同民族文学之间的相互发现、接近、影响、渗透、融合，在方式上、范围上和程度上都是不发达的，而是一种经常显现出偶然性和盲目性的、此起彼落的区域性的交流；无论这一交流所产生的积极作用或消极作用，都不足以改变参与交流的各民族文学自身的总体特征及其发展的基本方向。"②

19世纪是人类历史上科学技术取得突飞猛进的辉煌时代，尤其在欧洲，各种科学发现和技术发明层出不穷。作为生产力重要组成部分的科学技术，有效地帮助欧洲社会完成了封建社会向资本主义社会的历史性过渡，资本主义开始由自由竞争阶段逐步走向垄断阶段。垄断资本主义的特征是世界市场的开拓，其触须最大限度地伸向了世界各个地区，这种生产方式的变化改变了各民族人民的物质生活方式，最终改变着各民族人民的精神生活方式。马克思、恩格斯敏锐地意识到了这一点，指出："资产阶级，由于开拓了世界市场，使一切国家的生产和消费都成为世界性的了。不管反动派怎样惋惜，资产阶级还是挖掉了工业脚下的民族基础。古老的民族工业被消灭了，并且每天都还在被消灭。它们被新的工业排挤掉了，新的工业的建立已经成为一切文明民族的生命攸关的问题；这些工业所加工的，已经不是本地的原料，而是来自极其遥远的地区的原料；它们的产品不仅供本国消费，而且同时供世界各地消费。旧的、靠国产品来满足的需要，被新的、要靠极其遥远的国家和地带的产品来满足的需要所代替了。过去那种地方的和民族的自给自足和闭关自守状态，被各民族的各方面的互相往来和各方面的互相依赖所代替了。物质的生产是如

---

① [英]波斯奈特：《比较法和文学》，载于永昌：《比较文学研究译文集》，上海译文出版社1985年版，第372页。

② 曾逸：《走向世界文学·导言》，湖南文艺出版社1986年版，第7页。

此，精神的生产也是如此。各民族的精神产品成了公共的财产。民族的片面性和局限性日益成为不可能，于是由许多种民族的和地方的文学形成了一种世界的文学。”①在这段话里，马克思和恩格斯论证了物质产品的生产和消费方式对精神产品的生产和消费方式的决定作用。站在21世纪的今天回望过去，我们可以清晰地看到，开始于16、17世纪，大致形成于19世纪的资本主义世界体系，不仅引发了世界范围内的经济和商业联系，而且还牵动了世界范围内的文化和文学的普遍联系。法国比较文学家洛里哀也正是看到了这种日趋紧密的联系，才作出了世界“文化大同”的预言：“因各民族接触愈密的结果，向来各个所具的特性必将渐归消灭，这也是毫无疑义的。因为这是自然进化的一种公例，是一种无可逃逸的公例。从此知识上的世界主义将渐渐扩大，而民族间的差别将渐被铲除；文化将继续它的进程，而地方的特色将渐归消灭。各种特殊的模型，各样特殊的气质，必将随文化的进步而终至于绝迹；到处的居民，将不复有特异于其他人类之处；游历家将不复有殊风异俗可以寻访。一切文学上之民族的特质也都将成为历史上的东西了。”②不管洛里哀的预言到今天为止实现了几许，但民族间文化和文学的交往却因经济方面的联系而在扎扎实实地进行着。正是这种文化、文学方面的普遍交流和影响，才有可能促使文学研究去关注这种趋向，去考虑整合和建构一套更具普遍意义的文学理论，使其既能阐释各国民族文学现象，又能超越各民族而走向一种适用于整体文学规律的理论。可以说，正是在这种世界性的普遍联系中，比较文学学科才有可能出现。

资本主义的社会经济发展，为比较文学学科的形成奠定了物质基础。

二、世界主义意识对学科的催生

“世界文学”是比较文学学科形成过程中起到至关重要作用的一个概念。不管对“世界文学”内涵的阐释有多少分歧，它所体现或昭示的学科眼光却是明白无误的。如前面所说，比较文学的本质特征就是在多元文化的语境中去认知和阐释文学，它要求研究者具有跨越民族和文化的识见，具有将文学置于世界背景下来考察的宏阔视野。也就是说，从学科思维特性的角度看，比较文学的产生有赖于世界主义意识的形成。法国比较文学家基亚曾说：“比较文学是由于世界主义文学的觉醒而产生的，它兼有历史地研究世界主义文学的意愿。”③在过去相当长的时间里，比较文学的研究实践之所以不具备自觉意识，与人们尚未真正形成世界主义观念直接相关。资本主义所带来的生产、生活方式的改变，促成了世界各民族间展开了更多的交流，使得世界主义意识开始觉醒。这种世界主义意识直接影响了人们的文学观念，使人们把探讨文学的眼光从各自的民族、国家的圈子中跳出来，伸展到更广阔的地域空间中去。早在18世纪启蒙运动时期，就有文学“超国界”的说法，甚至出现了“文艺共和国”的概念。如伏尔泰在《论史诗》中谈及所有民族共同的鉴赏趣味时说：“荷马，德谟斯梯尼，维吉尔，西塞罗等在某种程度上已将所有的欧洲人联合起来置

---

① 《马克思恩格斯选集》第1卷，人民出版社1972年版，第254～255页。

② ［法］洛里哀：《比较文学史》，转引自刘波：《中西比较文学教学参考书》，高等教育出版社1990年版，第6～7页。

③ ［法］基亚：《比较文学》，颜保译，北京大学出版社1983年版，第1页。

于他们的支配之下，并为所有各民族创造了一个统一的文艺共和国。”①19 世纪浪漫主义文学运动时期，德国的施莱格尔兄弟则先后提出“文学开放性”与“文学普遍性”的观念②。这些都是世界主义意识在文学观念上的表现。

更为明确无误地表现出世界主义意识的是歌德，他比马克思和恩格斯还早 20 年提出了“世界文学”的概念。他说：“民族文学在现代算不了很大的一回事，世界文学的时代已快来临了。”③歌德是从人类社会本质的角度出发提出“世界文学”概念的。从“社会经济——世界主义意识——世界文学”这样的逻辑链上来看，歌德的天才预言正表明了他对事物发展规律的敏锐把握。

在世界主义意识的影响下，文学逐渐被作为超越民族界限的世界文学来对待，各民族间的文学交流关系改变了人们的文学观念。这主要体现在如下三个方面：

其一，认为文学既是民族的，也是全体人类的。歌德在与爱克曼的谈话中说：“我愈来愈深信，诗是人类的共同财富。”④马克思和恩格斯在《共产党宣言》中也明确指出了文学的这种世界性，认为各民族的精神产品已成了全世界的公共财产。

其二，不同民族或地区的文学既有共同性又存在差异性。众所周知，西方文学在背景上有“两希”文化的共同基础。而被称为比较文学先驱的斯达尔夫人，在其著名的《论文学》一书中，则又将欧洲文学分为南北两个文化系统进行论述，认为南方文学比较普遍地反映了民族和时代的普遍精神，而北方文学则较倾向于表现个人性格和旨趣。与欧洲本身这种多元共存的特性相类似，作为一个统一体的世界文学，其东方与西方在文化传统、思维方式、行为动机、思想情感等多方面也存在着某些共同性和差异性。如歌德在阅读了《好逑传》、《玉娇梨》等一些中国古典文学作品后，深有感触地说：“中国人在思想、行为和情感方面几乎和我们一样，使我们很快就感到他们是我们的同类人，只是在他们那里一切都比我们这里更明确、更纯洁，也更合乎道德。”⑤为了证明这种差异，歌德将中国传奇与法国诗人贝朗瑞的诗歌进行对比，认为前者更遵循道德而后者更乐于表现“不道德的淫荡题材”。我们今天不一定完全认同歌德的这种对比，我们重视的是他在这种对比分析中展现出来的宽广视阈和表达的世界主义观点。

其三，各民族文学是在相互影响下发展起来的。世界上没有一种文学是孤立地存在着的，任何文学在自身的发展过程中，都必然受到他种文学的影响同时也影响他种文学。斯达尔夫人认为：“每一个民族都必须成为别的民族的向导。……每一个国家都必须竭诚欢迎外来的思想，因为殷勤待客人只会对主人有利。”⑥罗曼·罗兰在一次演讲中说得更为透彻：“我们现在谁也离不开谁，是其他民族的思想培育了我们的才智……不论我们知道不知道，不论我们愿意不愿意，我们都是世界公民……印度、中国和日本的文化成了我们的

---

① ［法］伏尔泰：《论史诗》，载伍蠡甫：《西方文论选》上卷，上海译文出版社 1979 年版，第 322 页。

② 转引自袁鹤翔：《略谈比较文学》，载古添洪、陈慧桦：《比较文学的垦拓在台湾》，台湾东大图书有限公司 1976 年版，第 10 页。

③ ［德］歌德：《歌德谈话录》，朱光潜译，人民文学出版社 1978 年版，第 113 页。

④ ［德］歌德：《歌德谈话录》，朱光潜译，人民文学出版社 1978 年版，第 113 页。

⑤ ［德］歌德：《歌德谈话录》，朱光潜译，人民文学出版社 1978 年版，第 112 页。

⑥ 转引自乐黛云：《中西比较文学教程》，高等教育出版社 1988 年版，第 44 页。

思想源泉，而我们的思想又哺育着现代的印度、中国和日本。”①在曾逸主编的《走向世界文学·导言》中说：“世界文学意识与人类的世界视野之间，存在着必然的联系。”②很明显，世界主义意识的觉醒强化了人们对文学的世界性的认识，促进了比较文学学科观念的形成。

三、科学主义对比较文学学科形成的影响

19 世纪的欧洲，自然科学发展很快，硕果累累。如果用一个词加以概括，那就是科学主义。19 世纪上半叶，孔德的实证主义哲学风靡欧洲，其内在本质就是科学主义。其中，“实证”一词含有“实在”、“确定”、“精确”的意思，是科学中实验主义方法在哲学上的表现。实证主义在认识论上强调真实和精确，要求一切科学认识都要经过实践的检验和证明。由于科学的进步，科学的思维方式和方法被最大限度地推广和运用到各个领域。如受科学求证的思维方式影响，19 世纪的欧洲出现了不少以“比较”为名的学科，并都取得了一定成就：如生物学方面，有比较生理学、比较解剖学、比较胚胎学等。在人文社会科学方面，有比较语言学、比较地理学、比较法学等。这些学科无疑给人以有益的启示，激发了人们从比较的角度去考虑和研究问题。

科学主义对文学的影响是非常明显的，如以左拉为代表的自然主义文学流派，在理论上明显接受了实证主义哲学和泰纳的决定论文艺思想的影响。那么，作为 19 世纪 70 年代产生的比较文学，也同样会受到这股思潮的影响。比如法国文艺批评家和比较文学专家布吕奈尔就试图用进化论的观点来解释文学体裁的诞生、演变和衰亡的过程。再如，英国比较文学专家波斯奈特曾经表达过这样一种观点：所谓“比较”，“意思就是‘时刻不忘社会发展对于文学生长的变化无常的关系’”③。这种观点受决定论影响的痕迹是很明显的。而且，比较文学学科发展的初始阶段是以研究文学现象之间存在的事实联系为宗旨，这种研究的方法和途径更可以说是对实证主义的直接借用。

19 世纪欧洲的科学主义为比较文学学科的形成提供了坚实的理论基础。

第二节　比较文学学科发展的历史轨迹

一、比较文学学科形成的标志

在比较文学学科发展史上，第一个使用“比较文学”这个词的是两位法国教师：诺埃尔和拉普拉斯。他们于 1816 年主编了一本文学作品选集，里面收了一些各国文学的作品选段，此书取名为《比较文学教程》。这不是一本研究比较文学的书，并未探讨比较文学的理论和方法问题，对学科的产生谈不上什么影响。但此书却是最早使用“比较文学”一词的。

19 世纪 20 年代后期，带有比较文学性质的讲座开始在一些大学陆续开出。首先开设

---

① 转引自张隆溪：《比较文学译文集》，北京大学出版社 1982 年版，第 161 页。

② 曾逸：《走向世界文学·导言》，湖南文艺出版社 1986 年版，第 33 页。

③ 转引自刘波：《中西比较文学教学参考书》，高等教育出版社 1990 年版，第 166 页。

此类讲座的是巴黎大学教授维尔曼。1827—1830 年间，他开设“18 世纪法国作家对外国文学和欧洲思想的影响”的讲座，获得很大成功。1830 年，巴黎大学另一位教授安贝尔开设了“各国文学的比较史”的讲座，并于 1832 年又主讲了“论中世纪法国文学同外国文学的关系”；1836 年，基内在里昂大学主持以“比较文学”为名的讲座。但必须指出，在 19 世纪 70 年代以前，比较文学性质的讲座都不是常设性的。此外，这一阶段还出现了不少比较文学的研究成果，比如，1829 年，维尔曼出版了《比较文学研究》；1845 年，法国学者迪凯奈勒出版了《比较文学讲义》；1849 年，法国学者邦洛出版了《文学的比较史序说》；1856 年，德国著名学者穆勒出版了《比较神话学》。所有这些，预示着比较文学学科即将出现。

到 19 世纪 70 年代以后，比较文学被越来越多的人所关注，历史文化氛围越来越有利于学科的形成。比较文学作为一门新的学科正式产生，可以下列事件为标志：

一是比较文学杂志的出现。一种专业杂志的出现表明一个学科在理论上已趋于成熟。1877 年，匈牙利的梅茨尔主持的第一本比较文学杂志《总体文学比较》创刊；1887 年，德国人科赫创办了《比较文学杂志》。专门的比较文学杂志的出现，既为比较文学研究提供了阵地，同时也扩大了比较文学的影响。

二是比较文学理论著作的出版。1886 年，世界上第一部比较文学理论专著《比较文学》由英国学者波斯奈特著述出版了，这预示着比较文学从具体的研究实践向学科理论建设方向的发展。法国著名学者基亚认为，此作“标志了比较文学的时代已正式开始”①。与此同时，在 20 世纪七八十年代，丹麦学者勃兰兑斯结集出版了被誉为比较文学研究实践的巨著《十九世纪文学主潮》。此作为比较文学研究提供了可资借鉴的经验。1897 年，瑞士学者贝茨出版了世界第一部比较文学工具书《比较文学目录初稿》，影响非常大，为比较文学作为一门学科的建设和发展作出了贡献。此书初版收入 2 000 多词条，1899 年以《比较文学书目》为书名出版时增至 3 000 多条。1902 年法国著名学者巴尔登斯贝格又主持修订了《比较文学书目》，词条增至 6 000 多条。

三是比较文学作为正式课程进入大学。从 19 世纪 70 年代开始，欧美很多国家几乎同时都在大学里正式设置了比较文学这门课程。1870 年，俄国“比较文学之父”维谢洛夫斯基在彼得堡大学开设“总体文学史”课程；1871 年，查尔斯·沙克福德在美国康乃尔大学开设“总体文学与比较文学”讲座；1872 年，意大利学者桑克提斯在那不勒斯大学主讲“比较文学史”；1890 年，布吕奈尔在巴黎高等师范大学讲授比较文学课程；1896 年，戴克斯特在里昂大学主持法国第一个比较文学常设讲座“文艺复兴以来日耳曼文学对法国文学的影响”。此外，还有一些大学也纷纷将比较文学性质的课程设置成常设或固定课程。

四是比较文学教授职位的设立。1895 年，法国学者戴克斯特完成了法国第一篇比较文学博士学位论文《卢梭与文学世界主义之起源》，同年，他的同学贝茨也完成了博士论文《海涅在法国》。1897 年，法国里昂大学正式聘任戴克斯特为世界上第一位比较文学教授。

基于以上事实，学者们普遍认为 19 世纪下半叶是比较文学作为一门独立学科正式形成的时期。

---

① ［法］基亚：《比较文学》，颜保译，北京大学出版社 1983 年版，第 2 页。

二、比较文学发展的第一阶段与法国学派

在学科形成的最初阶段，比较文学的发展是与法国学者的不懈努力分不开的。

在19世纪末叶，作为一门新兴学科，比较文学在欧洲范围内并没有被普遍看好，甚至有人对比较文学能否成为一门学科表示了极大的怀疑，比如意大利著名美学家克罗齐就认为：比较是任何学科都可以运用的方法，不能成为一门独立学科的基石。由于克罗齐在学术上的地位和影响，他的反对不仅导致了比较文学在意大利长期处于落后状态，而且对整个欧洲都产生了强烈影响。从某种程度上说，克罗齐的反对是比较文学学科遭遇的第一次危机。然而，比较文学在法国却找到了合适的土壤，产生了一批前赴后继、孜孜不倦地从事比较文学的探讨和研究的学者，取得了举世瞩目的成就。由于这时期的法国学者在比较文学的理论观点、研究方法等方面有共同之处，其探讨的问题和研究的成果皆具有明显的共同倾向，作为一股学术力量和学术团队在世界比较文学界产生了很大影响，所以，比较文学界将这一批法国学者和他们的研究称为“法国学派”。可以说，在学科形成的最初一段时间里，比较文学研究是以法国为中心的，法国学者在比较文学的学科定位、研究理论和研究方法等许多重要理论问题上贡献巨大，对比较文学学科形成和发展起到了积极的推动作用，得到了国际上的承认和赞赏。

一般认为，法国学派的前驱是戴克斯特。他是法国早期比较文学家布吕奈尔的学生，除出版博士论文《卢梭与文学世界主义之起源》外，还发表过大量的比较文学论文。此外，在茹勒维尔主编的《法国文学史》中，他负责撰写了近代法国文学在两个世纪中所受外国影响的章节。戴克斯特对于比较文学的贡献主要体现在两个方面：一是由于他的努力，比较文学开始成为大学的一门正式学科。二是他不仅在学科建设方面探讨了比较文学研究的目的、特征和途径，而且在实际研究中表现出将比较文学研究与法国文学史的研究结合起来的倾向。正是后一方面，对法国学派的形成和发展产生了关键性的影响。

在比较文学历史上，法国学派是最早出现的一个学派，从19世纪末开始至20世纪20年代已具雏形。法国学派的代表性人物主要有巴尔登斯贝格、梵·第根、伽列及基亚等人。

法国学派的形成与巴尔登斯贝格卓有成效的学术活动分不开。巴尔登斯贝格是戴克斯特的学生，1900年戴克斯特去世后，巴尔登斯贝格接替了他在里昂大学的比较文学讲座职位；1910年前往巴黎大学主持比较文学讲座；第一次世界大战后又到斯特拉斯堡大学开设比较文学讲座。1921年，巴尔登斯贝格与阿扎尔一起创办了影响颇大的《比较文学评论》杂志，该杂志成了张扬法国学派理论主张的重要阵地。1930年，他在阿扎尔和梵·第根的协助下创建巴黎大学现代比较文学研究所，使巴黎大学在很长的一个时期内，成为世界比较文学的重镇。巴尔登斯贝格著述颇丰，主要有：《歌德在法国》(1904年)、《文学史研究》(三卷，1907—1939年)、《批评目录学》(1907年)、《1789—1815年间法国流亡贵族中的思想动向》(1925年)、《巴尔扎克作品中的外国倾向》(1927年)等。巴尔登斯贝格在一系列论著中一再强调比较文学研究中实证方法的运用，主张通过事实材料乃至细微迹象的实证考察来证实欧洲各国文学之间的渊源与影响关系，认为只有这样，才能把比较文学整顿成符合文学史要求的最严格的一门学科。他在《比较文学评论》发刊词上说：“仅仅对两个不同的对象同时看上一眼就作比较，仅仅靠记忆和印象的拼凑，靠一些主观臆想把可能游移不定的东西扯在一起找类似点，这样的比较决不可能产生论证的明晰性。”他

自己在研究实践中就是这样做的，他的研究课题主要是外国文学对法国文学的影响。他通常是经过艰苦的材料搜集、仔细甚至烦琐的辨析考证之后，才下笔为文。他的理论观点和研究方法，对法国学派的学术倾向具有不容忽视的深远影响。

梵·第根是两次世界大战之间法国学派最具代表性的学者，也是第一个全面阐述法国学派理论观点的人。梵·第根著作很多，最重要的是1931年出版的《比较文学论》。书中系统论述了比较文学研究的必备要素、比较文学研究的范围、内容和方法，总结了比较文学发展的历史和理论，被誉为法国学派的集大成之作，多年来一直是学习比较文学的入门必读书。该书的主要观点有：第一，划出比较文学研究的界域。他首次把文学研究分为国别文学、比较文学和总体文学三类："国别文学"研究一国之内的文学问题，是一切文学研究的基础和出发点；"比较文学"研究两国之间的文学关系；"总体文学"探讨多国文学共有的事实，凡是超出两国间的二元关系的问题，即属于总体文学。第二，在两国之间的文学关系中，重点是探求相互影响的具体情况，方法必须是实证的。为此，他提出要把比较文学当成历史科学一样来进行研究，摆脱美学涵义，加强研究的科学性。他说："真正的'比较文学'的特质，正如一切历史科学的特质一样，是把尽可能多的来源不同的事实采纳在一起，以便充分地把每一个事实加以解释；是扩大认识的基础，以便找到尽可能多的种种结果的原因。总之，'比较'这两个字应该摆脱全部美学的涵义，而取得一个科学的涵义。"①第三，将影响研究的领域、对象等进行分门别类。比如，将比较文学涉及的诸多领域分为两大类：一类是"物质"部分，包括体裁、风格、题材、主题、典型等，其中题材、主题、典型的研究叫做"主题学"。另一类是文学交流，其中研究作家、作品在外国的影响及其传播和被模仿的情况，叫"誉舆学"；追溯作家、作品"渊源"的叫"源流学"；翻译研究叫"媒介学"。影响研究的对象则被分为三种类型：放送者、接受者、传递者。他强调沿着放送者—传递者—接受者这条路线追溯"源流及主题、思想或形式"的假借。梵·第根的论述既是对当时比较文学研究实践的一个总结，也是对影响研究的理论的系统阐述。

伽列是巴尔登斯贝格的学生，被一些论者称为法国学派的中心人物。他在第一次世界大战前夕完成了博士论文《歌德在英国》。1935年，伽列接替巴尔登斯贝格主持巴黎大学比较文学讲座，并领导该校比较文学研究所，同时担任《比较文学评论》主编之一。学术思想上，伽列继承了前辈的观点，不满意仅仅只进行简单的比附和仅仅指出异同的研究，甚至对影响研究也存有戒心，认为它太模糊，太不明确。他特别强调关系和事实，在给基亚《比较文学》一书写的序言中伽列有一句名言："比较文学不是文学的比较。……我们不大喜欢不厌其烦地探讨丁尼生与缪塞、狄更斯与都德等等之间有什么相似与相异之处。"②伽列认为"比较"不过是一门连名字都没有起好的学科所运用的一种方法，如果仅将相似的东西罗列在一起，就有可能造成任性的、虚构的、多此一举的对比，这就成了修辞学的练习，而不是从文学作品本身去寻求它的发展过程与发展规律。伽列坚定地认为比较文学是文学史的一个分支，比较文学的任务是研究国际性的精神联系。在他看来，凡是不再存

① ［法］梵·第根：《比较文学论》，戴望舒译，商务印书馆1937年版，第17页。

② ［法］伽列：《〈比较文学〉初版序言》，《比较文学研究资料》，北京师范大学出版社1986年版，第42页。

在联系——人与作品的联系、著作与接受环境的联系、一个国家与一个旅行者的联系——的地方，比较文学的领域就终止了，随之开始的就是属于文艺批评的领域。

基亚是伽列的学生，曾担任新巴黎大学教授。初版于1951年的《比较文学》，是一本写给刚从事比较文学研究的青年读者看的启蒙读物，影响很大。基亚根据伽列的思想，提出可以更确切地把比较文学定义为“国际文学关系史”。他说：“比较文学就是国际文学的关系史。比较文学工作者站在语言的或民族的边缘，注视着两种或多种文学之间在题材、思想、书籍或感情方面的彼此渗透。”①《比较文学》围绕国际文学关系这个中心，先确定研究对象，然后陈述研究方法。他认为比较文学的对象首先应是国际文学关系的工具——翻译、旅行等，以及使用这些工具的人——译者、旅行家等，这二者都是媒介因素；其次是研究文学关系本身，基亚依次探讨了体裁、主题、作家的际遇、渊源、主要的国际文学思潮、文学作品中所见的外国等。

如果对法国学派的理论主张作一个小结，可以概括地描述为两点：其一，在研究方向上，注重国与国之间文学的事实联系和实际影响关系，在有些学者那里，对这种联系和影响的研究甚至被严格地限定在两国之间，如梵·第根即持有这种观点。所以在法国学派学者眼里，“比较文学”一词是一门系统而科学的学科没有起好的名字。其二，在研究方法上，强调实证主义。认为要使学科建立在坚实的科学性上，只有对文学关系的事实联系进行细致的、慎重的考察求证，也正是在这个意义上，他们主张把比较文学看成为文学史的一个分支。

法国学派的出现有其历史必然性和强烈的时代色彩。上面说过，比较文学学科在形成之时，曾遭到了许多反对，人们质疑“比较文学”作为一门学科的合理性和可能性，反对者一般集中攻击“比较”二字，认为比较方法古已有之。为了体现比较文学学科的科学性，法国学派甩掉比较的包袱，将学科的研究范围缩小，集中到只关注各国文学的具体联系和影响关系上，以“关系”的观念取代“比较”，也就是说，比较文学学科的真正立足点是“关系”而不是“比较”。

法国学派对比较文学的贡献是巨大的，它在比较文学形成之初就为学科发展开辟了一条严谨、科学的研究道路，为学科理论和研究范式奠定了最初的基础。虽然法国学派在学科定位、研究范围和研究方法等方面存在着一些褊狭的观点，但影响研究至今仍是比较文学研究中最基本的研究方法，而且也是一个始终充满生命活力的研究领域。

三、比较文学发展的第二阶段与美国学派

法国学派的理论与实践实际上已经内含了一种危机，这是一种学科收缩的危机，人为设限的危机。这种危机终于在1958年9月国际比较文学协会第二次大会上爆发了出来。②

---

① ［法］基亚：《比较文学》，颜保译，北京大学出版社1983年版，第4页。

② 国际比较文学协会于1954年在英国牛津成立，协会的宗旨是发展世界文学研究，通过国际合作途径实现这一目标。协会的第一届主席是卡雷。第一次大会于1955年在意大利威尼斯举行，主议题为“现代文学中的威尼斯”。美国学者对这届大会表现冷漠，没有参加，原因是他们认为议题“不仅意味着方法上的退步，而且也未能对当时比较文学中业已出现的新趋势提供评估的机会”。教堂山会议是美国比较文学学者与欧洲学者的首次会晤。

这次大会在美国北卡罗来纳大学所在地教堂山举行，会上，耶鲁大学教授韦勒克作了题为《比较文学的危机》的发言，向法国学派的理论观点提出了直截了当的挑战。这个发言被认为是美国学派的宣言书，此后引发的论战，不仅打破了法国学派的一统天下，也确立了美国学派在世界比较文学领域中的地位。

在这个发言中，韦勒克指出了比较文学的三个危机症状：第一，内容与方法之间的人为界限。韦勒克认为，梵·第根提出的比较文学与总体文学的区分是人为设限，是站不住脚的，也是不切实际的。第二，机械地把比较文学局限于研究渊源和影响，使比较文学降到附属学科的地位。韦勒克对法国学派着力于渊源与影响研究的倾向表示不以为然，认为这是“把陈旧过时的方法论包袱强加于比较文学研究，并压上19世纪事实主义、唯科学主义和历史相对主义的重荷”①。韦勒克批评说，这种研究倾向使法国学派仅仅注意到文学的外部情况，热衷于研究二流作家、翻译、游记和媒介物，“它使‘比较文学’成了只不过是研究国外渊源和作家声誉的附属学科而已”②。韦勒克力主纠正外部研究的倾向，而应回归到内部研究上来，回到“文学”这个中心来，因为比较文学毕竟是一种“文学”研究，而不是其他。第三，文化民族主义的、为本国文学评功摆好的动机使研究本身失去了客观性。他谴责法国学派把文学关系的研究变成了“贸易交往”，把比较文学变为“文化功劳簿”，“竭力证明本国施与他国多方面的影响，或者用更加微妙的办法，论证本国对一个外国大师的吸取和‘理解’，胜过任何国家”③。可以说，教堂山会议是比较文学发展史上爆发的一次危机，从结果看，它引发的讨论和思考又大大促进了学科的发展。

韦勒克对法国学派的质疑和批判，一定程度上代表了美国比较文学学者关于学科的思考。与法国学派相对应，人们把美国的一批观念相近的学者称为美国学派。美国学派的代表性人物除韦勒克外，著名的学者还有亨利·雷马克、哈瑞·列文和奥尔德里奇等。

如果说，韦勒克着意在破，那么，雷马克、奥尔德里奇等人则对美国学派的理论体系多有建树。雷马克是美国印第安纳大学教授，他在《比较文学的定义与功能》一文中，提出了美国学派关于比较文学的定义：“比较文学是超出一国范围之外的文学研究，并且研究文学与其他知识和信仰领域之间的关系，包括艺术(如绘画、雕刻、建筑、音乐)、哲学、历史、社会科学(如政治、经济、社会学)、自然科学、宗教等等。简言之，比较文学是一国文学与另一国或多国文学的比较，是文学与人类其他表现领域的比较。”④雷马克明确指出比较文学包括两个部分，即对文学进行跨国别(民族)和跨学科的研究。把雷马克的定义与法国学派的观点加以对照会发现，关于跨国界文学研究的问题，两国学者的观点从表面上看似乎很相似，但实质上却有重大差别。法国学派强调跨国界的影响研究，着眼于依靠事实材料解决问题，把文学批评排斥在外，如法国著名学者伽列和基亚对比较文

① ［美］韦勒克：《比较文学的危机》，载干永昌等：《比较文学研究译文集》，上海译文出版社1985年版，第122~123页。

② ［美］韦勒克：《比较文学的危机》，载干永昌等：《比较文学研究译文集》，上海译文出版社1985年版，第124页。

③ ［美］韦勒克：《比较文学的危机》，载干永昌等：《比较文学研究译文集》，上海译文出版社1985年版，第129页。

④ ［美］雷马克：《比较文学的定义和功能》，载张隆溪：《比较文学译文集》，北京大学出版社1982年版，第1、3、4页。

学中的大规模综合研究始终存有戒心。而雷马克则强调综合在比较文学研究中的必然性和重要意义。他说："我们必须综合，除非我们宁愿让文学研究永远支离破碎。"①平行研究则是综合研究的自然结果。这种研究以问题为基础，其中既包括探讨作品的类同，也包括研究作品的歧异②，它并不绝对地强调跨国界文学之间的事实联系。关于雷马克提出的跨学科研究，法国学者是不承认的。所以美国学派与法国学派在这个问题上产生了根本的分歧，雷马克说："在这个问题上，我们遇到的不是强调重点的不同，而是'美国学派'与'法国学派'之间阵线分明的根本分歧。"③

列文曾任哈佛大学比较文学系主任和美国比较文学学会副会长。在与法国学派的论争中，他表达了许多有独创性的见解。1972 年出版的《比较的基点》集中代表了他的观点。首先，他指出这场论争不是两国学者在争各自民族文化(文学)的短长，而是方法论之争，论争本身即表明了比较文学的发展。其次，他指出法国学者的问题在于文化上的沙文主义(文化帝国主义)，法国学者感兴趣的不是文学本身，而是文学的"外传"。对此，他提出了文化相对主义的主张。最后，在方法论上，列文主张突破实证的单一模式，采取多元的复式批评。此外，列文率先在比较文学研究中采用"主题"(theme)一词，建构了主题学研究的理论体系，具有开创性意义。

奥尔德里奇曾先后担任美国比较文学学会副会长、会长和国际比较文学协会顾问等职；曾在多所大学任教，包括在法国、日本等国任客座教授。1967 年以后，长期担任美国伊利诺斯大学教授、比较文学系主任。奥尔德里奇著述甚丰，《比较文学：内容和方法》是较重要的一部。他在书中为比较文学下的定义与雷马克的定义基本一致："比较文学最简单的定义，可以理解为通过一个以上的民族文学的视野来研究文学现象，或者研究文学与其他知识的关系。"④奥尔德里奇大力提倡平行研究，他把这种没有直接联系的作家作品的比较研究称为"纯粹比较"，并进一步划分为"类同"(亦称"类比")和"对比"两种。所谓"类同"，就是在相互间没有关联的作品中进行平行比较，考察相似之处，从中发现文学的共同规律。所谓对比，则主要是研究对象的不同之处，帮助人们看清各民族文学的特征，促进民族文学的研究工作。不过，对比的前提是对比的双方须在某一方面有一定的关联，也就是通常所说的可比性，如此才能同中求异。奥尔德里奇另一部重要著作是 20 世纪 80 年代中期出版的《世界文学的再现》。他在书中提出了文化多元主义的观点。此外，奥尔德里奇还强调东西方文学之间的对比研究，认为这是一个必须努力开拓的"伟大的未开垦领域"。

美国学派是在与法国学派的论争中确立起自己的理论体系的，其理论重点和对学科发

① ［美］雷马克：《比较文学的定义和功能》，载张隆溪：《比较文学译文集》，北京大学出版社 1982 年版，第 1、3、4 页。

② 必须指出，平行研究并不是美国学派的专利。梵·第根在提出总体文学概念的时候，曾探讨过"无影响的类似"问题；德国的主题学研究、俄国维谢洛夫斯基在进行缺类研究时提出的"类型学的类似"和"汇流"现象，也是平行研究性质的。不过总的来说，平行研究在美国学派那里得到最系统最广泛的总结和应用。

③ ［美］雷马克：《比较文学的定义和功能》，载张隆溪：《比较文学译文集》，北京大学出版社 1982 年版，第 1、3、4 页。

④ 陈惇：《比较文学》，高等教育出版社 1997 年版，第 28 页。

展的贡献可小结如下：第一，扩大了研究的领域，把不同学科引入到文学研究中来；第二，把比较文学研究的目光转向了文学的内部，更加关注作品的结构、语言、层次等方面的问题；第三，开拓了多元的研究方法，主张针对不同作品、不同问题运用不同方法，或综合运用多种方法。

要特别指出的是，美国学派和法国学派的论争，不是谁压倒谁的问题，而是学科发展道路上正常的问题讨论。在这个过程中，两国学者相互接受、互相融合，经过长期努力，双方对于比较文学的诸多问题逐渐有了共识。在1998年中国比较文学学会第二届年会(西安)上，当时担任国际比较文学协会会长的荷兰著名学者佛克玛作了一个发言，他认为现在的国际比较文学界，再也没有什么“法国学派”、“美国学派”之争了，学者们主要关心的是理论的探讨和问题的研究，纠缠于学派之争，对学科发展来说有害无益。

比较文学兴起以后，除法国、美国外，欧洲的英国、德国、俄国，亚洲的日本、印度也都取得了长足的发展，特别是俄国以及后来的前苏联，在比较文学的理论探索方面具有自己的独特见解，表现得非常活跃。如早在19世纪70年代，被誉为“俄国比较文学之父”的维谢洛夫斯基就试图阐明文学的发展如何受到社会历史发展的制约，也就是说，只要处于相似的社会历史条件下，就会产生相类似的文学来。他的这种观点为20世纪前苏联比较文学工作者创造出“历史类型学”的理论和方法奠定了基础。前苏联著名学者日尔蒙斯基认为，文学的发展始终是与社会历史的发展保持一致的，即使是有外来的文学影响，而这些影响也会受制于社会历史条件和社会需要的支配。前苏联学者的研究被比较文学界称之为比较文艺学或文学的历史比较研究，他们不仅成绩卓著而且自成一格，被称为苏联学派。

四、比较文学发展的第三阶段与东西比较文学研究的崛起

学科历史表明，比较文学每当发展到一个阶段上，总会遇上新的挑战或危机，从另一个角度说，这又是蜕变的机遇，蕴涵着新的发展的可能。一般认为，从20世纪70年代开始，比较文学进入第三个阶段。这个阶段，比较文学首先遭遇的是理论大潮的冲击。20世纪60年代以来，西方出现了“诗学复兴”现象，各种新的文化理论、文学理论接踵而至，对比较文学形成了强大冲击。比较文学如何面对这些理论，在汹涌而来的理论大潮面前何去何从？学者间展开了激烈的论争，有人为之鼓舞，认为新理论为比较文学开拓了新视野；有人则认为文学理论与比较文学的研究对象基本上是一致的，暗示比较文学有被其取代的可能；也有人担忧文化研究淹没了文学研究。在1985年国际比较文学协会第11次大会(巴黎)提交的论文中，许多学者正面肯定了新理论的积极意义，更有不少论文是新理论的实际应用。这又一次表明比较文学在面对挑战和危机时具有强大的自我更新能力。

在第三阶段，学科自我发展的又一次机遇是东西比较文学研究的崛起。从学科形成到20世纪中叶，比较文学主要在欧美国家进行，研究对象也主要是西方文学，很少将目光朝向东方。在西方比较文学界，“欧洲中心论”或“西方中心论”一直盛行不衰，在一些西方学者眼中，东西方文学之间的比较研究可行性不强，认为缺乏比较的基础。然而这种状况与比较文学应有的世界主义观点不符，也与比较文学所追寻的目标不符。比较文学的目标之一，就是通过对不同国家、不同民族的文学的研究，找寻各国文学所共有的一般规律、本质规律，如果只限于西方文学间的比较研究，那么得出的结论也仅仅是相对于西方

文学而言，这个结论在异质文化的东方文学那里，可能行不通。所以，比较文学研究如果不把东方纳入视野，无论如何是残缺的、不完整的，在科学性上是要打折扣的。到了20世纪下半叶，这种状况开始得到改变。一方面，随着殖民主义体系在世界范围的崩溃，第三世界文化逐渐由边缘向中心挪移；另一方面，西方后现代主义思潮的出现，对文化进步论的质疑导致了对西方中心主义的批判。在这样的文化背景下，西方一些有远见卓识的学者，意识到了第三世界文化、东方文化的重要价值，意识到了“异质”文化对西方文化发展的重要性。于是，纷纷把目光投向了东方。比如，法国学者艾金伯勒在《比较文学的危机》一书中一再强调开展东西文学比较的重要性，认为没读过《西游记》就像没读过托尔斯泰和陀思妥耶夫斯基的作品一样，没有资格奢谈小说理论。韦斯坦因虽曾在《比较文学与文学理论》一书中否认东西比较的可能性与必要性，但后来，他于1984年发表在《加拿大比较文学评论》上的一篇文章中进行了反省，为当时的说法“感到后悔”。在东西文学比较研究的实践方面，成绩也很可观。在美国，印第安纳大学第一个努力把亚洲文学引进比较文学领域；普林斯顿大学、斯坦福大学等也对东西比较文学进行了研究。在具体研究方面，美国学者白之关于中西小说和戏剧的比较研究、普安迪的《关于中国小说叙述学的研究》、法国学者沙梦的《中国传统小说在亚洲》、捷克学者高利克的《中西文学关系的里程碑》等都努力在中西文化之间进行探索。

在东西比较文学研究方面，亚洲学者的参与显得尤为重要。一方面，亚洲学者具有母文化、母文学的深厚修养；另一方面，他们大都有留学西方的经历，其中不少人还长期在西方工作和生活，对西方文化和文学也相当熟悉。这种横跨东西的知识背景，决定了他们特别适合于从事这方面的工作。比如现代意义上的中国比较文学研究，其肇始于19、20世纪之交，从一开始就显示出了一个鲜明特色，即中西文学的比较研究。近代文学改良运动中的比较研究实践，就是试图通过中西文学的对比研究来达成改良的政治目的。文学改良运动的旗手梁启超在《饮冰室诗话》中认为，中国诗歌成就堪与西方比肩，但有两方面仍嫌不足：一是缺乏“精深盘郁雄伟博丽之气”，二是“于世运无影响”①，着眼于政治功利的意图十分明显。五四运动前后，鲁迅的比较文学活动，也主要着力于中西文学的比较研究，如在发表于1907年的《摩罗诗力说》中，他将欧洲的浪漫派诗人与中国诗人屈原等进行比较，指出，前者“立意在反抗，旨归在动作”，而在后者的诗作中很少能听到反抗的声音。翻译了大量西方小说的林纾，则多从艺术技巧的角度对中西小说进行比较考察，如将《老古玩店》与《红楼梦》比较，将《大卫·科波菲尔》与《水浒传》比较等。20世纪20、30年代，一批留学欧美的学者学成归国，也有不少人致力于中西比较文学研究。留学哈佛的吴宓，1920年发表《红楼梦新谈》一文，将《红楼梦》放在世界文学的大范围内，与卢梭、雪莱等人的作品进行广泛比较。其他如留学法国、瑞士的梁宗岱的中西诗人诗作的比较研究，留学德、美两国的陈铨的中德文学比较研究，留学美国的范存忠的中英文学比较研究，留学英、法、德等国的朱光潜的中西比较诗学等。这种中西比较的研究特色，奠定了此后中国比较文学研究的主要学术方向。

20世纪50年代至70年代，由于众所周知的原因，比较文学在祖国大陆陷于相对沉寂。而这一时期，我国港台地区开始了比较文学的垦拓。从研究方向上看，我国港台学者

① 梁启超：《饮冰室诗话》，人民文学出版社1982年版，第4页。

最鲜明的特色也恰是中西文学的比较研究。在研究实绩上，以平行研究和“援西释中”的阐发研究取得的成果最为可观。平行研究涉及的范围相当广泛，文学观念、艺术技巧、风格流派、各种文体以及具体的作家作品等，无不在研究的视野之中。他们力图通过中西文学现象的横向比较，一方面寻找两者间共通的文学规律，寻找共同的“文心”、“诗心”；另一方面，也是更重要的方面，则是清理中西文学的相异之处，并试图从文化的角度去寻证导致差异的原因。如台湾学者叶维廉在《东西方文学“模子”的应用》一文中，从宏观角度提出不同文化系统决定不同的美感运思及结构行为，从而形成不同的文学“模子”的理论，影响非常大。台湾学者古添洪在《中西比较文学：范畴、方法、精神的初探》中提出运用西方理论来阐释中国文学的“阐发法”。香港学者李达三在《比较文学研究之新方向》中则提出比较文学应立足于中国本民族文学特点的观点。此外，从具体文学比较研究来看，还有陈鹏翔的《中西文学里的火神》一文把中国民间传说中的伏羲、神农、燧人、祝融、回禄等火神形象与西方文学中的普罗米修斯进行了多方面的细致比较，指出中国的火神故事较具人性色彩，而普罗米修斯蕴含着更多的宗教情操。张汉良的《关汉卿的〈窦娥冤〉：一个通俗剧》、古添洪的《悲剧：感天动地窦娥冤》、张炳祥的《〈窦娥冤〉是悲剧论》等论文，通过具体作品、具体形象，探讨了中西悲剧观念、悲剧类型等问题。颜元叔的《薛仁贵与薛丁山》、侯健的《〈野叟曝言〉的变态心理》等论文，运用了弗洛伊德的精神分析学说来解读中国作品。周英雄的《从两首乐府古辞看民间诗歌》、《赋比兴的语言结构》等论文，则以结构主义的理论模式对中国诗歌的结构形态、语言运用等问题进行了新的分析。

1979 年，钱钟书的巨著《管锥编》的出版标志着祖国大陆的比较文学研究走向了全面复兴。复兴后的中国比较文学发展迅猛，建立了许多研究机构和学术团体，出版了专门的比较文学刊物《中国比较文学》，比较文学作为专业课程纷纷进入大学课堂，与世界同行的学术交流频繁展开①。更重要的是，众多学人以极大热情投入研究实践，出版了大量的研究论文和专著，这些成果涉及的内容极为广泛，而其中中外文学尤其是中西文学的比较研究不仅数量最丰，而且方法多样，影响研究、平行研究、阐发研究各展其能、争奇斗艳。要特别提到的是，在丰富的研究成果的基础上，中国学者还提出了建立比较文学中国学派的主张②。这种主张的提出，表明了试图超越西方理论的局限、建立某种具有中国特色的比较文学学科理论的强烈愿望。中国比较文学研究的理论基石是跨中西文化研究，这对提升中国文学在世界文学中的地位，探求某种能涵盖中西方所有文学现象的诗学体系是有积极作用的。

东方学者特别是中国学者积极参与到世界比较文学的行列中来，是当今国际比较文学的重大发展，前任国际比较文学协会会长佛克玛曾说：“国际比较文学学会需要中国同行的支持，以维持并提高文学研究的国际标准。”③的确，中国比较文学的发展不仅使东西方比较文学研究从可能变为了现实，而且极大地丰富了比较文学学科理论，弥补了学科理论

① 1981 年，北京大学比较文学研究会成立；1981 年，《北京大学比较文学通讯》创刊；1984 年，《中国比较文学》创刊；1985 年，中国比较文学学会成立。

② 比较文学中国学派的主张，最早由我国台湾学者提出。

③ 陈惇：《比较文学》，高等教育出版社 1997 年版，第 45 页。

的不足。

如果说，美国学派与法国学派论争的结果，是扩展了比较文学的研究领域，那么东西方比较文学研究的崛起，则是从根本上扩大了比较文学的研究视野，使比较文学在真正意义上成为世界民族大家庭的共同事业。

◎**思考题**

1. 为什么说19世纪以前的比较研究实践，尚不具备真正的比较意识？
2. 概述“世界主义”意识与比较文学形成的关系。
3. 简述法国学派的理论主张。
4. 韦勒克在教堂山会议上的发言，对比较文学的发展有何意义？
5. 比较文学发展的历史轨迹给你什么样的启示？

第二章　比较文学的研究范围及学科的扩展性

第一节　比较文学的研究范围

比较文学的研究范围是由其研究对象和研究角度决定的。比较文学与传统文学的研究对象有所不同，它们分属于不同研究层次，从而形成不同的研究重点和研究范围。传统文学研究分为文学史、文艺理论和文学批评，“比较”只是作为一种研究方法，不具备独立品格。但比较文学已从传统的文学研究中分离出来，专门从事不同国家(民族)文学作品与文学本质关系的研究，并形成了一门独立的学科。

一、确立比较文学研究对象的前提

比较文学的研究对象是各种文学关系，这些“文学关系”具有跨民族、跨语言、跨文化和跨学科界限的特性。不同的研究对象构成不同的研究范围。归属于比较文学研究范围的主要有三个方面：首先，两个或多个民族文学之间实际存在着的相互联系和相互影响的关系，习惯上被称为“事实联系”或“亲缘关系”；其次，两个或多个民族文学中，没有事实联系的文学现象之间具有可比性，具备研究价值，其间存在价值关联，习惯上称之为“价值关系”或“类同关系”；再次，文学与其他学科之间相互影响、相互阐发的关系，习惯上被称为“交叉关系”。三种文学关系成为比较文学研究对象的客观基础，决定着比较文学的研究范围。但界定比较文学的对象与范围还应重视比较文学的跨越性、可比性和文学性。

跨越性是比较文学的基本属性。比较文学研究是从一国(民族)扩展到两国(民族)或多国(民族)，从文学范围内扩展到文学范围外，这为文学研究开辟了新的领域。比较文学研究中需要跨越的四种界限——民族、语言、文化和学科，只要跨越其中一种就可进入比较文学的研究领域。四种跨越中，前三者都属于文学范围内的跨越，后者属于文学范围外的跨越。在前三者之间，跨语言与跨民族具有同一性，跨民族的比较研究又离不开跨文化研究，当然，三者之间不能互相替代。“比较文学的对象是具有跨越性的文学现象之间的相互关系，跨越性是它的先决条件。”①

可比性是决定文学现象与文学问题能否成为比较文学研究对象的首要条件。事实上，世界各民族文化间的相互碰撞、相互影响、相互吸收的现象是客观存在的，这是比较文学可比性的第一要素。另外，文学作为一种

① 陈惇：《比较文学》，高等教育出版社 1997 年版，第 57 页。

意识形态和人类的本质需要，其产生和发展有着自身的固有特征和发展规律，这是世界各国文学所共同具有的本质。正是这种人类本性所导致的文学本质特征的共同性为比较文学平行研究的可比性提供的前提条件，为比较文学研究提供了可能。因此，将问题提到一定范围内，确定某种特定标准就能显现出文学现象的可比性来①。

文学性是比较文学的核心及终极目标。比较文学研究的所有课题、研究过程及最终目的都必须以文学为中心，最终都要解决文学问题，只有文学才是其出发点和归宿，文学性应该贯穿比较文学研究的全过程。比较文学不能忽视对文学创作、文学现象的内在运动及其特殊规律的考察，否则就会偏离文学性原则。

跨越性、可比性、文学性是比较文学研究对象的基本属性，也是界定比较文学研究范围的重要参照。

二、比较文学的研究范围

梵·第根所著《比较文学论》曾认为比较文学主要是研究各国文学的相互影响，其对象应包括：①不同的古典文学之关系；②古典文学与近代文学之关系；③近代各国文学之关系②。而第三类范围是最广泛、最复杂的。当然，梵·第根把这些关系仅仅局限在两国文学之间，这明显限制了比较文学的研究范围。实际上，比较文学不仅包括两国及两国以上不同国家(民族)文学之间的关于文学史、文学理论和文学批评等方面具有事实联系的“影响研究”，它还应包括没有事实联系的“平行研究”③。此外，根据美国学者雷马克对比较文学的定义，比较文学研究还可以进行跨学科的研究，这就将比较文学的研究范围进一步扩大到了文学领域之外。归纳起来，整个比较文学的研究体系和范围如下表：④

<table>
<tr><th>一级分类</th><th>二级分类</th><th>三级分类</th><th>四级分类</th></tr>
<tr><td rowspan="14">比较文学</td><td rowspan="10">文学范围内的比较文学研究</td><td rowspan="3">影响研究</td><td>誉舆学</td></tr>
<tr><td>渊源学</td></tr>
<tr><td>媒介学、译介学</td></tr>
<tr><td rowspan="6">平行研究</td><td>主题学</td></tr>
<tr><td>文类学</td></tr>
<tr><td>形象学</td></tr>
<tr><td>比较诗学</td></tr>
<tr><td>历史类型学</td></tr>
<tr><td>比较神话学</td></tr>
<tr><td>阐发研究</td><td></td></tr>
<tr><td rowspan="4">跨学科的比较文学研究</td><td>文学与艺术</td><td></td></tr>
<tr><td>文学与宗教</td><td></td></tr>
<tr><td>文学与人文、社会科学</td><td></td></tr>
<tr><td>文学与自然科学</td><td></td></tr>
</table>

① 陈惇：《比较文学》，高等教育出版社 1997 年版，第 57 ~ 58 页。

② 干永昌：《比较文学理论的渊源与发展》，载干永昌等：《比较文学研究译文集》，上海译文出版社 1985 年版，第 9 ~ 10 页。

③ 乐黛云：《中西比较文学教程》，高等教育出版社 1988 年版，第 33 页。

④ 陈惇：《比较文学》，高等教育出版社 1997 年版，第 64 页。

作为一门开放性学科，比较文学在其发展的一百多年时间里研究范围始终在不断扩大，研究类别也在不断增多，形成了很多各自独立的、相对完整的研究理论。下面从四个大的方面来探讨比较文学研究范围的具体内容。

（一）“事实联系”与影响研究

影响研究包含了比较文学中众多的研究领域，梵·第根的《比较文学论》曾系统阐述比较文学的理论、方法和历史，认为它应该研究国与国之间文学作品相互借鉴、相互影响的关系，找出文学影响的途径，还划分出文学的区域层次，主张“国别文学”研究一国之内的文学问题，是一切文学研究的基础和出发点；“比较文学”研究两国之间的文学关系；“总体文学”探讨多国文学的共有事实，凡是超出两国之间的二元关系的问题，即属于总体文学①。他将比较文学的研究范围明确划定为两国文学之间的相互关系，界定了“影响研究”的研究范围。

在影响研究的范围之内，从影响的放送、传播、接受三个方面又历史地形成了誉舆学（又称为“流传学”）、渊源学、媒介学三个研究领域。誉舆学主要从“放送者”的角度研究某一个作家、一部作品、一种文体或者是某一类文学作品在国外的影响和声誉，以及该国对这种影响的反映。渊源学则是从接受者的角度来研究某一部作品的题材、主题、思想、风格、艺术手法等的来源，也就是追溯某一作品外来影响的源头，考证作品形成的渊源关系。而媒介学则是专门研究产生文学影响的各种媒介，如文学外的社会文化交流、民族迁徙融合、历史战争、宗教传播、探险旅游等；文学以内的传播媒介有翻译、评介、改写、模仿等。此外，影响研究还包括研究文学作品的各种构成因素在不同国家（民族）流传、选择、误读、消化、变异的具体历史情况，如题材、主题、人物、情节乃至结构、风格等，甚至还涉及各国文学之间的精神交流和民族文学中的异国形象的产生。20 世纪 50 年代以后，媒介学又逐渐发展出专门的译介学理论，从而把翻译理论提到了一个非常重要的地位。

（二）“价值关系”与平行研究

平行研究主要是指对那些没有事实联系的各国文学进行比较研究。它把比较文学研究引导到没有事实联系的更广阔的历史时空之中，也就是说任何国家、任何时代的文学作品都可以成为比较文学的研究对象，在有可比性价值的情况下都可以进行比较研究。美国学者奥尔德里奇将彼此没有直接联系的作家作品的比较研究称作“纯粹比较”，并将其区分为“类同”和“对比”两个层面。平行研究不仅包括对文学作品内在各个组成部分的比较研究，还包括文学作品外有关文学思潮、文学运动、文学流派、文学团体、文艺理论等各方面的比较研究。它不仅要寻求不同民族文学之间的相异之处，而且还要探索不同民族文学之间的相同之处，并阐述这种异同的社会、历史的根源。由此，平行研究历史地形成了主题学、文类学、形象学、比较诗学以及历史类型学等多种研究理论。主题学主要是对不同文学作品的主题、母题以及作品中的题材、人物、情节等进行平行研究。文类学主要是对不同国度的文学类型、文学体裁、文学风格进行平行研究。形象学主要探讨文学中的异国形象的成因。比较诗学则是探讨不同民族文艺理论方面的异同。而历史类型学则是将世界文学的差异性放到社会历史的环境中进行考察，并确定人类本质的共同性是如何导致不同

---

① ［法］梵·第根：《比较文学论》，载干永昌等：《比较文学研究译文集》，上海译文出版社 1985 年版，第 17 页。

民族文学的相似性特质的。

（三）理论互借与阐发研究

比较文学中的阐发研究虽是20世纪70年代由中国港台的学者正式提出来的，但是，在文学研究的实践中，中国很早就有人从事了这方面的工作，如我国著名学者王国维、鲁迅、朱光潜、钱钟书等早就开始借用西方的一些理论来进行中西文学的比较研究，王国维进行了中西戏剧的比较研究，鲁迅进行了中西文论的比较研究，朱光潜进行了中西诗歌的比较研究，钱钟书则进行了更为广阔的中西文学和文化的比较研究。1976年我国台湾学者古添洪、陈慧桦提出“援用西方文学理论与方法并加以考验、调整以用之于中国文学之研究”，并明确将这种研究方法命名为“阐发研究”①。这种研究方式的提出无疑给中西比较文学的研究打开了更加广阔的视野，也就是说，任何一种文学理论都在这种视野中获得了新的生命。不仅如此，而且通过借用他国文论来阐发本国文学，民族文学也将由封闭走向开放，从而使民族文学具有了世界性，促进了世界各民族文学的对话、交流和融合。杜卫在《中西比较文学中的阐发研究》一文中说：阐发研究是“一种跨文化地借用文学理论模式的比较文学研究策略和方法。它是在充分理解、审慎选择和适当调整的基础上，采用某种具有跨文化适应性的理论和方法来比较、印证、概括、解释别国文学，由此使研究成为一种介质、一种对话、一种融合，并为进一步的跨文学对话提供可交流与可理解的话语”②。由于理论的互借和文学的相互阐发，阐发研究将涉及理论文本的对译、文化之间的误读、文学文本的超文化阐释等一系列问题，但这些问题恰好能激发阐发研究向更深入的方向发展。

（四）“交叉关系”与跨学科研究

跨学科研究是20世纪60年代兴起的比较文学研究类型，美国学者雷马克明确提出了跨学科的理论主张。干永昌在《比较文学理论的渊源和发展》中认为：“文学本来就同艺术与科学结下不解之缘。文学与历史结合产生过史诗、历史小说和小说体传记；文学与音乐结合产生过歌剧、颂诗和民歌；文学与宗教音乐结合产生过清唱剧、赞美诗；文学与舞蹈结合产生过标题性芭蕾舞；文学与天文学结合产生过科学幻想小说。随着电影、电视艺术的发展和心理学、神话学等学科的最新成就的取得，比较文学的领域正在不断开拓，有发展成为比较文化的趋势。”③就文学与影视艺术交叉形成影视文学、文学与网络交叉形成网络文学等现象来看，说明跨学科研究不一定要跨越民族界限，但必须跨越学科界限。

文学与艺术的其他门类（音乐、绘画、雕塑、戏剧等）相互借鉴、吸收、融合，被称作“姊妹艺术”。比较和研究文学与其他艺术的异同及其沟通规律，研究文学对其他艺术经验的借鉴以获得发展的新动力，理应成为比较文学研究的重要课题。社会科学、人文科学和自然科学也能从不同角度影响文学创作和发展。后工业化社会，系统论、信息论、控制论及电子计算机在文学研究中得到广泛运用，令学者可以打通自然科学与文学研究的关系，借用自然科学方法来促进文学研究。研究者必须放宽视野，将文学放到与外在自然、

① 古添洪、陈慧桦：《比较文学的垦拓在台湾·序》，台湾东大图书有限公司1976年版，第2页。

② 杜卫：《中西比较文学中的阐发研究》，原载《中国比较文学》1992年第2期。

③ 干永昌：《比较文学理论的渊源和发展》，载干永昌等：《比较文学研究译文集》，上海译文出版社1985年版，第17页。

社会的联系之中去进行关系研究。

跨学科研究所涉领域无论多么广泛，都应以文学为中心，此乃比较文学的“文学性”使然。

美国学者以开阔的视野、宽广的胸怀在学术上倡导“平行研究”和“跨学科研究”，拓展了比较文学的研究范围，将其推进到新阶段。但美国学派对于比较文学研究范围的界定从另一个角度来看尚显得过于宽泛，理论阐发不够完善。正如刘象愚先生所说：“如果说，所谓法国学派的理论失之过窄的话，那么，所谓美国学派的理论则失之过宽，特别是他们所谓的‘跨学科’研究，实质上把比较文学推向了一个毫无边际的领域中。”①因此，跨学科研究从本质上来说还需要有一个不断完善的过程。

第二节　比较文学的扩展性

20 世纪 70 年代，各国比较文学研究空前活跃，不仅在地域上有所扩展，而且正经受三股世界性潮流的冲击：第一，比较文学迎来理论研究的大潮，一方面比较文学学科逐渐在理论上走向成熟，其研究对象明显向理论性课题拓展；另一方面比较文学在理论探索、方法论的多维发展、新的研究领域的不断涌现及大量其他学科理论不断被比较文学所吸纳等方面都显示出理论化的趋向。第二，东西比较文学研究热潮的兴起。第三，比较文学向“文化研究”拓展。

一、地域上的扩展

第二次世界大战后，比较文学除在研究领域有了较大的扩展外，比较文学在世界开展的地域范围也有了非常大的拓展，50 年代以后，前苏联、东欧、非洲和亚洲各国的比较文学研究先后进入大发展时期。

（一）前苏联和东欧各国的比较文学研究

俄国开展比较文学研究是很早的，19 世纪七八十年代，大学已普遍开设了总体文学课程和讲座，并逐步形成有特色的比较研究。俄国最早的比较文学代表维谢洛夫斯基很早就提出了“历史诗学”的观点，阐明文学的发展如何受到社会历史发展的制约。后来前苏联著名比较文学专家日尔蒙斯基提出“历史类型学”的理论，不仅扩大了比较文学的研究范围，而且进一步奠定了“类型学”研究的基础。

20 世纪 30 年代后，前苏联比较文学研究因受到批判而停滞下来。50 年代后比较文学开始“复苏”，学术界重新对历史—比较文艺学发生兴趣；1957 年，苏联科学院成立“俄外文学关系研究室”，开展俄外文学研究；1960 年，苏联科学院高尔基世界文学研究所召开学术讨论会，并影响到其他社会主义国家如匈牙利、捷克、德意志民主共和国的比较文学研究工作；1971 年在莫斯科召开“斯拉夫文学比较研究学术会议”，同年还出版了《简明文学百科全书》，收入由日尔蒙斯基撰稿的比较文学词条“历史—比较文艺学”。前苏联学者的比较文学研究一直坚持以历史类型学理论研究文学与社会发展的内在联系，70 年代以后，他们继续进行探讨，使其成为不断完善的比较文学理论。

---

① 刘象愚：《关于比较文学学科基本理论的再思考》，载《北京师范大学学报》2003 年第 6 期。

东欧各国比较文学学科在20世纪50年代后开始活跃且日趋成熟，几乎都有专门的研究组织和教学机构，出版各种专业刊物，不断举办各种类型的学术性会议，如匈牙利的布达佩斯的比较文学研究就异常活跃，多次举办大规模的比较文学讨论会，1960年以后还成功地组织了关于斯拉夫文学比较研究的国际性会议。1967年，捷克的贝尔格莱德甚至还承办了国际比较文学协会的第5届年会。在研究成果方面，东欧各国也相当可观，出现了一些具有国际性影响的学者，如匈牙利的肖捷尔、斯洛伐克的朱里中和罗马尼亚的迪玛等。出版了不少令国际学术界瞩目的理论著作，如朱里中的《比较文学理论》、迪玛的《比较文学引论》等。

（二）非洲和亚洲：埃及、印度和日本的比较文学

1. 埃及比较文学是在20世纪50年代开始趋于成熟的。国内各高校开始将比较文学列为正式课程，梵·第根《比较文学论》的阿拉伯译本得到正式出版。师从伽列的穆罕默德·古奈米·希拉勒等学者回国后大力推动其学科在本国的发展，他于1953年出版的《比较文学》成为阿拉伯世界第一本比较文学教材。1961年，他在开罗的阿拉伯国立大学作了著名的比较文学的演讲，影响很大。埃及学者重事实考证，注意研究阿拉伯文学与外国文学的关系，注重研究阿拉伯文学对世界文学的贡献，这实际上是追寻着法国比较文学的传统。60年代后，阿拉伯世界的比较文学开始跨入世界的行列。

2. 印度比较文学起步较早。泰戈尔1907年所撰写的《世界文学》已为印度比较文学奠定了基础。20世纪50年代后，国内十余所高校相继成立比较文学系或开设比较文学课程，比较文学论著纷纷问世，学术会议经常召开。1956年，加尔各答的雅达普尔大学建立了比较文学系，1961年该校创办了《雅达普尔比较文学杂志》。印度是多民族多语种国家，印度学者将国内各语种文学的比较研究放在重要地位，希图建立印度文学的完整概念，建立机制统一的印度文学史，其研究既考虑国内各语种文学的民族特色，又考虑其相互之间的影响以及来自国外文学与文化的影响，希望找寻到文学的“印度性”①。1969年，新德里大学强调用比较文学的方法来研究印地语、孟加拉语和泰米尔语的各类文学。80年代，印度比较文学学会和印度国家比较文学学会相继成立，印度比较文学事业有了更快的发展。

3. 日本比较文学在东方是发展得比较早的，早在19世纪90年代初，坪内逍遥就已在东京的专门学校开设比较文学课程；法国学者的比较文学著作在明治年间被介绍到日本；大正末年，为对明治文学进行再研究，日本学者开始重视对外国影响的研究并使之逐步盛行；昭和年间法国学派的研究成果传入日本，野上半一郎主张梵·第根的《比较文学论》的观点，但当时学科尚未独立。1948年，经中岛健藏提议，日本比较文学学会创立并成为全国性比较文学研究和联络的中心。1956年日本开始发行作为会报的比较文学季刊；1958年创办《比较文学》杂志。日本比较文学兼取法、美学派的不同特点，以书志、文献表、统计图表等的制作、整理作为研究基础，经常同各国文学界进行联系和交流。众多比较文学新作不断问世，多次举行全国性学术会议，并不断派代表参加国际比较文学协会大会，使日本比较文学界显得极为活跃。② 1991年，日本成功地举办了国际比较文学协会

① 陈惇：《比较文学》，高等教育出版社1997年版，第33～35页。

② 参见北京师范大学中文系比较文学研究组：《比较文学研究资料》，北京师范大学出版社1986年版，第82～84页。

第13届年会暨国际学术研讨会，这是国际比较文学协会第一次在东方国家召开，极大地推进了东西比较文学研究的发展。

（三）中国的比较文学

中国比较文学虽发展较晚，但作为一种研究却是非常早的。早在西晋时期，佛教界产生的“格义”方法就可成为中国比较文学的渊源，可视为最早的“阐发研究”；当时佛经翻译曾引发对翻译理论的探讨，也可成为今天比较文学中“媒介学”的渊源。至唐宋时期，探讨不同文学间的渊源、影响、媒介乃至平行类比、互相阐发的研究已非常普遍，但显得零散而无系统。鸦片战争至五四运动前后，翻译盛行并引发了中国文学观念的变革。当时王国维、鲁迅等中国比较文学萌芽时期的重要代表人物，在吸收西方各种理论的基础上对中国的传统文化和文学进行了阐发，他们的研究为中国比较文学事业的发展作出了重大贡献。从五四运动到新中国成立的30年间，中国比较文学研究趋向自觉，当时中学、西学孰优孰劣的大讨论发展成为有关东西方文化的持久论战，对中国比较文学的发展影响深远；文学研究者大都曾游学欧美或东洋，有的直接接受法国比较文学的熏陶、训练，他们对西方有深切了解，又有深厚旧学功底，其中吴宓、陈寅恪、朱光潜等归国后在高校执教或主办杂志；郑振铎、茅盾、周作人等组织文学研究会，主办刊物《小说月报》，鼓吹比较文学研究；傅东华翻译出版洛里哀《比较文学史》（1937年）；戴望舒翻译出版梵·第根《比较文学论》（1937年）；丰子恺、宗白华、郑振铎、钱钟书、老舍等还涉及跨学科研究，内容主要集中在文学与艺术、宗教等方面。他们进行中国文学与西方文学的比较研究，在世界文学大格局中研究中国文学，已具有进行比较文学研究的能力和自觉性，比较文学研究在规模、内容和方法上都发生了巨大变化，出现了许多已达到相当水平的论文、专著等。

进入60年代后，比较文学开始在祖国大陆和我国台港地区发展起来。台港学者一开始就把注意力放在中西方文学的比较研究之上。1976年，古添洪等学者提出了“阐发研究”的理论，倡导进行中西理论与文学的相互阐发，在比较文学学科理论上具有很大的价值。1979年我国著名学者钱钟书的《管锥编》前四册正式出版，成为中国比较文学复兴的标志。1981年1月，北京大学正式成立比较文学研究会；1982年三名中国学者首次参加在纽约召开的国际比较文学协会第十届年会。中国比较文学完全成熟的标志是1985年在深圳大学召开的中国比较文学学会成立暨首届学术讨论会。此后中国比较文学作为独立学科走上了快速发展的轨道，至今已连续召开了7届中国比较文学年会暨国际学术研讨会，并多次召开中美、中日等双边学术讨论会。中国学者对国际比较文学作出了重要贡献。

通观战后世界比较文学的发展，已实现了地域上的全球性拓展，并开始向着真正的国际性学科迈进了。

二、比较文学学科的扩展性

20世纪70年代后，国际比较文学进入了大发展阶段。从其发展的未来趋势看，比较文学将面临三股世界性潮流的冲击。

（一）理论大潮

20世纪60年代后，西方各国出现了“诗学复兴”的现象，现象学、阐释学、符号学、接受美学、女性主义、结构主义、后结构主义、后殖民主义、新历史主义等大批新文化、新文学理论相继冲击着学术界，以至引起比较文学史上的第二次大论争。荷兰著名学者佛克玛认为，比较文学的研究对象不限于文本，还包括文学信息传递与接受之间的“文学交流情境”和“文学符号系统”①等，比较文学不能局限于自己原定的界限，而应扩大研究范围。多数老一辈学者如韦勒克、雷马克、韦斯坦因、奥尔德里奇等并不否认理论探索的必要性，但认为流行的新理论经不起作品的检验，显得空洞。两派在1985年的国际比较文学协会第11次(巴黎)大会上正面交锋，“传统派”指责新理论空谈理论而不作价值判断，新理论却已不限于纯理论研究，而是更重视探讨新理论的实际应用，探讨新理论与比较文学的关系。事实上，阐释学、符号学、结构主义、接受美学、后殖民主义等新理论对比较文学而言并非是毫无新意，而是为比较文学研究提供了新的视角。

比较文学的“理论化”一是指比较文学的研究对象从传统课题(如影响、接受、来源、形象等)向理论性课题拓展，注重探讨文学的本质规律。二是指比较文学研究的方法论基础，即其本身的理论指导、基础和架构的研究。对文学共同规律的探讨是比较文学与总体文学的共同目标，比较文学的理论研究已将视野由文学史拓展到文学理论甚至文学整体，乃至于有学者认为其学科研究内容已经超出“比较文学”所涵盖的范畴，应将学科更名。1985年的国际比较文学协会第11次(巴黎)大会以后，国际比较文学协会讨论议题的理论色彩更加鲜明，如第12次大会要求强化理论在学科中的作用，还成立了“文学理论委员会”。但过分强调理论而忽视对作品进行具体研究，会对比较文学带来不良影响，因为理论探讨毕竟不能代替对作品的具体研究，不能取代审美分析。

(二)东西比较文学研究的热潮

20世纪后半叶，全世界政治格局发生了很大的变化，西方殖民主义体系开始全面瓦解，亚非等第三世界国家开始崛起，后工业化和信息化的迅速发展，这些都为国际比较文学研究带来新的契机和新的变化，整个世界文学和文化都走向了历史性的转折时期。欧美发达国家和民族的文化中心主义开始趋于消解，并被迫向其他文化体系寻找参照以突破困境，寻求新的发展空间。发展中国家也急于挣脱文化上的从属和边缘地位而开始向中心转移。站在传统与现代的十字路口，面对当代全球意识的觉醒，东西比较文学研究越来越成为世界各国学者共同关注的焦点。一些具有远见卓识的西方学者开始注重东方文学价值，主张开展中西方文学和东西方文学的比较研究。美国学者纪廉的观点非常有代表性：“只有当世界把中国和欧美这两种伟大的文学结合起来理解和思考的时候，我们才能充分面对文学的重大的理论性问题。”②美国学者哈瑞·列文认为，应该突破欧洲中心主义，并举例说：如果能了解到日本能乐与希腊悲剧的共同之处，便可对种种有机过程进行归纳概括。他所追求的目标是超越为文化所束缚的背景，开辟出一块极富生命力的领域。③ 前苏联学者在坚持历史类型学研究时也较早注意到东方文学，关注东西方文学的比较研究。

上述欧美比较文学学者的观点表明西方学者已开始逐渐“突破西方文化系统范围”，已经“勾画出一幅世界文学发展的图景”。法国学者艾田伯曾号召“学习汉语、孟加拉语和阿拉伯语，以建立比较诗学，对世界文学进行全球范围的研究”，并强调进行中西文学的

① 陈惇：《比较文学》，高等教育出版社1997年版，第35～36页。

② 干永昌：《比较文学理论的渊源与发展》，《比较文学研究译文集》，上海译文出版社1985年版。

③ 陈惇：《比较文学》，高等教育出版社1997年版，第27页。

比较研究，甚至认为没读过《西游记》不能奢谈小说理论①。美国学者奥尔德里奇突破西方传统，着重探讨东西方文学间的比较研究问题，认为所有的作品都应是合法研究对象，没有哪一种民族文学可以占有优势或享受特权，东西方文学存在着共同领域，可以合理合法地寻找将它们结合在一起的原则和性质，他提出的“环宇文学”概念就是为“寻求全球性而不采取美学绝对化的态度”②。可以说，当今世界已经有很多学者都认识到没有东方，特别是没有中国，比较文学便不具备真正的国际意义。欧亚文学之间的比较研究已成为未来比较文学不可阻挡之势，东西方比较文学研究已被视为比较文学发展的新阶段、新高潮，具有非常深远的意义。当然，由于长期受到“欧洲中心论”的负面影响，西方学者直接参与东西比较文学研究的学者目前还不多见，因此国际比较文学界寄希望于东方特别是中国、日本和印度学者来担负起这个历史的使命，特别是中国学者将在其中扮演重要角色。旅居海外的华裔学者刘若愚、叶维廉、叶嘉莹等早已率先开始中西文学比较研究，他们谙熟中国文学，同时又通晓西方文学和西方新理论，有进行中西文学比较研究的优势，他们用西方文艺学理论、方法来分析、解释中国文学理论和现象，已获得显著的成果。中国台湾学术界长期以来始终将东西文学尤其是中西文学的比较研究放在核心地位。中国香港比较文学的大学课程也以中西文学比较研究为主要内容。我国台港学者长于借用西方文论阐释中国文学，将之作为中西文学比较研究的主要方法，相继出版了中西比较文学研究的一系列学术著作。叶维廉在其主编的“比较文学丛书”的总序中说，期望在跨文化、跨国度的文学作品及理论间寻求文学的共同规律、共同美学据点，期望探讨最新西方文学理论脉络如结构主义、读者反应理论等在中国文学研究中加以应用的可行性和可能引发的危机。这种思路已成为中国台港比较文学研究的显著特征。20 世纪 70 年代，中西比较文学的研究局面被打开后，引起强烈的国际反响和重视，西方一些学者也加强了这方面的研究，积极将东西文学的比较研究纳入比较文学研究范围，并取得了重要成果，如法国学者艾田伯著述了《中国的欧洲》，美国学者厄尔·迈纳出版了《比较诗学——东方与西方》，加拿大学者米列娜·多列热诺娃出版了《诗学——东方和西方》等。③

20 世纪 80 年代，中国大陆比较文学开始复兴，而东西文学比较研究就是主要的研究方向。实际上，早在鸦片战争、戊戌变法前后，在中国由于东西方文化碰撞激烈，学术界就已萌生了比较意识。五四运动前后中西文化交流打开了学界人士的视野，鲁迅、茅盾等开始“别求新声于他邦”，比较文学作为学科被引入并取得了一定成就。当然，当时的比较文学研究还是分散的、自发性的。80 年代后，中国学者以国际比较文学的兴盛为背景，以中西比较文学研究为主要方向，进行了一系列有组织的研究，举办了多次中美双边学术研讨会，有意识地进行中西对话，并且借鉴了我国台湾和香港比较文学发展的经验，始终将东西方文学特别是中外文学的比较研究放在核心地位，从而形成了具有鲜明的中国特色的比较文学发展道路。中国比较文学的复兴显示着东方的崛起并引起国际学术界的关注。艾田伯、佛克玛都曾高度评价中国比较文学复兴的深远意义，认为中国比较文学的工作和成就代表着人类复兴和人类自我弥补潜力的最有希望的征兆。佛克玛还明确地说，国际比

① 干永昌：《比较文学理论的渊源与发展》，载干永昌等：《比较文学研究译文集》，上海译文出版社 1985 年版。

② 陈惇：《比较文学》，高等教育出版社 1997 年版，第 28 页。

③ 陈惇：《比较文学》，高等教育出版社 1997 年版，第 42 ~ 43 页。

较文学协会需要中国同行的支持，以维持和提高其国际标准。

国际比较文学协会自1954年成立后几十年间，所召开的学术大会全在西方国家举行，体现了西方中心模式。1991年8月国际比较文学协会第13次大会在日本东京举行，第一次将会议地点搬到东方国家，象征着国际比较文学界对东方的关注，象征着东方国家比较文学的崛起。与会学者充分意识到东西方文学对话和结合的重要性、必然性及紧迫感、使命感，学术讨论体现出东西方对话的良好氛围。国际比较文学协会第14次大会(加拿大的埃德蒙顿)继续表现出对东方的关注，其议题"多元文化语境中的文学"就是有意识地在促进东西方文化的对话与交流。另外，这次大会列出的一个《比较文学史》的编写项目中也表现出对东方的重视，《比较文学史》原本只包括欧美文学，第14次大会在原定九卷之外加以了扩展，增补了亚洲、非洲和拉丁美洲三大部分，其中东北亚地区的三卷分别讨论中国文化的影响及中、日、韩各国的文学交流。可见，东西比较文学研究已经成为国际比较文学的大潮。

(三)"文化研究"热潮

比较文学界的文化研究包含两方面：一是文化理论的研究；二是比较文学具体研究中引进的文化比较。比较文学借鉴文化理论，引进文化比较视角，呈现出与比较文化相结合的大趋势。如国际比较文学协会1988年第12次(慕尼黑)大会的主题是"文学的时间和空间"；1991年第13次(东京)大会议题是"欲望与幻想"；1994年第14次(埃德蒙顿)大会议题为"多元文化语境中的文学"；1997年第15次(荷兰莱顿)大会议题为"作为文化记忆的文学"，并且成立了"跨文化研究委员会"。很明显，国际比较文学协会的每次大会的文化意味都相当浓郁，文化研究特色十分突出，以至于有代表认为比较文学已经被文化研究所淹没，甚至于担心比较文学面临"危机"，提出要保持文学研究的相对独立性，防止学科被淹没①。

20世纪90年代，世界冷战结束，东亚经济崛起，世界局势发生了巨大变化，而对国际文化关系的普遍重视正是与这种国际局势的转变有着密切联系。1993年，美国学者亨廷顿所撰《文明的冲突》集中谈论东西方文化冲突，预言冲突将带来灾难和悲剧。虽然其观点明显带有西方立场，透露出西方中心论破灭的忧虑和西方人的失落感，但他将目光集中到文化问题上却不失为远见卓识，因此引起了国际性争论。西方人被迫放弃其殖民主义时代建立的优越感，不得不直面世界上存在的不同类型的文化，重新考虑国际文化格局和各文化体系之间的关系；其他各国、各种文化类型的学者也开始意识到文化关系问题，特别是东西方文化关系的重要性。

受"欧洲中心论"的长期影响和支配，早期的法国学者将比较文学研究对象总是限制于欧洲文学范围内，将法国当做辐射中心。第二次世界大战后，美国比较文学兴起，因美国文化与欧洲文化的亲缘关系，"欧洲中心论"演化为"西方中心论"，性质并无根本改变。东西比较文学研究的兴起就是要求彻底打破这种既定格局，于是解构主义、文化相对主义、文化多元主义、文化人类学等一些学说就有了用武之地，比较文学学者借用这些理论来批判"欧洲—西方中心论"，来证实不同文化体系的文学之间的平等关系，证明中心文化与边缘文化也会发生位移的现象，证明文化交流中心的对等原则和互补、互惠关系。文

① 陈惇：《比较文学》，高等教育出版社1997年版，第47页。

化相对主义理论是直接针对“欧洲—西方中心论”的错误，为世界文化发展的多元性提供了理论依据，它描述文化演进中的现实与未来走向，对东西比较文学的研究是非常有用的。但其本身也存在着内在矛盾，不能将它绝对化，不能把它变成狭隘的民族主义的代名词，否则文化相对主义会陷于困境而失去批判能力。国际比较文学研究从过去只限于欧洲范围到跳出欧洲中心的传统藩篱，将跨文化研究列入其研究范围，这正是为了迎接多元文化、多元文学体系的挑战；比较文学借用文化相对主义理论正是为了找到更有效的描述和分析文学现象的理论体系，体现了比较文学向文化理论扩展的内在原因及目的。

随着东西比较文学研究的兴起，比较文学引进文化研究更有其内在的必然性。过去，比较文学研究基本上局限于西方文学和文化体系范围之内，因为欧美各国有相同的文化渊源(古代希腊罗马文化和古希伯来文化)、相同的宗教信仰(基督教)，社会与文化发展中长时期的相互影响和密切联系使它们始终处于同一文化体系之中，其文学大体是同质同源的，因此，对欧美各国进行的比较文学研究基本是属于同质文学范围的比较研究。然而，东西方文学分属于不同文化体系，许多方面的差别很大，这就要求以不同的文化体系标准来进行异质文学之间的比较研究，要求将文化差异提到重要地位。由此文化研究就成为不可缺少的手段，不论在比较文学研究中是求同还是寻异，都要求依托于文化背景，将文化研究带入比较文学的研究范围。

文化研究倾向是比较文学研究深化的需要。文学是人类文化(可分为物质、制度、行为和精神文化四个相对独立、相互依存和相互作用的层面)有机体中的重要组成部分，文学属于其中的精神文化范畴，始终处于文化关系之中，其活动总归要在既定文化背景中进行。文化既是文学活动的背景，又是文学构成和整合的要素；文学是人类文化成果富有独特价值的载体，是文化显现的符号，包含着丰富的文化内涵。因此，企图对文学活动、文学现象的发生发展进行研究，企图探寻其深层意蕴和形成根源，企图引导文学向纵深发展，就必须超越文学范围，引进文化研究，站在文化的高度用更宽阔的视角审视文学，要深入到文化层面中去寻找答案，只有这样才有可能使研究获得突破，取得成果。

当然，文化与文学毕竟是两个不同范畴，文化研究与文学研究分属不同学科，不可能也不应该互相取代。作为文学研究的分支，比较文学应始终以文学为研究对象，研究作家、作品等文学本身的问题，它可以涉及文化问题，可以采用文化视角，可以联系文化背景，可以得出具有文化意义的结论，然而它自文学而起，最终还得回归文学。比较文学应保持相对独立的文学性，不应放弃“文学性”而执意追求单纯的“文化性”。比较文学的跨文化、跨学科特性决定了它与比较文化的天然联系，也决定了它与文化研究相结合的趋势，但将比较文学研究的对象泛化，脱离文学本身，更多关注文学的文化阐释或文化背景，或者干脆研究社会文化问题，那么，文学作品、文学现象和文学关系就不再是比较文学研究的对象了，而只不过是其研究的资料或例证，这样一来，本来具有很高价值的比较文学研究就会为文化研究所取代，比较文学就有消融于比较文化学之中而不复存在的危险。

比较文学的基本属性和内在张力必然引发其研究范围的不断拓展，最终必然导致比较文学研究的理论大潮，导致东西比较文学研究的热潮，导致比较文学与比较文化学研究相结合的趋势。

◎**思考题**

1. 法国学派和美国学派分别如何界定比较文学的研究范围？各有何优劣？
2. 比较文学的研究范围应该如何科学界定？
3. 简述比较文学在地域上的拓展情况。
4. 比较文学研究同文化研究的关系是怎样的？
5. 如何认识比较文学研究所面临的二股潮流？对之进行观照时必须注意哪些问题？

第三章　比较文学的定义

第一节　比较文学的概念和定义

在新兴学科林立的世界当代学术园地中，比较文学无疑已成为引人注目的“显学”。然而，自其诞生之日起，比较文学就一直是一个与危机意识相伴随的新兴学科，也是一个频招误解的交叉性学科。迄今为止，其学科理论及基本定义仍然遭到不少人的质疑。然而，也正是这些不断发生的危机和不断地被质疑，才推动着比较文学不断进行自我反思，从而在学科建设和基本理论建构方面飞速发展。当然，在今后相当长的一个历史时期内，比较文学还需要有一个不断探索、补充、完善的过程。

一、比较文学的学科概念

（一）“比较文学”概念的产生

“比较文学”一词最早见于1816年在法国出版的一本名为《比较文学教程》的书，它是由两位法国教师编辑的有关古典文学、法国文学和英国文学的作品选集。比较文学这个概念虽然是由他们所首创，但他们并不是自觉地将它作为一个学科概念来使用的，而仅仅只是汇集了不同国家的文学作品。但这种汇集也说明了编汇者开始具有了世界主义的眼光，同时也向世人暗示世界各国文学之间是具有巨大的比较研究的潜能的。

1827年歌德发出了“世界文学”的召唤，这为比较文学这一概念注入了世界主义的内涵，促使比较文学这一概念逐渐流行起来。随着1829年法国学者维尔曼在巴黎大学开设题为《18世纪法国作家对外国文学和欧洲思想的影响》的讲座，比较文学作为一门课程或学问开始在大学的讲台上出现了。虽然这一阶段比较文学主要还是在罗列史料，泛泛而谈，缺乏系统的理论研究。但此时比较文学概念却已开始被社会所接纳和应用。这可视为比较文学意识的萌芽与开始。

到了19世纪70年代，欧美很多国家在大学里正式开设了比较文学课程，比较文学开始显示出理论的成熟。1886年，英国学者波斯奈特出版了著名的论著《比较文学》，这是世界上第一部阐述比较文学理论的专著，它的问世标志着“比较文学”已成为一个自觉的学科概念。从此，“比较文学”作为一门学科概念延续至今。

(二)"比较文学"概念的歧义与误读

汉语的"比较文学"一词，是中国学者通过法语和英语翻译与接受过来后新创造的一个对应性的词语。在与印欧语系存在巨大差异的汉语语境中，把它视为一个普通名词而产生望文生义的曲解和误读，是难以避免的。然而令人惊异的是，在它的本土，在西方各国学者的眼中，它也被看作是一个"有缺陷的词"。从西方各国学者对这一学科化概念的命名、使用的实际情况来看，其具体所指都存在着不尽一致的地方。

1. 西方文化语境中的歧义与误读

(1)"比较"一词的差异

法国是比较文学的诞生地，最先使用"比较文学"一词的是法国人。在法语中，它的拼写形式是 littérature comparée。其后其他各国的学者仿照它创造了各国的词语，英语是 comparative literature，德语是 vergleichende literaturwissenschaft，意大利语是 letteratura comparata。在这些词语中，"比较"一词的语法形态均不尽相同，法语是过去分词，强调的是比较的结果；英语为形容词，强调的是比较的性质；德语是现在分词，更强调过程与方法。这样一来，由于各国词语中"文学"一词也存在的微小差异，就导致了各自在"比较文学"这一字面上所提取的整体意义的不同。在法国，它可解读为"被比较、被对照的文学作品"或"比较性的文学研究"，还可隐含不同国家之间文学的"相互联系"之意，比较切合比较文学作为学科概念的应含之意。但在英语中，它则往往被直观地理解为"比较的文学"，或在某种程度上误读成"文学比较"。在德语中的差异则更大，由于"文学"一词被表意为"文学的科学"，于是"比较文学"的整体含义就变成了"文学的比较的科学"，如果译为中文，一般宜称为"比较文艺学"。

(2)"文学"的变异

从词源上看，英语的 literature 一词是 14 世纪来自拉丁文 litteratura 和 litteralis，在当时的语境中指的是"高雅的学识"。它们的词根 littera 就是英语 letter 的来源。而 letter 在 13 世纪进入英语时，其复数形式便是指"书信"、"文献"、"文学"等。由此可知，西方语言中的"文学"一词往往是在广义上使用的，几乎涵盖了所有由文字书写的作品，既指诗、散文随笔，也指哲学、历史及书信等。西方的"文学"获得现代意义的阐释，是以弗·施莱格尔对传统"文学"概念的颠覆为标志的。在《古今文学史稿》中，他将人类的知性活动分为学术、宗教、哲学、文学四个方面。他的出发点是将文学独立看待，而且讨论了严格意义上的文学批评和文学史内容。由此可见，"文学"一词的含义在西方语言中经历了一个由宽趋窄的演变过程。但就是在相对狭义范围内使用的"文学"一词，既可指一般的文学作品，也可指文学史、文学批评和文学理论。哪怕是在用"比较文学"命名的 19 世纪初，也还依然是这样。但随着时代的发展，"文学"一词将所指称的范围日益缩小到特指创造性或想象性的文学作品，而没有了文学研究、文学理论的含义。这就必然会产生这样一个结果：在特定的语境中，用具有广泛含义的"文学"来命名的比较文学越来越名不符实，由于"文学"一词词义的缩小和单一化，造成了理解上的误读和使用时的困惑。

2. 现代汉语语境中的歧义与误读

比较文学译介到中国的历史，可以追溯到 1904 年黄人在《中国文学史·分论》中对波斯奈特及《比较文学》一书作的介绍。1920 年章锡琛翻译的日本学者本间久雄著的《新文学概论》中介绍了波斯奈特的《比较文学》和洛里哀的《比较文学史》的部分内容。但真正使

“比较文学”在中国学术界产生较大影响的是1931年傅东华翻译的法国学者洛里哀的专著《比较文学史》。如果我们考察一下中国比较文学研究的实际，就会发现，在传达学科的意义上，“比较文学”这一汉语称谓更是一个“有缺陷的词”，更容易产生种种偏离这一学科本体论意义的误解。导致这种结果的重要原因之一，就是在现代汉语的语言系统中，“比较文学”所产生的词性和语义的变异。在这里，“比较”往往被释义为动词作为谓语，“文学”被释义为名词作为宾语。而作为一个动宾词组的“比较文学”，就很容易被误读为“文学比较”或“对文学的比较”，即把比较文学看作是一种用比较的方法进行的文学研究，或者是将不同国家、不同民族、不同语言的文学作品、文学现象等进行比较研究的文学研究模式。而这无疑是曲解和消解了比较文学作为一门独立学科所具有的丰富的意义内容。再者，跟西方语言中的“文学”一样，中文中的“文学”一词也经历了一个由广义到狭义的演变过程。现代汉语中的“文学”一词主要是指文学作品，因此，“比较文学”一词也未能将比较文学属于文学研究的学科特征揭示出来。

二、比较文学的学科定义

如前所述，作为一个具有严密的理论体系和丰硕学术成果的独立学科的标识性概念，“比较文学”未能很好地标示出比较文学的学理性特征。因此，给它下一个科学严密的、为世人所公认的学科定义就显得更为迫切和必要。然而，就跟它在学科概念上遇到不断的质疑和诘难的情形一样，国际比较文学界对它的定义也是争论不休的，甚至有的学者还认为试图要给它下一个严格的定义将是“不妥当”的，徒劳的，因而干脆放弃了给它下定义的努力。但是，由于学科的定义之争是关系到比较文学学科的定位与发展的重要理论课题，故而各国比较文学学者从来就没有停止过对比较文学的定义与实质的探讨和论战。也正是在这种不断引发危机感的定义之争的推动下，比较文学学科的建设才不断地迈上新的台阶，比较文学的学科理论的充实和创新也因此获得了新的动力。

一百多年来，比较文学的定义随着不同学科发展阶段的学派之争而不断地受到质疑和追问，同时又得到不断修正、更新。大体说来，比较文学的定义之争经历了以法国学派学科理论为核心的第一阶段，以美国学派学科理论为核心的第二阶段和正在逐渐形成的以东西比较文学研究为核心的第三阶段这样一个发展历程。

(一)法国学派的定义

法国学派的理论主张是在以孔德为代表的实证主义哲学的影响下形成的，带有明显的实证主义色彩。法国学派的理论代表主要是梵·第根、伽列和基亚，他们三人对比较文学所下的定义基本上代表了法国学派的比较文学观。

1. 梵·第根的定义

梵·第根是第一个全面系统地阐述法国学派理论的代表人物，他在其《比较文学论》中给比较文学下了这样一个定义：“真正的‘比较文学’的特质，正如一切历史科学的特质一样，是把尽可能多的来源不同的事实采纳在一起，以便充分地把每一个事实加以解释；是扩大认识的基础，以便找到尽可能多的种种结果的原因。总之，‘比较’这两个字应该是摆脱了全部美学的涵义，而取得一个科学的涵义的。而那对于用不同的语言文字写的两种或许多种书籍、场面、主题或文章等所有的同点和异点的考察，只是那使我们可以发现一种影响，一种凭借，以及其他等，并因而使我们可以局部地用一个作品解释另一个作品的必然出发点而已。”①

梵·第根的这个定义在以下几个层面上揭示了法国学派的理论特征：①比较文学研究是建立在尽可能多地采纳来源不同的事实材料的基础之上的；②比较文学研究只对具有“事实联系”的文学作品和文学现象加以考察分析，拒斥纯粹的美学评价；③比较文学着重考察跨两种语言的、在不同语境下产生的文学现象的共同性与差异性。总之，比较文学是基于事实联系的影响研究。

梵·第根的比较文学定义，清楚地划分了比较文学研究的疆域，明确了影响研究的可比性和研究方法的基本要求，从而为比较文学成为一门独立的学科奠定了坚实的理论基础。但在他的比较文学观及其定义中，又存在背离比较文学开放性原则，忽视审美价值评价的局限，同时还带有文学沙文主义的倾向，这就为比较文学的未来发展留下了隐患。

2. 伽列的定义

梵·第根的定义为法国学派的比较文学观建构了理论体系的骨架，他的后继者伽列和基亚等则进一步地丰富、补充、精确这一定义。在为基亚的专著《比较文学》所作的序言中，伽列为比较文学下了个著名的定义：比较文学是“文学史的一个分支，它是对国际精神关系的研究，是对拜伦和普希金、歌德和卡莱尔、瓦尔特·司各特和维尼之间的事实联系的研究；以及几种国别文学家的作品、灵感甚至生平之间的事实联系的研究”②。

伽列的这一定义更为明确地界定了比较文学的“身份”——隶属于文学史。在这一定义中，“文学”取得了更加精确的含义：这儿的“文学”已经与文学创作和文学作品剥离开来，仅是指文学研究，而且，是文学研究中的三个分支——文学史、文学理论和文学批评中的文学史这一层面。伽列的这个定义还进一步指明了这种文学研究的对象是“国际间的精神关系”，且这种关系又必须是能够被文献与考据所证明的事实联系。

3. 基亚的定义

伽列对“文学”涵义的精确界定，由他的学生基亚“再度精确化”。在《比较文学》的第二章《对象与方法》的开篇，基亚开宗明义地为比较文学下了这样的定义：“我们曾说过，比较文学就是国际文学的关系史。比较文学工作者站在语言的或民族的边缘，注视着两种或多种文学之间在题材、思想、书籍或感情方面的彼此渗透。因此，他的工作方法就与其研究内容的多样性相适应。不管研究的方向是什么，一些条件是需要预先具备的。”③基亚把比较文学定义为国际文学关系史的重要意义，是强调了比较文学区别于民族文学或国别文学的本质特征——其学科的研究特点在于跨语言、跨民族、跨文化与跨国界的开放性，因而也就明确地为比较文学进行了学科定位。但也正是在这个定义表述的底层，同样潜藏着一种以法国为中心的文化沙文主义倾向，同时，这个定义也没有把美学作为一种方法论带入到比较文学研究中，表现了法国学派在学风严谨的背后，存在着学术观念上的保守与偏执。

（二）美国学派的定义

第二次世界大战之后，随着国际学术界对话交流的加快，法国学派的定义愈益表现出

① ［法］梵·第根：《比较文学论》，戴望舒译，商务印书馆 1937 年版，第 17～18 页。

② ［美］韦勒克：《比较文学的名称与性质》，韩冀宁译，载孙景光：《新概念新方法新探索——当代西方比较文学论文选》，漓江出版社 1987 年版，第 78 页。

③ ［法］基亚：《比较文学》，颜保译，北京大学出版社 1983 年版，第 4 页。

明显的地域性及狭隘性，以至无法满足在发展中关于比较文学这一学科定义的公共要求。而法国学派在研究实践上也逐渐沦为一种狭隘的文学“外贸”研究，使比较文学面临着自我封闭的严重危机。正是在这样需要打破这种僵化格局的历史时刻，美国学派得以应运而生。1958 年，在美国北卡罗来纳州教堂山举行的国际比较文学协会第二届年会上，以韦勒克为代表的一些美国学者对法国学派的种种偏向给予了尖锐的批评，对法国学派的比较文学观念及其“定义”发起了大胆的挑战。美国学派是以当时占据文坛主导地位的新批评为理论武器的，因而十分关注“文学性”在比较文学研究中的地位，由此开创了平行研究的新模式和新阶段。

1. 雷马克的定义

虽然韦勒克的《比较文学的危机》(1958 年)一文是标志法国学派和美国学派展开公开论战的经典性文献。但他在这篇文章中并没有给比较文学下一个全面而集中的代表美国学派观点的比较文学定义。这个任务，是由亨利·雷马克在他的《比较文学的定义和功用》(1962 年)一文中完成的。这个定义是：“比较文学是超出一国范围之外的文学研究，并且研究文学与其他知识和信仰领域之间的关系，包括艺术(如绘画、雕刻、建筑、音乐)、哲学、历史、社会科学(如政治、经济、社会学)、自然科学、宗教等等。简言之，比较文学是一国文学与另一国或多国文学的比较，是文学与人类其他表现领域的比较。”①按照雷马克的这个定义，比较文学包括两个方面：其一是超出国界的文学研究，其二是关于文学与其他学科的关系的研究。乍一看来，雷马克的这一定义只是在第二个方面才表明它与法国学派的重大分歧，而在第一个方面则是贯通的。但是从雷马克在这篇文章中的进一步论述来看，他所称谓的“文学研究”并不主要指文学史，而是“更重要的艺术理解和评价问题”，即文学批评与文学理论。而正是这对“文学研究”内涵的不同界定，凸显了法国学派与美国学派的不同的比较文学观与方法论：前者把比较文学定义到文学研究的文学史层面上，在方法论上崇尚文献学与考据学；而后者是把比较文学定义到文学研究的文学批评与文学理论层面上，在方法论上崇尚美学与文学批评，关注的是文学性的阐发。而在跨学科研究这一方面，更是标明了法、美学派之间“阵线分明的根本分歧”，也在更广阔的学术视域中拓展了比较文学研究的范围和深度，把比较文学研究推进到一个新阶段。

2. 韦勒克的定义

韦勒克在《比较文学的名称与性质》(1970 年)一文中给比较文学下了一个比较详尽、新颖的定义：“比较文学是从国际的角度来研究一切文学，认为一切文学创作和经验是统一的。根据这样的(也是我的)看法，比较文学是一种没有语言、伦理和政治界线的文学研究。它不可能局限于单一的方法，在论述过程中，描绘、特性刻画、阐释、叙述、解说、评价等方法同比较法一样经常地被应用。比较法也不能局限于只用来研究实际的历史联系。文学研究家们应当从最近语言学方面的经验中得到启发，从而认识到：比较历史上毫无关系的语言和风格方面的现象，同研究从阅读中可能发现的相互影响和平行现象一样很有价值。”②

① [美]雷马克：《比较文学的定义和功用》，载张隆溪：《比较文学译文集》，北京大学出版社 1982 年版。

② 韦勒克：《比较文学的名称与性质》，载干永昌等：《比较文学研究译文集》，上海译文出版社 1985 年版，第 144 页。

在这个定义中，“文学”的涵义进一步扩大为“一切文学创作和经验”；在强调文学性的同时，更加明朗地提出了影响研究对应的“平行”研究的概念；另外还具体给出了平行研究的方法等。当然，这个定义也暴露了美国学派一些明显的弱点：他们对比较文学研究的范围的界定过于宽泛，导致其学科定位愈发困难，因而在获得新的生机的时候，又面临着可能失去学科身份的危险；他们对学科理论的阐发不够周密，不够完善，容易受到来自各方面的批评与质疑。

(三)法、美两国学者对原有定义的修正

教堂山会议是比较文学发展史的转折点，两国学者的争论，促使他们各自检讨和修正自己的观点，走向交流与融合。法国著名学者艾田伯在《比较不是理由》的著作中，检讨了某些法国学者对比较文学的过于狭隘的认识及其他一些不应有的偏向，主张“将历史方法与批评精神结合起来，将案卷研究与‘本文阐释’结合起来，将社会学家的审慎与美学家的大胆结合起来”。他还提出“比较文学是人文主义”的观点，要求研究者以世界文学的总体观点来看待各民族文学及其相互关系，把比较文学看成是能促进人们相互理解、有利于人类团结进步的事业。在三位法国学者布吕奈尔、毕修瓦和卢梭合著的《何谓比较文学?》一书中，则表述了一个融合了各家观点的、相当宽泛的比较文学定义：“比较文学是通过相似关系、亲缘关系和影响关系的研究，对文学和表达以及认识的其他领域进行比较，或者在时间中和空间中相隔和不相隔的，只要属于同一传统的几种语言或几种文化的文学成就和文学作品之间进行比较，以便更好地描述、理解和欣赏它们的一门自成系统的艺术。……比较文学：分析性描述、系统的和有差异的比较，通过历史、批评和哲学综合阐述语言或文化间的文学现象，以便更好地理解作为人类精神的特殊功能的文学。”①

美国学者在经过早期的争论后给比较文学下定义时，也注意了融通法国学派的观点，来给比较文学定义以新的表述，唐纳德·吉布斯就是代表之一。在《阿布拉姆斯艺术四要素与中国古代文论》一文中，他写道：“比较文学就是超越了单一的民族文学范围的文学研究，而它主要关心的是不同的文学之间的实际联系：它们的起源、影响、传播媒介等，始终围绕着关系这个题目。然而比较文学也包含这样一种内容：对互相之间毫无联系的文学进行比较。也就是说，运用我们对一种文学传统或文学经验的知识来理解和探索用别种方法来也许解释不通的某种陌生的文学中一些令人迷惑不解的现象。”②

法美两国学者在比较文学观念上的相互吸收，取长补短，使比较文学理论更趋成熟。

第二节　比较文学学科诸要素

比较文学的学科要素，指构成比较文学学科内核、决定其本质的规定性要素；它是关系到该学科能否成立，并影响到它能否持续健康发展的关键因素，是解决学科自身如何定位、设限和具体研究对象及方法如何确定等重大理论问题的学理依据。比较文学的学科要素主要包括文学性、跨越性、可比性和人文性等。

---

① [法]布吕奈尔：《何谓比较文学?》，黄慧珍译，上海社会科学院出版社1991年版，第150～152页。

② 张隆溪：《比较文学译文集》，北京大学出版社1982年版，第205页。

一、文学性——比较文学本质的规定性特征

比较文学是文学研究的一种，因而文学性就应当、且必须是它的出发点和根本归宿。无论比较文学的视域如何拓宽，也无论是将何种材料作为研究对象，其目的都只是为了有利于解决文学问题，深化对文学性的把握。研究的全过程都始终围绕“文学”这个中心。因此文学性就成为比较文学最重要的区别性特征，它使比较文学同比较文化、比较哲学、比较史学等研究区别开来。这样，在新兴学科林立的当代多元文化语境中，比较文学就能守住自己的学术阵地，既可借文化研究之长来丰富自己，又不致被文化研究所湮灭。

比较文学的文学性，在不同的研究实践中，又是纠正各种学术偏见、破解重大理论难题的理论基础。由于不同的研究类型存在着不同的学术误区，因而文学性也就强调着不同的意义内涵。例如，对于法国学派所创立的影响研究而言，它强调的是文学内在审美价值的意义。倡导影响研究的著名学者们，出于更有利于确定学科身份的需要，把比较文学定义为“国际文学关系史”，忽视了文学作品本身的内在联系，排斥对作品的独创性和审美价值的评价，只注重在历史层面寻找有据可依的事实联系，热衷于对一般文化史——公众舆论史、旅行报告、民族性格的概念等的研究，使比较文学研究成为像韦勒克所批评的那样，只注意作品本身以外的东西，只研究来源和影响、原因和结果，使比较文学缩小成了研究文学的“外贸”，成了仅仅研究外国来源和作者声誉的材料。总之，对影响研究而言，文学性的规定性就是：既要把研究的支点建立在历史上曾经发生过的文学影响和文学接受的事实联系的基础上，也要建立在从作品自身的审美价值评判出发的逻辑联系的基础之上。在突破了事实联系的局限和学科界限的平行研究或者跨文化研究中，忽视对研究对象作审美评价的现象已得到匡正。但由于研究范围和比较视域的不断拓宽，不可避免地会出现随意滥比的研究。为了避免这一失误，确立“可比性”的原则就成为首当其冲的关键问题。在这里，文学性的规定性就是：在构成“可比性”的三个要件——文学性、跨越性和相容性中，文学性是第一性的，离开了文学性、跨越性和相容性就无从谈起。具体到跨学科的层面，“文学性”就意味着所有被引入研究范围的相邻学科，都是为了能更好地阐释文学性的参照物，所有的研究都必须导致对文学作品的更好的理解，而在跨文化研究的层面则是：跨文化文学联系归结到最后应该是文学的联系。不同文化体系的文学对话，正是将不同文化背景中的文学问题和文学现象，置于共时的结构中来加以讨论。

二、跨越性——比较文学的标志性特征

比较文学的对象是具有跨越性的文学现象之间的相互关系，跨越性是它的先决条件，因此，跨越性也是比较文学的规定性。没有跨越，比较文学就没有安身立命的所在。它也是比较文学的区别性特征之一，“跨越性”使它与国别文学研究、世界文学研究或形式主义批评、精神分析批评、原型批评等各类文学研究样式区分开来。

在各种比较文学的定义中，“跨越性”被具体表述为跨国界、跨民族、跨语言、跨文化与跨学科，称之为“五个跨越”，但考虑到“跨国界”在逻辑上可以被“跨民族”所替代，一般又描述为“四个跨越”。它们可以界分为两个不同的层面：跨学科构成一个单一的方面，其余的在相互关联的意义链上构成另一个层面。

比较文学的跨学科研究最初是由雷马克明确提出来的，随后在美国学派的研究实践中

取得丰硕成果。20 世纪 80 年代以来，随着科际整合理论的进一步提出及交叉边缘学科研究的崛起，遂使追寻文学与艺术、哲学、宗教、心理学等其他学科之间的交叉关系及共同规律成为比较文学跨学科研究的一个重要方法论。这样，跨学科也就成了比较文学研究的一个重要标志。这也即是说，在一个国家、民族的范围内，没有跨语言、跨文化，而只是把文学与相关学科进行比较、相互阐释的文学研究也属于比较文学。

在由“跨民族”等四个跨越构成的这一层面中，各个跨越之间则存在着相互交叉、延伸甚至可相互替代的复杂关系。语言是文学的第一要素，是民族的首要标志，一般来讲，比较文学研究跨越了两种语言以上，也就跨越了民族与文化。因此，“跨语言”也可以单独成为比较文学的标志。但是不跨语言，比较文学研究同样可以成立。“跨文化”也是比较文学研究可以成立的重要标志，但由于人文科学界对文化概念的界说过于纷繁庞杂，很容易造成在理解和使用时的混乱。“跨国界”是最早提出的标志性提法，但它对于一个由多民族文学组成的国家来说，又会造成偏执狭义的理解，因为在其相关条件具备的情况下，在一国范围内同样可以完成跨民族、跨语言、跨文化的多元研究。

正是在这个意义上，对比较文学研究来说“跨民族”比“跨国界”更重要。文学研究的视域只要真正跨越了民族的界限，就必然跨越了语言与文化的界限而成为真正意义上的比较文学研究。比较文学与国家、民族的奇妙关系，可以用这样一句话来概括：不跨国界，比较文学研究可以成立，跨了国界，比较文学研究不一定成立；但如果跨了民族，比较文学研究即可以成立，跨民族的本质和意义在于跨文化。

总而言之，在比较文学的诸种跨越中，以跨民族、跨学科最为重要，只要在这两个跨越中实现了一个，比较文学研究即可以成立。因此，跨民族与跨学科是比较文学最主要的两个标志性特征。

比较文学学科视域的跨越性特征又进一步表现为综合性。从某种意义上说，比较文学是一门综合学科，其跨文化、跨学科已经表明它是多学科的综合。有人认为，这里的综合，一是指方法论意义上的综合，一是指研究成果意义上的综合。其实，比较文学研究的全过程都离不开综合。比较文学的这种跨越性和综合性又成为它对比较文学学者的特殊的但又是基本的要求：他们必须“学贯中西”、“学贯古今”，必须具有文、史、哲等多学科的知识和素养，既要精通本民族的语言与文学，又要具备很高的外语水平和系统的外国文学知识；既要有深厚的传统文化的积淀，又要有勇于创新的意识和能力；既要自觉地吸纳东西方文化及学术理论知识，又要能动地对其咀嚼、消化、重组以生成新的理论体系。正如比较文学界所公认的那样，优秀的比较文学研究者的学识不仅应该是百科全书式的，而且他的研究成果应该是有体系性的。

三、可比性——衡量比较文学学理规范的尺度

比较文学以跨越性为先决条件，但并不是凡具有跨越性的文学现象都可以成为比较文学的研究对象，只有那些具有比较研究可能和比较研究价值的文学现象与文学问题，才能成为比较文学的研究对象。在这里，能满足“有比较研究可能和比较研究价值”要求的因素和条件，就生成为比较文学的可比性。它是比较文学研究对象的先决条件，也是关系到比较研究能否正常进行并取得科学价值的关键，没有它，比较文学就没有存在的理由。

比较文学的可比性作为正确运用某种研究方法的指导性原则，是建立在“比较”这一

前提条件之上的。虽然我们说“比较文学不是文学比较”，但比较文学的确又离不开比较。但是，在比较文学中，比较又具有其特殊性：它不仅仅是一种确定事物同异关系的具体方法，它还是由文学性所制约着的跨越性所派生出来的一种学理要求，因而具有一种超越性，它超越了一个民族、一个国家、一种文化系统、一套价值观念的范围。这种“比较”已不同于一般研究中的“比较”方法了。它具有一种世界性的胸怀和眼光，是以跨越为前提，以开放为特征的。正是这种“比较”在方法论和目的意义上使比较文学与一般的只是使用比较方法的文学研究区别开来。

比较文学的可比性之所以能成为衡量比较文学学理规范的尺度，则是建立在事物的普遍规律的基础之上的。世界是一个有机的整体，文学也是一个有机联系的整体，各民族文学之间，文学与其他学科之间，本来就直接或间接地存在着种种联系。在有着文化交流与碰撞的民族文学之间，存在着相互影响的事实联系；在没有实际联系的文学现象之间，在某种程度上存在着心理活动和审美情趣的一致性；在文学与其他学科的关系中，也存在着作为人类创造活动的某些共同的特点，它们都为比较研究提供了可能。如果对这种种不同文学关系的考察，能让我们更好地理解文学的本质特征，更好地把握世界各民族文学的共性与差异性等重大理论问题，也就具有了比较研究的价值。

比较文学可比性的内容，就是那些具有比较研究可能和比较研究价值的种种文学关系的总和。归结起来，进入比较文学研究领域的文学关系，大致包括四个方面：一是实际存在于两个或多个民族文学之间的相互影响、相互促进的“亲缘关系”，或称为“同源性”；二是存在于没有“同源”关系的不同民族文学之间的“类同关系”；三是文学与其他学科之间存在着互相孕育、互相阐发、互相借鉴渗透的“交互关系”；四是跨文化比较文学研究中的“异质性与互补性”。这几种文学关系，又分别与比较文学的不同发展阶段及类型的可比性要求联系起来。特别需要指出的是，在这个可比性原则的发展链条上，它们的组合不是一个脱离一个，而是一个串连一个的方式。因此，在以跨文化为特征的比较文学第三阶段中，可比性实际上就体现为在同源性、类同性和综合性基础上，在不同文化间探求文化异质性及其融会途径。

四、人文性——比较文学研究的诗意升华

比较文学研究者不仅具有强烈的学科意识，而且还具有强烈的时代意识和高度的社会责任感。他们将自己的比较文学研究视野指向未来人类生存的生活空间和前途命运，强调新人文精神在未来时代的重要性，致力于把比较文学安身在“21世纪人文精神的最前缘”，不仅把它建设成一门最重要的学科，而且把它作为一种“生活原则，一种人生态度”，把它作为“新人文精神”的载体普及于大众之中。对于比较文学的这种人文性要求，以乐黛云、陈跃红等合著的《比较文学原理新编》(1998年)的表述最具代表性。该著指出：比较文学是一种文学研究，它首先要求研究在不同文化和不同学科中人与人通过文学进行沟通的种种历史、现状和可能。它致力于不同文化之间的相互理解，并希望相互怀有真诚的尊重和宽容。比较文学的根本目的就在于通过文学促进文化沟通，坚持人类文化的多样性，改进人类文化生态和人文环境，避免灾难性的文化冲突，以至武装冲突。由此，比较文学在其本质上已具有了人文性的特征。

第三节　比较文学研究方法

比较文学的研究方法，既有一般文学研究的共性，更有其学科自身的独特性。顾名思义，比较是比较文学十分重要的也是最基本的研究方法。对比较文学来讲，它不仅具有方法论的意义，更重要的，它是一种观念，一种学术研究的出发点。只有比较，才能跨出国别文学的大门；只有比较，才能打通各种既定的界限；只有比较，才能取得价值的参照物。当然，一般学术研究常用的方法，诸如分析、归纳、推理、判断等，也都是比较文学研究所不可缺少的。比较文学研究对具体方法的运用又是与不同的学派理论和研究类型联系在一起的，不同的研究类型对方法的运用有着不同的学理要求。本节所介绍的影响研究、平行研究是比较文学最基本最重要的方法，阐发研究是富于中国学派特色的研究方法。

一、影响研究——历史实证研究方法

法国学派所提出的影响研究是比较文学最早的研究方法，后来则成为最主要的研究方法之一。这一方法的理论依据在于，各国文学的发展都不是孤立的，而是相互影响的。历史意识和实证主义是它的理论支点，注重材料考据和实证分析是它最基本的特点。

在着手实际的研究之前，初涉比较文学的研究者需要有一个理论准备的阶段，解析法国学派的理论与实践，正确理解“影响”等重要概念的内涵实质，把握影响与“文化过滤”的辩证关系，了解、借鉴各种接受理论，这些都是进行比较文学影响研究的必要前提。

选择研究对象是进行研究的第一步。总起来说，影响研究的对象是不同民族文学与不同国家作家之间发生的可资考证的影响与接受的相互关系，它表现为多种多样的形式。但不管是哪种形式的影响，都必须以事实联系为依据。因此，确定对象就是确定某种影响的存在，而这往往又依赖于某种假设。这种假设既可是来自对两部及两部以上不同国家的文学作品的相似点的思索，也可是依靠对作家之间的某些来往关系的预测。

寻找事实联系是影响研究中最关键的第二个重要环节。形成假设之后首先便是搜集能证明这些假设成立的材料。搜集材料可以从任何地方、通过任何途径去完成。一般来说，研究者往往是从作家读过的外国文学作品起步。所搜集的材料一定要真实、准确，因此要进行严密的考证。主要材料是受影响者的叙述，这是最直接也是最可靠的第一手材料。非直接叙述的相关材料(如作家对外国的印象记、日记、书信、口头材料、图片等)也是重要的，不可或缺的，但必须是在甄别确证之后才能采用。材料不充分、不正确，原有的假设就不能成立，那么，研究又得在新的假设上重新开始。

有了大量的经过严密考证的材料之后，研究便可进入到“假设的证明”——写作的阶段了。这里，首先有个选择研究范式的问题。法国学派把影响的“经过路线”看做是一个由“媒介者”沟通的从“起点”(放送者)通向“到达点”(接受者)的过程。与对放送者、接受者、媒介者的研究相适应，分别产生了三种研究范式及方法，即：“流传学”、“渊源学”和“媒介学”。

从放送者的角度来探讨某一国文学作家、作品，某一种文体或是整个民族文学在外国的影响，这就是流传学(也称誉舆学)所研究的主要内容。这种研究方法的重心是找到影

响的“终点”，即接受者，对作为影响的放送者的声誉与命运作出解释，揭示影响与接受的状况及价值所在。

从接受者出发，探讨一位作家或一部作品接受了哪些外国作家作品的影响的研究，称为“渊源学”，也称源流学或源泉学。它通过分析某一作家或文学作品的主题、题材、人物、情节、风格及艺术形式所包含的外来因素，考察一个作家或一种文学吸收和改造国外文学的路径和形态。渊源学的研究侧重资料的掌握、考察和比较，近似于中国传统的考据学。

从“传递者”出发，则研究影响是通过什么媒介和手段发生的，称为“媒介学”。媒介可以是翻译、改编、演出、评论介绍、国际会议及交流等，大致可分为个人媒介、环境媒介、文字媒介三类。文字媒介是媒介学研究的重点，有关翻译和翻译理论的研究尤其受到重视。

最后便是在搜求考订材料的基础上，按照所选范式的写作要求，对假定受影响的作品作出具体分析。这种回到作品的研究必然要涉及作家的创作活动，涉及艺术作品发生学的研究，涉及文本本体的分析。由于作家所受的影响常常不是单一的，而是多元的，深入的影响研究就往往从多个侧面来研究一个作家所受的外国影响。与搜求考证材料阶段主要用考据的方法不同，在写作时则以事实为依据，主要采用分析、归纳、推理、判断的方法。

二、平行研究——逻辑美学研究方法

所谓平行研究，是指将那些缺乏直接的事实联系，但极具可比性的不同民族的作家、作品和文学现象进行类比或对比，通过察同辨异的探析，推导出更具普遍意义的有价值的结论。它是美国学派极力倡导的、针对基于事实考证的影响研究而提出的一种研究方法。它还包括对文学与其他学科如哲学、宗教、艺术等之间的比较研究。

平行研究关注的是“文学性”和作品的美学价值，其理论前提是人类在基本生活需求、情感、心理和思维结构等方面存在许多共通之处，这就使得反映与表现它们的文学具有了超越时空的相似性和共通性，也使对文学的欣赏评价具有了许多相同或相似的审美标准，从而也就为“可比性”提供了依据。在这种平行共生、相互发现、相互阐释的多角度比较观照中，就能进一步加深对研究对象的认识，更深入地发掘文学的美学价值和共同规律，同时也能更好地把握各民族文学的独特个性。因此，它不仅比影响研究具有更广阔的研究范围，而且具有更大的理论价值和普遍意义。

平行研究的重心是文学现象之间的异同，通常包括了对文学的主题、题材、人物、情节、风格、形式、技巧，甚至意象、象征、格律等的比较，此外还包括文学类型、思潮流派等的比较，自然也包括对作家、作品的全面比较。

虽然不同国别、民族的作家有着不同的文化背景，但他们常常会在面对同样的生存问题进行思考时而生成了文学主体的相似性，通过比较这些相似，我们能够加深彼此间的沟通和了解，加深对各种生存问题的认识。例如不同的民族都有青年人为了个人爱情和幸福而与家族、封建势力抗争的故事，表现了新生力量的艰难成长。我们可以围绕这个主题对莎士比亚的《罗密欧与朱丽叶》、朝鲜的《春香传》和中国的《梁山伯与祝英台》、《西厢记》、《红楼梦》等展开平行研究。

题材的类似和差异是平行研究中经常出现的现象，其中很多类似的题材，特别是那些

取自神话传说、民间故事、历史事件的题材，常常有共同的来源，这就需要进行影响研究。而很多没有共同来源的相似题材，如"画中人"或"灰阑记"、始乱终弃或父子相残等故事题材，它们往往在不同国家的文学中反复出现。由此，比较不同作家处理这些题材的异同，将有助于认识这些作家相同或不相同的创作心理、创作个性，进而揭示隐藏在它们背后不同的民族生活与心理结构的差异及不同的文化旨趣、精神向度等。这时的研究即属于平行研究。

在其他的种种研究对象中，对性格相似、遭遇大致相同的人物形象的比较研究，是平行研究中经久不衰、硕果累累的课题之一。"文学是人学"，几乎所有民族的文学都始终把形象塑造看做是艺术创作的重要内容，这些形象是特定时代、特定环境的产物，是作家探索人性的中介，是共性特征和个性特征的结合，是最富于审美价值的研究对象。因此，各民族文学中众多具有可比性的人物形象，如阿Q与堂吉诃德、堂吉诃德与浮士德、杜十娘与"茶花女"玛格丽特等都可以进行比较。我们不仅可以进行两两对比的研究，还可进行系列对比的研究，如我们可以把于连、拉斯蒂涅、吕西安、盖茨比等作为"外省来的年轻人"进行人物形象系列研究。

平行研究的具体方法不是历史的、实证的、考据的，而是逻辑的、审美的、批评的。它包括比较、对照、解析、推论、评价、综合等一系列过程。其中，比较和综合是最重要的环节，因为同异的发现有赖于比较；有意义的结论则有赖于综合。比较又可分为"类比"和"对比"两种。类比是在没有直接关联的作品中考察相似之处，寻找亲和性；对比则寻找不同民族、不同文化体系中文学的不同特点。而在实际的研究中，证同和辨异又是常常结合在一起的，就研究步骤来说，平行研究从一开始就是比较异同，然后进行价值判断和审美评价。需要指出的是，比较不能停留于文学现象表面的相似性，而应该通过相似的表面去挖掘内在深层结构中的相通、分歧以及原因。

三、阐发研究——借用外来理论的研究方法

阐发研究，作为又一种比较文学的研究类型与方法，是在20世纪的六七十年代，由中国学者首先提出来的。它是中西文学比较研究实践的产物，其主要方法就是运用西方有系统的文学理论与批评模式重新审视阐释中国的文学现象、文学理论和作家作品，同时尝试用本土的理论和方法来分析西方文学及其理论、方法，实际上是展开双向或多向阐发，注意在验证西方理论的过程中对其加以调整和改造。

率先开展中西文学比较研究的是旅居海外的一批华裔学者，如刘若愚、叶维廉、叶嘉莹等人，当然，其源头还可追溯至清末的梁启超、王国维等人。最早对这种研究方法进行理论总结并命名的是我国台湾学者古添洪和陈慧桦。在《中西比较文学：范畴、方法、精神的初探》(1978年)中，古添洪指出："利用西方有系统的文学批评来阐发中国文学及中国文学理论，我们可命之为'阐发法'。这'阐发法'一直为中国比较文学者所乐用。"早在《比较文学的垦拓在台湾·序》(1976年)中，古添洪和陈慧桦在提出比较文学的"中国学派"的同时，就对阐发法进行了理论阐述："在晚近中西间的文学比较中，又显示出一种新的研究途径。我国文学丰富含蓄，但对于研究文学的方法，却缺乏系统性，缺乏既能深探本源又能平实可辨的理论；故晚近受西方文学训练的学者，回头研究中国古典或近代文学时，即援用西方的理论与方法，以开发中国文学的宝藏。由于这援用西方的理论与方

法，即涉及西方文学，而其援用亦往往加以调整，即对原理论与方法作一考验，作一修正，故此种文学研究亦可视之为比较文学研究，我们不妨大胆地宣言说，这援用西方文学理论与方法并加考验、调整以用之于中国文学的研究，是比较文学中的中国派。”“我们希望以后的论文能以中国文学研究作试验场，对西方的理论与方法有所修订，并寄望能以中国文学的观点，如神韵、肌理、风骨等，对西方文学作一重估。”可以说，他们已经对“阐发法”做了较完满的理论表述，较全面地揭示了它以西释中、调适改造、双向阐发的基本内容和平等对话理念。

作为研究类型的阐发研究所采用的方法，基本上就是一般文学研究或者平行研究的方法，但借用外来理论这一特点决定了它对使用这种方法的特殊要求。首先要求这种阐发是双向的、交互的，研究者要在精研外来理论和深入解读研究对象的基础上对移植理论加以选择、修正、引申和补充。同时，它要求研究者关注中西异质文化间的差异，避免浅度的、形似的，或貌同的比较，避免生搬硬套的比较。

就具体研究而言，阐发研究一是可以用一种或几种外来的理论去阐释本民族文学中的某些作品或文学现象，以期从新的理论视野和角度给作品新的阐释，如用西方传统悲剧理论来分析中国古典悲剧《窦娥冤》等。二是不同民族文学的观念、理论方法可以相互阐发、印证，以达到完善、贯通的目的，如王元化的《刘勰的譬喻说与歌德的意蕴说》。三是其他学科与文学之间的相互阐发，这与平行研究有重叠的一面。四是结合本土的理论方法展开双向或多向的阐发。

◎思考题

1. 怎样正确理解“比较”和“比较文学”的含义？
2. 简述法、美学派著名的比较文学定义并分析它们最主要的理论分歧是什么？
3. 中国学者有哪些著名的比较文学定义？你有何评价？
4. 在比较文学研究中，“跨学科”有什么重要地位？
5. “跨国家”、“跨民族”、“跨语言”、“跨文化”之间的复杂关系是什么？
6. 简述比较文学可比性的基本内容及其特点。
7. 何谓影响研究？它大致要经过怎样的研究过程？材料在影响研究中有何重要性？

中编
比较文学理论

第四章　译　介　学

第一节　译介学的研究对象与范围

译介学是从媒介学中分支出的一个方面的研究，主要从事“翻译研究”(translation studies 或 translation study)。由于译介学研究的领域越来越在国际文学交流中占据重要的地位，因此，它已成为比较文学理论中的一个重要的组成部分。

一、媒介学与译介学

(一)媒介学

在不同国家和民族的语言文学之间的交流、影响、接受和传播过程中，媒介是十分重要的。要把一国(民族)的文学包括作家、作品、文学思潮乃至文艺流派介绍、传播到另一国家(民族)并被对方接受，使彼此之间发生文学交流和影响，没有媒介是不可能的，因为任何接受和影响都不可能凭空进行。而研究不同国家(民族)语言文学之间的交流、影响的具体途径、方法、手段及其原因与规律等中间过程的学问就是媒介学。

自从有人类社会以来，不同的社会群体和个人之间就有了交往。无论是社会群体还是个人之间的交往，常常离不开中介，即媒介。早在初民社会，不同民族之间通过媒介实现有效交往的情况就已经出现。古希腊神话中的信使赫尔墨斯就是初民社会媒介的代表，他不仅充当神界传达信息的角色，也担负神界向人间传达神谕的职责。此外，古希腊神话中的众神也常常充当人际交往甚至是爱情和婚姻中媒介的角色。如在“不和的金苹果”的神话中，特洛亚王子帕里斯将金苹果判给爱神阿佛洛狄忒之后，阿佛洛狄忒带帕里斯到斯巴达王宫拐走了希腊美女海伦。从这个意义上说，阿佛洛狄忒就是海伦远嫁异国他乡的媒婆，也就是媒介。进入文明社会之后，人类社会的交往更加频繁，书信文书、和平使者、异族通婚、商务活动、旅游传教、民族迁徙乃至国家与民族间的战争，在不同程度上充当媒介的角色。如张骞通西域、昭君和亲、唐玄奘西天取经、马可·波罗的中国行，都曾起过积极的媒介作用。而在罗马帝国发动的横扫欧、亚、非三大洲的战争中，罗马帝国的占领者和欧、亚、非各国的战俘，都成了传播异国文明的媒介。如作为基督教经典的希伯来人的文化典籍《旧约》和耶稣基督言行录《新约》，正是通过罗马占领者和希伯来战俘传播到欧洲，被翻译成拉丁文的《圣经》，从而使基督教成为西方人的宗教。在当代社会，随着当代科学和信息技术的飞速发展，广播、电视、无线电话、互联网等文字或非文字媒介正与传统的报刊杂志、文件书信等纸质媒介争奇斗艳，媒介学的研究有了更深广的内容。

媒介学研究的对象和范围包括多种多样的媒介及传媒途径，既包括个人媒介和集团环境媒介，也包括文字媒介和非文字媒介。从中外文化与文学交流史看，个人媒介与集团环境媒介以及文字媒介与非文字媒介都是密不可分的。宗教徒(尤其是佛教徒、基督教徒和伊斯兰教徒)、中外商人与旅游者的活动，尽管大多是个人行为，而且并非直接从事文学的交流与传播，但他们的笔记、回忆、著述以及与他们的活动有关的浩瀚的史籍和碑记等，在研究中外文化交流和文学的传播、影响上，却是第一手材料，起到了直接的媒介作用，他们的历史活动正是研究媒介的最好的课题。当然，无论个人媒介还是集团环境媒介，也无论是文字媒介还是非文字媒介，最终都将通过文字来体现，这是因为，在进入信息时代之前的人类历史长河中，文字资料毕竟是最经久不衰的人类活动的记录，没有这些记录，后人也许不知道有过唐玄奘的西天取经，也不知道有马可·波罗的中国之行。因此，对文字媒介的研究无疑是比较文学媒介学研究中最重要的对象。

(二)译介学

比较文学的重要特点之一就是超越语言界限，对产生于不同语言环境中的文学现象进行比较研究，包括这些作品的接受与传播。然而产生于不同时代、不同民族、不同语言、不同文化背景下的文学作品，对于某一国(民族)的读者来说，能直接读懂原著的人毕竟是少数，大多数读者都只能通过阅读翻译作品而获得文本信息，获得审美感受。这样，翻译便成了文学交流与传播的主要桥梁。随着影响研究和接受研究的不断深入，比较文学中研究文学的翻译及文学相互影响、接受和传播的媒介作用的又一个分支学科——译介学诞生了。

译介学是媒介学最重要的组成部分，因为翻译和评介是一种非常重要的媒介活动，因此，译介者往往被称为“个人媒介者之最”。和别的分支学科相比，译介学偏重于对文本的媒介作用的研究，尤其是翻译这一最重要的媒介的作用，同时也兼及翻译理论和翻译史的比较研究。当然，由于翻译理论和翻译史与翻译实践密不可分，所以，翻译中语言的理解和语义的相互转换也属于译介学的研究内容，所以，译介学又与语言学有着非常密切的关系。

二、译介学研究的对象

译介学研究的对象主要指从事译介活动的各种媒介因素，归纳起来，可以分为个人媒介、集团环境媒介和中外文化交流中的各类媒介因素。

(一)个人媒介

个人媒介指将一国(民族)文学介绍传播到另一国(民族)去的译者、学者、作家或其他人员。他既可以是文学“放送”国家(民族)的媒介者，也可以是“接受”国家(民族)中的媒介者，当然也可以是既非“放送”又非“接受”的第三者国家(民族)的媒介者。

由“放送者”国家(民族)媒介者将本国(民族)文学介绍传播到他国(民族)去的情况古已有之，屡见不鲜。早在公元前2世纪罗马帝国灭亡古希腊之初，古希腊学者便将本民族光辉灿烂的文化与文学介绍给重征战、尚武功、不尚文治的古罗马民族，从而使古希腊文学得以流传，也导致古罗马文学的繁荣。我国唐代的鉴真和尚和明代的朱舜水等中华传统文化的积极传播者，将中国文化和文学介绍传播到日本。近代以来随着世界各国交往的频繁，致力于文化、文学的介绍传播者更是大有人在。如拿破仑战争后，法国人将本国文学介绍传播到其他国家。又比如说俄国作家屠格涅夫曾将俄国文学介绍传播到西欧，西方传教士将欧美文学介绍传播到中国，我国学者如余国藩、杨宪益等曾将《西游记》、《楚辞》、《红楼梦》等中国古典名著介绍传播到西方，等等。

"接受者"国家(民族)的媒介者怀着开拓国人眼界、让国人了解世界的巨大热情，将外国作家作品大量介绍到本国(民族)，从而影响并促进本国(民族)文学的繁荣。如鲁迅，他既是伟大的作家又是翻译家，从早年留学日本时开始翻译介绍外国文学作品，直到去世前译完果戈理名著《死魂灵》，一生共翻译介绍了14个国家100多位作家的200多种著作，总字数超过250万，与其本人的著作量大致相等。像鲁迅这样的媒介者在中国近现代文学史上还有很多，如林纾、瞿秋白、郭沫若、茅盾、周作人、傅雷、朱生豪、巴金、季羡林、杨周翰、杨绛、戈宝权、杨宪益等，他们都为译介中外文学、促进世界文化交流作出了巨大的贡献。

将中国文化与文学介绍传播到他国的外国媒介者也有很多。西方学者中有花20年功夫把《世说新语》翻译成英文的美国学者马瑞志，有将《三国演义》译成英文的泰勒，还有主持《红楼梦》、《唐诗选》等20多部中国古典文学名著翻译出版工作的艾金伯勒等。我国的近邻朝鲜、日本、越南等国家的这种媒介者更是举不胜举。如公元9世纪从日本来华的弘法大师，回国后写出介绍中国文学的《文镜秘府论》和《文笔眼心抄》两书，在日本流传甚广，至今还保存10多种抄本，对日本人认识和学习中国文学起了极大的促进作用。尤其是在他们的著作中保留的一些9世纪以前的中国古诗、律诗和诗论在我国已经失传，因而两书对于考察我国古诗到律诗的过渡情况以及我国文论与批评的发展，都有极高的参考价值。可见，像弘法大师这样的作为"接受"国家的媒介者，不仅在本国介绍和传播外国文学上有很大贡献，还有替他国保存文学遗产的意义。

有些个人媒介者还身兼二职，既将本国(民族)的文化与文学介绍传播到他国(民族)，也将他国(民族)的文化与文学介绍传播到本国(民族)。如我国的翻译家杨宪益夫妇就是如此，他们将中国古典名著《楚辞》、《魏晋南北朝小说选》、《唐代传奇选》、《史记选》、《儒林外史》、《聊斋选》、《红楼梦》和鲁迅的《中国小说史略》等翻译介绍到西方，又将《荷马史诗》、《阿里斯托芬喜剧二种》、维吉尔的《牧歌》、法国史诗《罗兰之歌》、萧伯纳的《卖花女》、《凯撒和克丽奥帕纳》等翻译介绍到中国来，为中西文学交流做了大量的工作。

此外，还有既非放送者又非接受者而属于第三者国家(民族)的个人媒介者，做着将他国(民族)文化与文学介绍传播给他国(民族)的工作，成为真正意义上的"居中间者"。在欧洲，这类媒介者往往属于那些介于大国之间或使用两种语言的国家如瑞士、瑞典、丹麦等国的学者，如丹麦文学史家勃兰兑斯，经多年努力完成《十九世纪文学主潮》，将英、法、德三国的文学介绍给世界各国。在东方，最先向西方学习的日本也充当过第三者的角色，中国唐代诗人寒山的诗作经由日本流传到美国，影响美国诗坛；鲁迅、郭沫若等中国作家接触并翻译西方文学作品也是从日文译本开始的。

（二）集团环境媒介

集团环境媒介是超越了个人并由团体或社会环境进行介绍传播的媒介。集团媒介主要指文学社团或文学流派媒介。它包括有组织、有宣言、有刊物的文学团体，也包括有共同趣味和倾向而自然形成的集团或流派。如在中国现代文学史上，有坚持现实主义，主张“为人生”的文学研究会和语丝社、白露社等；有标榜浪漫主义的创造社、太阳社等；有提倡唯美主义的南北社、绿社等；还有带“为艺术而艺术”色彩的飞鸟社、赞扬古典主义的雅典社、拥护象征主义的狮吼社、宣扬国家主义的长夜社、倾向虚无主义的现代文化社等，多达154个文学社团和同仁刊物，这些社团几乎把西方现代的各个流派和主张都介绍进中国，对中国现代文学的发展和繁荣无疑起了积极的作用。

环境媒介则主要有文学“沙龙”、文学集会、官方（宫廷）机构和开放城市等。“沙龙”媒介更多地出现在西方国家，如19世纪初法国著名的文艺沙龙——著名文论家斯达尔夫人的宅第，聚集了各类人士，通过交谈讨论，既使法国文学影响到德国，又使德国文学影响到法国，甚至后来出现的各种浪漫主义、现实主义、自然主义等文学潮流，都同这一文艺沙龙的媒介活动有关。20世纪二三十年代我国鲁迅先生的寓所，也经常成为文学青年与木刻作者交流的“沙龙”，鲁迅还亲自将苏联文艺、日本木刻艺术和进步的文艺思想介绍给我国大批文艺工作者，并影响了他们的成长。国际性文学集会如当代欧美国家经常举行的“国际笔会”，对各国文学交流与传播起十分显著的媒介作用。那些官方或宫廷式学术团体举行的各种国际性、区域性或国家性学术会议以及国家或民间派出的文艺团体，也同样对文化与文学交流起着十分重要的媒介作用。

此外，某些国家和地区的开放城市也在文学交流中起着不容忽视的媒介作用。如中世纪意大利就是东西方文化交流的要冲，通过丝绸之路到达地中海沿岸的中国文化以及印度文化、阿拉伯文化都经过佛罗伦萨等意大利开放城市进入西欧，同时又是东西欧、南北欧文化交流的集散地，在文艺复兴时期起着无可替代的媒介作用。近代以来，里昂逐渐成了意大利进入法国的第一站，日内瓦和苏黎世则多年来一直是国际文学交流的中心。而我国的新疆很早以来就一直在中西文化交流史上起着重要的媒介作用，正如季羡林所说：“我国新疆是世界上几大文化体系的汇流之地。中国文化、希腊文化、印度文化、伊斯兰文化、佛教、伊斯兰教、摩尼教、基督教以及其他的一些宗教，都在这里碰了头，交光互影，互相影响。”①

（三）中外交流媒介

从中外文化与文学交流史看，历史上一些宗教徒、商贩和旅游者的跨国界活动及其写出的一些著述也是文学交流与传播的重要媒介，如我国唐代玄奘去西天取经及其著作《大唐西域记》，记录了古代和7世纪以前印度的社会生活，内容涉及宗教、语言、文学，以及政治、经济、文化等各个方面，都是极其宝贵的资料。又如13世纪来到中国的意大利人马可·波罗既向古老的东方帝国带来了基督教文化，同时通过他们的著述、报告和译介逐步加深了欧洲人对中国这个充满“神秘”、“慈善”、“礼貌”和“理性”的国度的印象，对欧洲的文艺复兴、启蒙运动以及乔叟、莎士比亚、伏尔泰、歌德等作家在作品中所体现的东方“理性”和“异国情调”都起到了媒介及影响作用。

---

① 季羡林：《〈罗摩衍那〉在中国》，载《中国比较文学》总第3期。

三、译介学研究的范围

译介学研究的范围主要包括从事译介活动的多个领域，它分为以下 7 个方面：翻译、改编、模仿、借用、出源、雅化与俗化、评介。

翻译。翻译是译介学中最重要的译介手段，译者把一种语言写成的作品用另一种语言文字翻译出来并将其引进到该语言的民族文化和文学传统中去，从而使该民族能够读懂。由此，翻译便成了文学作品在他国被接受而产生影响与流传的不可或缺的重要环节。诚如钱钟书先生所说："它是个居间者或联络员，介绍人家去认知外国作品，引诱大家去爱好外国作品，仿佛做媒似的使国与国之间缔结了'文学姻缘'。"①正是由于近代以来众多译者将西方文学作品大量移译，才打开了国人的眼界，使之知道了荷马、但丁、狄更斯、巴尔扎克、托尔斯泰，知道了在中国文学以外还有欧洲文学，诱发了国人对西方文学的兴趣和爱好。

改编。这是在翻译的基础上对外国原著所作的一种"创造性叛逆"，即将外国原著的内容或形式改变得完全适合本国国情与读者的接受习惯，使之能在本国被接受和流传。如 20 世纪 20 年代上海戏剧界根据洪深搬上舞台公演的英国作家王尔德的名作《温德米尔夫人的扇子》改编成沪剧的《少奶奶的扇子》，让剧中人穿上"西装旗袍"，成了十足的"上海货"，以适应上海观众的观赏要求，取得很好的效果。

模仿。作为媒介的模仿是指作家以外国某作家或某作品为依据来从事创作活动，使自己的个性服从于所依据的某外国作家或作品，但又不像翻译那样处处忠实于原作，也不像改编那样完全本国化，而是在自己的新作中保留大量原作的痕迹，让人不难看出作品照搬了原作的人物性格、命运遭际和故事情节等。如唐代中国神怪小说传入朝鲜，朝鲜作家金时习模仿后写出《金鳌新话》。其后朝鲜又出现了一些小说，如《梦泽慧汉沿》、《马武传》、《诸马武传》等则是对中国古典名著《三国演义》的模仿。作品中不仅内容大体相似，人物与情节的模仿更是显而易见，如司马懿被改为"诸马器"或"楚汉松"，而情节则有"华容道"、"山阳大战"、"赤壁大战"、"姜维实传"、"魏王别传"等，都与我国的原著大同小异。又如我国现代女作家黄庐隐也曾发表过模仿歌德《少年维特之烦恼》的小说。可见，模仿也是接受与传播外国文学的重要方式。

借用。这是指作家在作品中采用了他国文学作品中某些现成的因素或材料，尤其是主题、情节、意象、格言、比喻等。比如说在西方各国文学中，借用古希腊神话和《圣经》材料的现象是非常普遍的，普罗米修斯盗火的神话，亚当、夏娃偷吃禁果的神话都是西方文学永恒的主题。

出源。指来源和出处，有两种情况：一种是指一部作品为另一部作品提供材料，尤其是情节，如普罗米修斯盗火给人类而自己忍受惩罚的殉道者母题，成为后世欧洲文学用之不竭的材料来源；另一种情况是材料与使用这一材料的艺术手法或理论观点的来源各异，如郭沫若的《凤凰涅槃》，材料明显借用佛典，而全诗的艺术手法则在相当程度上出自惠特曼等西方浪漫主义诗人。

雅化与俗化。这是指将外国作品的某一部分如用词、细节或片段、章节等根据本国的

① 乐黛云：《中西比较文学教程》，高等教育出版社 1988 年版，第 153 页。

传统或习惯予以更改，便于读者接受，使其显得更为“雅观”或“通俗”。如将外国文学作品中描写肉欲的淫荡细节用“春情”、“风情”等词汇取代，即为雅化；而用生活中的常用词或俚语、俗语来表达外来的陌生思想或事理，如《古尊宿语录》中用磨砖不能成镜来比喻光坐禅并不能成佛的道理，即为俗化。

评介。这是指将一国文学写成评论或介绍的文字，包括书评、序跋、读后感、作家介绍等，通过书报杂志或电台、电视、互联网等传媒，让另一国人们知道。如上世纪初期我国颇有影响的《新青年》、《文学月报》、《学衡》等杂志，就系统地评介过希腊文学、法国文学、英国文学、俄国文学等欧美各国文学，让国人了解欧美有影响的作家。从上世纪30年代开始，中国学人也将本国作家作品的评介文章发表在外国杂志上，让外国人了解中国文学。

随着时代的发展和科学技术的进步，译介的方法越来越多，越来越现代化，如电视传播、互联网传输等，它们将更便捷地起着媒介——流传——影响的作用。

第二节 翻译史与翻译基本理论形态

翻译与评介是译介学中最重要的文字媒介，尤其是译本更是译介学中最主要的研究对象。在比较文学中东西比较文学迅速崛起并日益发展的今天，翻译就显得更为重要了。

一、中外翻译史

（一）中国翻译的历史轨迹

翻译在中西历史上都很早出现。中国甚至在上古时代就已出现传译行为。《礼记·王制》记载：“中国、夷、蛮、戎、狄……五方之民，言语不通，嗜欲不同，达其志，通其欲：东方曰寄、南方曰象、西方曰狄鞮、北方曰译。”“寄”、“象”、“鞮”、“译”即指传译言语的人——口译者，尽管只限于口头语言的沟通，却是翻译的开端。公元前2年，西汉哀帝刘欣的博士弟子秦景宪从大月氏王的使节伊存口授浮屠经，应是汉译佛经的开始，也是中国翻译事业的雏形，并从此开始了佛经的笔译。特别是在东汉桓、灵二帝时期至隋唐近千年时间内，译经事业达到鼎盛，唐宋时期甚至出现世上罕见的大规模翻译机构——译场，所译印度佛典仅据《精刻大藏经目录》统计就达4 650卷之多。

明清之际中国翻译事业进入新阶段，不仅因西方传教士的东来出现了天文、地理、数学、科普等西方自然科学译著，也出现了诸如《伊索寓言》的第一部中译本《况义》和《畸人十篇》、《七克》等文学类译作。清末民初，中国翻译事业再现辉煌，从1862年京师国文馆成立至20世纪初，北京、上海、广州、南京、福州等地出现一批翻译机构，创办了一些专门的翻译刊物，涌现出严复、梁启超、徐寿、林纾等著名翻译家。

五四运动以后，中国翻译事业更是呈现出新的繁荣局面，不仅译作数量大增，而且译作质量较前有显著提高。尤其是19世纪俄、法、英、德等国的现实主义文学巨著相继被译成中文而拥有了大量的中国读者。许多著名刊物如《新青年》、《小说月报》、《文学研究丛刊》等都大量发表文学译作，鲁迅、瞿秋白、茅盾、郭沫若、郑振铎、周作人、耿济之等大作家都同时又是著名翻译家。

新中国成立尤其是在改革开放以后，中国翻译事业再创佳绩，译著数量之多、质量之高、涉及国家之广都超过历史上任何时期。

(二)西方翻译的历史轨迹

在西方，翻译行为至迟在公元前3世纪已正式开始，当时有72名犹太学者在埃及亚历山大城翻译了《圣经·旧约》，后人称之为《七十子希腊文本圣经》。后来，罗马人翻译了大量的古希腊的文化典籍，将古希腊文学移植到古罗马本土，如古罗马文学家安德罗尼柯用拉丁文翻译了《奥德赛》。在以后的世纪里，欧洲历史上出现过多次较大规模的翻译活动。如公元9世纪阿弗列王翻译了罗马哲学家包夏斯和英国神学家彼得的著作；中世纪开始欧洲各国对圣经的翻译，出现了德、英、法等语种的圣经译本，开创了欧洲语言文学本国化之先河；而公元12世纪西欧人与伊斯兰教徒在西班牙的接触，则把大量的伊斯兰教典籍翻译介绍到欧洲各国；文艺复兴以来，欧洲各国开始对古典作品的翻译和各国文学间的互译，这种互译行为在17世纪以后更波及东欧各国及俄罗斯。在17世纪至20世纪初近300年间，西方各国涌现出了非常多的翻译家和翻译作品。如17世纪在英国翻译出版了《圣经钦定本》，对后来的英国文化、宗教、语言文学产生了非常大的影响。俄国自18世纪以后在翻译理论和翻译实践上均有很大发展，如罗蒙诺索夫和普希金等。20世纪以后，翻译得到空前的发展，在翻译的题材、文本形式、语言的规范、翻译的组织、译本的社会文化传播作用等多方面都发生了深刻的变化，甚至出现了机器翻译的现象。出现了大量的译作、翻译理论专著和翻译理论流派，如美国翻译培训派、翻译语言学派、多元体系派等。

(三)中外关于翻译性质、原则的各种规定

翻译的历史悠久，使有关翻译的性质和定义众说纷纭，人们对翻译的原则和方法的见解也莫衷一是。由此而形成各种大相径庭的翻译理论，并规约着人们的翻译实践，直接影响到接受和传播的过程。译介学需要探讨这些问题。

1. 翻译的定义。关于翻译的性质和定义，我国早期典籍《周礼·秋官司寇》中称通言语之官为“象胥”。唐代贾公彦的《义疏》里对“译”的释义是：“译即易，谓换易言语使相解也。”指出翻译就是把一种语言文字换成另一种语言文字，以达到彼此沟通、相互了解的目的。这也许是关于翻译的最早的言简意赅的定义。

西方学者也对翻译的性质作了界定。欧洲早期批评家和翻译家马丁·路德、英国学者德莱顿和廷代尔等都主张译文应流畅自然，近乎口语，要让扶犁的童子懂得的经文比神学家还要多。德国作家歌德将翻译定义为“一是让外国的作家到本国来，这样，国人就会把他当作本国作家；一是让本国读者到外国作家那里去，熟悉他的环境、文风和气质”。施莱尔马赫也将翻译行为归结为：“译者或让作者原地不动，尽可能把读者引向作者；或让读者原地不动，尽可能把作者引向读者。”①

2. 翻译的原则。关于翻译的原则与方法，近代以来中西学者都有独到的见解。18世纪英国翻译家塔特勒提出“翻译三原则”：一是译文应该完全复写出原著的思想；二是在风格、笔调上要和原著一样；三是译文要和原著一样流畅。他认为第一条原则特别重要，当三条原则不能兼顾时，务必要确保第一条原则的落实。美国现代著名翻译家奈达认为，翻译要达意、传神、语言流畅，要使读者有类似的反应。前苏联学者费道罗夫则干脆提出

① 自陈惇、刘向愚：《比较文学概论》，北京师范大学出版社2000年版，第212页。

所谓语言"等值翻译"，认为"翻译的等值就是表达原文思想内容的完全准确和作用上、修辞上与原文完全一致"。当代英国学者泰特勒也要求翻译做到"原作的长处完全转注在另一种语言里，使得译文文字所属的国家的人能明白地领悟，强烈地感受，正像用原作的语文的人们所领悟的、所感受的一样"①。

中国翻译界在两千多年的翻译实践中，也对翻译的原则和方法进行过深入的探讨，形成了独具特色的翻译理论体系。相对于西方学者所坚持的"达意"、"传神"、"等值"，追求"与原文完全一致"而言，我国古今翻译家似乎更侧重于接受者一方。从汉唐两朝开始，译经大师们便有"直译"与"意译"的争论，而从翻译实践看，则更多地实行直译与意译的融合。到了近代，严复提出的"信、达、雅"理论成为后来的翻译家所尊崇的纲领。尽管由于严复未对"信、达、雅"作出明确具体的解释，使人们在实践中可以从不同角度去理解而导致"五四"时期再度产生"直译"、"意译"、"硬译"、"死译"的论争，但后来的翻译理论家并未能否定其理论框架。无论是林语堂提出的"忠实"、"通顺"、"美"的标准，或傅雷结合严复和林语堂二者的理论提出的"翻译应当像临画一样，所求的不在形似而在神似"，要求"获致原作精神"的"传神"说，还是朱光潜所强调的"对情感、思想、风格、声音节奏等必同时忠实"的"忠实"说，或钱钟书提出的"文学翻译的最高标准是'化'"的"化境"说，都不过是"信、达、雅"的翻版或进一步解释而已。

翻译研究理论经过当代学者们的努力，已逐步形成各具特色的理论观点。这些学者更倾向于把文学理解为动态的综合体系，提倡翻译研究的理论模式。他们已经注意到，要"把注意力集中在翻译的结果(product)，而不是翻译过程(process)上"，"翻译更主要的是一种受历史制约的、面向译入语的活动，而不是纯粹的语言转换"，"研究者进行翻译分析时应该注意译入语一方的参数(parameters)，如语言、文化、时期，等等，这样才能搞清究竟是哪些因素，并在多大程度上影响了翻译的结果"②。他们把研究重点放在翻译的结果、功能和体系上，着重研究制约并决定翻译成果和翻译接受的因素、翻译和各种译本类型之间的关系、翻译在特定民族或国别文学内的地位和作用，以及翻译对民族文学间的相互影响所起的作用等。总之，大多数当代学者都倾向于认为，要从翻译文本的形态变化(与原著文本相比)出发，探讨其中包括文化与审美在内的更为广泛的成分，从而建立起更为系统的译介学翻译理论。

二、翻译价值论

翻译的重要性早已引起比较文学界的重视。古今中外各具特色的翻译理论对于比较文学译介学的研究，具有十分重要的意义。梵·第根在《比较文学论》一书中认为：在大多数的场合中，翻译便是传播的必要的工具，而"译本"之研究更是比较文学的大部分工作的不可缺少的大前提。法国另一位比较文学专家基亚则把翻译研究视为比较文学具体的、不可缺少的基础工作，并认为文学作品的翻译理论问题是比较文学的中心问题。意大利比较文学家梅雷加利在《论文学接受》一文中说：翻译无疑是不同语种间的文学交流中最重要、最富特征的媒介，是不同语种文学交流中头等重要的现象，并且也是一般人类生活和

① 乐黛云：《中西比较文学教程》，高等教育出版社 1988 年版，第 165 页。

② 陈惇：《比较文学》，高等教育出版社 1997 年版，第 160 页。

历史中头等重要的现象，是自然语言所形成的多个人类岛屿之间的桥梁，是自然语言非常特殊的研究对象，并且还应当是比较文学的优先研究对象。迪马也在其《比较文学引论》一书中指出：即使翻译存在着各种各样的不足，但是今后它无疑仍是传播一切有价值的文学作品的重要手段。包含着译者对原作的评价、对作者的介绍的译序或前言，连同译作一起都是促进文学联系的一个因素，也是历史比较研究的一个材料来源。姜秋霞等在《翻译在多元文化发展中的态度及其作用》一文中说："翻译对于民族文化而言，并不是简单的文化输入或输出，它在进行语言转换过程中所采用的方式以及所包含的思想意识和态度，对文化的交流与相互接受有着重要的影响作用。"①

事实证明，翻译既使外国文学的传播和接受得以繁荣，也促进了本国文学的发展。在中国，因翻译而带来新题材、新文体、新技巧，使中国文学有了新的发展和充实已是不争的事实。如在"五四"时期，大量外国文学作品的翻译，使国人喜欢外国文学的热情空前高涨。与之相对应的是，中国现代文坛的面貌焕然一新。一些早期小说翻译家将心理描写等技巧引入了中国现代小说；外国诗歌的翻译，则带来了中国新诗体的产生；而外国戏剧的翻译，又使中国兴起了话剧和歌剧的创作热情。外国也不乏其例，如古代日本在翻译中国古代诗歌之后，不少诗人和作家都热衷于学做汉诗和汉文，并由此衍生出被称为"和歌"的诗体；欧美意象派诗歌创作中的"意象"、"意象并置"、"意象叠加"等创作技巧无疑是受到中国古典诗词的启发。

当代比较文学界对翻译的理解较为宽泛。20 世纪 80 年代布吕奈尔等人合著的《什么是比较文学》一书认为："对一种翻译的研究，尤其属于接受文学的历史"，"和其他艺术一样，文学首先翻译现实、生活、自然，然后是公众对它无休止的翻译。所以，在无数的变动作品和读者的距离的方式中，比较文学更喜欢对翻译这一种方式进行研究"，"比较学者的任务在于指出，翻译不仅仅是表面上使读者的数量增加，而且还是发明创造的学校"。英国学者斯坦纳在《通天塔——文学翻译理论研究》一书中也从广义上理解翻译：文学艺术的存在，一个社会的历史真实感，有赖于没完没了的同一语言内部的翻译，尽管我们往往并不意识到我们是在进行翻译。我们之所以能够保持我们的文明，就因为我们学会了翻译过去的东西。在这些理论家的心目中，文学创作就是作家对现实、生活和自然的翻译，而读者对作品的阅读、理解和阐释等接受过程中的能动表现也是一种翻译。尽管这种把各种美味佳肴都往翻译的篮子里装的论点并非一般的翻译研究，也并非就是比较文学的译介学。因为传统意义上的翻译研究更大程度上是一种语言研究，比较文学的译介学更多属于文学研究，而一般阅读属于接受研究。但它从更广阔的背景上去理解翻译，却为比较文学的译介学拓展了研究领域。比较文学的译介学正是要摆脱一般意义上的价值判断，更多地把翻译过程中所涉及的语言现象、产生的文本形态及其所导致的变异和转换，都作为研究的对象加以考察。而且，比较文学的译介学把研究重点放在译者、译品和翻译行为对两个或几个不同民族的文学与文化的交流发生作用上。研究者把翻译当作文学研究的一个对象，把任何一个翻译行为的结果都作为既成事实加以接受，并在此基础上开展对文学交流及影响、接受和传播等问题的思考。

---

① 姜秋霞：《翻译在多元文化发展中的态度及其作用》，载《光明日报》2004 年 8 月 31 日。

三、翻译与语言差异的关系

世界上不同国家、不同民族的语言文字有成百上千种。不同的语言体系在语音、文字、词汇、语法以及与语言密切相关的文化背景诸方面尽管也有某些相同或相似之处，但更多的却显示出明显的差异性。以汉语与英语为例，其差异性简直有如天壤之别，而语种的差异性对翻译精确与否的影响是显而易见的。

汉语是表意文字，英语则是表音文字；汉语没有形态变化，而英语却有单复数和过去、现在与将来等时态的变化，还有主动、被动两种语态以及性别等字形变化。汉语文字是华夏民族祖先独创的方块象形文字，有一整套完整的所谓"六书"、"四书"造字法，其中外来字词相对较少；而英语则在北欧盎格鲁·撒克逊人进入英伦诸岛反客为主后历经罗马、诺尔曼等族入侵与同化而显得十分庞杂，其外来词相当多。现代英语中声音刚强而含义朴拙的单音词往往源自古英文，声音柔和而意义文雅的复音词则多来自拉丁语、法语等欧洲大陆民族语言。因此，运用源自不同语系的词汇在文学作品中营造戏剧性对照效果是英语特有的一种修辞手段。如莎士比亚在其《哈姆雷特》一剧中，将源自拉丁语的意为"幸福、满足"的多音节词汇"felicity"表现哈姆雷特临终前预感到的去天国的"幸福"；接着又改用源自盎格鲁·撒克逊的意为"残酷的世界"的单音节语词"harsh world"来对比他对现实的鄙视，从而达到相当巧妙的修辞效果。

在词汇上，汉语词与英语词的涵义及使用习惯也有许多不同。除科技或专门术语外，英语词大多是多义的，有的词在本义基础上引申得很远，甚至引申义与本义风马牛不相及，如本义为"春天"的"spring"，可以引申出"弹簧"和"发条"等意义来。汉语词与英语词还有词义多寡与宽窄的不同，如汉语词"山"，英语词至少可分成"hill"与"mountain"，而其中"hill"相当于汉语的"丘陵"、"斜坡"与"土堆"等意义。又如英语词"river"，汉语可以细分成"江"、"河"两词，且有不同含义，汉语还可以将"江"与"山"两词或"河"与"山"两词相结合，意指"国家"或"国土"，而英语词"river"与"hill"或"mountain"则不能有这样的组合。英语词中有很多同义词译成汉语词时颇费周折，如同样是"酒"，英语词中有指葡萄酒的"wine"、指高浓度酒的"spirits"和指粮食酿的酒的"liquor"，还有指掺了酒精的"alcoholic beverage"。此外，现代汉语已失去了古汉语兼词现象，而英语词这类现象却比比皆是，汉译英时很难一一对译，有时需添词，有时需减词；有时需浓缩，有时又不得不加以稀释。如现代西方文化中常用的"perspective"一词，既有"透视法"之义，又有"景色"、"前景"、"问题的众多方面关系"以及"角度"、"眼力"等多层涵义，翻译时往往需要根据上下文意思予以酌选，这对译者和读者来说都绝非易事。

在语法上，尽管汉语与英语同属分析语，主语和谓语等主干成分结构在词序上基本相同，但英语的其他成分如介词要比汉语更多更活跃，而且像关节一样，带动语言的全身运动。据统计，英语中的介词多达280多个，而汉语中常用介词还不足30个。在高度凝炼集中的汉语诗词中甚至难见介词，却能使情景、意境、意象跃然纸上。如柳宗元诗《江雪》："千山鸟飞绝，万径人踪灭。孤舟蓑笠翁，独钓寒江雪。"全诗无一介词。而在英文诗中却难以离开"on"、"in"、"to"、"of"、"at"等介词的串连，如雪莱诗"The Mask of Anarchy"中的一段"Rise Like Lions"：

Rise Like Lions after slumber
In unvanquishable number
Shake your chains to earth like dew
Which in sleep had fallen on you —
You are many —they are few.

同样是短短数行的小诗，所用的介词便有“after”、“in”、“to”、“on”等多处，介词在英语中的巨大语法功能由此可见一斑。其突出的演绎性语法关系能恰切地反映诗人的二分演绎性思维，从而使诗作别具一种象征、隐喻等艺术魅力。此外，英语中有些词如“it”的用法相当灵活，可以表示数、时态和语态等变化，汉语则因没有这些变化而无需这类词汇，汉语诗词也因此而占尽了“诗无达诂”和给读者再创造的便宜。如李白的名诗《静夜思》：“床前明月光，疑是地上霜。举头望明月，低头思故乡。”通篇不见单数或复数的“夜思”主人公，也没有过去、现在或将来的时态之限，却分明表露出飘泊异乡的你、我、他或你们、我们、他们时刻魂牵梦萦的思乡念亲之情。

在政治、经济、历史、地理、制度、习俗等文化背景方面，中、英两国都有很大的不同，从而使汉语和英语对某些文化事象的表述呈现巨大的差异。如宇宙空间的“银河”，中国人因繁星云集成横亘天际的河流状，而且每一颗星星都放射出银白色的光芒，就像一块块闪光的银球镶嵌在天幕上，而称之为“银河”；而英语则称之为“Milky way”，直译为“牛奶路”或“乳白色的路”，源于古希腊神话，说的是天后赫拉因宙斯与人间女郎私通生子而醋劲大发，欲杀害其子，孩子挣扎触及赫拉乳头，奶水喷涌飞洒天空，形成银白色星带，因像大路一样连接天际，故称“奶路”。

翻译作品毕竟是译者的个人行为，其准确与否在一定程度上取决于译者对原著语言的精通与否、译者在翻译过程中的认真与否，以及译者对原著是否进行过创造性的增删等，然而，中外语言的异同对译品质量的影响却是非常明显的。译者因语言差异而引起翻译文本文意上的差异是常见的，译者绞尽脑汁却言未尽意或词不达意的例子也屡见不鲜。如李白小诗《玉阶怨》：“玉阶生白露，夜久侵罗袜。却下水晶帘，玲珑望秋月。”有一种被公认为最贴近原诗的英译文：

On marble steps white dew grows,
Deep in the night, it soaks silk stockings,
Yet she lowers the crystal curtain —
Glittering — to gaze at the autumn moon.

读者吟咏李白原诗，自然能体会到诗中描摹的秋夜澄澈轻寒的情致，以及因季节暗暗消移而潜生的丝丝薄愁和通体晶莹皎洁的意象。而且，李诗还具有中国古典绝句特有的组织和独特的张力，它依靠文字语言的巧妙组合，利用文字格式以外的“空白”，借助“有限之象”传达不尽之意，拓展出一个空灵神韵且有足够的想象驰骋的天地。如诗中的抒情主人公是谁，“玲珑”是指月亮还是指人，抑或指人的脸庞与表情，由于五言小诗格律的局限而未能明说也无需明说，但恰恰因此而使诗歌显得朦胧，给读者无穷的想象空间。所有这些，英译都无从做到，不仅使中国古典诗歌文字格律上的张力因其仅留对句韵的散文式翻译而消失殆尽，原诗的魅力因而走样，而且，由于"she"的添加，抒情主人公的形象得以落实，全诗朦胧的神韵因而减损许多。此外，英译以"glittering"（光芒闪烁）来对译"玲珑"，虽然水晶帘上因月光照耀而光彩斑驳的神奇效果得以呈现，却也使原诗阴柔清幽的氛围一扫而空，取而代之的是珠光宝气的逼人夺目。原诗静夜里邈远的情思与玲珑幽雅环境之和谐格调变成了光与影、动与静的对比。尽管这也不失为一种意境，但绝非李白原作的意境，也不是我们在唐诗中所习见的典雅与含蓄。韵律是中国古典诗的生命，英译显然难以保留原诗之其妙。

由于汉语与英语不仅语言不同，而且历史与文化传统也大相径庭，因此，适合西方文化的语言表达形式，在翻译为适合中国文化的语言表达形式时，语言本身的文化归属性使这种语言转换变得非常困难。美国耶鲁大学教授欧文在《翻译的局限性》一文中就指出：由于大多数欧洲语言有着共同的起源和具有共同的概念，因此在这些语言间的翻译并没有暴露出翻译本身的全部问题，在文学和观念上有众多的一致性，使翻译家们可以倾注全力于韵律和风格上的精神。这些和翻译中文的困难相比，欧洲不同语言之间的翻译就好比是从一种方言翻译成另一种方言。英文和中文，它们在语言和文化上的巨大差异以及不同的审美观，都向我们提出更须注意的并更为重要的问题。这些问题实际上就是：语言的文化归属问题，思维语言的语义转换问题，文化误读问题，语言对译的可能性问题，等等。

古今中外的许多翻译家和理论家都提出了不少切合本国语言实际和阅读欣赏习惯的翻译理论及其方法，有的侧重于忠于原著，有的偏向于富于艺术性的"再创造"，甚至主张翻译可以完全自由地改写，既符合原著的真谛，又可以相当程度地更改其风格、结构、语法和惯用语……当然，当代国际翻译界尽管相对集中地讨论了翻译与意义的关系问题，语言的翻译与文化的关系问题，但由于各种新理论的出现，翻译理论还有许多未定问题需要进一步讨论。

四、翻译中的再创造理论

译介学对翻译原则的把握是较为宽松的。它认为翻译不仅沟通了世界各族人民，为文学传播提供了媒介，也是一种文学的再创造。因而，它允许译者在翻译中发挥主观能动性，允许在译作中出现与原作不同的一些因素，也允许原作中某些因素的逸失，甚至允许译者将自己的理解、风格等颇具个人色彩的因素杂糅进去，从而表现出创造性的新因素。正如钱钟书先生在《林纾的翻译》一文中所说：从一种文字出发，越过许多距离，安稳到达另一种文字里，这是很艰辛的历程。一路上颠顿风尘，遭遇风险，不免有所遗失或受些损伤。因此，译文总有失真和走样的地方，在意义和口吻上违背或不尽贴合原文。一个能写作或自信能写作的人从事文学翻译，难保不像林纾那样的手痒；他根据自己的写作标准，要充当原作者的"诤友"，自以为有点铁成金或以石攻玉的义务或权利，把翻译变成借体寄生的、东鳞西爪的写作。

译者在翻译中的创造性往往表现为无意识和有意识的两种方式：无意识的创造翻译往往由于译者对异国文化的误解或误释而出现误译或漏译，如陶渊明《责子》诗中的"阿舒已二八"被英译者译成"阿舒十八岁"，说明译者对汉语表达方式的了解仍有距离。而有意识的创造翻译则发生在一些自觉的译者身上，他们不仅有自己的翻译原则，还有自己独特的追求。他们或者为了迎合接受国的习惯和风俗，或者为了适应接受国读者的口味，或者为了便于传播，或者出于道德、政治等因素的考虑而进行创造翻译。如莎士比亚作品的德文译者威·施莱格尔为了忠实地保留莎作的形式，恰如其分地分别利用德语雅训和俚俗语来表达原作中的诗意和明白晓畅的成分，甚至把原文中已废弃不用、语义奇诡和模糊的词语都换成浅近的德语，从而使德国读者甚至比英国人更为透彻地理解莎士比亚，收到意料不到的效果。我国不懂外语的近代大翻译家林纾与人合作翻译的大量外国作品，尽管错漏讹脱较多，而且常有信笔增删、随意改动的现象，然而正是有了他在翻译中的再创造，才符合国人的欣赏口味，从而使国人大量地接触并喜欢上外国文学作品，加深了对外国文化的了解。

有意识的创造翻译有两种相反的倾向特别引人注目。一种倾向是译者在使用极其自然、流畅的译语展示原作内容时，不同程度地让译语文化“吞并”原著文化，如林纾的译作。被誉为译界精品的严复的《天演论》也是如此，整部译作给人以古朴典雅、气势恢宏的桐城派古文的感觉，简直失去了“洋”味。另一种倾向是译语文化“屈从”于原著文化，如当代一些中译者在译作中大量使用所谓“欧化”语言，佶屈聱牙，很难适应中国读者的口味，也增加了阅读难度，难以激发阅读兴趣，无疑影响了译作的传播。

翻译的创造性不仅为各国(民族)文化和文学的相互交流和相互促进提供了广阔的天地，也为接受国(民族)的文学创作提供了有益的借鉴，甚至还为接受国文学带来新题材、新文体、新技巧，从而使本国文学得到新的发展与充实。如中国译者将古希腊戏剧翻译成散文体，将莎士比亚戏剧中的人物对白翻译成散文体等，都对中国现代话剧的产生和盛行有积极的影响，而“五四”以后大量外国长篇小说的白话文翻译，也无疑对中国现代长篇小说创作有巨大影响。

第三节　翻译中的误译与误读

一、创造性叛逆——误译

文学翻译有一个十分有趣的现象，那就是即使译者在翻译过程中努力排除误译、错讹、增删等因素，努力想忠实于原文，但由于在文本的语言形态转换过程中不可避免地被注入译入国(民族)固有的审美因素和文化因素，从而造成审美意象、意义指涉、诗性意境和文化内涵等方面的偏移，结果仍然在无意识中改造了原文。这种现象无疑是译介学探讨的一个重要内容，即翻译中有意无意的“创造性叛逆”。

在翻译实践中，译者自觉地进行“再创造”的例子是很多的。译者的目的、译者对原著的理解、译者的语言风格乃至译者的思想道德观念等都对译者的再创造产生极大的影响。如罗比兹的《三国演义》英译本，抽译原著55回，可谓大胆删削，而且连选择章回的内容也斧削很大。如第二十一回，原文7页多，汉译英应有10多页，但译作仅有4页，这样的译本显然删掉了原文的许多内容，有些甚至是一种改写。像这样经过改造的译本有的还增添了译者塞进去的“私货”，如严复翻译的赫胥黎的《天演论》，前有导言，后有按语，全书仅按语就有29条，除讲解原文主要论点和西方学术情况外，还有针对当时中国政情所发的评述，全是译者的一家之言。这种情况也是一种再创造。又如林纾将狄更斯的《董贝父子》译成《冰雪姻缘》时，删去了原著中写工业化功过的原文，增添做女儿的孝道等，既增又删，随意改动，讹误错漏较多。他这样做当然影响了译作的准确性，但却给译本增添了文本转移后所需要的东西。又如，中国近代最早的一部由“蠡勺居士”翻译的英国长篇小说《昕夕闲谈》，这种“叛逆”性再创造就十分明显：全书采用中国近代长篇小说盛行的章回体，各节标题也一律“中国化”，形成讲究对仗的上下句，如第一节是：

山桥村排士遇友　　礼拜堂非礼成亲

最后一节为：

好兄弟暗地赠多金　　美妖娆闲谈订婚约

仅从第一节的标题看，除形式上的“中国化”以适应中国文风与中国读者的阅读欣赏习惯外，还将按西方习惯在礼拜堂由神职人员主持婚礼这一神圣事件译成“非礼成亲”，显然是按中国传统道德伦理观念而进行的再创造。因为按中国传统，男女成婚必须先有“父母之命，媒妁之言”，然后下聘礼，择吉日，花轿迎进家门，父母主持婚礼，怎么能男女私自到教堂去请神父主持婚礼呢？这不是非礼私奔吗？

汉语作品被译成外语时也常常出现“创造性叛逆”。如20世纪前期英国著名的汉诗译者艾米·洛威尔曾将李白的《静夜思》翻译成：

In front of my bed the moonlight is very bright.
I wonder if that can be frost on the floor?
I lift up my head and look full at the full moon,
　　the dazzling moon
I drop my head, and think of the home of old days. ①

很显然，李白原诗的抒情主人公并不明确，既可以是你或我，也可以是他或她，显得朦胧含蓄，切合任何时代任何一个背井离乡、飘泊天涯的人的心境，而英译诗添加“I”和“my”，将主人公的形象加以落实，无疑减损了全诗典雅含蓄之美。这样的添加，也许是由于英文的表达需要，也许是西方人习惯性思维。因为除艾米·洛威尔外，美国著名评论家迈克尔·卡茨在其《艾米·洛威尔与东方》的评论文章中也自作聪明地这样解读李白的《静夜思》：“诗人李白(他往往这样)酒又喝得多了，半夜醒来，错把月光当作霜。他发现自己的错觉，于是思念起他的家乡来。”②同样将抒情主人公认定为诗人李白，无疑极大地约束了原诗魅力的张扬。

英国著名的翻译理论家A. C. 格雷厄姆在《中国诗的翻译》一文中，非常得意地认

① [美]艾米·洛威尔：《诗全集》，霍顿·米夫林公司1955年版，第345页。
② 张隆溪：《比较文学译文集》，北京大学出版社1982年版，第197页。

为："由于一行英诗中重音节的数目与一行中国诗的字数很接近，所以正像威利最先提出的那样，有可能几乎逐字把中国诗译成英文诗，和用散文译一样准确。"他以中国古诗"胡角引北风，蓟门白于水。天含青海道，城头月千里"的英译为例说明翻译中的再创造：

A Tartar horn tugs at the North wind,
Thistle Gate shines whiter than the stream.
The sky swallows the road to kokonor:
On the Great Wall, a thousand miles of moonlight.

格雷厄姆不无遗憾地解释说："这几行译文说明，由于要照顾语句流畅、节奏分明和明白易懂，字字对应的理想很快就被破坏了。'swallow'不等于中文的'含'。'water'(水)由于不幸与'whiter'(更白)在音韵上冲突，只好代之以'stream'(溪流)。惟一最要紧的既然是形象，所以几经犹豫之后，还是把'(is)white(r)'(更白)变成更强的'shines whiter'(闪出更白的光)，这一方面是为了保留那个中文形容词的有力语气(原文那个形容词的作用像一个不及物动词)，另一方面也是为了显出与末行中月光的联系。原诗没有特别说明的'城'，在译文中成了'the Great Wall'(长城)。"①对于译诗中之所以出现"创造性叛逆"的原因，格雷厄姆还进一步解释说："可以理解，有的译者仍然宁愿追求抑扬格和尾韵而随意处理原诗的辞意。"然而，正是译者的这种"随意"创造，使原诗中的意象面目全非。这是因为，中国读者绝不会将水认同于溪流，而对于没有特别说明的"城头"，中国读者宁肯将其理解为"高高的城墙"，也不会理解为"长城"，而且，众所周知，中国的"长城"是有特殊含义的。

除上述外，有意识地进行创造性翻译的还有节译、编译、转译等方式。译者在理清原著情节线索的基础上删除一些与主要情节关系不大的语句、段落乃至篇章，最后将原著以简洁、明快的节译本或编译本形式出现在读者面前。如中国早期译者伍光建的译作《侠隐记》就是法国作家大仲马的长篇小说《基度山伯爵》的节译本，而林纾的译作则大多可称为编译本。这种创造性的节译和编译无疑也对中外文学交流起到了积极的作用。

转译或改译也是文学翻译中有意识的"创造性叛逆"。转译也叫重译，即用一种中间语言去翻译另一种语言的文学作品。例如18世纪的法语是英语和意大利语、西班牙语、葡萄牙语，甚至是波兰语和俄语的中间语言；而在中国，20世纪三四十年代以前，日语是翻译西方文学的主要中介，而50年代以后，英语和俄语又成为翻译中介。通过中间语言，大量别的国家的作品被介绍到本国来，虽然读者读到的是"译本的译本"，经过中间媒介者的再创造，但也仍然是造成间接影响或间接接受的主要途径。改译则不仅包括作品的文学样式与体裁，还包括语言、文字的转换。在中外文学史上这种改译的例子并不少见。如林纾将易卜生的戏剧《群鬼》改译为文言小说《梅孽》，纪德和巴罗将卡夫卡的小说《城堡》改译成剧本并搬上法国舞台，都属此类。

文学翻译的"创造性叛逆"还常常表现在译者的无意识的误译或漏译之中。相比较而言，漏译的研究价值比误译逊色得多。误译则有两种情况：一种是由于译者不认识某一些

---

① 张隆溪：《比较文学译文集》，北京大学出版社1982年版，第221页。

字，不懂文法，糊涂或疏忽而造成的错误。这种误译，对于读者所产生的影响不太严重。另一种误译则或者是译者故意为之，或者是译者对于另一种文化的误解和误释。对译介学来说，这种误译有很大的研究价值，是研究不同文化和文学交流的切入点。如将《西游记》中的“赤脚大仙”译成“红腿的不朽之神”，将“阿舒已二八”，译成“阿舒十八岁”等。又如无神论和自然神论在法国大行其道的18世纪，颇具基督教精神的英国诗人扬格，在法译本中竟然变成自然神论者，使法国启蒙主义哲学家得以格外容易采纳他；而在莎剧《奥赛罗》的多种法译本中，那激起摩尔人狂暴的妒忌的道具——他在凯西奥卧室中发现的苔丝德蒙娜的丝手帕，竟然莫明其妙地相继被译成“手钏”、“彩带”、“束发带”、“卷发”等。这一简单的物品名称的误译，显然并非译者不懂这个名词，也不是糊涂或疏忽，而是有意为之。而研究这一误译的变化，我们也许可以窥见，随着时代的发展，法国人的文学趣味乃至社会风尚也发生着微妙的变化。

翻译是一项创造性的工作，译者将他国(民族)语言写成的不同时代的作品引进本国(民族)当代的文学传统时，虽然每一个翻译家都试图完全忠实于原著的形式和内容，尽力再现原作的风貌，但由于每一个翻译家都力求在不同程度上使自己的译作符合自己时代的口味，力求使译作本国化、现代化，从而更有利于本国(民族)的读者接受，因此，他必然要有所选择，包括选择哪一部作品进行翻译，选择哪一种文体、哪一种形式进行翻译，甚至选择是否对原作进行一定的删节、增补和释义等。从这个意义上说，翻译还提供了外国作品与本国作品之间的最好媒介，正是由于外国作品的形式和内容经过译者的翻译和更改，才能对本国文学发挥最大的影响。因为只有经过译者创造性翻译和更改的形式，才能被本国文学传统直接吸收，才能成为该文学传统的一部分。

二、再创造性叛逆——误读

文学翻译的“创造性叛逆”不仅表现在译者身上，而且还体现在读者身上。与译者的创造性相比，读者的再创造更加自由，创造性程度更大，正所谓“一千个读者便有一千个哈姆雷特”。俄国作家屠格涅夫在阅读莎士比亚的《哈姆雷特》时，就曾将哈姆雷特同普希金、莱蒙托夫等俄国作家塑造的俄国社会的“多余人”形象相比，认为“哈姆雷特是自我中心的利己主义者，是对群众无用之人，并不爱奥菲利亚而是个好色之徒，他同靡菲斯特一样代表‘否定精神’”①。而我国当代学者张佑周则认为哈姆雷特是“封建王朝的孝子贤孙”，他所要重振的“乾坤”是以其父王老哈姆雷特为代表的“旧的曾经繁荣、曾经辉煌过的封建王朝”②。可见，阅读译著的他国读者的阅读过程，与译者对原著的理解及其翻译同样，是又一次再创造。无论摆在他国读者面前的译作准确与否，都以原作者和译者所想象不到的再创造方式被人们阅读并接受着。原著正是经过译者的创造性叛逆之后又不断经历他国读者的再创造性叛逆，才能延伸并永葆其旺盛的生命力，扩大其被阅读与接受的范围，也才能实现其被译介的传播与影响作用。对此，连蔑称翻译家为“下流的职业媒人”的德国作家歌德也不得不加以肯定，他曾对将他的《浮士德》译成法文的法国诗人杰拉寄去赞语说：“读了您的译作，我对自己失去了信心。”他还对自己的助手爱克曼说：“我对

① 杨周翰：《攻玉集》，北京大学出版社1983年版，第55页。

② 张佑周：《莎士比亚戏剧人物新论》，中国文联出版社2002年版，第251页。

《浮士德》德文本已看得不耐烦了，这部法译本却使全剧再显得新鲜隽永。”①

如果说译者因为受到“忠实原著”的束缚，不可能“胡作非为”，其创造性叛逆主要表现为对另一种文化的误解与误释，其创造性和选择的空间都比较狭小，那么，相比较而言，读者的再创造和选择可以说无拘无束，天宽地阔。这是因为，读者的创造性反应既来自其与译者相同的文化环境及其所承继的历史文化传统，也来自其个人的世界观、文化程度、文学观念、个人阅历等。前者正和接受理论相应和，它涉及历史与文化的局限、不同民族心理与美学价值之间的分歧及政治潮流的影响等复杂因素，而使读者对于外国文学作品的接受和选择产生极大影响，既有助于译作的流传又有抵制译作流传的作用。如 18 世纪英国现实主义小说家斯威夫特的《格列佛游记》被译介到别的国家之后，由于所处的社会环境不同，异国读者感兴趣的往往只是作品所描绘的充满怪诞情调的大人国、小人国的故事，甚至在一些国家被当作童话或儿童读物，丧失了作品原有的尖锐的讥讽意味。再如 20 世纪五六十年代，英国女作家伏尼契的长篇小说《牛虻》和前苏联作家奥斯特洛夫斯基的《钢铁是怎样炼成的》等在原著所在国家远非成就最高、影响最大的作品，但在中国却风靡一时，有时甚至超过该国文学史上的巅峰作品《唐璜》(拜伦)和《安娜・卡列尼娜》(列夫・托尔斯泰)等，这都跟我国当时的社会政治风气有关；而在西方颇为轰动的 19 世纪英国女作家艾米莉・勃朗特的《呼啸山庄》被译成中文时，在中国的受欢迎程度远不如其姐姐夏绿蒂・勃朗特的《简・爱》和美国女作家斯托夫人的《汤姆叔叔的小屋》等，也是因为后者更符合我国当时的社会政治和人民的心理需求，从而对译作的流传起到了推波助澜的作用；而《呼啸山庄》的暴爱暴恨、以牙还牙的爱情复仇故事，显然同中国“哀而不伤”的审美观、“以德报怨”的道德观、“中庸”与“中道”的内向的心理特点和多少带有“存天理、去人欲”的伦理信条等文化传统相悖，中国读者在接受时的“创造性叛逆”表现出抵制性倾向，因而不利于这部作品的更为广泛的流传。

由读者个人的世界观、文化程度、文学观念和个人阅历等因素所引起的创造性反应无疑更富于个人主观色彩，读者误读与选择的空间更大，因为每一个读者总是以自己的认识、理解和固有模式进行再创造。如我国作家鲁迅、茅盾和傅斯年等都是通过日文、英文等译著认识哲学家尼采的。由于他们的思想基础不同，因而他们各自“再创造”了一个各不相同的“尼采”。鲁迅在日本留学时称尼采是“个人主义之至雄杰者”，年轻的茅盾盛赞“尼采是大文豪”，而傅斯年则赞扬尼采是“极端破坏偶像者”。再如《圣经》初传中国时，大学者、大外交家黄遵宪在《与严又陵书》中说：“假冒天如父，七日复苏之义为‘耶稣’，此假借之法也。”而王闿运则说：“耶稣非夷言，及隐语也。‘耶’即‘父’也，‘稣’死而复生也，谓天父能生人也。”诸如此类的再创造，有些甚至离原著之义十万八千里，却都是读者个人根据自己的知识结构和理解能力来进行的误读与选择，天经地义，无可厚非。

西方读者在阅读鉴赏艰深晦涩的中国古典诗词时，因个人的误读和选择而引起的再创造性叛逆更是五花八门、莫衷一是。如对杜甫《秋兴八首》中的一联诗句“丛菊两开他日泪，孤舟一系故园心”。著名的英国汉学家、翻译理论家 A. C. 格雷厄姆就在读到艾米・洛威尔和洪业(William Hung)的两种译文两种选择之后，提出了一连串颇有歧义的问题：“他们之所以差别这样大，是因为英语必须作出诗人在原文里用不着作的选择。是花

① ［德］歌德：《歌德谈话录》，朱光潜译，人民文学出版社 1985 年版，第 201 页。

开还是泪流开，系住的是舟还是诗人的心？‘他日’是指过去，还是指未来的某一天，这一天很可能像他在异乡看见菊花绽开的两个秋天一样悲哀？泪是他的眼泪，还是花上的露珠？这些泪是在过去的他日还是在未来的他日流下的，或者他现在是在为他日的哀愁而流泪？他的希望全系在可以载他回家的舟上，还是系在那永不会扬帆起程的舟上？他的心是系在这里的舟上，还是在想象中回到故乡，看到了在故园中开放的菊花？……”①如果所有读者都有格雷厄姆那样多的疑问，各人的再创造性叛逆的迥然有别就可想而知了。

◎**思考题**

1. 中外翻译原则和方法有哪些相同和相异？
2. 如何理解译者和读者的“创造性叛逆”？

① 张隆溪：《比较文学译文集》，北京大学出版社1982年版，第226页。

第五章　文　类　学

文类学(Gemology)是比较文学研究领域的又一种理论形态，专门研究文学的类型、体裁、形式和风格之演变。文类是诗人或作家的审美体验得以用文学语言来进行表达的特定范式，它构造了文学文本的基本外在形态，即所谓“诗有诗格，文有文则”。一个诗人或作家，无论是自觉或不自觉地都要采用某种文学类型和形式进行创作，都不能不受到本国传统的或是外来作品的已经形成的文类的影响。因此，文学上的不少问题，只有从文类学的角度去分析，才能发现其独特的意义。

第一节　文类学研究的历史与范围

一、中外文类学研究的历史

作为文学研究的一个方面，文类学古已有之。当文学发展到一定阶段，文学作品大量出现，作品的样式、功用各异。为了对文学作品进行分类，更好地研究文学各种样式的特点、演变及发展规律，文类学于是应运而生了。

(一)西方文类学研究的历史

在西方，文类(genre)一词源于法语，在文学批评中指称那些按照形式、技巧或某类题材而将文学作品组合而成的不同种类或类型。在欧洲文学史上，有关文类探讨的起源也相当早。远在古希腊时期，亚里士多德就从艺术是“生活的模仿”这一思想出发，指出史诗、悲剧、喜剧和酒神颂等文类的区别：“史诗和悲剧、喜剧而后酒神颂以及大部分双管箫乐和竖琴乐——这一切实际上是模仿。只是有三点差别，即模仿所用的媒介不同，所取的对象不同，所采的方式不同。”①在亚里士多德为文类的区别和范式制定出规则之后，文学就被相应区分为史诗、抒情诗和戏剧三类，并一直为后人所遵奉。古罗马诗人贺拉斯甚至谆谆叮嘱后人，无论写什么，都要遵循古人制定的相关体裁标准。

文艺复兴以后，随着文学的发展和各种新的文学类型的不断生成，西方出现众多的文类划分标准，打破了千百年来一直被尊崇的亚里士多德的传统。例如17世纪的新古典主义要求各种文类要有固定的文学法规，表

① ［古希腊］亚里士多德：《诗学》，罗念生译，人民出版社1962年版，第3页。

达事物必须严格文类的搭配。他们根据题材、结构、风格、情感作用或效果来详细规定每一文类。尤其在戏剧划分上，西班牙作家维加认为：“喜剧和悲剧的区别，在于喜剧所讨论的是卑贱的和平民的种种行动，而悲剧则是王室的和高贵的行动。”①而法国古典主义文艺理论家布瓦洛则按自己的标准将文学划分为田园诗、挽诗、颂诗、讽刺短诗、讽刺文学、悲剧、喜剧和史诗，并认为喜剧和讽刺诗是以普通人的败坏行为和不理智的(非理性)弱点为题材，悲剧以巨大的激情冲突和大人物的不幸与痛苦为题材，田园诗描写大庄园主和平宁静的生活和感情以及庄园风景，而哀歌则描写贵族在爱情上的忧郁。18世纪中叶后，由于小说等新的文学体裁的出现，文类的标准又有别于新古典主义。在戏剧划分方面，法国启蒙学者狄德罗在《论戏剧艺术》中认为：“戏剧系统在它整个范围内是这样划分的：愉快的喜剧，以人类德性上的缺点和可笑方面为主题；严肃的喜剧，以人类的美德和本分为主题；悲剧也有可以以家庭的不幸事件为主题的，以及一向以大众的灾难和大人物的不幸为主题的两种。”②在增加“严肃的喜剧”即所谓正剧的同时，首次将平民的悲剧列入悲剧范畴。

德国哲学家黑格尔也把其辩证法的“三段式”用到文学分类理论上。他认为，史诗是用“外在事物的形式”，因此，史诗是一般诗歌种类发展的正题，抒情诗是反题，而戏剧则是它们的合题。

(二)中国文类学研究的历史

在中国古代，文类更多地是被冠以“文体”的称呼。中国的文类研究有相当悠久的历史。虽然早期有关文类的研究只有零星的分类或叙述，并不成系统，但已涉及文体类别的初步认识。如最早的诗歌总集《诗经》按风、雅、颂的标准来编排内容，还提出“变风”、“变雅”的概念；《尚书》中出现了“诗言志，歌咏言，声依永，律和声。八音克谐，无相夺伦，神人以和”的论述；荀子在孔子、孟子“兴、观、群、怨”等学说基础上初步涉及了传统文体的区分：“《诗》言是，其和也；《春秋》言是，其微也。”这可以说是中国文类学研究的发端。

到了魏晋南北朝时期，曹丕在《典论·论文》中将文体分成奏议、书论、铭诔、诗赋四科八类；陆机在《文赋》中将文体分成诗、赋、碑、诔、铭、箴、颂、论、奏、说十类，正式论述了文体的异同，标志着中国古代文学批评的文类研究进入了繁荣期，也意味着中国古代在文学艺术形式上趋于成熟。随后梁代昭明太子萧统选编的文学总集《昭明文选》将周代至六朝梁以前800年间130多位作者700余篇诗文按文体分为39类，在文学辨体方面为我国古代的文体分类研究作出了杰出的贡献。而集中国古代文类研究之大成者是曾任萧统通事舍人的刘勰，其文论巨著《文心雕龙》共10卷，分上、下两编各25篇，有20篇为文体论，提及36种文体。其中有韵文体17种，包括骚、诗、乐府、赋、颂、赞、祝、盟、铭、箴、诔、碑、哀、吊、杂文、谐和隐；无韵文体19种，包括史、传、诸子、论、说、诏、策、制、敕、檄、移、封禅、章、表、奏、启、议、对和书记。刘勰还说明了各种文体必须遵循的法式：“章、表、奏、议，则准的乎典雅；赋、颂、歌、诗，则羽仪乎清丽；符、檄、书、移，则楷式于明断；史、论、序、注，则师范于核要；箴、铭、

① 伍蠡甫：《西方文论选》上卷，上海译文出版社1979年版，第218～219页。

② 伍蠡甫：《西方文论选》上卷，上海译文出版社1979年版，第347页。

碑、诔，则体制于弘深；连珠七辞，则从事于巧艳。此循体而成势，随变而立功者也。虽复契会相参，节文互杂，譬五色之锦，各以本采为地矣。”①《文心雕龙》既细微地辨明了诸多文体，又清晰地突出了某种文体的特色，还系统地阐明了古典文学创作与批评的标准，在我国古代文体研究史上承前启后，对后世产生了深远的影响。此阶段还有晋挚虞著《文章流别论》、梁任昉撰《文章缘起》等。

隋唐以后，值得注意的文体论著有明代吴讷的《文章辨体》和徐师曾的《文体明辨》、清代姚鼐的《古文辞类纂》等。尤其是后者，选录战国至清代的古文辞赋，并依文体将其划分为13类，书首有序目，论述各类文体的特点，是一部颇具影响的文体论专著。

“五四”新文学运动以后，我国学者对文学类型、样式和风格进行了全面深入的研究，并开始了我国比较文学文类学研究的新时代。随着中国比较文学的发展，中国现代文类学研究也取得了很大成就，如朱光潜先生关于中国长篇史诗的缺类现象研究，季羡林先生在《印度文学在中国》中有关印度文学对中国文学的文体和体裁影响的论述，杨宪益先生的《试论欧洲十四行诗及波斯诗人莪默凯延的鲁拜体与我国唐代诗歌的可能联系》研究等。

中外文类学研究都源远流长，但也存在很大的区别。中国古代学者对文学的理解过于狭窄，始终囿于诗、文范围，对于戏曲、小说及其他俗文学很少涉及，因而偏重于文体研究，而几乎没有文学类型样式的研究，而且对于文体的分类不厌其细，却缺乏严格的科学归纳法；而西方古代学者偏重于对史诗、戏剧等叙事文学的分类，也未能对文类学进行全面、深入、科学的研究。但在比较文学萌生之前，中外文类学研究在方法上的共同之处还是相当明显的，那就是中外学者都在本民族文学的范围内进行各自探讨，而且往往从历史的角度研究任一种文学类型的产生和演变过程。比较文学兴起之后，中外研究者都开始以国际的眼光，将文类的研究置于跨民族、跨文化和跨语言界限的视野中，取得前所未有的成就。

二、文类学研究的范围

文类学研究的范围大致分为三个方面：文学类型研究、文学体裁研究和文学风格研究。

（一）文学类型研究

文学类型在文类学研究中并不等同于“文类”，这是因为，文类学范围要宽泛得多，除了研究文学类型之外，还要研究文学体裁和文学风格，研究各国和各民族文学中的文学类型、体裁、风格的异同及其相互关系等。文学类型是指文学作品中因内在美学传统的种类特性、分类编组以及发展变化中所体现出来的可被视为惯例性的规则，这些规则强制着作家去遵守它，反过来又为作家的创作成果所强化。例如，中国古代长篇小说要分章回；文艺复兴时期英国悲剧必有死亡的场景；感伤主义小说习惯运用抒情式第一人称叙事方式；而荒诞派戏剧则需要一个悖论式悬念，等等。人们还可以在题材、结构、人物形象、故事情节、感情格调等方面对文学类型开展研究。

在文学类型的分类方面，西方比较文学界普遍强调作品的形式。法国学者梵·第根认为：一部书就像一个人一样，在考察它的内容之先，我们得考察它的形式。这不仅是指一

① 刘勰著，韩泉欣校注：《文心雕龙·定势》，浙江古籍出版社2001年版，第168～169页。

部书，而且还包括其他的一切写作物：一篇短篇小说，一篇短论文，一部戏曲，一首商籁体①。他还从形式的角度分别对散文、诗歌、戏剧三大文学类型进行了深入的论述。韦勒克和沃伦也在文学分类问题上旗帜鲜明地强调形式：“我们的类型概念应该倾向形式主义一边，就是说，倾向于把胡底柏拉斯式八音节诗(Hudibrastic octosyllabics)或十四行体诗划为类型，而不是把政治小说或关于工厂工人的小说划分类型，因为我们谈的是‘文学的’种类，而不是那些同样可以运用到非文学上的题材分类法。”②前苏联学者波斯彼洛夫则与前述学者的观点迥异，尽管他没有完全否定形式的重要，但他认为“不能只在文学作品的形式特点中，只在它们的结构特点中，去寻找某一种体裁特征”，而“首先应该到作品的内容方面去找”。因为“文学的认识对象的内容和范围远比任何一种其他艺术要广阔得多，它是包罗万象的。由此产生了文学内容的丰富多彩和文学本身的种类区别”③。他的观点与我国学者比较多地强调内容对形式的决定性意义的倾向相一致。

在文学类型的具体归属方面，各国学者的分歧相对更大，可谓众说纷纭，各执其端，甚至在某种程度上存在混乱现象。有的学者根据是否押韵将文学作品分为韵文和散文两类，这种分类法虽然可以将所有文学作品都包含在内，却因忽略了文学的更重要的体裁特征而显得没有多大意义，分了等于没分；有人将文学分为诗歌、戏剧、散文或抒情文学、戏剧文学和叙事文学三类；又有学者主张将文学分为诗歌、小说、散文和戏剧四大类，但小说大多是散文体，而戏剧也不排除诗体，而且现代出现的广播剧、影视文学等文学样式该归入哪一类也有问题。西方也有类似的“四分”法，将文学分为史诗、抒情诗、戏剧和说教诗文，也未能让人接受。这是因为，且不说说教能否视为文学类型或体裁，光在文学实践中出现得最多的叙事诗篇和叙事散文该归入哪一类就难以解决。此外，文类在发展，在演变，旧的类型消亡了，淘汰了，新的类型又不断产生、发展，也给文类的划分带来了麻烦。例如，古希腊史诗在中世纪以后消亡了，但18世纪末浪漫主义长诗产生了；我国汉魏时期赋体诗曾风行一时，但后来却让位于唐诗、宋词、元曲，乃至现代诗。又如英雄史诗、骈体文等曾盛极一时的文学类型随着历史发展进程最终却消失了。可见，文类划分只能是相对于某一个历史阶段而言比较圆满恰切，而不可能永远正确。文学类型是随时代的发展而发展变化的，因此，文学的分类永远不可能完美也就可想而知了。因此，有的学者如意大利美学家克罗齐就对文学的分类抱着一种相当激烈的否定态度。他认为：“对各种艺术作美学上分类的任何企图都是荒谬的……有关艺术分类和分系统的所有著作都可以烧掉而不会造成任何损失。”这是因为，“每一部真正的艺术作品都违反了固有的分类法，并引起批评家观念上的混乱”④。尽管他否定艺术分类的说法过于武断，但他所揭示的在分类问题上文类学家与作家创作之间的矛盾却是很有意义的，并清楚地指出了文学分类问题的复杂性特点。正因为如此，所以中外文学批评界对文学类型的研究虽已有两千多年的历史，然而直到当代，人们对文学的分类问题仍然没有统一的看法或标准，任何一种分类都要遭到他人的质疑，无论哪一种分类法，都有着明显的缺陷和不科学的地方，难以得到

---

① ［法］梵·第根：《比较文学论》，戴望舒译，商务印书馆1937年版，第77～82页。

② ［美］韦勒克、沃伦：《文学理论》，刘象愚等译，生活·读书·新知三联书店1984年版，第265页。

③ ［俄］波斯彼洛夫：《文学原理》，王忠琪译，生活·读书·新知三联书店1985年版，第229、117页。

④ 乐黛云：《中西比较文学教程》，高等教育出版社1988年版，第209页。

众口一词的赞同。

尽管如此，文类划分和文类研究在比较文学领域还是有其现实意义的，对某些特定的文学类型的界说或特征描述还是很有必要的。尽管文学的分类颇为困难，但诸如诗歌、戏剧、小说等常见类型，古今中外的许多学者都有类似的界定。如对诗歌的界定，中外学者的意见就比较统一，大多从形式出发强调其韵律和节奏等特征。瑞士学者凯塞尔从语言学的角度对诗进行界定说："作为诗的一个普遍的规定，我们可以说：诗是以一批最小的发音单位构成的一个有秩序的统一体。"①中外学者对小说的界定意见也较接近，都主张小说应有人物、环境和情节三要素。俄国的波斯彼洛夫认为："在叙事文学作品中，占据第一位的总是描写个别的人，人的个性，即作品的人物。他们有自己的姓名，在特定的环境中，在具体的时间和空间内活动。"②但凯塞尔也对长篇小说提出了与众不同的定义，他赞同黑格尔和费舍尔的观点，认为长篇小说的出现是因为史诗诗人找不着聚集的听众，转而为私人读者写作："全部世界(在崇高的声调中)的叙述叫做史诗；私人世界在私人声调中的叙述叫做'长篇小说'。"③对于戏剧文学，中外学者的观点也比较一致，大多不注重其形式的界定，而强调其"不是为了阅读，而是为了演出"这一最基本的特征。

当代文类学中的文学类型研究主要从跨文化比较的角度，研讨如何按照文学本身的特点对文学进行分类，并对各种文学类型的特征与异同，以及它们在发展中超越国界的相互影响与演变过程进行研究。由于中外各种文学类型既有各自不同的特点和形成轨迹，又有相互之间的联系和影响，因而中外文学类型的对比研究，既可以采用平行研究的方法考察各自文学审美形式的异同，也可以从事实联系入手追寻中外文学类型相互影响的发展轨迹。

(二)文学体裁研究

文学体裁是指表达作品内容的具体文学样式，也即"文体"。它与文学类型既有联系，又有区别，有些文学体裁本身就是文学类型的一种。例如抒情诗、叙事诗、史诗、悲剧、喜剧和小说等。体裁是文学作品形式的最外层因素，所以任何一部文学作品都具有一定的体裁形式。明代学者徐师曾就明确指出："夫文章之有体裁，犹宫室之有制度，器皿之有法式也。"④但对文学体裁的研究却不能停留在外层形式，这是因为，体裁研究不光是讨论文学体裁的划分标准，还要观察文学体裁的跨国或跨民族的传播和演变，比较研究各国、各民族文学体裁的异同及其发生、发展、变异、消亡等现象。而且，文学体裁的划分标准也是一个非常复杂的问题。正如韦斯坦因所指出的，要想用一种包罗万象的体系去概括一切地区、民族和国际性的文学形式自然是不可能的，我们的目标应该是"在条件成熟的情况下尽量把界限划清，并使我们的术语尽可能符合常理，放之四海而皆准，能够经得起历史的推敲"⑤。很明显，古今中外学者对文学体裁的划分都感到棘手，由于不同的学者所依据的划分标准不同，其结果就大相径庭。如凯塞尔把小说分为书信体小说、对话体小

---

① [瑞士]沃·凯塞尔：《语言的艺术作品》，陈诠译，上海译文出版社1984年版，第92页。

② [俄]波斯彼洛夫：《文学原理》，王忠琪译，生活·读书·新知三联书店1985年版，第299~300页。

③ [瑞士]沃·凯塞尔：《语言的艺术作品》，陈诠译，上海译文出版社1984年版，第474页。

④ 徐师曾：《文体明辨序说》，人民文学出版社1962年版，第77页。

⑤ [美]韦斯坦因：《文学体裁研究》，载张隆溪：《比较文学译文集》，北京大学出版社1982年版，第67页。

说、流浪汉小说、历史小说，显然不能包括小说体裁类型的全部。再如我国学者将唐代小说分成别传、剑侠、艳情、神怪或讽刺、爱情、历史、侠义等类，显然也有缺失或不妥之处。

为了寻求划分体裁的合理、可行的标准，许多学者从不同角度进行了尝试。有人试图按照心理标准去划分文学体裁，如席勒就曾从诗人的心理感受的角度把诗分成素朴的诗和感伤的诗；有人按照文学体裁的预期效果分类，如把戏剧分为喜剧、悲剧、感伤剧、轻松剧、悲喜剧等。但从世界文学的角度看这些划分都嫌片面，因为不同文化背景的人对同一事物的反应并非一致。按照题材分类的方法最为常见，如把小说分为教育小说、田园小说、政治小说、宫廷小说、乌托邦小说等。这种分类方法显得简单明晰，标准也容易掌握，但问题是照此分类所得到的类别将多如牛毛，光小说分类便难以穷尽，如：爱情小说、武侠小说、神怪小说、工业小说、农林小说、知青小说、军事小说、改革小说……按照形式分类似乎是最可行的方法，如将戏剧分为独幕剧、多幕剧或诗剧、歌剧、话剧，按小说的篇幅长短分为长、中、短篇小说等。然而这种分类也有问题，如有着韵白相间文体的中国古装戏剧该归入哪一类？小说的篇幅长短标准该如何确定？介乎长、中或中、短标准之间的小说又该如何归类？

文学类型和体裁研究都是比较文学文类学研究的重要内容。值得注意的是，这项研究绝不能仅仅涉及或探讨文学类型的界定和文学体裁的划分，而且要观察探寻文学类型和体裁的跨国、跨民族的传播和演变，还要比较、研究各国、各民族文学类型和体裁的异同及其发生、发展、变异、消亡等现象。例如，发源于意大利的十四行诗为什么能迅速传遍欧洲？中国唐诗为什么在日本盛行一时？中国古典诗歌对美国意象派诗人产生了哪些影响？……世界文学史上这些现象很常见，我们既可以从影响研究的方法进行深入的研究，也可以用平行研究的方法深入探究其更深刻的原因。从这个意义上说，文类学研究将大有可为。

（三）文学风格研究

文学风格主要指作家的个人风格，也包括他所属的时代风尚和民族特色。作家的个人风格是在其作品中才能体现的包括写作习惯、文学修养、个人性格、个人艺术气质和审美趣味等；而时代风尚和民族特色则是同时代、同民族的作家所共有的。某一具体作品与同时代、本民族的作品相比较时，其时代风格和民族风格也许不很显著，但若与不同时代、不同民族的作家作品相比，便能看出风格的迥异。如我们将莫泊桑、契诃夫和鲁迅的短篇小说放在一起进行比较，就可以看出莫泊桑表现出法兰西民族特有的显露和奔放；契诃夫表现出俄国沙皇专制制度重压下普通民众的苦闷和哀伤；而鲁迅则表现出因社会黑暗和国民的愚昧、不觉醒而郁积于胸的愤懑和冷峻。可见，文学的时代风格和民族风格对作家的影响是很强烈的，有时甚至压倒个人的意愿，作家的个人风格因此而受到决定性的影响。因此，作家的风格实际上既有个人因素，又有社会因素；既有民族结构的因素，又有外来影响的因素。作家的时代风格和民族风格的差异为我们研究作家的借鉴关系和文学作品的相互影响关系提供了依据，同时也奠定了文学风格研究在比较文学中的地位。

长期以来，文学风格的研究大多停留在研究者对风格的直觉上，缺少科学依据。而现代语言学和语义学的发展为改变这种状况提供了可能。如果说文学类型和文学体裁的研究是比较文学与文学史和文学理论的交汇，那么，文学风格的研究则更多地要注重比较文学与语言学的结合。这是因为，风格归根结底是一种语言现象，离开对语言的分析，风格研究也就无从谈起。

首先，世界各国语言的相互浸润和影响是非常强烈、非常普遍的现象。16 世纪法国作家曾经为消除法语中的希腊语和意大利语的影响而斗争，18 世纪西班牙人也曾反对西班牙语的法语化，我国上个世纪二三十年代的白话文作品由于受外文和翻译作品的影响往往杂有大量欧化语言和欧化句式等，都属于这类现象。朝鲜作家创作的长篇汉文小说在每一章或每一节结束时常常有“且听下回分解”或“毕竟如何？且看下文分解”等语，也使人明显地看到朝鲜文学受中国文学影响的痕迹。

其次，在语体方面，语言学家根据语言使用的范围、场合、功能的不同而表现的特点把语言区分为若干语体。如有人主张按体裁分为社论体、消息报道体、现场采访体、讽刺小品体、特写体、书信体等；有人主张按语言情调分为庄重体、正式体、亲昵体、诙谐体等；还有人主张把语体的概念同语言行使交际功能的基本领域结合起来划分为公文语体、科学语体、政论语体、艺术语体和谈话语体。前四种与谈话语体相对又被统称为书卷语体，这是目前比较通行的一种分类法。不同的语体可以组成一个共同的体系，在历史形成中具有一定的稳定性，但同时也在变化着。如中华人民共和国成立前后的汉语语体体系，基本因素相同，但又呈现出明显的时代特点。不同的社会环境也会对同一语体体系产生影响，使之带上不同色彩，如我国港台地区和新加坡等地汉语语体体系与祖国大陆的汉语语体体系就有所不同；而同是英语语体体系，在英国本土和美、加、澳、新等国也各具特色。语体的这些特点为我们认识、分辨作家的不同风格提供了依据。

第三是文体特色。作家的风格不仅反映在语体的使用上，而且还体现在对文字的调遣上。作家往往通过作品的词汇、标点、句法的应用及文章的组织、形式等方面的因素综合而成的诸多特色体现其文学风格。如同是先秦散文，由于诸子百家各具特色的用词造句、结构文章，便形成了各自不同的风格：《论语》雍容和顺、纡徐含蓄；《孟子》灵活善譬、气势充沛；《墨子》质朴无华、讲究逻辑；《庄子》奇气袭人、想象丰富；《荀子》层次清晰、论断缜密；《韩非子》锋利峭刻、说理透辟。

20 世纪以来，外国语言学界对文体研究取得很大进展，形成具有不同理论体系的文体流派，如由德国学者斯皮泽、沃斯洛及奥尔巴赫等人组成的心理文体学派、以俄国学者雅各布森和什克洛夫斯基为代表的俄国形式主义流派、以现代文体学的鼻祖巴利为代表的日内瓦学派、以罗兰·巴尔特为代表的法国结构主义学派等这些流派分别从心理因素、反常用语言、语言的表现手段与效果、写作风格和社会因素等各个不同角度研究作品文体，取得很大成果。20 世纪 80 年代以来，由于荷兰语言学家乔姆斯基提出转换—生成语法理论，人们对文体的研究更是深入到语言的深层次结构。此外，当代先进的科学技术如电子计算机、数码技术的运用，使文体学家得以获取大量的数据，使对文体特点、作品归属、作家风格的分析更有科学性，使文体研究揭开了新的一页。如我国学者就利用计算机对《红楼梦》前 80 回和后 40 回进行文体的对比分析，以确定颇有争议的后 40 回究竟是曹雪芹自己完成的还是由另一位作者所续写的，取得了令人信服的数据。

语体和文体研究无疑是文学风格研究的基础，也是其主要内容，但却不是其全部。因为文学风格的内容毕竟不止于语言，它与作品的内容、结构等多方面因素都有关系。尤其是比较文学的文学风格研究，更是要涉及历史、时代、国家、民族、作家群体和作家个体等方方面面的问题。所有这些，都为比较文学提供了大有可为的广阔天地。

第二节 文类学研究的理论形态

比较文学兴起以来，尤其是20世纪初以来，文类学研究越来越受到国际比较文学界的重视，并将它纳入跨民族、跨文化、跨语言界限的比较视野中来观察研究。

一、文类学中的影响与演变研究

文类学中的影响研究主要是一种跨文化研究。研究者以国际的眼光，将文类研究置于跨民族、跨文化和跨语言界限的视野中进行研究，比较中外各种文类的特征与异同，探讨它们在发展中超国界、跨民族的相互影响和演变过程，这是文类学研究理论中的重要组成部分。自古以来，文学艺术就是跨国界的，尽管文学有国家、民族、文化、语言、时代、样式、风格等诸多的不同，但它们源自人的心灵，都是以语言文字为中介，有一定的艺术审美形式等共同特征。因此，中外文类既有各自不同的特点和形成轨迹，又存在相互之间的联系和影响，这是毫无疑义的。如中国小说与西方的 novel 都源自传奇(romace)或故事(story)，都有各自不同的特点和形成轨迹，但由于都有叙述者、人物和故事情节等基本的相同点，便构成了近现代以来各国小说相互影响的基础。又例如，有的学者在研究西方史诗时发现，即使是最早的英雄史诗，比如荷马的《伊利昂记》，也能发现其中所受到的外来成分的影响，而后来欧洲各国的英雄史诗则更是如此。如英国第一部史诗《贝奥武甫》，虽然由盎格鲁·撒克逊人从北欧斯堪的纳维亚带来，故事源自北方日耳曼教徒，但由于其作者是改信基督教并读过拉丁史诗后才将其整理成型的。因此，旧的北欧民族的英雄品德和来自东方的宗教信仰便有机地糅合在作品中，而史诗这一文类的流传轨迹似乎也更加清晰。在我国，20世纪50年代著名作家郭小川、贺敬之等人创作的阶梯诗，很明显是受到前苏联诗人马雅可夫斯基诗体的影响。而20世纪70年代末以来我国一些年轻诗人创作的朦胧诗，某些作家创作的意识流小说等所受的外来影响也相当明显。这样的例子在世界文学史上是很普遍的。如古希腊、罗马的史诗对全欧洲英雄史诗的影响及其历史的流变，中国古典诗词对日本、朝鲜半岛和东南亚各国的影响及其历史的流变，中国古典诗歌对美国意象派诗人的影响及其西方意象派诗歌的诞生等，都是文类学中文类流传变异的实例。在小说方面，流浪汉小说对欧洲近代长篇小说的影响及其流变更为明显。流浪汉小说发源于16世纪中叶的西班牙，是当时西班牙生活在社会底层的广大流浪贫民的生活写照。在写法上，流浪汉小说有一种较为固定的模式，即以时间为序，事件一个接着一个发生，作为流浪汉的主人公在流浪生涯中每一次历险就是一个事件，每一个事件就是一个独立的小故事，而所有的故事都由一个主人公串连起来，从而将广阔的社会生活画面和众多的人物、事件有机地组成一体。这种小说最初的成功之作是无名氏的《小癞子》(1553年)，之后相继问世的有阿列曼的《阿尔法拉契人的古斯曼》(1599—1603年)和格瓦拉的《瘸子恶魔》(1641年)等。这些作品很快被译成欧洲各国文字，深受欢迎，从而确立为一种特定的小说类型，并于18、19世纪风靡欧洲，出现了诸如法国勒萨日的《吉尔·布拉斯》、德国格里美尔豪生的《西木卜里奇西木斯奇遇记》、英国斯摩莱特的《兰登传》等同类作品，甚至连菲尔丁的杰出的现实主义长篇小说《汤姆·琼斯》也是受流浪汉小说的影响而演变成的。

戏剧方面此类现象也很多。如古希腊戏剧，它对全欧洲的影响，尤其是对17世纪法国古典主义戏剧的影响全面而深刻，亚里士多德的悲剧理论被奉为金科玉律。再如“五四”时期，挪威剧作家易卜生对中国戏剧的巨大影响，也是一国文学接受另一国文学影响的最好例子。易卜生的剧本《娜拉》、《玩偶之家》于1914年在中国首次上演。同年，陆镜若在《俳优杂志》发表专论《伊蒲生之剧》，介绍《玩偶之家》、《人民公敌》、《群鬼》和《海上夫人》等11部戏剧。1918年6月号《新青年》杂志刊出《易卜生专号》，登载《娜拉》译本和胡适的评论《易卜生主义》。此后又有周瘦鹃、潘家洵翻译的易卜生戏剧出版。随之一大批作家受易卜生影响，写出大量以婚恋自由和妇女解放为主题的剧本和小说。如胡适的《终身大事》、欧阳予倩的《泼妇》、蒲伯英的《道义之交》等话剧，都明显地含有《玩偶之家》、《社会支柱》的影子，尤其是《终身大事》模仿《玩偶之家》的痕迹最为明显。其他一些剧作家及其作品，如熊佛西的《青春底悲叹》、侯曜的《弃妇》、陈大悲的《幽兰女士》、白薇的《琳丽》和濮顺卿的剧本集《人间乐园》等，也都从不同的角度汲取了易卜生的写作风格和创作技巧。更值得关注的是，中国戏剧史上自古以来并没有自生话剧这种文类，正是在西方话剧艺术的直接影响之下，中国戏剧由于借鉴了西方话剧形式而使自己的文类得到填补。

与文学的类型、体裁、主题、题材等相一致，文学风格也存在跨国界、跨民族的影响与演变的现象。尽管文学风格比较抽象，一些大作家即使接受了外来影响，也尽量将其融入自己的个人风格中，不显山露水，这给文学风格的比较研究带来困难。然而，对于比较文学研究者来说，这种困难无疑更富于挑战性，也更富有价值。在欧洲，由于各民族交往频繁，语言通用，借用现象较为普遍，因而文学风格比较容易相互影响。如意大利诗人但丁和彼得拉克所开创的温柔清新的诗风就远远超出意大利国界而在西班牙、德国、英国等地赢得众多的模仿者。又如16世纪另一位意大利诗人马里诺雕字琢句的华丽诗风以及西班牙诗人贡戈拉用奇特反常的比喻、拉丁化的词汇、生造杜撰的词汇和扑朔迷离的论题构成的所谓“文化主义”诗风，也曾一度风靡欧洲各国，影响了不少国家的诗人。

当然，文学风格既非同源关系，也不见相互影响，但表现为相同或相似的现象却不鲜见。如在欧洲文学史上各个国家几乎同时在17世纪初出现几种文学流派——意大利马里诺风格、西班牙贡戈拉风格、法国的典雅文学、英国的夸饰文体派、德国的夸张风格等，这些流派都讲究诡奇雕琢的风格，都着意使用过分奇特的形象和借喻以及堆砌比较、夸张、对照、象征等手法，但这些流派除个别情况外，都是独自产生的。再如20世纪30年代我国诗人田间创作的墙头诗与几乎同时期的马雅可夫斯基的“罗斯塔之窗”的诗作相比，无论其简洁明快的句式，还是短促有力的节奏，都如出一辙，而两者却无同源关系。对于这些无同源关系的文学风格的比较研究，可以帮助我们具体了解文学风格的发生、形成的客观规律，还可以让我们更确切地认识和理解某一作家或某一流派的风格的民族特征及其独特的价值，无疑也是比较文学研究的重要内容。

另外，我们必须注意到文类学的影响研究必须与接受理论结合起来，以改变以往只致力于影响放送而不注重接受的偏颇状况，从而揭示接受的同时也包含着选择与改造的事实。这对于全面地把握影响过程，更好地理解一些并不单一的文学现象是非常有效的。如比较研究易卜生《玩偶之家》对中国“五四”现代文坛的广泛影响，我们就会发现，胡适创作的独幕剧《终身大事》、鲁迅写的短篇小说《伤逝》以及茅盾后来写的短篇小说《创造》，均受到同样影响，却表现出不同的创作态度和艺术倾向。他们都从中外不平等的社会本质的深刻认识出发，呼吁中国的“娜拉”们进行剧烈而韧性的战斗以求得在社会的总解放中争取妇女自身解放的同时，又反映出不同的思想立场。更为重要的是，易卜生对中国现代作家的影响并不仅仅囿于戏剧这一单一的文学类型。同样，中国的元杂剧《赵氏孤儿》曾在18世纪的欧洲广泛流传，得到英、法各国不同时期作家的改编。如果从传统的影响研究的方法入手，则往往只关注这一影响的历史过程、波及的程度和改编的剧本数量及上演与否等。但比较文学影响研究却注重逆向地讨论英、法等国的《中国孤儿》中的悲剧冲突如何由“搜孤救孤”变为“理性与爱情的矛盾”等种种变异现象，以及对戏剧之外的其他文学类型和体裁的影响等，探讨西欧作家是基于什么样的异域文化渊源、审美心理和创作心态来借鉴与改写中国的作家作品的。由此，传统影响研究的单一轨道，变成了复线交织的复杂网络，将一个单向的文学研究过程，变为双向甚至多向的研究过程，促成了对中外文类交往关系的多种新理解。

二、文类学中的平行研究

平行研究作为比较文学文类学研究的一个方面，它主要关注于文学艺术审美特质的比较和探讨，在坚持以文学审美特性为研究基本方向的同时，研究远远超出传统方法上单纯的文学研究的界限，而涉及多种学科，兼收并蓄，包容百家，向着科际综合研究的更大范围拓展。这样，文类学研究就有了一个更加开放的空间。例如，法国比较文学专家艾田伯曾经认为在中国从公元前的屈原到宋代的古代诗词中，可以找到欧洲前浪漫主义的“所有题材”，并怀疑后人再使用“浪漫主义”这个名称是否妥当。艾氏的怀疑不无道理，这是因为，“浪漫主义”无论作为文学创作方法，还是作为文学类型、文学风格，都并不新鲜，而是古今中外早已有之。因此，当我们在从事这类诗歌的比较研究时，有必要既发掘各国文学的纵向历史依据，又发掘横向的同类依据，并且相互“沟通”，力求做到“积小以明大，而又举大以贯小，推末以至本，而又探本以穷末；交互往复，庶几乎义解圆足而免于偏枯”①。

再如，荷马史诗与中国先秦的《诗经》，从影响的角度看应该是毫无关系的，但从平行研究的角度深入地探寻它们之间的异中有同、同中有异的辩证关系却也是大有可为的。如两部诗歌都有歌颂先祖荣光的内容，但荷马史诗偏重描写、叙事，篇幅宏大；而中国《诗经》偏重抒情，以景写情，篇幅短小。很明显，中西诗歌同是诗歌体裁，却同中有异，异中有同。可以说，在平行研究方面的大胆开掘，使比较文学的文类学研究具有了永恒的魅力。

三、文类学的历时态与共时态研究

(一)历时态研究

如果着眼于文类在国际间的影响关系，文类学也就兼有影响研究的性质。从比较的角度探讨某一民族、某一国家文学类型形成的历史，探讨世界各国的文学体裁在发生、发

① 钱钟书：《管锥编》第1册，中华书局1979年版，第171页。

展、变异和消亡中跨国界、跨民族传播和演变的痕迹以及文学风格的发展变化等，这些都是文类学的历时态研究内容。例如，我国文学史上发轫于魏晋南北朝时期的志怪小说、传奇小说和变文等文学类型，受印度佛教文学的影响是非常明显的。鲁迅在《中国小说史略》中指出："中国本信巫，秦汉以来，神仙之说盛行，汉末又大畅巫风，而鬼道愈炽；会小乘佛教亦入中土，渐见流传。凡此，皆张皇鬼神，称道灵异，故自晋迄隋，特多鬼神志怪之书。"他还特别举例说明了文学类型逐渐本土化的过程："魏晋以来，渐译释典，天竺故事亦流传世间，文人喜其颖异，于有意或无意中用之，遂蜕化为国有，如晋人荀氏作《灵鬼志》，亦记道人入笼子中事，尚云来自外国，至吴均记，乃为中国之书生。"①这明显将中国早期小说的萌芽追溯至印度佛教的影响。作为唐代盛行一时的新的文学体裁传奇小说，从变文这种佛教讲唱文学演变而来是十分明显的。在佛经的最初传播中，由于其深奥生涩难懂，僧尼们于是用白话演绎经义，参以偈赞歌唱的形式，将教义故事化和通俗化，让普通民众喜闻乐见。这种体裁形式被称为"变"。传奇小说正是吸收了其体裁方面的长处，语言生动活泼，并大量运用诗歌，将散文和韵文结合起来，取得很大成功，并直接影响到文人创作。如白居易与陈鸿合著《长恨歌传》，就是由韵文的"歌"和散文的"传"两部分组成，只不过后世《长恨歌》单独流传，影响更大而已。

某种文学体裁因其国际影响而风行一时的现象在文学史上并不少见，有时某一种体裁会一下子传遍许多国家，不同民族的作家、诗人会竞相使用共同的体裁进行写作。如在文艺复兴时期，意大利诞生的十四行诗经彼得拉克的卓越创作而迅速传遍欧洲，法国的七星社诗人、西班牙的贡戈拉、英国的莎士比亚等都有十四行诗行世，几乎整个欧洲的诗人都像彼得拉克那样用十四行诗赞美他们的情人；而在 18 世纪，则由于卢梭《新爱洛绮丝》和歌德《少年维特之烦恼》的影响，许多国家的作家都相继写出催人泪下的书信体小说，使整个欧洲文坛一时间充满了感伤色彩。

不同国度的文学在文学风格方面的相互影响也是相当明显的。如在我国现代文学中郭沫若早期小说创作的风格就受到西方浪漫主义和现代主义的影响，尤其是表现出德国浪漫派、新浪漫派、象征主义和表现主义的深刻影响。他在译著《少年维特之烦恼》的《序引》里承认，歌德"主情"的创作风格对自己的影响很大。他也确实写出几篇诗体小说，如《牧羊哀话》、《叶罗提之墓》、《落叶》等。其中《落叶》更是在形式上与《少年维特之烦恼》极为相似，也是以书信体形式，揭示人物的心灵世界。而我国另一个现代文学巨擘鲁迅的小说创作，则是受俄国现实主义文学影响较大，其小说中可以找到俄国作家果戈理、安德列耶夫等人或哀伤或冷峻的风格的痕迹。

（二）共时态研究

同历时态的文类研究相比，共时态研究体现出文类学更多的活力。共时态研究是指跨越时空局限对不同民族文学中的某些类型进行比较，主要把握其中审美方式和文本形态的异同。它不在意于双方有关的文类是否产生于同一时期，而是将它们放在同一个抽象的时间维度里，假设它们是同时的存在而进行对比和研究。例如，盛行于中世纪末期的欧洲骑士小说和至今仍有读者和市场的中国武侠小说就可以纳入文类学共时态研究的对偶范畴之内。二者颇具相似之处：在文学类型上，二者都以锄强扶弱、惩恶扬善为主题，主人公骑

① 鲁迅：《中国小说史略》，人民文学出版社 1973 年版，第 29、37 页。

士和武侠都是特立独行于社会体制之外的仲裁者，是公道和正义的化身。即使他们有时也与权力当局和上层社会表现为若即若离的关系，但更多的是代表下层民众的意愿。他们大多有一个隐秘的身份，但都没有神秘的外力支持。他们惩恶扬善的惟一力量来自于自身高强的武艺和勇敢精神。在文学体裁上，二者都属于通俗的消遣文学，大多未能登上经典的典雅的传统文学殿堂。而在文学风格上，二者均以紧张的情节、激烈的格斗场面、鲜明而略带类型化的人物性格引人入胜。

欧洲骑士小说与中国武侠小说的相异之处也相当明显。首先，骑士小说重人物性格塑造，武侠小说重故事情节。其次，骑士和武侠有不同的行为动机和人生信条，如西方骑士重名誉，重建功立业，中国武侠讲义气，讲路见不平，拔刀相助；西方骑士除了忠于主子外，还要忠于贵妇人，专门拜倒在石榴裙下，中国武侠则鄙弃儿女私情，有的甚至近乎铁石心肠，斩断情丝，不食人间烟火；西方骑士作为基督教信徒，普遍笃信宗教，护教与行侠同样重要，中国武侠则几乎没有信仰，“赤条条来去无牵挂”。如将西班牙塞万提斯的仿骑士小说《堂吉诃德》和中国施耐庵的武侠小说的变体《水浒传》这两部长篇小说进行共时态研究，其相类似之处是存在的。二者都彰显不满社会现实，要扫除人间不平的另类英雄，二者都以曲折的情节和丰满的形象取胜。然而相比较而言，其相异性却更为明显。前者嘲讽了一个没落小贵族的最后骑士梦，后者则描写农民起义军中的各路造反英豪；前者嘻笑怒骂随意挥洒，构思布局颇有点随心所欲，主人公性格经不断发展才成型，情节也不断补充、穿插和延长，最终才形成长篇小说结构。后者为了让一百零八将聚集到忠义堂，在构思布局上颇有心计，尽管让各人的故事各自发展，每个人物性格的独特性从一出场就非常鲜明，但由于作家已“胸中先有缘故”，笔下才起风云，最终各路英豪才能云集“替天行道”的大旗之下。可见，不同国度、不同时代的两位作家以其不同的文本形态表达出不同的审美观念。再如山水诗这一文学体裁，也可以作为文类学共时态研究的对象。公元8世纪中国唐代隐逸诗人王维和19世纪英国浪漫主义诗人华兹华斯都是著名的山水诗人，他们将自然山水、田园风光作为诗的主要素材，通过对于自然景物的吟叹寄托他们的审美理想，有许多共同点，某些诗章甚至连结构都颇为相似，但他们毕竟是使用截然不同的汉、英两种语言写诗，而且，由于时代国度的不同，我们可以清楚地看出他们的审美趣味的迥异。

面对寂静群山中的数声鸟鸣和潺潺溪涧，王维写出的绝句《鸟鸣涧》是：

人闲桂花落，夜静春山空。
月出惊山鸟，时鸣春涧中。

站在幽僻荒凉、与世隔绝的古汀登寺废墟上，面对蜿蜒流去的葳河水，华兹华斯也有一首抒情杰作《汀登寺》：

……
当毫无收获的焦躁不安
和这人间的一切亢奋狂热
压在我这颗怦怦跳动的心上——

我的精神上多少次求助于你！
穿过树林蜿蜒流去的葳河啊，
我的灵魂多少求助于你！

相比之下，我们可以看出，王维将纯粹的自然置于诗中，诗中难寻诗人的影子，像中国道家那样以“心斋”、“坐忘”、“忘我”来对物象作十分专注的凝视，诗中的景物是由自然兴发出来的，诗人的主观体验似乎并不介入其中，不去扰乱诗中景物的内在生命的宁静，表现出“静”、“空”、“寂”、“虚”的超然物外的境界。这种表达方式是华兹华斯诗中所绝对看不到的。华兹华斯在其《抒情歌谣集》中认为“物象的影响力的来源，并非来自固有的物性，亦非其本身之所以然，而是来自与外物相交往，受到物所感染的智心所赋出的。所以诗……应该由人的灵魂出发，将其创造力传达给外在世界的意象”。在华兹华斯的诗中，诗人的心与自然在一起搏动，诗人的灵魂与景物在热烈对话。

同属山水诗，华兹华斯和王维何以有那么明显的差异？除了时代不同、国度有别之外，更主要的也许就在于诗歌作为文学艺术审美世界的独特领地，它只属于有独创性的诗人所有。在这一小块专属诗人个性与心灵的情感王国里，无疑积淀着时代、国情、社会心理和悠久的历史，但又向一切时间和空间的想象和体验开放，并恰恰因其独到的情趣才具有永恒的魅力。文类学的共时态研究的意义也许就在于这种研究能更加深入到奥妙无穷的文学性中，能够跨越时空地对不同民族文学中的某些文学类型进行比较研究，从而为比较文学研究开辟了更为宽广的途径。

第三节　文类学研究的原则

文类学研究是一个包容了众多对象与众多层次的非常复杂的研究工程，这就要求我们要掌握一定的研究原则和方法，才能切实有效地进行文类学研究。下面分四个方面来论述。

一、掌握同、异的辩证关系

由于各国、各民族的文化背景、文化传统和语言文字诸方面都有很大的差别，在文类学研究中就必须正确与细致地辨别不同文化传统中的文类之间存在的异中有同、同中有异的辩证关系。如对中西诗歌传统的认识，一般都认为西诗是叙事诗传统，中诗是抒情诗传统。然而，这异中却又有同，叙事诗传统的西方诗歌中，早在古希腊、罗马时代，就有品达、维吉尔和奥维德的抒情类诗篇；而抒情诗传统的中国诗歌中，也早在先秦时期的《诗经》中就出现诸如《大雅》中的“生民”、“公刘”、“皇矣”、“大明”等叙事体诗篇。可见，中西诗歌两大传统的相异中也还有相同。

另外，同是舞台艺术的戏剧，中西戏剧之间却存在巨大的差异。欧洲戏剧重在叙事而中国戏剧重在抒情。欧洲戏剧早在古希腊时期便是一种辉煌的文体了，中国戏剧文体的正式确立却非常迟，甚至晚于小说。古希腊悲剧和喜剧的形成都与远古人类的宗教祭祀有关，都遵循“事件中心”的原则，戏剧的一切要素，包括人物、结构、语言等都是为了把事物尽善尽美地表现出来。换句话说，希腊戏剧一切以叙事为主。而中国古典戏剧虽然也可用于酬神，但主要不是为祭典，而是为娱乐。中国古典戏剧要求“七情兼备”，这不但是人生的本来面目，也是剧作者企图提供给观众的。剧作者在一出戏中要进行感情的调配，有“冷场”也有“热场”，有“文场”也有“武场”，有“悲场”也有“欢场”。从这个意义上说，中国古典戏剧是以抒情为主，它通过写情来直接展现人物的内心世界，展现社会人际关系，展现人物对世界的看法。

二、掌握考据式的研究方法

对有影响联系的中外文类要用考证与辨析的方法，去求得某种文学现象的影响因素、媒介途径和接受方式等“事实联系”，并努力探求其间的因果关系，获得一个清晰的同源“谱系”。如朝鲜小说《金鳌新话》对于瞿佑的《剪灯新话》、越南的《金云翘传》对于中国的《玉翠翘传》的模仿痕迹，以及日本《源氏物语》等作品对中国唐诗的引用情况，我们都要进行历史的考据，要真正找到模仿、引用的具体例子和材料。只有这样，我们才可以说朝鲜文学、日本文学和东南亚文学与中国文学有密切的渊源关系。又如印度佛教文学给中国文学带来了文类、体裁、内容、形式等方面的新血液，这需要我们从变文、志怪小说和唐传奇等中国文学体裁的历史演变的考据中找到蛛丝马迹。在西方文学中，我们也可以从薄伽丘《十日谈》中找到对阿拉伯故事集《一千零一夜》的移植与模仿，从乔叟《坎特伯雷故事集》中找到对于《十日谈》的模仿，从欧洲文学中找到对西班牙流浪汉小说的模仿等。甚至还可以再作深一层的考证与辨析，诸如乔叟曾赴意大利旅游，是否拜访过薄伽丘等，从而进一步探寻他们之间的影响因素、媒介途径以及接受方式等。这种“微观”的研究方法，也是比较研究不可或缺的手段。

三、掌握文学内部与外部研究相结合的原则

对并无直接影响或无法证明有因果关系的中外文类进行比较研究，可以从两条途径着手：一种是在文艺学学科内进行；另一种是从跨学科的途径上进行。

在第一种研究途径中，人们往往从被研究对象的彼此相似点出发，去寻找其“文心相通”之处及其同类型的规律，研究者更加注重比较研究的适用标准或把研究的问题放在“一定的范围里”来，如在主题、题材、技巧、意象、意境、风格、创作方法、美学追求等文艺学和美学的范围之内。当然，通过这种视角，也可以寻觅到不同文化传统中相同文类的异质因素和各自的特点。如将中英诗歌进行比较研究时，人们就会发现，汉诗中写景与写情的呈现模式有“以景起句”、“以景截句”、“以景结句”和“情景交融”等，而英语却没有“情”与“景”的概念及其关系，只有“外景”与“内情”的呈现模式，而且始终要经过诗人理智地“经营”才能化成“意象”。这同汉诗的情景交融之“景象”是大异其趣并互有特色的。然而，西方诗学理论中没有“情景交融”的概念妨碍了它对某些抒情诗的本质进行真正的批评与认识。因此，中国的“情景”、“意象”、“景象”等概念、范畴连同词汇，明显弥补了西方诗学的不足，从而对人类整个诗学理论与诗歌理论的建构有所裨益。

第二种研究途径是跨学科的比较研究，由于这种研究的视角广、层次多、知识面宽，因此更需要综合、分析、考辨与相互阐发。在具体研究中，它不仅需要研究者掌握本国的或本民族的文学和文化知识，而且需要熟悉和掌握不同国家、不同民族和不同文化体系的各门学科的知识；不仅需要作浅层的对比，而且还要进行深层的探究，如不同国家、民族

的政治、历史、地理环境、社会制度、民族心理、宗教传统等，都要作为对比研究的内容。尤其要注意的是，不同学科类别中总有某种内在相类似的制约因素，这就需要深入到各学科文体的内部考察其成因，尤其是与人类心灵的联系。这样才能有效地进行文类学的跨学科研究。

在从事跨学科的比较研究时，还应充分注重其文学性。因为当研究中涉及心理学、美学、历史、社会、经济和政治等领域的知识并引进其他学科的理论和方法时，难免陷入与文学密切相关的社会学、思想史、宗教学、民俗学、心理学等方面的研究而削弱对文学自身规律的探求。例如，当人们在比较中西传奇的异同时，往往首先考虑的是它们各自的渊源关系，认为欧洲传奇继承了神话和史诗，受基督教影响，以人生历程中最主要的冒险和爱情为主，所描述的世界充满激越的感情、狂热的行动与理想中的高尚斗争；而中国的传奇没有受到神话、史诗的巨大想象力的影响，它继承的是中国记载神仙怪异的散文的特征，受佛教文学的影响，以怪异的事件来体现人生境遇，从而总结出人生哲学。因此，它们的相同之处是都受宗教的影响，不同之处则是欧洲传奇更富于想象，而中国传奇则更接近现实；欧洲传奇造成一个与妖龙、异教徒不断斗争的世界，而中国传奇则构成一个人与鬼魂、妖孽共同相通的世界。再如人们在比较中国武侠小说与欧洲骑士文学的相异之处时，也往往提出诸如中国武侠讲义气、西方骑士重名誉，中国武侠无信仰、西方骑士笃信宗教等与文学自身相距甚远的问题。

贾祖璋的《鸟与文学》是一部颇具特色的比较文学论著。在“杜鹃”一章中，作者首先提到中国古代文学中望帝化为杜鹃的传说，接着探讨中国古诗中因杜鹃鸟啼声有如“不如归去”而次第出现的一系列作品中含有的深愁悲怆的意象，继而又研究了与杜鹃啼血相关的杜鹃花这一植物及其在中国诗歌中表现的特殊感情。同时，作者还比较了迥异于中国的日本风尚，指出日本人将杜鹃鸟啼视为乐事，所谓“凡嗜诗歌人特赏之，倾耳于树林”，认为“汉人所悲和人欢”。这种紧紧围绕鸟在诗歌与文学中的意象、地位、作用、情趣与意义所展开的比较研究，无疑不是纯生物学研究，而是很有参考价值的、文学性和美学性都很强的比较文学研究。

文学性这一美学中心问题必须成为比较文学文类学研究的重点和焦点，这已经成为中外比较文学界的共识。然而，能否在实践中做到既把研究深入到与文学有关的各个领域，作深入的多层次全方位的探究，又立足于文学并围绕文学创作、文学理论、文学史和文学批评来进行集中的探究，并不是很容易做到的。

四、掌握宏观与微观相结合的研究原则

对中外文类的比较研究，也许更为重要的是既需用宏观的比较文学眼力来把握研究对象，又要用微观的细究来扎实地处理中外文类现象，从宏观的角度容易看到很多共同的现象，而从微观的角度却容易发现很多不相同的各具特色的本质因素。钱钟书先生在其《管锥编》中为我们提供了成功的范例。他在该书第一四五则“悖论可成好词”中，通过比较研究，着重对陶渊明的《闲情赋》的创作手法这一纯文学性问题作出了创造性的科学评价。陶渊明在《闲情赋》中从为近睹美女芳容而愿做美女衣领，却因夜间衣服被脱下，空熬难眠之秋夜而生悲写起，至为能待在美人膝上让她轻抚而愿作木琴，却又因美人慵懒停止操琴被搁置一旁而乐极悲来，共写了十愿十悲，层层递进，情真意切，娓娓动人。钱先生在列举了古今中外各家的相似写法实例后，比较分析指出，“无论少只一愿或多至六变”，不是“尚不足陶潜继响”，就是“稍逊一筹”。其原因就是中外各家的写法都只写了“愿”，如中国的“愿化芳磁共茗饮，将身一印口边脂”或“愿作乐中筝，得近佳人纤手指，研罗裙上放娇声，便死也为荣”；西方的也只是“甘愿做蚤虱或溷器”之类，都不如《闲情赋》能“十‘愿’适成十‘悲’；更透一层，禅家所谓‘下转语’也”。禅家“下转”谓“生生死死、死死生生，如旋火轮”，而陶渊明《闲情赋》中的十愿十悲，其超出他人类似写法的感人魅力之“妙”处正在于愿生悲、悲生愿，愿愿悲悲、悲悲愿愿，如“旋火轮”之境界①。钱先生通过深入浅出的比较研究后所得出的创见，不仅丰富与发展了中外诗学和修辞学所没有的理论与术语，而且也在突出比较文学研究的文学性方面做出了很好的榜样。

◎思考题

1. 全面地看，文类学的研究范围包括哪些方面？
2. 中外文类及文类的规范存在哪些区别？
3. 如何理解历时态文类研究和共时态文类研究？

① 钱钟书：《管锥编》第4册，中华书局1979年版，第1219～1228页。

第六章 主 题 学

主题学(Thematology)发端于德国民俗学研究，在比较文学研究领域，主题学研究曾在相当长的一段时间内得不到国际比较文学界的认同。但自20世纪六七十年代以来，它逐渐获得了各国比较文学学者的重视，并以丰富的研究成果显示出强健的学术生命力，从而成为比较文学学科理论中一个重要的组成部分。

第一节 主题学研究的对象与范围

一、主题学的概念

(一)主题学与主题研究

在探讨主题学的涵义之前，我们必须首先把主题学与通常所说的作品的主题研究加以区分，因为一般对于主题学缺乏深入了解的人，很容易产生主题学就是研究作品主题的学问这样片面的理解。主题学当然要研究作品的主题，这是毫无疑义的，但是如果把主题学仅仅理解为研究主题的学问，就不仅会限制主题学研究的范围，还会抹杀主题学研究的方法论特征。

关于主题学与一般主题研究的重要差异，我国台湾学者陈鹏翔在其论文《主题学研究与中国文学》中有十分清楚的界说："主题学是比较文学中的一个部门，而普通一般主题研究则是任何文学作品许多层面中一个层面的研究；主题学探索的是相同主题(包含套语、意象和母题等)在不同时代以及不同作家手中的处理，据以了解时代的特征和作家的'用意'，而一般的主题研究探讨的是个别主题的呈列。最重要的是，主题学溯自19世纪德国民俗学的开拓，而主题研究应可溯自柏拉图的'文以载道'观和儒家的诗教观。"①也就是说，对主题学与一般的主题研究的区别，我们可以这样来理解：首先是两者研究的侧重点不同。一般的主题研究探讨的是某一作品的中心思想或某一人物典型的形象意义；而主题学所要探讨的是不同时代、不同民族的不同作家对同一主题、题材、情节、人物典型的不同处理。前者关注的是研究对象的内涵，是主题的本体；后者则将重心放在研究对象的外部联系方面，即表现主题的手段和形式。其次是两者研究

① 陈鹏翔：《主题学研究论文集》，台湾东大图书公司1983年版，第15页。

范围不同，一般的主题研究着眼于单个作品主题的呈现，是一个点，而主题学研究是对两部或多部作品加以考察，是一条线，甚至一个面。另外，对于主题、母题、题材、人物、意象等概念内涵的理解上也存在着很大的差别。

（二）主题学的定义

我们在上面所引述的陈鹏翔的论述，实际上就是一个关于主题学的基本定义。但是由于主题学长期以来侧重于具体问题的研究，学科研究上的探讨相对薄弱，因而至今还没有一个大家公认的定义。各国学者对主题学的界说可谓仁者见仁，智者见智，且语焉不详。梵·第根认为，主题学是研究“各国文学互相假借着的题材”。弗里德里希和马隆认为，主题学研究是“打破时空的界限来处理共同的主题，或者，将类似的文学类型采纳为表达规范”①。法国《拉罗斯百科全书》（1978 年版）给主题学下了一个稍长一点的描述性定义：“主题学是比较文学惯于探索的领域，譬如某一神话（俄狄浦斯、伊尼德），某心理典型或社会典型（修女或商人），某文学人物（唐璜），某些历史上大人物（拿破仑、苏格拉底），某些环境或物件（莱茵河流域、某城市）的影响的消长。”②

中国学者在各种教科书中，也对主题学给出了较为科学严谨的定义。在乐黛云主编的《中西比较文学教程》中，主题学被表述为：“只能是比较文学的一个组成部分，它着重研究同一主题、题材、情节、人物典型跨国或跨民族的流传和演变，以及它们在不同作家笔下所获得的不同处理。”③方汉文主编的《比较文学基本原理》中的定义是：“主题学是研究没有直接关系的不同国家或民族之间的作家就同一题材或主题进行创作的作品之间的关系，包括对作品的主题、母题、情境、意象、特征、惯用语等文学材料方面的研究。”④杨乃乔主编的《比较文学概论》的定义则很简明：“主题学是比较文学的一个门类，顾名思义，是对于主题的比较研究。即，研究主题跨文学之间的流变。”⑤当然，关于主题学的更精确科学的定义，还会在未来的研究实践中得到不断充实、修正和完善。

二、主题学研究的范畴

（一）主题学的分类

对于主题学研究的分类，各国学者的观点也很不统一。在国外，目前最有代表性的是梵·第根和罗马尼亚学者迪马的划分法。

梵·第根把主题学的研究范畴分成三类：局面与传统的题材、实有的和空想的文学形象、传说与传说的人物。第一类又包括三个方面：（1）各国间辗转流传而起源不明的传说（如失去影子的人、不相识的父子之战、嫁给杀父凶手的姑娘等）；（2）提出伦理问题的一般局面（如母性嫉妒、家族复仇等）；（3）文学史上作家经常写到的地方、动植物（如威尼斯、夜莺、玫瑰等）。第二类研究对象包括社会生活中实际存在的有身份认同的各种典型（如犹太人、刽子手、绅士、赌徒等）和从古代传说和民间故事中“提炼”出来的文学典型

① 陈惇：《比较文学》，高等教育出版社 1997 年版，第 115 页。

② 干永昌：《比较文学研究译文集》，上海译文出版社 1985 年版，第 421 页。

③ 乐黛云：《中西比较文学教程》，高等教育出版社 1988 年版，第 184 页。

④ 方汉文：《比较文学基本原理》，苏州大学出版社 2002 年版，第 92 页。

⑤ 杨乃乔：《比较文学概论》，北京大学出版社 2002 年版，第 214 页。

(如魔鬼、撒旦等)。第三类则包括传说(如该隐的传说、普罗米修斯的传说等)和某些历史人物(如查理大帝、拿破仑等)两个方面。梵·第根的分类当然也有不够分明的地方，如“空想的人物典型”与“传说的人物”在实际上有时很难作出明确的区分。

迪马则将主题学的研究范畴分为五类：①典型情境(如为了天职、嫉妒而死等)；②地理题材(如围绕威尼斯的系列作品)；③传统描写对象，指植物、动物、非生物等(如诗歌中的“玫瑰花”题材)；④世界文学中常见的各类人物形象(如土耳其人、名妓、贵族等代表民族、职业、阶层的形象)；⑤传说中的典型(如俄狄浦斯、该隐、浮士德等)。迪马的分类比梵·第根要明确，但这种分类过分注重文学现象的表层，在一定程度上忽略了文学现象的内涵。

国内学者关于主题学研究范畴的分类虽互有差异，但大体上都涉及主题研究、母题研究、人物典型研究、题材研究、情景研究以及意象研究、惯用语研究等，只不过各有取舍、合并而已。

(二)人物典型研究

在梵·第根和迪马划分的范畴中，都有关于各种人物典型的研究。在这些形象中间，既有通过幻想创造出来的神话或传说的形象，又有大量直接从社会生活中提取的带有某种特殊标记的人物形象，如职业的、地位的、民族的、社会阶层的或残疾的、罪恶的等。他们辗转出现在不同时代、不同民族的作家的作品中，负载着某种人类共存的典型经验，包含着某种固定的评价，是“一切时代、一切民族”的形象。

我们大致可以把它们分为两种：原型形象和类型形象。原型形象一般是指保存于神话或传说中具有民族特性的人物形象，他们在不同的民族文学中不断呈现，具有相似的面貌及相似的价值取向及其变异。例如出自西班牙民间传说中的风流放荡、玩世不恭的诱惑者唐璜，经过欧洲各国作家的反复敷衍，被抹上了不同的色彩，被赋予了不同的个性，同时也就有了各不相同的形象意义，如莫里哀笔下的唐璜是一个无恶不作的虚伪贵族的形象，而拜伦笔下的唐璜却是一个敢于冒险的贵族青年。两者的鲜明对比就充分说明了原型形象在不同民族文学中的呈现发生的功能和价值上的偏离这一状况。

类型形象一般指的是某种性格与个性人物，像嫉妒者、吝啬者、多余人等，有些原型人物，如唐璜等也可归属这一类。另外它也指在不同时期流行的形象，如16世纪意大利的骑士，17世纪法国的“世俗善良人”，西班牙的宫廷人物，19世纪的英国绅士等。任何人物都是处在一定环境中的人物，是一定时代文化生态的产物，从人物的身上我们可以发现许多个人的、历史的、文化的信息，因而类型形象实际上往往与具有价值判断的主题相关。

总之，每一个人物典型，都具有各自隐含的主题和结构，通过研究它们的变迁及对它们作出的不同处理，可以发掘人物的深层内涵，从中获得大量的主题信息，从而使我们能更好地阐发各民族文学的个性和共通性，这就是我们研究人物典型的目的所在。

(三)意象研究

意象就是当人在以审美理想观照事物时意识中所呈现的形象，意象多表现于文学之中，因此，也可以说，意象是指富有某种特殊含义和多重审美意味的文学形象。意象趋向于某一形象，这一形象不仅既可以是视觉形象，还可以是触觉、听觉、通感形象等，而且，这个形象应该具有可解说的意义。严格说来意象就是一种符号，一种蕴含了个人审美情趣和文化倾向的表现符号，既具有某种内在意义的固定性，又具有围绕特定意义的朦胧的外延特征。意象存在着多种层次，其中最主要的是文化意象和个人意象。如伊甸园、金苹果、羔羊、圣杯等，这是西方文化中有各自特定宗教情感和意义内涵的意象，而龙凤鹤、梅兰竹菊等又是具有中国人独特的审美情感和价值评判的意象。又如“香草”、“美人”是源自屈原所独有的个人意象，而“荒原”、“渔王”则是艾略特的个人意象。

主题学中的意象，指的是某一民族中具有特定意义的文学形象或文化形象。它可以是一种自然现象和客观存在(如日月星辰、雷电山水)，也可以是一种动植物(如狮虎狼狗、松柏杨柳)，还可以是一种想象中的事物(如天堂地狱、精灵鬼怪)，等等。这些意象的运用，与主题的表达具有紧密联系。从比较文学的角度而言，通过对同一主题不同意象或同一意象不同主题的研究，去考察作家的文化心理、审美倾向、艺术表现等内容，去发现不同民族审美情趣发展史的差异，这就是意象研究价值所在。

(四)惯用语研究

惯用语也称套语，与汉语中的成语典故颇为相似。惯用语和意象之间没有绝对界限，一般说来，意象大多指赋予某一客观事物以特殊的意味；惯用语则是由历史文化和文学传统传递下来的一种文学贮积的惯用说法。

在西方文学中，“乐园”、“禁果”、“方舟”等都不只是字面上的意义，它们的背后都有着一个圣经故事，隐含着宗教的情感和文学的意味。在中国文学中，这类现象更为普遍，例如“西天”指的是西天极乐世界，“上西天”指死亡，这属于最简单的惯用语，其他如“请君入瓮”、“指鹿为马”、“青梅竹马”、“举案齐眉”等既隐含一个故事，又有特指的意义，都是常见的惯用语，这些惯用语在亚洲各国文学中也仍然得到广泛的应用。

在各国文化与文学的发展史上，这些惯用语或套语在相当长的时期内都局限在特定的民族文化圈内。以后，随着民族文化交流的增多，这些惯用语也就逐渐走出国门，进入到另一个文化圈中。对它的这种跨文化传播与接受的研究，虽然还刚刚起步不久，但确实是为比较文学中的主题学研究提供了非常有趣、有意义的研究对象。

第二节　母题研究与主题研究

文学作品的母题和主题都是主题学研究的重要对象。然而在中外文学的批评实践中，二者往往成为可以替换的术语。因此，要进行主题学研究，就必须弄清“母题”和“主题”的概念内涵，确定它们各自的研究重点。

一、主题与母题的关系

在主题学的概念中“母题”和“主题”是两个最容易引起混淆的概念。由于两者之间联系紧密，需要仔细甄别才能发现它们之间的差别。各国学者在尝试区别这两个概念时，常采用对举的方法，以便更好地找出两者间的差别。

尤金·H. 福尔克认为：“主题可以指从诸如表现人物心态、感情、姿态的行为和言辞或寓意深刻的背景等作品成分的特别结构中出现的观点，作品的这种成分，我称之为母题；而以抽象的途径从母题中产生的观点，我则可称之为主题。”①弗伦泽尔也对此有过这

① [法]约斯特：《比较文学导论》，廖鸿钧等译，湖南文艺出版社1988年版，第235页。

样的论述：“母题这个字所指明的意思是较小的主题性的(或题材性的)单元，它还未能形成一个完整的情节或故事线索，但它本身却构成了属于内容和形式的成分，在内容比较简单的文学作品中，其内容可以通过中心母题概括为一种浓缩的形式。一般说来，在实际文学体裁中，几个母题可以组成内容。抒情诗没有实际内容，因此没有我们这里所说的题材，但一个或几个母题可以构成它主题性的发展。”①托马舍夫斯基对此有更经典的陈述：“在艺术表达中，由意义上结合起来的某些独立语句，其结果是创造出由思想或主题的共同性联结起来的某种结构。主题(谈论的某种话题)就是作品的种种独立要素之意义的统一。”他还说：“构成特定作品的主题的母题系统，应该具有某种艺术上的统一。如果母题或情节的综合体不足以与作品‘相匹配’，如果读者感觉到该母题综合体和整个作品的关系不满意，那么就意味着该母题综合体游离于作品之外。”②在上面这些论述中获得的启示，对我们在认识主题与母题的关系及其差别时是有参考价值的。

首先，从一篇具体的文学作品来看，母题是较小的意义单位，主题则是较大的意义单位。文学作品中小到不能再分解的组成部分是母题，而主题常常通过若干母题的组合表现出来。与此相关连，母题是“叙事句”的最小基本单位，主题则是一个带有价值判断的叙事句或复合句。其次，就主观倾向的强弱程度而言，母题往往呈现出较强的客观性，没有明显的倾向性和感情色彩，也不提出任何问题；只有在经过了作者的处理之后，它才具有一定的褒贬意义，显示出一定的态度立场，情感意味。一旦给母题赋予了倾向性而使它具有了褒贬意义，它就上升为主题了。因此，主题带有较强的主观色彩，而且还上升到问题的高度。第三，存在一般与个别的差异，母题具有普遍的意义，主题则是个别的表达。用歌德的话说，母题就是“人类过去不断重复，今后还会继续重复的精神现象”。

因此，我们对主题和母题所作的区分是：“母题是对事件的最简归纳，主题则是一种价值判断；母题具有客观性，主题具有主观性；母题是一个基本叙事句，主题是一个复杂句式；主题是在母题的归纳之上进行的价值判断，因此，一般说来，母题是一种常项，主题则是变量。”③母题是有限的，而主题的数目，从理论上说是无限的。至于两者不可分割的联系则是：母题是潜在的主题，是主题赖以生长的基础，母题在某种程度上是源于原始文化的永久性主题；而主题是母题的具体化和表现形式，它使母题获得再生。

二、母题研究

在前面，我们已经探讨了母题与主题的关系，也了解了母题的一些重要特征。下面，我们来讨论母题研究的主要内容及其意义。

母题研究是主题学研究中极其重要的一部分，构成主题学研究的主要内容。那么，到底什么是母题呢？我们已经介绍过的定义多是从形式结构方面来界说的，所以我们还需从内容方面来界定：“主题学中的母题，通常指的是文学作品中反复出现的人类的基本行为、精神现象以及人类关于周围世界的概念，诸如生、离、死、别，喜、怒、哀、乐，时间，空间，季节，海洋，山脉，黑夜等。”④在某种程度上，母题也是原型，具有先天性与

① 曹顺庆：《比较文学论》，四川教育出版社 2002 年版，第 270 ~ 271 页。

② 杨乃乔：《比较文学概论》，北京大学出版社 2002 年版，第 217 页。

③ 杨乃乔：《比较文学概论》，北京大学出版社 2002 年版，第 218 页。

④ 陈惇：《比较文学》，高等教育出版社 1997 年版，第 123 页。

不可更改性。对母题的研究就是对从远古时代直到我们今天都几乎没有多大变化地保持下来的具有普遍意义的某些主题、情景和人物类型的研究。从内容上分，常见的母题研究有关于人类生存命运的母题，如海明威的《老人与海》、贝克特的《等待戈多》等；有嫉妒、诱奸、仇恨等的母题；有天堂、地狱、魔鬼、神和英雄的母题；有父与子的对立母题或俄狄浦斯情结以及父女间的乱伦或厄拉克特拉情结等。它们是人类的一种共同的态度或行为，是从民族历史中生发的某种感情倾向的组合。

母题单纯存在时构不成主题学中的母题，它必须与内容、情境、人物或者意象发生关系而成为表现内容时才能成为主题学研究的对象。鉴于此，我们可以把母题研究分成纯粹母题研究、情境母题研究、人物母题研究、意象母题研究几类。

(1)纯粹母题研究。在前面引述的弗伦泽尔对母题的解说中有这样一句话："抒情诗没有实际内容，因此没有我们这里所说的题材，但一个或几个母题可以构成主题性的发展。"这一论述使我们认识到纯粹母题(不含题材内容的母题)对于诗歌创作的作用及纯粹母题研究的意义。托马舍夫斯基指出："作品不能再分解的部分的主题称作母题。实际上，每个句子都有自己的母题。"①这就告诉我们，这类研究可以跨越国别和民族的界线，对各民族的神话传说和传统文学中的母题作清理式的研究；也可以局限在国别文学和民族文学的框架内，对民族文学的基本主题给以梳理归纳，如对中国古代作品中的"生死"、"别离"、"相思"、"怀古"等主题的研究，就属于纯粹的母题研究。

(2)情境母题研究。母题与情境也有密切关系，有些母题是从形势(即情境)中来的，其本身就是情景的模式化概括。情境母题研究就是要挖掘、梳理传统文学中含有母题的情境，从而探讨其为人们反复运用的文学与文化机制。如一个男人和多个女人；与仇敌的女儿相爱；落难公子中状元，私订终身后花园，等等。

(3)人物母题研究。任何情境，都离不开人物的活动，所以母题也与人物类型密切相关。这里的人物类型主要有两种：一种是某些神话传说中的人物，如恋母母题的代表俄狄浦斯；另一种是由母题生发出来的文学形象，如"贪婪"这一母题所生发出来的阿巴贡，他们反过来又成为该类母题的典型代表；其他为美狄亚是"复仇"母题，诸葛亮是"智慧"的母题等。

(4)意象母题研究。情境与人物类型是与叙事性文学相关的要素。在抒情性文学中，取而代之的是意象。一个意象或几个意象的组合就可能构成一个母题。主题学中的意象母题研究只探讨在不同作家笔下反复出现的意象，即具有母题性意义的意象。

三、主题研究

我们说过，主题是具有一定长度的，由构成一定情节内容的某部作品或某个人物典型所表现出来的中心思想，是对作者表达的主观意图及倾向的抽象概括，主题是作家以特定的思想立场、人生态度、审美情趣介入生活事件，以一系列母题为载体，并对母题进行独特表述凝结而成的。他把主题置于特定的场景之中，对母题进行选择、组合、重构，使之

① 乐黛云：《中西比较文学教程》，高等教育出版社1988年版，第190页。

具体化，从而将其生成主题。

一般的主题研究关注的对象往往是个别作品主题的呈现，只讨论作品本身所凝聚或集中表现的内在意义。作为主题学范围里的主题研究，则把对主题的探讨建立在题材研究和母题研究的基础上，研究同一主题在文学史上的不断重复和演变，不同作家对同一主题的接受和处理。通过对古今中外相同题材和相同母题的比较研究，以求更加深入系统地阐明作家的继承性与独创性，把握其时代特征。要言之，主题学的主题研究着重主题与题材和母题关系的研究。根据这样的理解，我们可以把主题研究的具体内容分为以下三种：其一，作家对已有题材、故事的再加工；其二，作家对一些母题(主题)性人物的再处理；其三，作家对某些母题性意象的再利用。例如为我们所熟知的关于浮士德博士的故事传说，它的母题是和魔鬼订约，母题性的主题是出卖某种宝贵的东西以换取求知欲的满足；最早的情节(题材)是其灵魂被魔鬼劫往地狱；最早表现出来的主题是知识即罪孽。后来在马洛的剧作中，母题和结局(故事)没什么变化，主题则已改变为对求知者的迫害的抗议了。而到了歌德的《浮士德》那里，不仅主题被表达为对永不满足、积极向善的“浮士德精神”的展示和颂扬，人物被赋予最卓越、最伟大的品质和强烈的时代精神，而且对作品的结局也进行了根本的改造，浮士德的灵魂终被引渡到天堂。在这里，歌德对原有的故事题材和母题性人物形象都进行了革命性的改造。

第三节 题材研究与情境研究

一、题材研究

题材研究是主题学研究的一个重要范畴。早期的主题学研究甚至被称作“题材史”研究，即研究不同作家对相同或相似题材的不同处理。主题与题材的关系至为密切，可以说，没有题材也就没有主题的研究。

题材通常是指可以改造、加工从而构成一个完整的故事或情节的素材，它是摆在读者眼前的一个生活的侧面，是某种实实在在的生活或想象中的生活。题材其实也就是主题或母题所赖以寄身的事件，在主题学范畴中的题材则专指民族文化中具有共通性的典型事件。题材的相似点是不可避免的。戈齐认为戏剧中有36种悲剧冲突，莫洛亚归纳了长篇小说的12种基本题材类型，较之于主题，题材实际上包含着更加广泛、更加具体的内容。我们通过对各种题材在不同的历史条件下、不同的文化背景中、不同作家的笔下的不同形态的研究，不仅可寻觅到人类所共同关注的题材，而且可以透视某种特定的民族意识的历史演化的痕迹。

研究题材的目的是为了更好地研究主题。主题寓于题材之中，而题材则成就于对素材的理性推敲。经过对素材的选择处理，人类理性又积淀在题材之中，所以任何题材都隐含着一个模糊的但意义大致确定的主题。尽管这个隐性的主题和作品的主题还不完全一样，作品的主题需要等待作者对题材的隐性主题的生发、诠释之后才产生出来，但隐性主题却是作品主题的背景和前提。正是因为题材寓存着潜在的主题，题材研究才成为主题学的重要范畴之一。最常见的题材研究即是通过对题材在变迁过程中的时代背景、地理环境、文化习俗、社会风尚及不同作者个人特点的考察，揭示寄寓在题材中的潜在主题是如何生成作品主题的，以及附丽其中的作者所从事的继承、扬弃和创新的活动。具体的题材研究主要是考察一种题材在不同文化语境中的流传、演变或者某种类似的题材在不同文化语境中表现形态的异同，前者如我国的《赵氏孤儿》在法国及欧洲各国的流传与影响；后者如在世界各民族神话中出现的各种关于“大洪水”的故事和传说。同时，它还包括研究不同国家、不同民族所产生的不同题材。

题材研究中进行最多的是神话题材研究，因为神话是一个民族文化的原始储存器，在探讨两种文化差异的时候，离不开对神话的比较研究，而对神话的研究很大程度上依赖于对题材的研究。人类的早期生存境遇有许多相通之处，因此神话中就保存了许多相似的题材，如神祇创造天地万物和人类、“大洪水”题材等。同样，由于历史情境的差异，在不同民族中产生的相似性神话也存在着原始经验在构成题材机理及价值取向方面的差异。正是这种相似和差异为题材研究提供了研究的空间和价值。

民间故事题材也是主题学研究的重要对象。民间文学可以说是文学的基本母题之源，在民间文学中保存着大量文学的基本情节结构；而且，在民间文学中也存在着各民族相通的价值观和艺术构成。因此，跟神话一样，世界各国民间文学的题材有着惊人的相似之处，这也是题材研究大有可为的领域。

二、情境研究

“情境”也可称“形势”、“局面”或“情景”，系英文 situations 的汉译。它通常被理解为人的观点、情感或行为方式的组合。它产生于几个人参与的行动，也可以说，情境就是人物在某个特定时刻的相互关系。它是情节经过高度抽象化之后形成的模式化或类型化情节，并以一个有行为含义的较为固定的结构表示出来，如“处于两个女人之间的一个男人”、“仇人子女的相爱”、“两个朋友或父与子之间的冲突”等。实际上，情境指的是文学作品中或生活中常见的一种典型格局。情境既与题材相关，也与母题相关。母题往往出自情境，如不相识的父子之战就可能引出弑父母题。而且，情境还可以蕴含不同的母题，如两个女人之间的一个男人，既可以是表示爱的抉择，也可以是三角恋或嫉妒与报复。当然，情境是有别于情节的：情节是一个动作的能够加以概括的部分，是一个结构的概念；而情境是有机而灵活的，可以化成无数情节，某种程度上可以说是母情节；情节可以是对作品局部的把握，而情境则是对作品的总体把握，所有的情节构成都为情境服务。

主题学中对情境的研究主要是研究一些有限的基本情境如何从一个国家(民族、地区)的作家手中传到另一个国家(民族、地区)的作家手中，或者为何在不同国家(民族、地区)的不同作者的创作中会出现相同或相近的情境。这种情境的出现是极其有限的，但对它们的探讨应当是有价值的。比如描写男女恋爱中神人相恋情境：一凡间青年男子见一美女在湖中洗澡—男子偷其衣—仙女滞留人间—仙女得到羽衣—返回神界—男子寻妻—历尽艰险—终得团圆。这一情境不仅在我们中国存在，如类似情境牛郎织女的故事，而且在外国也有，如阿拉伯的民间故事巴士拉银匠哈桑的故事即为典型一例。

◎**思考题**

1. 何谓主题学？主题学和主题研究的重要区别是什么？
2. 主题学有哪些主要研究对象？
3. 何为意象？意象研究对主题学有什么意义？
4. 什么是母题研究？母题研究有哪些主要对象？
5. 题材研究的主要对象是什么？最常见的题材研究有哪些？
6. 什么是“情境”？“情境”与母题、情节的关系是怎样的？

第七章　形　象　学

形象学(imagologie)是比较文学学科中的一种重要的理论范畴。其中所指涉的形象并非一般意义上的文学形象，而是指各国文学中所描写、塑造出来的“异国”形象，这种形象的产生与两个相关国家的社会、历史、文化的交流与融合有关。对这类形象的研究必须具备跨国界、跨文化、跨学科的研究视域。

第一节　形象学的研究对象及范围

一、形象学研究的对象：“形象”

(一)形象学的形象与一般文学研究的形象之区别

顾名思义，形象就是形象学的研究对象。但形象学的形象并不是一般文学研究中的形象，它具有特定的内涵。法国学者 D. H. 巴柔认为，形象是“在文学化，同时也是社会化的过程中得到的对异国认识的总和”①。因而形象最简单的定义就是异国形象、他者形象。它与一般文学研究中所讲的形象有很大的差异，具体表现在以下三个方面：

第一，从研究范围看，一般文学研究中的形象并无国别之分，可以是本国形象，也可以是异国形象，而以本国形象为主；形象学研究的形象则只限于异国形象，即研究这种形象是如何通过一个在场的“自我”与一个不在场的“他者”的主观与客观、情感与思想的混合而产生的。

第二，从研究对象看，一般文学形象主要是指文学作品中塑造出来的人物形象；形象学的形象则呈现多样化状态，它存在于包括文学作品在内的各种文字材料中，可以是人、物象，甚至风俗、观念及言词等，因而是“存在于作品中的相关的主观情感、思想、意识和客观物象的总和”②。

第三，从研究重点看，一般文学形象研究关注的是形象本身所反映出来的思想内容及其审美价值；而形象学研究关注的是形象背后的文化关系，即巴柔所说的是“对两种类型文化现实间的差距所作的文学的或非文学的，且能说明符指关系的表述”③。

① 孟华：《比较文学形象学》，北京大学出版社 2001 年版，第 120 页。

② 刘洪涛：《对比较文学形象学的几点思考》，载《北京师范大学学报》(社会科学版)1999 年第 3 期。

③ 陈惇：《比较文学》，高等教育出版社 1997 年版，第 167 页。

(二)形象的内涵与特征

法国学者莫哈曾指出形象学中的形象具有三重意义:"它是异国的形象,是出自一民族(社会、文化)的形象,最后,是由一个作家特殊感受所创造出的形象。"①结合前述巴柔的观点,形象学中的形象具有以下内涵及其特征:

1. 被动性特征

法国学者巴柔指出:"一切形象都源于对自我与'他者',本土与'异域'关系的自觉意识之中,即使这种意识是十分微弱的。"②显然,这种自觉意识就是将自我投射于他者的主观意识,它是一种以某种固有的文化态度去审视、想象、虚构"他者"的精神因素。自我的存在是绝对的,它控制着整个创造他者的过程,体现出主体强烈的意愿与倾向。而他者是相对的,是用来证明自我的正确性的工具,它已被自我化。因此,形象的产生便是以一个在场的作家个人或集体对异国的想象,去替换缺席的客观存在的异国原型,完全是以自我的文化观念模式去塑造,因而不必遵守真实性原则。所以从本质上来说这个他者形象是一种自我观念模式的生成物,它不是现实的复制品或相似物,它是一种被篡改、被阉割的产物。主观情绪思想对他者形象起着主导影响。同时,自我在言说他者的同时也是在言说自己,他者成了自我的延长与补充,他者如镜,塑造与观看他者就带来了对自我的反思。如《红楼梦》中的西洋真国女子,居然通中国的五经,会做诗填词,便完全是作者在以中国才女的标准创造异国女性。

2. 程式化特征

形象自生成以后往往容易趋向于一种程式化、定型化。在社会已有对异国的先见影响之下,在一定时期中这种对异国他者的理解是被反复书写的,形成一种模式化形象。如"中国公主"形象,曾在欧洲人的心目中形成了一种非常好的形象。她高尚而美丽,具有东方美的异国情调,令欧洲人思慕、向往着美好的中国;但同时,这个形象又具有某种权威,令人对鼎盛的中国产生畏惧。这样的形象在席勒《图蓝朵》等作品中反复出现,成为18世纪欧洲文学中中国女性的固定形象。

3. 偏离性特征

他者形象的产生往往是注视者按照自己"文化中的模式、程序而重组、重写的"③,因此明显带有主观误解的成分。也就是说,在主观与客观、情感与思想混合成他者形象时,主观自我已在很大程度上使他者偏离了现实中的客观存在。实际上,他者已被改写和误读。这种偏离有时表现为由个别代替集体,由对一个人的看法扩展为对一国人的看法。由于在生活中,在大多数情况下人们了解异国首先不是实地考察而是从书面或口头上听他人对异国的述说中去了解的,在这些文字和口头材料中所包含的他者的形象并不一定是完全真实的,从而导致人们对他者形象的误解。如有这样一句谚语说:"跟一个希腊人握过手后,要看看五指是否俱在。"这句谚语可能只是最初因为某个人在生活中受到某个希腊人的欺骗或伤害而做的表述,但在不断地言说和流传中就被用来指称所有希腊人的形象,

① [法]让-马克·莫哈:《试论文学形象学的研究史及方法论(续)》,孟华译,《中国比较文学》1995年第2期。

② 陈惇:《比较文学》,高等教育出版社1997年版,第167页。

③ 陈惇:《比较文学》,高等教育出版社1997年版,第168页。

导致一种对希腊人的防范心理。

二、形象学理论研究的范围

从宏观意义上来讲，形象学研究的范围可以分为三大块，即形象学的理论研究、形象学的实例应用研究和形象学史的研究。其中，形象学理论研究的范围主要围绕其研究对象展开，即研究“形象”的形成原因及其主体对他者的塑造过程。法国当代哲学家保罗·利科借助休谟与萨特的理论来分析“想象”一词，指出休谟代表了再现式想象，而萨特则代表创造式想象。当代形象学中普遍认为：萨特的理论更值得肯定，因为在异国形象的创造过程中，这个客体对象是缺席与不在场的，他者形象不是再现而是一种创造。因而把主体对他者的塑造这一部分作为形象学研究的重点内容，并且越来越细化。具体来说大体可以分为三个层面进行研究。

(一)主体与他者的关系

这一层面的研究主要是探讨制约、影响主体进行他者塑造的因素。这其中包括主体个人及社会的诸多原因：主体对他者的基本态度、主体与他者接触时的先见、接触时的身份、频次、时空距离、各自所处的社会力量的对比，等等。巴柔曾指出，狂热、憎恶、亲善这三种主体对他者的基本态度直接决定了他者的象征模式。在狂热的心态下，主体将他者放在高处当作迷恋的对象，于是他者便具有了无限美好的特征，成为一个天堂般的幻象，而本地文化便成为被否定的地狱。伏尔泰等启蒙思想家所塑造的“开明皇帝”便是源自对中国的热情。在憎恶态度中，主体认为他者是落后的，于是极力丑化他者，他者就被轻视，或被写成邪恶的对自己有威胁的化身，而本土文化就显得高人一等。19 世纪下半叶后，正是在对中国、日本这些黄种人又轻蔑(国力单薄)又恐惧(不怕死)的复杂心态下，才出现了“黄祸”(人类将被黄种人毁灭)的套话。在亲善态度中，主体与他者形成平等对话的关系，相对客观地承认彼此差异、包容独特的个性，产生的他者形象与自我形象都是不可替代的和正面的。除主体的态度外，主体的身份对塑造他者形象也起着相当大的作用。如法国的安德烈·马尔罗在《反回忆录》(1967 年)中塑造了一个形象伟大的中国，这与他具有高级身份(他曾是戴高乐将军的部长与国际密使)、经常参与和毛泽东等中国高级人士的会谈有关。

(二)作家与文本的关系

作家总是要通过文本来呈现他者形象的。在文本的创作过程中，作家与文本存在着三层关系：其一，作家用大量表现他者的旧式文本来创造新式文本，这在某种程度上影响着新式文本的创作。其二，作家在结构文本时，从题材的选择、内容的组织、情节的设置到结构的安排、主题的表达以及词汇的运用等，存在着一种模仿的痕迹，比如模仿某种习惯性词汇乃至语调等。研究这种模仿将是一个重要的课题。其三，作家的创作目的直接影响着文本的创作，比如说，教化、猎奇、娱乐、交流等目的，都在一定的程度上影响着文本中的他者的塑造。如西方传教士出于西方中心主义的心理曾用大量的文字材料向西方人描绘出一副中国人麻木、愚昧、落后的面孔，歪曲了整个中国人的形象，这种影响甚至至今在西方还存在。此类现象在亚非的第三世界国家中普遍存在。

(三)作家与社会总体想象物的关系

这方面的研究在形象学中已经相当成熟，拥有了较为完善的理论与研究成果。在主体与整个社会对异国他者(即社会总体想象物)的关系中，明显存在着差异性，形成了乌托邦与意识形态这样专门性的形象学概念。关于两者之间的关系，在下一章节中将有详细介绍。

第二节　形象学研究的主要理论范畴

形象学在其长期发展过程中，逐渐形成了一套自己的相对独立的理论系统及其相应的范畴。归纳起来，主要有以下几类。

一、他者理论

他者是形象学中的一个核心的概念。陈惇在其主编的《比较文学》一书中说："形象学在当代的发展是与法国学者巴柔(Daniel-Henri Pageaux)的贡献分不开的。1989 年，他在为《比较文学概论》一书所撰写的'从文化形象到集体想象物'一章中，明确提出了当代形象学的基本原则，其核心是对'他者'形象的定义。以此文的发表为契机，形象学研究从此步入了一个全新的阶段。"①他者从其内涵来看，大致包括以下几个方面内容。

一是文化综合论。他者是"对异国认识的总和"②。在这里，已涉及认识者与认识对象两方面，即他者是认识者的主体情感、思想、知识结构与异国的社会生活、人情风貌相结合的产物，是两者的混合物，并以主体创造出的一种新的形象来展现他者的面貌。

二是"缺席"论。即他者是在异国不在场的情况下被制作者在一个虚构的空间中创造出来的。因此，他者必然与客观现实中的异国原型有差异，这种差异主要是因为创作者与原型的脱节造成的。

三是主观论。这种理论主要讲述主体在他者创作过程中的主导性作用。这表现在创作主体有意或无意地把自己的主观观念融入到他者的形象中去，按自己的理解去塑造异国形象，这会导致一种形质不符的情况，即在他者形貌下却揣着一颗创作主体的心，"我"在言说他者时却有意或无意、或多或少地否认了他者，从而言说了自我。

二、社会总体想象物

社会总体想象物(imaginaire social)这一名词借鉴于法国年鉴史学派，就术语本身而言，似乎更偏重于哲学、历史层面，指全社会对异国社会文化的整体看法。莫哈认为："文学史家仍可将社会总体想象物等同于文体生活范畴，并把它定义为'是对一个社会(人种、教派、民族、行会、学派……)集体描述的总和，即是构成，亦是创造了这些描述的总和'。"③很明显，社会总体想象物是相对个体眼中的他者而言的一种社会总体印象。在形象学的他者理论中，社会总体想象物是占主体地位的，而一切作为个人眼中的他者都在客观上受到这种社会总体想象物的影响和制约。下面从社会总体想象物的双极性和作家

① 陈惇：《比较文学》，高等教育出版社 1997 年版，第 167 页。

② 陈惇：《比较文学》，高等教育出版社 1997 年版，第 167 页。

③ [法]让-马克·莫哈：《试论文学形象学的研究史及方法论(续)》，孟华译，《中国比较文学》1995 年第 2 期。

(个体)与社会总体想象物的关系两个问题来论述。

(一)社会总体想象物的双极性

巴柔曾指出:“全社会对一个集体、一个社会文化整体所作的阐释,是双极性(认同性 identité/相异性 altérité)的阐释。”①这实际上已指出了社会总体想象物是按主体社会的意愿来构造的。法国当代哲学家保罗·利科在《从文本到行动》一书中则将这种社会总体想象大致分为“意识形态”和“乌托邦”两种形态,来对应巴柔的双极性。

1. 意识形态

意识形态在这儿并不具有政治学上的意义,而只是社会群体需要的代名词。“它具有一种整合功能”,即对一个特定群体能起到整合作用。也就是说,一个社会群体按本社会模式对一个与自己有相异性的特定群体进行整合,使整合后的形象与自己认同,这就是社会总体想象物的“认同性”。它“是被理想化了的诠释,通过它,群体再现了自我存在并由此强化了自我身份”②,一般来讲,意识形态化的异国形象中,作家以维护本国的权威地位和保存现实为出发点,用本国占统治地位的文化范型去表现异国,用社会固有的观念去解读他者,对相异性进行整合。这样往往表现出对异国文明持否定态度。

如美国作家布勒特·哈特的作品《诚实的詹姆斯的老实话》(1870年,后又改名为《异教徒中国佬》)中对中国人的否定,便体现了对基督教的思恋,把西方宗教视为正统,认为中国人不可能自我拯救,只能由西方人来拯救。这样的异国形象便是意识形态化的,它将群体基本的价值观投射在他者身上,用自我所处的社会模式及话语重新塑造他者的形象,将他者改造、消解,从而达到对群体(或社会、文化)的整合。

2. 乌托邦

乌托邦一词在这里也与传统的这一词的内涵不一样。由于一个社会群体对现实的质疑而向往一个与自己根本不同的他者社会,这样,一种离心的异国形象的描写就具有了群体象征性特征。这类形象偏向于相异性,它与自身的文化传统相背离,从而具有了“社会颠覆的功能”。曼海姆指出,乌托邦是“想象与现实之间的差异,这一差异构成了对现实的稳定性和持久性的威胁”③。在文学作品中,乌托邦表现出对异国文明的肯定,在承认其相异性的基础上,对本土的现实加以质疑。如塞南古笔下的中国便是一个乌托邦,它极富道德色彩,洋溢着儒家观念中的尊老孝顺和谦逊宽容,揭露了欧洲社会上的一些丑恶现象,如老人经常受到歧视,基督教徒自诩建立了新的道德等。作家批判了本国文明的腐朽与堕落,而把希望寄托于异国文明之上。乌托邦偏向相异性,承认异国的差异并冒着将他者理想化的危险,而彻底抛弃对自身群体的认同性,背弃了自身所处社会的文化价值观念,塑造了一个极其令人向往的理想国度,从而对群体(或社会、文化)起到了颠覆作用。

3. 两极性的相互包容

社会总体想象物所表现出的两极性并非是绝对对立的,意识形态和乌托邦两者所具有

---

① 陈惇:《比较文学》,高等教育出版社1997年版,第173页。

② [法]让-马克·莫哈:《试论文学形象学的研究史及方法论(续)》,孟华译,《中国比较文学》1995年第2期。

③ 乐黛云:《文化传递与文学形象》,北京大学出版社1999年版,第246页。

的整合功能和颠覆功能之间实际上是相互包容的，虽然相对本土社会模式而言，意识形态是向心的，而乌托邦是离心的，但乌托邦的最终价值还是要归并到本土群体文化中来，而意识形态在一种强化本体身份的同时，也表现出了一种对相异性的渴望。因此，乌托邦与意识形态不是截然分离的，往往是相互渗透，形成一种辩证包含的关系。

(二)作家与社会总体想象物之间的关系

一般来说，作家创造出一个异国形象，这决不是一种单纯的个人行为，它必然会受到所处社会对异国的认识(或正面或负面)的影响和制约。作品(作家)与社会总体想象物之间的关系是多重的，具体表现为认同、强化与反抗等类型。

作家完全依从于社会总体想象物，这种关系使一个作家能始终与本体社会保持一致。他只需在一种对异国形象的塑造中不断再现自我的存在，通过“他者”的塑造来体现自我的价值。

作家可以通过作品的异国形象把异国的神话强加给本体社会的公众，把个人的某些观点、意志寓于这些异国神话之中，以强化和引导国民的想象。如 18 世纪欧洲思想家们，在自己的国度大力宣传“彼得大帝的神话”这类俄国的幻象，宣传像康熙这样的“开明皇帝”式的中国形象。

作家也可以用形象与社会总体想象物对抗。如 18 世纪当正面的中国形象在西方社会大行其道时，英国作家笛福的《鲁滨孙漂流记》及续集等作品却构筑了一个伪善保守、懒惰肮脏和丑恶的中国形象。

作家创造的形象还可以再传播社会总体想象物。如法国浪漫派作家塞南古笔下的中国就是一个自然神论与美德的故乡，一如其师伏尔泰笔下的中国积极而令人向往。

在以上四种关系中，由于力量对比的差别而形成不同的结果，社会总体想象物力量太强大时，作家容易不受重视甚至消亡。而如果社会总体想象物处于空白或薄弱状态时，作家就容易发挥出自己想象的优势，从而掀起一轮新的社会总体想象热潮。对于作家而言，其塑造的异国形象与社会总体想象物差距越大，其个性化特色就越明显。

三、套话

套话是西文“stereotype”的汉译，最初指印刷业所用的“铅版”，引申为“陈规旧套”之意，即人们看待事物的先入之见。最先将它运用于社科领域的是美国学者瓦尔特·利普曼，他在《公众舆论》(1922 年)中将套话阐述为“我们头脑中现存的形象”①，从此套话与形象建立起联系。“作为他者定义的载体，套话是陈述集体知识的一个最小单位”，“套话是对一种文化的概括，它是这种文化标志的缩影……套话就是在一个社会和一个被简化了的文化表述之间建立起一致性关系的东西”②。因而套话的形成实际上与社会总体想象物有关，但因其独特性而成为一个独立的形象学理论研究范畴。

下面从套话的构思方式和套话的语言特征两方面来进行阐述。

---

① 乐黛云：《文化传递与文学形象》，北京大学出版社 1999 年版，第 197 页。

② [法]达尼埃尔-亨利·巴柔：《比较文学意义上的形象学》，孟华译，《中国比较文学》1998 年第 4 期。

(一)套话的构思一般来源于两种方式

一是表语成为套话。套话中有很大一部分是由表语转化而成的。因为这部分表语内涵丰富，可包容主语的很多内质，因此，在长期流传过程中，人们不再提及主语而只用内涵丰富的表语来替换，这时，表语就成为了套话。如在“约翰(一个典型的英国人名)很绅士”这句话中，当“很绅士”已并非只是指约翰而是泛指很多英国人的多重内质时，“绅士”开始被泛化为指称一般英国人的套话。这样一个表语就从一种个别现象上升为一般的集体现象。

二是自然属性与文化属性混淆。这是将人的某种天生的生理特征与人们某些行为举止和性格特质挂钩，把他者的自然属性变成了他者的文化解释，那么，这种属性就成为了套话。如欧洲人通过与犹太人的长期交往，发现其经商与为人都十分精明甚至奸诈，这种认识沉淀后，便与犹太人的鹰钩鼻的身体特征联系起来，于是“鹰钩鼻”就成为犹太人会拿我们(欧洲人)的钱的集体想象物，成为描述犹太人的套话。

这两种构思方式特征中都包含着省略的特性，将构思套话的推理过程完全省略，只让人看见结果。

(二)套话的语言特征

1. 高度浓缩性

从语言角度来看，套话的最大特点就是简洁，大多数套话由简单的词汇构成，成为异国形象陈述的最小单位。但由于在建构套话过程中或将自然属性与文化混淆，或将主次部分混淆等，使几个字的描述背后浓缩着大量相关的异国信息。如“高鼻子”一词作为套话其内涵就相当丰富，它是明代开始中国人对西方人的一种总体称谓，包含了中国人对西方人的总体印象和认识。既体现了中国人对西方人的轻蔑，又体现出对西方人狡猾性格的某种恐惧心理。

2. 意义的相对稳定性

套话还有一个重要的特点就是意义的相对稳定性。套话形成之后，其词语的形态及内涵便被固定了下来，具有相对的稳定性。比如中国人指称西方人为“洋鬼子”，其中已固定地表达出西方殖民者攻击性、侵略性的内涵，体现了中国人的仇恨。这样带有贬义内涵的套话至今在某种程度上都还存在着。当然这种稳定性又具有其相对性，在特定历史阶段过去以后，其内在含义会被弱化，“洋鬼子”也并不那么可恶了。比如“高鼻子”一词，从19世纪中叶后，便日趋恢复其本义，用来形容西方人特有的体貌特征。

3. 套话的生命限度

巴柔曾指出：套话希望是在任何时刻都是有效的。这说明了套话的一个方面的特征，即它有极强的生命力，可以存在相当长的时间。但我们也要看到套话的另一个方面的特征，即当套话一旦形成后，在社会状态相对稳定的时期内会被无限反复使用，而当社会状况发生大的变化时，它就会休眠，乃至消失。但当再次出现其形成的类似社会条件时，它可能又会被激活而重登文化舞台。因此，套话的生命限度是有限的而不是无限的。如“哲人王”、“哲人政治”套话，历史上西方人曾指以孔子儒学统治中国的康熙等具有哲学思想的皇帝与国家状态，但在18世纪末中国热退去以后，此类套话就消失了。可在毛泽东时代，这一套话又再次复苏了，因为西方人对自己精神状态产生了困惑，于是将中国的毛泽东时代视为理想的生存空间。可见套话的时间性在很大程度上是依社会的变化而变化的。

4. 套话的隐喻性

套话一旦产生即隐含着一种等级对立。无论建立起自我套话还是他者套话，套话制作者这个“自我”即指定了一个等级制度，将世界一分为二。一个他者套话的出现，便隐含着一个与之相对立的自我套话，他者的套话是对自我的套话的否定，他者的套话与自我的套话永远是对立的，如果缺乏这种等级制度或在对立的情况下，套话也不可能形成。如当中国形象被加以“开明皇帝”套话时，便意味着法国人的自我套话就是本国的君主不够民主。法国人16世纪用“爱吹牛”等套话来指称西班牙人，隐含的便是自己的诚实和不虚谈。

第三节　形象学的研究方法及其特点

一、形象学研究的方法

形象学研究的方法有一个基本原则，即巴柔所遵循的双向交流的平等对话原则。这是20世纪六七十年代对话与交往理论形成的一个产物。其基本内涵是：文化间的对话要讲求平等，允许并认可彼此的文化选择及误读等，但同时对异国文化的认同又是一种相对认同。在此原则指导下，形象学的研究方法可分为文本外部研究与内部研究两大块。

（一）文本外部研究

这种研究似乎是一种文学社会学的研究，它源于形象学的跨学科性的特征。

1. 外部研究的步骤

外部研究往往可以分三步走：第一步是了解本国史实，即作家所隶属的时代与社会对所描述的异国的看法，也就是勾勒一个社会总体想象物，以此来与文本中的异国形象对照，这首先要通过大量同时代文字、图片材料的收集。

第二步是作家研究，即研究作家是通过什么途径来获取异国的信息的，创作中个人的个性情绪又如何。因为这些是决定一个作家创作出异国形象个性化的至关重要的条件。直接地亲自游历异国，或者间接地阅读有关异国的游记之类，还是通过文字之外的其他异国产品来感受异国，不同经历和方式会产生不同的效果。而且创作中作家个人的心态和情绪波动也会对异国形象的创作发生作用。

第三步是异国的史实研究，即将文本中异国形象与客观的异国进行对比，通过其中的变异再去审视自我的意识观念、价值观，并且如果形成历时性的系统研究，则更可观察自我在历史发展过程中存在的需要及问题的演变史。如18世纪欧洲文学以哥尔斯密《世界公民》（1762年）为代表将中国写成一个理性与富有同情心的国度；而18世纪末到19世纪初孟德斯鸠等笔下的中国则为一个落后、贫穷、专制的中国；第一次世界大战后卡夫卡等文中的中国又再次成为理想的居所。制约着西方人眼中中国形象的变化根源不是中国现实，而是西方自身的需要和社会观、价值观、道德观发生变化的结果。中国形象好，是因为他们对西方本土失望，要寻求理想国；中国形象差，是为了体现欧洲文明的思想自由和在人类发展史上的优胜感，而把中国置于历史原始文明状态。

2. 外部研究借鉴的理论

在常用的形象学外部研究中有三种理论方法是较早就被借鉴的，即年鉴学、人类学和接受美学的研究理论。年鉴学派的方法要求在考察异国形象时，尽量不只考察一部文本中的他者形象与社会集体想象物的关系，而要形成历时性的、不同时期中不同作家文本中的异国形象研究系列。人类学研究方法则牵涉诸多形象构成要素，如肤色等生理特征与风俗等社会特征，分析这些要素充当了什么角色，如何发生作用。接受美学的理论思路则使形象学研究重心转移到接受者，即创作异国形象的主体(作家或社会)对异国文化的接受(态度、程度等)。

各种后现代理论的加入无疑为外部研究注入了新的活力。后殖民主义理论鲜明地指出东方形象作为西方文学眼中的他者，是一个虚构的弱化的对象，体现出西方种族主义与帝国主义情结。而女性主义批评家苏珊·巴斯奈特指出在描述异族文化时所具有的性别隐喻。随着时代的发展，更多的新理论被吸纳，使外部研究思路更开阔。

(二)文本内部研究

文本内部研究包括三大层面：词汇、等级关系和故事情节。

1. 词汇

词汇是形象构成的最基本的单位与最小元素。研究时，首先要注意所用词汇的归属国，即判断它究竟是注视者自我用来定义异国形象的词还是未被翻译直接进入文本的异国词汇。前者表现了“我”对异国的理解与想象，而后者则完全是相异于“我”的文化，因没有与本土相对应的词汇而直译。其次，要注意对词汇的表层及深层含义双层解读。德国作家穆什克的《白云》中用了大量的身体发育期的词汇，其深层含义则是想表示中国作为一种原始形态在缓慢发展。再次，不仅对单个文本中的词汇，而且对不同文本中反复出现的词汇进行综合分析，这将会发现某些套话及其演变的历史。

2. 等级关系

有了表述异国形象相对固定和系统的词汇后，不管其是否明确表述，都会立即产生一种对立的关系：我——叙述者——本土文化，他者——人物——被描述文化。词汇使用常表现为一种固定的等级关系。如17世纪法国文学形容西班牙人往往用傲慢、猜忌、懒散、浪漫等词，而形容本国人则完全用一些对立的词汇，如谨慎、克制、勤奋、理性等。在时空范畴上，“我”所喜爱的空间就是天堂，而此外都是地狱。在这种等级关系中，我与他者的关系是对立的。对自我的界定在文本中以隐性形态潜藏着，它是随他者的描写而滋生出来的。

3. 故事情节

在异国形象的塑造中，故事情节是一个重要的研究层面。因为异国形象身上所表现出来的故事模式及叙述者所运用的叙述方式都具有超于词汇与等级关系之外的象征意义。这种具有象征性的固定化的情节结构是社会集体想象物在作品之中的具体体现。如19世纪中叶后美国的“中国城小说”，往往有一个中国恶棍绑架一名美国妇女，然后由一个美国英雄将她救出，而中国人不是进监狱便是被打死。这样一个故事模式暗示了美国人在政治经济上与中国的强烈敌对情绪，反映出美国社会甚至害怕中国劳工会引发社会混乱的普遍心态，因而为中国人设置一种固定的结局以此来消除人们的某种恐慌。

在上述关于形象学的文本外部研究与文本内部研究两种方法是不可能截然分开的，两者是互相渗透、交叉使用的。

二、形象学研究的特点

形象学研究有两个非常突出的特点，即它的实证性与跨学科性。掌握这两个特点，将有助于形象学的研究。

(一)实证性

形象学研究最早脱胎于影响研究，尤其是从考证旅游者们所写的游记出发来研究所谓国际文学关系，因为在所谓影响研究中，这些游记中的异国形象描述更为实在可用。由此可见，形象学研究从萌芽时期开始便具有一种实证性。随着研究的成熟，这种特性不仅没有被抛弃，反而有所加强。从形象学研究的方法论中不难发现，无论是对社会总体想象物的考察、对作家的研究，抑或是对套话的渊源等分析中，都需要大量相关的文学作品及其他文字材料作为佐证。缺乏原始材料的实证，形象学研究就无从立论。法国学者贝阿特丽斯·迪迪耶对塞南古的研究就充分说明了这一点，塞南古笔下的美好中国主要出现于1816年至1825年间的作品中，通过对他的阅读记载和生平传记的考证，可以发现这种好感一方面来自他的老师即本来就对中国有好感的伏尔泰的一本书，另一方面则是这一时期他本身对极端天主教势力的强烈抗议。

(二)跨学科性

由于形象学涉及的因素众多，其研究必然是多向度的。莫哈很早指出形象学研究“与史学家及社会学家们的工作相交了”①，而今天这种跨学科性更加明显，在历史学与社会学之外，它还与心理学、文化地理学、民族学、民俗学、人类学等多领域、多维度研究相结合。

第四节　形象学发展概述

一、西方形象学发展史

在西方，比较文学意义上的形象学的发展经历了三个时期。首先是雏形期，即19世纪末到20世纪上半叶。形象学还未独立，但其研究内容与方法已伴随着比较文学的确立而萌发雏形。以影响研究为主的法国学者已经将注意力置于异国异族形象之上，贝兹早在1896年便指出，比较文学的任务之一便是：“探索民族和民族是怎样互相观察的：赞赏或指责，接受或抵制，模仿或歪曲，理解或不理解。”②这里虽然未提及形象学，但是传统的影响研究无论在理论研究模式还是实际操作中都已包含相当多的形象学因素。如传统的“X与Y”模式，要证明X国作家或文学受Y国文学影响时，往往会引述X国作家对Y国文学乃至文化的观念及想法，而这些观念又代表了X国社会群体所共有的，即今天所讲的“社会总体想象物”。在影响研究实际操作中，出现了很多带有形象学研究意义的论文，

① ［法］让-马克·莫哈：《试论文学形象学的研究史及方法论》，孟华译，《中国比较文学》1995年第1期。

② ［德］胡戈·狄泽林克：《论比较文学形象学的发展》，方维规译，《中国比较文学》1993年第1期。

有写某作家作品中外国典型的命运的，如利特尔《巴尔扎克作品中的西班牙和西班牙人》(1931 年)；有写某文学家的看法在异国的影响的，如罗埃的《泰恩和英国》(1923 年)；有写一国在另一国的影响的，如路易·雷诺的《德国影响在法国》(1922 年)。而法国著名的比较文学专家巴尔登斯贝格的《法国文学中的英国和英国人》更是被视为典范之作，代表了形象学研究走出传统影响研究的事实联系的束缚，落实到对文本中不同文化冲突的对话层面的研究上，为形象学成为独立的分支学科打下了实践基础。

20 世纪中叶则是形象学的成型期。伽列被誉为现代形象学的奠基人，他明确了形象学的研究原则，指出"影响"往往是难以捕捉和不可靠的，相比之下，作家作品等在异国的际遇则显得更为可靠，因而要重视"各民族间的、各种游记、想象间的相互诠释"①，为比较文学研究提供了一个更佳的切入点。而 1947 年他的《法国作家与德国幻象，1800—1940 年》则实践了这种操作的可行性，概述了这一时期法国作家所创造的德国形象，并指出其中政治和文学、感情与理智的多重作用。通过他的提倡，形象学研究的基本原则被确立下来：把一国文学中的异国形象置于影响研究中心，以此来破译一个社会在他者那里产生的幻象。

基亚作为他的学生，则进一步肯定了这种全新研究视角，在《比较文学》(1951 年)一书中专门辟出"人们所看到的外国"一章，梳理了法国作家在此方面所作的工作，并提出"不再追求抽象的总括性影响，而设法深入了解一些伟大民族传说是如何在个人或群体的意识中形成和存在下去的"②。通过师徒开拓性的工作，形象学的研究原则被确立了，其在比较文学学科下的分支地位也逐渐明晰。

形象学的发展在 20 世纪 60 年代后进入成熟期。但在美、法学派之争中，由于形象学研究是法国学派的重心，因而被质疑。美国学者韦勒克等人认为形象学已经沦为思想史而不是文学学术研究。他在《比较文学的危机》中宣称：伽列和基亚最近突然扩大比较文学的范围，以包括对民族幻象、国与国之间互相固有的看法的研究，但这种做法也很难使人信服③。而瑞士学者约斯特则认为它太强化"文化自足性"。

面对责难，形象学研究者修正以前将文本作为纯文献资料来研究等弊病，日益拉大它与传统影响研究的区别，终于获得了以法国为首的全球范围的空前发展，形成当代形象学的鼎盛期。巴柔在这一时期是一位至关重要的人物，他为《比较文学概论》一书所写的《从文化形象到集体想象物》(1989 年)一章，成为当代形象学标志性的著述，文中系统地论述了形象学的理论及方法，提出了他者形象的定义作为当代形象学的核心，宣告形象学已从传统形象学中脱胎而出进入当代形态。其早期著述《一种比较文学的研究角度：文学形象》(1981 年)、《文化形象：从比较文学到文化人类学》(1983 年)也相当精彩。此外，这一时期其他学者的形象学研究成果无论是在数量上还是在质量上都相当可观：雨果·迪斯林克的《关于形象和幻象的问题及其在比较文学范畴内的检验》(1966 年)、彼得·别尔纳的《作为文学研究对象的异国形象》(1976 年)、M. 卡多的《形象研究》(1983 年)、让-马克·莫哈《试论文学形象学的研究史及方法论》(1995 年)。这些综述性的论文著述显示了

① [法]让-马克·莫哈：《试论文学形象学的研究史及方法论》，孟华译，《中国比较文学》1995 年第 1 期。

② [法]基亚：《比较文学》，颜保译，北京大学出版社 1983 年版，第 106 页。

③ [美]雷内·韦勒克：《比较文学的危机》，载张隆溪：《比较文学译文集》，北京大学出版社 1982 年版，第 31 页。

当代形象学发展中的方法论演化过程。而20世纪80年代许多现代、后现代的新理论的加入，使形象学研究更加深入。

二、形象学发展在中国

形象学在中国起步要晚于西方，大约开始于20世纪30年代。一批大师级的前辈学者凭着敏锐独到的眼光，把文学研究的视线投向在异国文学中的中国文学及社会形象。1931年，方重的《十八世纪的英国文学与中国》(《文哲季刊》第二卷第一号)一文将18世纪英国文学取材于中国文学的过程划分为准备期、全盛期和衰落期，其中分析的许多个案至今仍被奉为形象学研究的经典。1936年陈铨《中德文学研究》则将重心放在德国作家译介中国文学时对中国形象的处理。钱钟书先生在其英文论文《十七、十八世纪英国文学中的中国》(1940、1941年)中则指出，在17世纪到18世纪，英国文学对中国由好感变为反感，但在生活上这种好感继续保持。由此他指出文学对生活的态度有三类：复制、逃避与批评。这三篇代表性著述不仅资料价值极高，对文学反映的社会心理的揭示更具有开创意义，但都重在实践，缺乏理论操作。

当比较文学在中国一度停滞时，形象学亦进入冬眠期，直到20世纪90年代才复苏。形象学实际应用的复苏得益于1990年召开的“中法文化交流国际学术研讨会”，会后在《国外文学》(1991年第2期)上以专栏形式推出了与会代表的“法国作家心目中的中国”等属形象学研究范围的文章。而理论发展的填补空白之功则首先是《中国比较文学通讯》及《中国比较文学》杂志对西方形象学理论的译介，如巴柔的《比较文学意义上的形象学》、莫哈的《试论文学形象学的研究史及方法论》。

在中国学者的共同努力下，形象学研究不仅有了实际现象的探讨，还有了理论的建构。前者如张隆溪《非我的神话——西方人眼里的中国》，后者如孟华《试论他者“套话”的时间性》。中国学者充分利用自身中国文化独特底蕴，关注西方学者研究的盲点，跳出西方中心主义的怪圈，不再一味拿来。孟华就以中国实例论证了不同国家权力关系、人民心态、文化对话三种因素对套话的生命力的制约，并对巴柔的论点提出质疑，充分显现出中国形象学研究的日趋成熟。单篇的论文之外，还出现了如乐黛云《文化传递与文学形象》(1999年)、孟华《比较文学形象学》(2001年)等专门的形象学论文集。

形象学研究的阵地也逐步扩大，在高校里和各学术会议上有了稳固的地位。形象学频繁出现在高校教材、专业课程、演讲中。北大的孟华教授给学生开设了“形象学理论与实践”课程；1997年陈惇等主编的《比较文学》教材首次把形象学单列一章；而北大邀请的海外学者讲演中也有形象学方面的内容，如美国史景迁《文化类同与文化利用》、德国顾彬《关于“异”的研究》等。在中国比较文学学会近年的年会与国内各种比较文学国际学术研讨会上，“文学中的异国形象”已成为每届必有的一个重要议题，有关论文的数量、质量都在不断提升。这些都说明了在继承西方形象学理论的基础上，中国比较文学学者也在进行理论上的创新，开始出现了有中国特质的形象学研究。

三、形象学发展前瞻

无论是对于比较成熟的西方形象学研究，还是对于正在努力完善研究体系的中国形象学研究，形象学都将拥有美好的发展前景，但是任重而道远。

（一）发展前景广阔

形象学发展前景广阔，这首先是因为可供研究的对象相当丰富，他者形象广泛存在于文学中。第一，在客观存在的对象中，对已被关注的发掘深度还远远不够，还大有文章可做，如对道家思想兴趣十足的美国作家奥尼尔文中的中国因素，见诸于文字的就不多。而大量散见于古代文献和清末民初游记札记的异国形象，不是没被察觉就是尚未涉足。第二，在文学发展的未来，还会出现更多的异国形象，成为潜在的研究对象。作家受到多元文化影响后，对异质文化的构筑就成为创作的重心，作品中他者形象的出现频率也会更加频繁，因此研究课题会越来越多。这些都决定了形象学研究仍会在比较文学中居于热点地位。

其次是由于研究队伍与研究阵地的扩大。随着对他者的重视，关注形象学研究的学者会越来越多。当今世界已是多元文化共存的时代，“和而不同”的平等对话已成为未来世界发展的客观要求，而形象学发展正好与时代的潮流保持一致，它的研究将有利于人类的和平与发展。它的价值将会得到更多人的肯定。

（二）注重总体性与综合性是发展的必然要求

在形象学发展道路上，面对诸多已知和未知的对象，如何寻找未被关注的他者形象，如何进一步考察已被关注的他者形象，都对研究提出了一个极高的要求，即注重总体性与综合性。

所谓总体性与综合性，即要求对异国形象进行全面的关照，以批判继承的态度面对传统形象学与现代形象学的研究内容与方法。当代形象学研究向“主体”的倾斜，既注重文本内部研究，也关注“社会总体想象物”，这些需要进一步保持。但同时也不能抛弃传统形象学研究方法与内容，如异国的原型就还有极高的研究价值，因为形象毕竟在一定程度上言说了他者，总存在着一定真实的部分，对原型的确认才能真正准确地比较差异。

总体性与综合性同时也对研究者提出了更高要求，研究者要具有跨学科的全面的综合知识素养，要尽可能地利用一切可用理论，尤其要借鉴不断出现的各种有用的新理论、新方法，就像当代形象学努力吸纳了后殖民主义、符号学等后现代理论一样，未来的形象学研究要能提供更科学更有效的研究手段与研究方法，这样才能不仅在文学层面上，更在社会学、人类学等多角度对他者形象进行全面的审视，使形象学更加成熟与完善，也为世界性文学与文化交流提供更好的平台。

◎思考题

1. 简述形象学的“形象”内涵及与一般文学形象的区别。
2. 简述形象学中的“他者”理论。
3. 简述“社会总体想象物”的两种基本形态及各自的功能特征。
4. 形象学有哪些主要的研究方法？

第八章　类　型　学

第一节　类型学研究概述

类型学(typology)是比较文学研究的一个重要领域。类型学研究视域开阔，它的历史主义视野，它对人类文学现象的普遍关注以及对文学内在历史规律的探寻，都有着独特的价值和特点。类型学研究是我国比较文学学科建设的一个重要方面。

一、类型学研究的对象和范围

(一)类型学研究的对象

传统文学研究领域的"类型"一般指各种文学作品的类别，往往与标准形式、模式或范型等概念相关联。如西方文学中的颂歌类型、歌谣类型、骑士文学类型等。随着时代的演进和文学观念的发展，类型已不仅仅指外部形式上的接近，还包括作品内在的情感、态度、意趣等方面的共通性。而比较文学类型学则主要是研究文学现象中的共同性，这种共同性不受文化、语言、国度、时代的限制，而是在人类社会历史发展大体相似的背景下，基于共同的思想意识、共同的审美体验、共同的艺术思维而产生的共同的诗学品性。这种共同的诗学品性往往表现在文学的流派、体裁、主题、风格等多种方面的相似性上。类型学的研究任务就在于探寻各民族文学之间造成类似现象的历史、社会以及艺术本身的根源，确定这种文学现象产生的条件与现实状况，研究其发展变化的轨迹，比较各种变体间的细微差别，从而确定文学发展的共同规律。

(二)类型学研究的范围

在人类社会发展过程中，不同民族、不同国家往往会出现一些具有相似性的文学现象，如在某一个历史发展阶段文学出现了相似性的特征，或者在不同的历史发展阶段文学在思想特征、体裁形式、风格流派等方面也出现了某些相似性的现象。造成这种相似性特征的原因有两种可能：有可能是由于两种文化的交往与影响而造成的；也有可能不存在直接的相互接触与影响却产生类似性的情况。而第二种可能正是类型学的研究领域和范围。前苏联著名的东方学家、苏联科学院院士尼·康拉德在《现代比较文艺学问题》一文中对类型学的研究范围作了细致的划分，他认为比较文艺学的类型学研究可以包括：①由某种历史共同性因素而产生的一些现象。

比如以类型学的观点研究法国、英国、俄国、欧洲其他国家及亚洲某些国家的古典现实主义文学。借此来研究，可望更好地理解现实主义创作方法的本质及其全部内在的复杂性，还可以揭示现实主义文学在各国产生的变种。②各国文学在没有任何历史共同性、彼此缺乏任何联系的条件下所产生的现象，甚至在不同历史时代产生的现象。如对在基督教影响所及的欧洲各国和佛教影响所及的亚洲各国所产生的传记文学的研究就属于这类情况。③彼此独立地兴起的各现象所具有的类型共同性。如西欧文学中的骑士小说、日本文学中的“军事记”、欧洲启蒙时代的讽刺小说、中国19世纪的暴露小说之间类型学的相似。很明显，这种范围的界定在学术视野上比由法国学者所倡导的比较文学研究只限于在国与国之间文学影响与关系的研究观点要开阔得多。类型学研究大大拓展了比较文学的学科范围。

二、类型学研究的发展轨迹

类型学研究有其自身的发展轨迹。一般来看，真正从理论上和实践上对类型学进行深入探讨的是俄苏学者，他们在类型学的理论建构和确立方面起到了关键性的作用。但类型学并不是俄苏学者的专利，法国、美国、德国比较文学界都有关于类型学问题的论述。

（一）法国

法国著名的比较文学大师梵·第根认为“总体文学”的研究领域不但包括国际的影响，还包括一种更广泛的思想、情感或艺术的潮流（如人文主义、古典主义、浪漫主义等），一种艺术或作风的共有形式（如十四行诗体、古典悲剧、田园小说等），即“没有影响的类同”现象。梵·第根指出，致力于在一个放送者和一个接受者之间的二元关系之证实的比较文学研究本身是很有价值的，但影响研究是零碎的，割裂了文学史的线性发展。影响研究的累积并不能反映文学史的总貌。梵·第根说：“比较文学小心谨慎地自封于那些‘证实了的影响’；它并不记录那些不能归在任何影响的账上的类似……总体文学却相反，它认为是它的主要任务之一，便是提出尽可能多的在各国中呈显著的无可置疑的类似（那时影响的假设便应该搬开一边），并用‘共有的原由’之作用去解释它们。”①他认为总体文学的主要目标是辨析、研究具有可比性的文明国家的思想和艺术的共同之处，从而准确描述一种倾向或形式的历史。法国另一位比较文学学者雷内·艾金伯勒在《比较文学的目的、方法、规划》一文中从文学作品结构出发，指出文学类型是比较文学研究的一个重要方面，同时他又强调仅仅限于对由“事实联系”连接起来的“西方的”类型的研究还远远不够。他以18世纪欧洲长篇小说和中国古典长篇小说的形式上的相似为例，说明不以事实联系为根据的、不同文明中产生的文学类型学相似现象也是比较文学研究的对象。对这些现象的研究不但可以弄清该类型所赖以确立的要素，而且还可以揭示由历史环境所造成的变化莫测的艺术成分。

（二）美国

美国学派所倡导的平行研究明显包含类型学的研究。但平行研究更注重具体文学作品的艺术价值及文学性的讨论。美国比较文学著名学者亨利·雷马克认为，相对影响而言，对艺术的理解和评价应是更为关键的问题。在阐明一部文学作品的本质方面，影响研究的

① ［法］梵·第根：《总体文学概说》，载刘介民：《比较文学译文选》，湖南人民出版社1984年版，第133页。

贡献可能不及无影响可言或并非意在显示影响的对作家、作品、风格、倾向以及文学的比较研究。如果说类型学侧重宏观的类的研究，那么平行研究则侧重类型之下的具体的作家、作品的研究。

(三)德国

德国比较文学学者霍斯特·吕迪格曾通过自己的努力恢复了德国比较文学在世界上的发言权。他拒绝接受"其他国家的意象"及实证主义的主题研究，倡导对于古代风物和圣经文学的研究。他在《比较文学的内容、研究方法和目的》一文中明确表示："比较文学研究现在已不再仅仅满足于确定'影响'，而是把注意力集中于由精神力量所起的作用，集中于独特的、在文艺美学上可以把握的接受类型和方式，也就是说，集中于被接受了的促进因素所发生的变化。"①吕迪格的思想在德国获得广泛的接受。当时的民主德国比较文学研究是以前苏联为模范的，强调各种文学现象之间因其内在的需要而可以相互连接起来。民主德国《梅耶斯百科全书》对比较文学的定义是："比较文学是文学研究的分支，它探讨各民族文学中同类的或相似的演变过程和现象，从广义上说，它研究文学的普遍原理。"②他们极为重视文学演进的同一性原则与内在的连接关系。

(四)俄国

对比较文学类型学最有发言权的是俄苏学者。有"俄国比较文学之父"之称的亚历山大·尼古拉耶维奇·维谢洛夫斯基是俄国比较文艺学和历史诗学研究的创始人，他的思想主要体现在《历史诗学》一书中。在该书中他广泛研究了不同文化背景下诗歌形态的演变，找寻它们类型上的相似之处，通过深入的研究和比较，归纳出其内在的共同的历史规律与诗学品性。比如他在研究法国《罗兰之歌》的基础上，总结出大型人民史诗的产生条件："缺乏个人创作意识的个人诗歌活动，要求在诗歌中得到表现的民间诗意的自我意识的高昂；以往诗歌传统以及类型形象的延续性，这些类型能够按照社会发展的要求而在内容上发生变化。"维谢洛夫斯基强调："无论什么原因，只要这些条件不相符，民间史诗的产生就是不可思议的。"③他通过将《罗兰之歌》与德国史诗的对比研究指出，法国古代英雄史诗时期个人的诗歌创作活动已经出现，但个人意识并没成熟，诗人和群众仍然处于未分化状态，诗人不可能脱离历史进行完全的虚构；同时处于鼎盛的封建时代的法兰西在统一的政治感的支配下焕发出浓郁的民间英雄主义、朝气蓬勃的民族自我意识，诗人要表达这种意识，就会不自觉地取材于古老的传说和歌谣中的类型，于是出现了法国的历史叙事诗。德国由于政治上获得自决的民族感情没有得到发展，因而缺乏热情与理想的共同土壤，同法兰西的众志成城比较而言，德意志帝国无非是一个酣睡的巨人。所以德国的史诗是浪漫主义的，而不是民间历史的。他在《历史诗学三章》中，广泛运用了类型学的对比法来研究类似的文学现象，这些文学现象是在彼此毫不相关的民族中产生的，而且年代也极不一致。维谢洛夫斯基认为这些现象之所以出现类似是和它们所处的社会发展阶段的类似相联系的。但他的研究受到实证主义的影响，未能展示出文学发展过程在其所有阶段上的规律性。

---

① ［德］霍斯特·吕迪格：《比较文学的内容、研究方法和目的》，载张隆溪《比较文学译文集》，北京大学出版社 1982 年版，第 20 页。

② 刘介民：《比较文学译文选》，湖南人民出版社 1984 年版，第 400 页。

③ ［俄］维谢洛夫斯基：《历史诗学》，刘宁译，百花文艺出版社 2003 年版，第 36 页。

维氏的历史诗学运用历史的比较的观点研究各民族文学在统一的世界文学形成过程中相同或相似的东西，从而揭示出世界文学形成和发展的某些共同规律性。他所确立的历史诗学研究方法为日后俄苏比较文学类型学研究奠定了基础。日尔蒙斯基承认维谢洛夫斯基是自己最直接的先行者，他还指出苏联文艺学的任务就是把维谢洛夫斯基所开创的工作继续下去。除日尔蒙斯基之外，俄苏许多著名学者如尼·康拉德、米·赫拉普钦科、米·巴赫金、维·普罗普、尤·洛特曼等人都在其研究中贯彻了历史诗学的方法论。

日尔蒙斯基在20世纪20年代就开始了比较文艺学的方法论探索，他把维谢洛夫斯基所开创的历史比较文艺学推进到一个崭新的发展阶段。二三十年代，他发表了一系列著作，为确立历史比较文艺学新的方法论原则进行了大量的探索。40年代，他发表了《作为比较文艺学问题的东西方文学关系》(1946年)、《试谈东西方文学关系问题》(1947年)等一系列论文，集中阐述了自己的历史比较文艺学思想。40年代后期，前苏联“左”倾学术思潮泛滥，比较文学研究遭到禁止，日尔蒙斯基也受到牵连。

1960年1月18日，“各民族文学的相互联系与影响”比较文学讨论会在莫斯科召开，会上日尔蒙斯基作了题为《文学的历史比较研究问题》的报告。在报告中，日尔蒙斯基强调指出，比较文学研究的前提是人类社会历史发展过程的一致性和规律性。受人类社会发展规律制约的不同民族的文学之间即使没有直接的影响与接触，也会具有相似性，这就是历史的类型学的相似与吻合。他以文艺复兴、巴洛克风格、古典主义等为例说明，欧洲各民族文学的思潮和流派的类似性应以这些民族社会发展的类似条件来解释。在报告中，日尔蒙斯基还指出，文学流派和风格的交替既指社会意识形态，也指它的艺术表现手法的变化。这是对文学现象进行类型学比较的基础。日尔蒙斯基在研究初期只把文学现象作为一般的意识形态，这里对艺术表现手法的关注不能不说是他研究思想的重要转变。他还提醒人们注意类型相似的文学现象中的差异性问题，认为对差异性的研究有助于发现研究对象的民族特性。日尔蒙斯基在这次报告中还讨论了不同民族文学在发展的类似道路的问题、文学过程的类型学的吻合问题、国际性文学的相互影响和作用问题之间错综交叉而又相互区别的关系。

此后，在1967年和1970年的国际比较文艺学会议上，日尔蒙斯基分别作了题为《文学流派是国际性现象》和《中世纪文学是比较文学研究的对象》的报告。日尔蒙斯基站在人类社会历史发展的高度，以马克思主义唯物史观为立足点，审视文学现象类型学问题。他认为只有把文学过程的统一性和规律性理解为全部历史过程的组成部分，才有可能建立揭示其独特规律性的总体文学。他批判法国学者过于夸大文学“双边关系”，把作家之间的偶然的经验交流当作文学发展的基本事实和因素。日尔蒙斯基指出：“文学影响的每一个别事实都包括在共同的国际性文学过程中，在这个过程中它才能具有社会历史方面的以及专门文学方面的根据。”因此，所谓比较文学研究，“既估计到文学发展的平行现象和由它引起的文学之间类型的相似，也考虑到存在着受这种平行现象制约并与它紧密相连的国际间文学的相互作用、‘影响’和‘借用’”①。这就要求比较文学研究者不但要具有深入把握历史规律的洞察力，而且还应具有世界性的眼光。比较文学的类型学研究应和平行研究、

① [俄]日尔蒙斯基：《文学流派是国际性现象》，载干永昌等：《比较文学研究译文集》，上海译文出版社1985年版，第320~321页。

影响研究相结合，因为它们本身就是文学统一体的不同方面，是不可能截然割离的。日尔蒙斯基强调，与近代文学研究不同，中世纪文学中既谈不上文学流派的更替，也谈不上个人的影响，中世纪文学中类型的东西远远高出个别之上，文学流派的更替在这里表现为体裁的连续。中世纪文学的体裁是社会某一类型的世界观和风格的反映，不具有后代文学独特的个人性。因此，比较文学的类型学研究不应忽视对中世纪文学的研究。

康拉德作为东方学家，对类型学研究也倾注了大量心力。他把对国别文学中所产生的现象进行比较类型学的研究作为其学术研究的重要方面，详细分析了类型学的研究范围与任务。他关于中国诗歌、日本诗歌、阿拉伯诗歌和法国的普洛旺斯诗歌的类型学研究是非常富于启发意义的。他认为这种创作上的相似是由时代的历史内容的共同性所决定的。同时他还通过历史学的考证，确定中国与阿拉伯、阿拉伯与法国、中国与日本的诗歌不仅仅具有类型学上的共同性，而且还是某种历史、文化与文学联系的后果。康拉德在他的《中国和日本的封建时期文学》一文中主要采用了历史类型学的比较研究，在这篇文章中，他把封建时期的中国和日本的文学同12世纪至17世纪西欧文学作了对比。康拉德不但在理论上而且在实践上把整个文明世界的文学现象纳入比较文学研究范围，同时把中世纪也纳入比较文学研究轨道，打破了比较文学空间上与时间上的局限性。他关于“文艺复兴运动是一个世界性的运动”的论述也是运用历史类型学的方法进行跨文化研究和总体文学研究的结果。

类型学的方法论视野也引起了一些非比较文学学者的注意。前苏联语文学科公认的带头人、科学院院士米·鲍·赫拉普钦科在《作家的创作个性和文学的发展》一书中专门用一章的篇幅讨论文学的类型学问题。他在书中批判了那些对类型学研究持否定态度的意见，认为这是一种历史的经验主义，其极端形式则表明直接放弃对文学发展过程的科学研究。他进而阐明了文学的类型学研究与历史比较研究的联系与区别。他对于类型学研究的不同层次、研究原则、结构分析及类型内部分类问题都有自己的独到见解。赫拉普钦科认为，类型学的研究层次除文学流派的类型学外，体裁的类型学也具有重大意义，风格类型学也在迅猛发展，各种文学的历史发展的类型学研究都是非常有意义和十分重要的。他还强调，对于不同层次的类型学的研究要遵循两个基本原则：其一是全面考虑整个文学心脏的各个方面的特点；其二是运用同一的研究原则。最后，赫拉普钦科指出，文学的类型学研究应该在揭示世界文学过程的规律性这样庞大的工程中起到它应有的重要作用。

第二节　类型学研究的理论形态

一、类型学的理论基础和前提

比较文学类型学在俄苏以马克思主义历史科学为思想基础，把文学现象作为社会现实、历史和民族形式的全部特殊性的反映，一般被称为历史类型学，这决定了类型学研究中的历史主义与社会学视野。N. 聂乌波科耶娃指出：“马克思主义文艺学的比较研究法所具有的新的素质，首先是它的历史主义的新的素质，是由于格外深入被比较现象的具体历史内容而获得的充实性。”①俄苏比较文学学者对比较文学类型学前提的认识也是以对文学现象背后的具体社会历史内容的深入思考为出发点的。康拉德认为文学现象类型上的共同性除了由世界文学之间的联系性形成之外，也可以基于历史的遭遇和历史任务的共同性而形成。不同民族的文学之间即使没有互相接触与直接联系，但由于历史发展过程中一些共同的遭遇，也有可能在文学形态上表现出一定的相似性。如印度和阿拉伯世界各国文学，就是在“民族复兴的文学”这一点上具有共同性，因而可以作为类型学研究的对象。

对类型学相似性前提提出较权威论述的是日尔蒙斯基，他说：“人类的社会历史发展的共同过程具有一致性和规律性的思想是历史比较地研究各民族文学的基本前提。而这一共同过程决定着作为意识形态的上层建筑的文学或者艺术的合乎规律的发展。正像由生产力和生产关系的类似状况决定的封建时代的社会政治关系，在欧洲最西部(尽管它有某些地域性的区别)与比如在中亚细亚(封建土地所有制，手工业作坊等方面的发展)就显露出类型学的类似特征，同样，在意识形态领域——艺术，其中包括作为对现实的形象认识的文学，在不同民族的社会发展的同一阶段上，会出现大量的类似。这种类似的特点，不管是普遍的或是特殊的，在没有直接的相互影响和接触的情况下也可以称之为历史的类型学的类似或者吻合。它们在文学中出现的情况比一般想象的更多；而且它们还是在文学之间产生相互影响的前提。”②这样，文学的类型学比较研究就被置于社会历史过程的制约之中，其基本思想就是基于对人类社会历史发展的共同过程决定着作为意识形态的文学艺术的规律性发展的认识。文学的类型学相似不是偶然的表面的相似，而是与一定社会的历史发展有内在的必然联系，类型学研究的目的正是揭示这种内在联系性与规律性。日尔蒙斯基以封建时代的文学为例指出，不管有无直接的影响，封建时代的文学体裁和风格的类似序列，表现出合乎规律的更替，而这一切取决于人类社会和人的社会意识的规律性发展。他接着举出存在于西方民族诗歌之中的三种历史类型学相似的例子：民间英雄史诗；西欧的法国普洛旺斯抒情诗人的骑士抒情诗、德国游唱歌手的骑士爱情歌、古典阿拉伯爱情诗；西欧的诗体骑士小说和伊朗的“爱情史诗”。他进而分析了西方民族文学随封建主义的形成和发展而发展变化的历史规律性。日尔蒙斯基进一步指出，尽管近代文学与中世纪文学相比，体裁方面传统的、典型的、稳定的东西已为更为分化的民族特点和更为个性化的艺术手法所替代，但是，仍然不乏这种历史类型学相似的例子。比如，市民戏剧和家庭小说这种新的体裁的出现几乎是在18世纪资产阶级启蒙时代的英国和法国同时出现的。这是和当时这两国资产阶级的活跃及为其生活利益和艺术趣味服务的文学的产生相联系的，不能认为是影响使然。又如德国和英国浪漫主义的产生也可以追溯于同一年代：1798—1800年，而当时英国和德国的老一代浪漫主义代表几乎还没有个人间的接触。那么这种思想和艺术创作上的类似，还是由他们所处时代的重大事件如法国大革命等所决定的。

俄国著名学者赫拉普钦科也强调：“艺术作品以及整个文学，其各个组成部分都带有社会性，因此没有任何根据把文学现象的某些特性和特点分出来，赋予它们非社会的意

① ［俄］聂乌波科耶娃：《有关研究各民族文学相互联系与相互影响的一些问题》，载刘介民：《比较文学译文选》，湖南人民出版社1984年版，第289页。

② ［俄］日尔蒙斯基：《对文学进行历史比较研究的问题》，载刘介民：《比较文学译文选》，湖南人民出版社1984年版，第301页。

义。”“必须从社会历史的角度考察文学现象的结构，不能把结构同创作上掌握生活的过程、同文学和艺术的审美影响分隔开来。”①赫拉普钦科把这种文学类型学研究方法又称为社会结构原则，赋予文学类型以社会的历史的深度模式。赫拉普钦科对文学流派的看法与日尔蒙斯基所见略同。日尔蒙斯基认为流派的类似应以各民族社会发展的类似条件来解释，如浪漫主义时期历史体裁的盛行是与法国资产阶级革命时代以革命方式破坏封建关系后产生的历史主义的发展，与重视民族的过去，与在民族自觉性高涨条件下艺术地再现过去的尝试相联系，这种民族自觉性，反映了 19 世纪资产阶级民族的形成过程。赫拉普钦科则从作家创作的角度认识到统一的文学流派的形成首先来源于作家对待现实的态度、作家对现实的审美感受和创作方法上的共同性。而其根源则是引起属于这一文学流派的作家浓厚兴趣的生活问题和创作问题的相似性。这里的相似性实质上就是日尔蒙斯基所说的“各民族社会发展的类似条件”。

从社会历史角度研究文学现象是 19、20 世纪文学研究的潮流。比较文学类型学研究的可贵之处在于能够将社会历史发展规律与文学艺术本身的演进联系起来，避免了一般社会学研究中对文学独特审美性的忽略，使文学的审美因素与历史内涵得到同等的重视。

二、类型相似与文学影响的关系

（一）相互联系

不同民族文学现象类型学上的相似虽然以历史发展的一致性为前提，但这种相似并不排除受国与国之间文化交流的影响。正如日尔蒙斯基所说，在很多情况下类型学相似和文学影响往往交织在一起。因此研究类型学就不能不考虑这种既相互区别又相互作用的关系。

日尔蒙斯基认为，文学影响只有在文学和社会过程有内在类似之处时才成为可能，世界文学史中的历史类型学的类似和文学过程的趋同是文学之间产生相互影响的前提。同时，不同文学的相互影响也必然会导致某种类似现象的出现。因此，研究类型学现象时，不能忽略文学的直接联系和影响，尤其是不能不恰当地把文学影响看成是和文学的历史类型学相矛盾的。前苏联文艺理论家德米特里·马尔科夫也认为文学的影响和类似现象是统一过程的两个方面。“文学的影响不可能在起影响作用的文学中和接受影响的文学中没有相似的情势。维谢洛夫斯基称这种现象为‘汇流’。现象的相似照样地也为文学的联系和影响提供现实的先决条件。”②这就是说，文学影响的出现是以类型上的相近与相似为前提的，因为这种影响是基于某种相似性的需要，因此，类型的相似成为文学影响的先决条件。不可能有完全与类似性无关的影响，同时，某种影响也会加强类型的相似性。维谢洛夫斯基所提出的“汇流”现象正是文学影响与类型相似的交叉点。康拉德所举各民族古代诗歌的例子说明，阿拉伯诗歌与中国诗歌的接近之处不仅在于类型学的共同表现，而且也是某些具体历史联系的后果。但是，类型学研究中的影响问题是和创造性移植紧密相关的。

同时，类型学相似与国际间的文学影响都是受一定的民族、社会、历史和文学发展规

---

① ［俄］赫拉普钦科：《赫拉普钦科文学论文集》，张捷、刘逢祺译，人民文学出版社 1997 年版，第 184 页。

② ［俄］马尔科夫：《文学比较研究的方法论和理论问题》，载干永昌等：《比较文学研究译文集》，上海译文出版社 1985 年版，第 354～355 页。

律制约的，它们反过来又反映了这种规律性。类型学与影响研究在历史的高度和总体文学的目标下达到统一，只片面地盯住某一方而忽视另一方都是不对的。

尽管存在着这样或那样的联系，但是把类型学和影响研究不加区别地混淆使用，同样是不合理的。涅乌波科耶娃就主张用“文学联系和相互影响”来代替“比较文学”概念。这里的“文学联系”被归结为两种基本类型，即接触的联系和文学过程在历史条件下的类似的联系。虽然她本人强调这两种联系性质上的不同，但在概念上造成的混淆是显而易见的，马尔科夫就批评这种概括是“不合逻辑的”。这就要求在类型学与影响研究之间能够作出区分。

(二)相互区别

赫拉普钦科对文学类型学的理论特质曾提出了自己的见解：“文学的类型学要求弄清的不是文学现象的个人的独特性，不单纯是它们的相似特点，也不是联系本身，而要求揭示那些能够使人们谈论某种文学的和审美的共同体、谈论某一现象属于一定类型和种类的原则和因素。这种从属关系经常也在文学事实相互之间不发生直接的联系时表现出来。”①具有审美意义的文学类型共同体指的是在成因上和本质特点上相近和相似的文学现象。对这种相似性的类型学概括是通过它们的内在联系来说明的，而不是通过个别的局部的现象简单抽象出来的。赫拉普钦科指出：“文学中的类型学的统一，不是统计学的，而是动力学的共同体。这不是一根由相同环节构成的闭合的链条，更像是某种由处于一定相互关系之中的不同颜色组成的光谱。”②

类型学与影响研究、平行研究的区别在于它在具体的社会历史、文化的背景下观照研究对象，对各种文学现象之间的异同不仅进行系统性的阐述，而且对其成因进行深入的社会历史的探索和具体的说明，使比较研究的对象得到本质的深层的揭示。类型学研究的本质就在于把比较文学的研究建立在科学的唯物史观的基础之上，避免了比较文学研究中追求表面的相似性和随意性的弊病。

三、类型的相似性与差异性的关系

比较文学类型学的任务主要是研究由某些历史共同性产生的文学上的类似现象。这种相似性是一种内在的结构上的相合，是文学所共有的诗学品质，它包括文学体裁、风格、情节、主题、作家、流派、思潮等。以文艺复兴以来欧洲各民族文学思潮和流派的演进与更替为例：欧洲各民族进入近代社会后出现了各民族文学共有的规律性的文学流派的更替，从文艺复兴到巴洛克风格、古典主义、浪漫主义、批判现实主义、自然主义、象征主义、现代主义等，这些流派的类似是与这些民族的社会发展条件的类似紧密相关的。日尔蒙斯基指出，这种历史类型的相似性特征可以表现在思想和心理内容上，也可以表现在主题情节、艺术形态和艺术境界以及体裁结构、艺术风格特点上。通常这些特征构成一个体系，并由于这个体系而明确化。

但是，这些历史类型的相似性特点又由于各个民族、各个国家的社会历史发展差异而

① ［俄］赫拉普钦科：《赫拉普钦科文学论文集》，张捷、刘逢祺译，人民文学出版社 1997 年版，第 172 页。

② ［俄］赫拉普钦科：《赫拉普钦科文学论文集》，张捷、刘逢祺译，人民文学出版社 1997 年版，第 173 页。

会有很大的不同。因此在一系列类型相似的文学现象之中，也必然会存在局部的不一致。对于文学研究来讲，有关差异性和它们的历史制约性的特点问题，其重要性并不亚于类似的问题。不同国家、不同民族、不同时代文学类型学的共同性必然不会是完全重合的统一体，个别性的差异与类型学的相似是同时存在的。这些差异是由历史过程的地域性特点和由这些特点造成的民族的、文化的独特性所引起的。对这些差异性特点的比较研究可以在另一个层面上确定受社会历史制约的文学发展的共同规律，同时也可以确定作为比较对象的各种文学的民族特性。

以文学思潮和流派的演进为例，类型学的差异性首先表现在文学思潮和流派在不同国度形成和延续的时间的不同。由于各民族具体的社会历史条件和文学过程的发展速度、水平和本质特点的差异，一定的文学思潮和流派往往不会在不同国家同时出现，其持续性演变过程也不尽相同，有时还会存在过渡性质的现象。所谓“前文艺复兴”和“前浪漫主义”就是一种过渡性质的现象。在19世纪早期批判现实主义代表巴尔扎克、狄更斯、果戈理那里，浪漫主义是他们经常采用的艺术手法，浪漫主义也激发着他们揭露与批判社会的不公平、不道德。他们与后来的现实主义大师福楼拜、萨克雷、列夫·托尔斯泰等表现出很大的不同。对这些过渡性现象的比较研究可以揭示出其相似的、合乎历史规律性的特点。日尔蒙斯基认为，“前浪漫主义”的概念“把发生在法国革命之前的阶段中盛行全欧的最初的浪漫主义倾向统一在18世纪启蒙时代和启蒙学派的古典主义的范畴内。把这一概念引入文学史，就有可能来考察克洛普斯托克、赫尔德尔和‘狂飙突进’时代的德国文学，不是把它当作德国民族发展的孤立产物，而是当作18世纪欧洲文学发展共同趋向的具有民族独特性的表现”①。

此外，由于各民族条件的不一致，一般文学过程的个别阶段在不同的民族文学中会表现出不同的典型程度。文学的类同现象在有的民族文学中可能表现得经典一些，强烈一些，在有的民族文学中可能就表现得弱一些。比如19世纪法国和英国现实主义的正统形式与德国现实主义的“庸俗”性是有很大不同的。

另外，在同一文学思潮和流派内部也会显出阶段性的差异。古典主义在法国和德国的变化就是值得研究的现象。法国古典主义从拉辛时代的宫廷的、贵族的艺术，逐渐变成伏尔泰时期的资产阶级的和法国革命年代的民主的艺术。德国的市民古典主义则明显不同于拉辛和布瓦洛的古典主义。对流派发展阶段的考虑有助于消除共时性和历时性之间的矛盾，可以更好地揭示文学发展的主导倾向。

第三节 类型学研究途径与发展前景

一、类型学研究的途径

类型学的研究目标在于揭示文学的内在规律性。这与比较文学的总体目标是一致的，但类型学却是通过自己的研究途径来实现这一目标的。

---

① ［俄］日尔蒙斯基：《文学流派是国际性现象》，载干永昌等：《比较文学研究译文集》，上海译文出版社1985年版，第310页。

类型学对于文学规律性的追寻是从文学类型与社会历史发展的关系入手的，这与影响研究只关注国与国之间的文学交往关系不同。它克服了影响研究所带来的表面性与偶然性问题，能够深入文学现象深层本质，探寻类似的文学现象背后的历史动因与文学发展的普遍规律。同时类型学也不拘泥于文学与历史的简单的反映与被反映、决定与被决定的一对一的关系，而是同时考虑到文学艺术本身多样化与独特性的发展逻辑，是美学的具体分析与合乎理性的历史主义的结合。

类型学追求的是文学内在机制的普遍有效性。与影响研究和平行研究相比，它更为重视对更广阔范围内文学的种类及其原则的探寻。赫拉普钦科所提出的类型学的研究原则之一就是“全面考虑整个文学以及它的各个方面的特点”，这里注重的是整体的具有类型与模式意义的特点，而不是个别作家与作品的独特性与相似性。

类型学研究在空间上克服了以往比较文学研究中明显存在的欧洲中心论立场，把研究范围扩展到包括东方甚至非洲、美洲在内的世界各种文明体系之中。在时间上打破了以往主要以文艺复兴以来的文学现象为研究对象的局限，把中世纪文学甚至古老的民间口头文学也纳入研究视野。它坚持不同文化圈里的文学现象在内在结构上都有类型学上的共同性与诗学品格上的相通相合之处，这对于人类文学普遍规律的探寻无疑具有理论上的突破和实践上的重大意义。

类型学研究与影响研究、平行研究等有很大差别，它在方法论上并不惟我独尊，表现出充分的开放性与包容性，融文学、历史学、社会学、文化学、美学、哲学以及心理学于一体，博采众长，海纳百川，将一种历史的全方位的考察与文学的内在审美观照有机地结合在一起。

二、类型学的发展前景

类型学视域和研究途径为其全面的发展铺平了道路。作为比较文学中的一种重要理论，它日益受到比较文学学者的欢迎。类型学研究有助于比较文学向建立真正的世界文学体系的宏伟目标迈进。日尔蒙斯基说：“只有把文学过程的统一性和规律性理解为全部历史过程的组成部分，才有可能建立揭示其独特规律性的总体文学。”①类型学研究所具有的整体观念正是走向总体文学的必要条件。在类型学视域下，比较文学研究就可以超越国度、民族、语言、文化的界限，发掘原本孤立的、表面上互不相干的文学现象的共通的诗学品性，将具有深层内在相通性的文学纳入世界文学的普遍规律性之中。正如日尔蒙斯基憧憬的：“从科学的观点出发，为了更广泛地理解世界文学的进程，首先必须使那些由于在地理上远离欧洲世界或者在自己的文化发展中较落后和成了资本主义欧洲的殖民地而很少为我们所知的民族文学，对我们来讲不再是‘异国情调’，我们一定要在这些民族文学中揭示出那种共同的历史的以及文学史的规律性，这些在地理上离我们遥远并在世世代代形成了民族独特性的文学也服从于这种规律性。”②

---

① ［俄］日尔蒙斯基：《文学流派是国际性现象》，载干永昌等：《比较文学研究译文集》，上海译文出版社 1985 年版，第 321 页。

② ［俄］日尔蒙斯基：《文学流派是国际性现象》，载干永昌等：《比较文学研究译文集》，上海译文出版社 1985 年版，第 321～322 页。

◎**思考题**

1. 何谓比较文学类型学研究？
2. 类型学研究的理论前提是什么？
3. 如何认识比较文学类型学研究与影响研究的关系？

第九章 跨学科研究理论

跨学科研究(Interdisciplinary Studies)，又称跨类研究、超文学学科研究、科际整合等。它是20世纪下半叶以来经由美国学派提出而逐步走向成熟的一种比较文学研究理论。它从文学的外围入手，以文学与其他学科之间的相互关系为研究视域，通过系统的、整体的汇通性研究，来显现文学的美学特征和独特风貌，探寻和把握文学自身的价值和本质规律。作为一种平行研究的理论形态，它不仅为比较文学提供了新的重要的理论资源，而且也为比较文学的实践拓展了更为广阔的发展空间。本章将主要介绍跨学科研究的基本理论及其依据、研究原则、研究视域等学理问题。

第一节 跨学科研究理论及其依据

一、跨学科研究理论的提出

在比较文学作为一门独立的学科出现之前，研究文学与其他相关学科之间的关系实际上早已存在。但是，作为一种成熟的理论形态，跨学科研究理论的提出则在比较文学学科出现之后的20世纪中叶。其首创之功当归于以韦勒克、雷马克为首的美国学派。当时，发端于法国的影响研究作为比较文学基本的研究理论和方法，在比较文学界影响很大。但是，这种影响研究存在着明显的局限性，如将研究范围只设定在两国文学的相互联系上，注重历史考证，讲究"事实联系"，但忽视了文学的审美批评，这无疑制约了比较文学的发展，使这门学科日益陷入危机。由此，法国学派遭到美国学派的严厉批评。1958年9月，国际比较文学协会在美国教堂山举行第二次大会。在会上，耶鲁大学教授韦勒克以《比较文学的危机》为题，对影响研究理论进行了激烈抨击，认为建立在实证主义哲学基础之上的、只强调"事实联系"的影响研究理论和方法，已日益限制着比较文学的发展，并指出其种种弊端。韦勒克的这一激进而富于建设性的主张，为开辟比较文学研究的新途径提供了理论基础。

最早提出比较文学跨学科研究的视域和理论主张的是美国学派的代表人物雷马克。他在60年代初发表的《比较文学的定义和功用》一文中指出："我们必须进行综合，除非我们要让文学研究永远处于支离破碎和孤立隔绝的状态。要是我们有志于加入世界的精神生活和情感生活，我们就应该时时把文学研究中获得的见解和成果汇集起来，并把有意义的结论呈现给其他学科、整个民族和整个世界。”而比较文学就应该不仅是联系各地区文学的纽带，而且是“连接人类创造事业中实质上有机联系着、而形体上分离的各个领域的桥梁”。因此，他把比较文学定义为：“超越一国范围的文学，并研究文学跟其他知识和信仰领域，诸如艺术(如绘画、雕塑、建筑、音乐)，哲学、历史、社会科学(如政治学、经济学、社会学)，其他科学、宗教等之间的关系。简而言之，它把一国文学同另一国或几国文学进行比较，把文学和人类所表达的其他领域相比较。”①雷马克在此定义中对跨学科研究观点的强调，不仅进一步拓宽了比较文学的研究视域，而且奠定了跨学科研究理论的坚实基础。

跨学科研究是比较文学学科定义中的“四个跨越”之一，也是衡量比较文学学科成立的重要理论标志。根据上述美国学派明确提出的跨学科研究观点，我们可以对跨学科研究理论作如下概括，即跨学科研究是指以文学研究为中心，通过跨越文学的界域，探索文学与艺术及其他相关学科之间的相互关系，以求在人类多种文化表达中探寻某种共通的内在本质。

跨学科研究理论从学理上考察，可以归纳为以下几个基本要点：①以文学研究为中心，不管跨学科研究中涉及多少学科，但文学研究是终极目的。②系统性，即指与文学相关的其他学科必须是独立的系统性学科。③交叉互渗，即指各相关学科必须与文学有多维意义链相连接。④汇通整合，即将不同学科的知识融会贯通，打破外在学科的分野，将其整合成一个内在统一的本质系统。⑤独立性，即指跨学科研究可以独立成为比较文学学科标志，它不受跨语言、跨文化、跨民族或跨国界的制约。

从上述归纳的理论观点来看，跨学科研究一方面注意了文学审美的表达，另一方面，则是大大拓展了文学研究的空间。可以说，跨学科研究理论的提出极大地丰富了比较文学的理论建设，成为比较文学学科发展中最强大的内在动力。

二、跨学科研究的理论依据

跨学科研究观念的提出是有其理论支撑和历史缘由的。它主要表现在以下几个方面。

(一)学科发展的综合化要求的结果

纵观人类学科发展的历史，基本上是沿着混生—分化—综合的轨迹向前推进的。在远古时代受生产力发展水平的制约，人类对世界、社会、自然和人自身的认识是经验直观的、混融的、整体性的，此时人类并没有将认识的对象划分成各个学科。但随着生产力的发展和人类认知水平的提高，人们开始对事物进行分门别类的研究，正如恩格斯所说：“把自然界分解为各个部分，把自然界的各种过程和事物分成一定的门类，对有机体的内部按其多种多样的解剖形态进行研究。”②19 世纪以来，学科分化越来越快，越来越精细，形成了许多相互独立的学科领域。然而，科学发展表明，这种人为地将事物切割成各种学科的做法并不利于人们对事物的整体认识和研究。尤其是进入 20 世纪以来，随着科学技术的长足进步，人们开始关注不同学科领域所具有的共同属性，这使交叉学科的研究日益

① ［美］雷马克：《比较文学的定义和功用》，载干永昌等：《比较文学研究译文集》，上海译文出版社 1985 年版，第 208 页。

② ［德］恩格斯：《反杜林论》，人民出版社 1970 年版，第 18 页。

成为现代科学研究中的一种内在要求。学科发展的综合化趋势，为跨学科研究理论的提出提供了历史的条件。

(二)文学的本质特征决定了跨学科研究理论内在本质的合理性

跨学科研究理论的生成是由其研究对象即文学的本质所决定的。就对象而言，文学是比较文学研究的中心，文学的存在状态、本质特点为跨学科研究理论的生成提供了对象依据。从发生学角度讲，在远古时代，由于生产力发展水平极为低下，原始初民的智慧还处在原始思维阶段，面对一个荒蛮、险恶而神秘的世界，他们不可能作出科学的判断，在他们的感觉经验中，世间万物都是统一的、相互有联系的整体。法国人类学家列维-布留尔通过对原始初民的思维特征进行研究，他发现在原始人的意识与存在物或客体的关系中明显存在着"以不同形式和不同程度包含着那个作为集体表象之一部分的人和物之间的'互渗'"。他说："我把这种'原始'思维所特有的支配这些表象的关联和前关联的原则叫做'互渗律'。"①也就是说，在原始人思维的集体表象中，客体、存在物等能够以我们不可思议的方式同时是它们自身，又是其他东西，万事万物都是相互渗透的。这种"互渗律"正好能够说明原始社会阶段文学尚未获得独立自主的学科品格的状况。此时作为原始初民质朴的感觉经验中的形象反映即文学，实际上是与乐、舞、画等艺术形式以及与哲学、宗教、历史等相关学科处于一种混生未分的状态，相互之间联系紧密，很难分离。德国艺术理论家格罗塞指出："每一个原始的抒情诗人，同时也是一个曲调的作者，每一首原始的诗，不仅是诗的作品，也是音乐的作品。"②在中国，《吕氏春秋·古乐》中也有类似的记载："昔葛天氏之乐，三人操牛尾，投足以歌八阕：一曰《载民》，二曰《玄鸟》，三曰《遂草木》，四曰《奋五谷》，五曰《敬天常》，六曰《建帝功》，七曰《依地德》，八曰《总禽兽之极》。"可见，从文学的起源来看，文学与其他学科的互渗和混融是文学固有的本质。虽然随着社会生产力的发展，人类逐渐产生了关涉文学、哲学、宗教、历史、艺术乃至科学等各类活动的社会行为，文学也开始从原始混融体中脱离出来。但我们应该看到，文学始终还带有原始混融体的特质和痕迹，它似乎从没有真正独立过。如文学在本质上始终是一个包罗万象的综合体，只要是人类意识能够驻足的地方，都是文学的描述对象，山川草木、日月星辰、宇宙社会、自然人生、思想情感等无所不包。在中外文学史上，大凡经典名作，其思想内容往往会伸展到许多领域，如巴尔扎克的《人间喜剧》就几乎汇集了法国社会的全部历史。恩格斯认为，他自己"从这里，甚至在经济细节方面(如革命以后动产和不动产的重新分配)所学到的东西，也要比从当时所有职业的历史学家、经济学家和统计学家那里学到的全部东西还要多"③。在中国，一部《三国演义》不仅具有强烈的艺术审美价值，而且其中还包容了极其丰富的其他社会科学的内容，如军事学、历史学、政治学、民俗学、领导科学等。所以，文学的自身特点以及对相关学科知识的包容，是跨学科研究理论生成的本源。

另外，从文学的创作主体来看，作家的综合素质及创造中对多学科的兴趣，也为跨学

① ［法］列维-布留尔：《原始思维》，丁由译，商务印书馆1987年版，第69页。

② ［德］格罗塞：《艺术的起源》，蔡慕晖译，商务印书馆1984年版，第188页。

③ 《马克思恩格斯选集》第4卷，人民出版社1972年版，第463页。

科研究理论的提出提供了对象依据。如在中外文学史上，常常有这样一种情形，许多文学家同时也是艺术家、思想家、哲学家、历史学家和科学家。在我国，东汉文学家张衡，曾以《东京赋》、《西京赋》名噪一时，同时他又悉心研究天文、历法，著《灵宪》等科学著作，并先后发明制作了浑天仪和地动仪，取得了巨大的科学成就。又如我国现代剧作家丁西林，既是文学家，又是物理学家，发表了多部颇有影响的戏剧作品，同时也担任过中央研究院物理所所长。在西方，亚里士多德不仅是古希腊著名的文艺理论家，而且是著名的哲学家、科学家、形式逻辑的奠基人。法国万能学者拉伯雷，不仅是伟大的现实主义作家，写出了传世名作长篇小说《巨人传》，而且在哲学、数学、医学、植物学、动物学、考古学等十几个领域内都有所建树。由于这些古今中外博学多才的作家在他们的创作中对多种学科的喜好，因此，在评价此类作家的作品时，只有采取跨学科研究的方法，才能对这些作家及其作品作出深入、恰当及准确的评价。

(三)“新人文主义精神”为跨学科研究理论提供了广阔的学术前景

“新人文主义精神”产生于20世纪下半叶文化的多元化时代。在一元化与多元化、全球化与本土化的两难困境中，“新人文主义精神”成为解决上述文化危机的有益理论武器。它首先强调要把人当作人看待，反对一切可能使人异化为他物的因素；强调关心他人和社会的幸福，关心人类的未来与发展。它一方面肯定科学为人类带来的便利和舒适，但从人的立场出发，它又对科学可能对人类造成的毁灭性灾难保持高度警惕。它赞赏人类的思想解放和对中心、权威的消解，同时又力图弥补其带来的负面影响。“新人文主义精神”用以达到这些目的的主要途径是将普遍性压缩到最低限度，尽量扩大可以商谈、讨论和宽容的空间，通过人与人之间、科学与人文之间、学科与学科之间、文化与文化之间的沟通和理解，寻求有益于共同生活的最基本的共识。“新人文主义精神”消除文化危机和困境的上述观点及其途径，为跨学科研究理论提供了空前广阔的学术前景。一方面，它以沟通的方式为文学与其他相关学科设立了对话平台，奠定了跨学科研究理论的基础；另一方面，它于差异中求共识的视野，切合了跨学科研究理路，具有重大的理论启示意义。

第二节　跨学科研究理论的研究原则

跨学科研究理论作为比较文学学科理论的重要组成部分，为比较文学学科的发展带来了生机与活力，大大拓展了比较文学的研究视域。然而，跨学科研究理论也给比较文学带来了新的忧虑，即我们在扩大比较文学研究视域时又该怎样在理论上把握跨学科研究领域的限度。美国学者韦斯坦因曾对此提出质疑说：“我以为把研究领域扩展到那么大的程度，无异于耗散掉需要巩固现有领域的力量。因为作为比较学者，我们现有的领域不是不够，而是太大了。我们现在所患的是精神上的恐泛症。”①的确，韦斯坦因的担忧不是没有道理的，在这一开放的研究视域下，的确相对模糊了学科间的界限，从而淡化了比较文学的文学性。为避免这种缺陷，我们必须建立起跨学科研究理论的研究规范和原则，使其既符合开放式的独特品格，又符合文学研究的本质特性。

在上一节中，我们简要介绍了跨学科研究理论的五条学理要点，这是建立跨学科研究

---

① ［美］韦斯坦因：《比较文学与文学理性》，刘象愚译，辽宁人民出版社1987年版，第25页。

原则的立论基础。因为没有对理论要素的基本认识，那么研究原则将无所依傍。反之，如果没有契合理论的研究原则，那么理论也将失去其系统性和独立性。下面从学科性、系统性、整体性、汇通性、文学性五个方面简要阐述跨学科研究理论的研究原则。

一、学科性原则

学科性原则是对跨学科研究对象的规约。雷马克曾对如何才能进行跨学科研究进行了界说，他认为："文学和文学以外一个领域的比较，只有是系统性的时候，只有在把文学以外的领域作为确实独立连贯的学科来加以研究的时候，才能算是'比较文学'。"①这段文字包含两层意思：一是指与文学进行比较的文学以外的领域必须是一个独立、连贯且具有系统性的学科；二是指与文学进行比较的其他学科必须与文学之间具有相关性，也就是说只有能将文学与其他学科进行系统性比较，两者之间具有比较性内质，才可列为比较文学范围。

雷马克所说的第一层意思就是跨学科研究理论的学科性原则。在跨学科研究中，与文学进行比较的领域必须是一个独立的学科，必须是具备系统性的知识体系。也就是说，跨学科研究必须是在学科的理论层面上进行的，非学科对象不可能进入跨学科研究范围，对所有与文学相比较的事物都必须纳入到学科系统理论的高度来进行观察、思考、研究，避免某种牵强的、不对称的比附。

雷马克在上述文字中所表述的第二层意思，即下面要讲的跨学科研究理论的第二个研究原则。

二、系统性原则

系统性原则是对跨学科研究本质的规约。雷马克认为，跨学科研究中某一研究题目的确立主要是要判断不同学科间是否存在着"比较性"②。而这种跨学科的"比较性"是建立在比较研究的"系统性"之上的。也就是说，文学与其他相关学科的比较研究是在系统性之上完成的，在研究中，比较的双方要能构成一个融会贯通的统一系统，有共通的本质和内涵。正是这种共通性构成了跨学科研究的系统性本质。这种共通性是相关学科所原本就共有的，但只有那些慧眼者才能发现和掌握。也可以说，正是那些掌握了多学科知识的人，更容易在跨学科研究中对不同学科进行系统性研究，从而取得可喜的成绩。如我国著名的学者钱钟书先生的《管锥编》一书正是跨学科研究的典范。

三、整体性原则

整体性原则是对跨学科研究中主体内在运思机制的规约。从人类对自然和社会的认识和人类自身思维能力的发展来看，人类走过了一条混生——分化——整合这样的思维发展过程。在远古时期，我们现在称之为分类的学科在那里是混生的。人类以互渗的观念来对

---

① ［美］雷马克：《比较文学的定义和功用》，载张隆溪：《比较文学译文集》，北京大学出版社1982年版，第6页。

② ［美］雷马克：《比较文学的定义和功用》，载张隆溪：《比较文学译文集》，北京大学出版社1982年版，第6页。

待。然后，在人类逐渐走向文明的过程中，这些混生现象开始分化，不同的人类活动开始从混沌一体中脱离出来，逐渐形成了一个个专门的领域。这种精细的分工使人类的思维日益理性化和抽象化，一切事物都是可以分析的。一方面来讲，这种思维方式为人类带来了高度的物质文明和精神文明，但同时我们也要看到，这种对世界分割式的认识，也使人类一步步远离了最初与他们融为一体的自然，割裂了人类置身其中的现实生活。随着人类发展到了后工业社会，"知识爆炸"的震荡，使知识分类更是越来越细，知识更新越来越快，过细的知识分类和学科划分，把人类的整体思维、整体心理、整体知识、整体文化乃至整体社会都切割成了碎片，导致人类观察事物和研究问题的视域日益分散、封闭和狭隘。

面对科学的飞速发展给人类带来的种种挑战，人们开始将目光投射到不同领域所具有的共同属性上，开始注意不同学科之间的交叉关系，自然科学和社会科学开始出现一种整一化的趋势。一方面，人们开始把孤立割裂的门类重新联结在一起，把事物的各部分、各方面、各种因素综合起来考察，力求得出宏观结论。另一方面，世界上各种事物和运动过程不再是杂乱无章的偶然堆积和各自孤立的运动，而是一个合乎规律的，由各个相互联系、相互依存的要素组成的有机整体，这个整体并不等于各个孤立部分的简单总和，事物的某些性质和特点在孤立的个体中是难以显现的，它们只依存于各相互联系的个体所组成的有机整体之中。因此，一种全新的整体性思维方式成为现代科学思维的主要方式。跨学科研究理论正是吸收了这种运思机制，把不同学科都纳入到整体性思维的框架中来，探讨作为整体的研究对象的各个部分、各个方面、各个因素和各个层次之间相互联系和相互制约的关系。例如一部哲理小说，如果从整体性观点来考察，那它就并不是哲学观点、人物形象、典型环境的简单组合，我们必须从整体对局部的制约观点出发，把作品所涉及的哲学、伦理学、社会学、生态环境学等都统一到文学这个整体中来考察，这样才能真正领悟到整个作品的丰富蕴涵和美学价值。

四、汇通性原则

汇通性原则是对跨学科研究方法的规约。它是指在跨学科研究的整体性运思的指导下，采取的将文学与其他相关学科融会贯通的具体方法。法国比较文学研究大师巴尔登斯贝格曾坚决反对将两种不同的研究对象同时看上一眼，就从表面上对其进行东拉西扯的类比。他认为这种牵强附会的类比，不仅有背于比较文学的学理依据，而且毫无价值可言。从严格意义上来讲，跨学科研究很容易陷入这种弊病之中。然而，如果研究主体能采取正确的方法，从汇通走向综合，那么，所谓跨学科研究的弊端是可以克服的。

首先，汇通性原则要求研究主体要在多维透视中追求各学科内在结构体系的融通，即将不同学科间的知识理论纳入自身知识结构中尽其所能地进行咀嚼、消化，在咀嚼、消化中对其进行重组使其体系化，这种咀嚼、消化的过程，就是主体知识结构与对象的系统知识进行对话、阐释、互补、互动的孕化过程，最后生成并提炼出某种能提供综合研究的"可比性"问题。例如，当我们赞叹钱钟书把东西方文化及学术知识在《诗可以怨》与《中国诗与中国画》的文本中汇通得自恰如意之时，我们应该认识到这种汇通首先是在研究者的知识结构内部完成的，是研究者把东西方文化及学术知识在自身的知识结构中咀嚼、消化、汇通后，再通过自身的学术行动将其外化、文本化的。钱钟书自己也曾承认他的研究就是"打通"。

其次，从跨学科研究的内在机制来说，研究主体要想使自己的研究转化为富有价值的成果，在研究上则必须采用综合性研究的方法。所谓综合性方法，就是将文学和与之相比较的学科联系在一起进行综合考察的具体方法。这主要表现在以下几个方面：

(一)进行选题的价值判断

综合性研究不是把文学和与之相比较的学科进行简单的并置和连缀，也不是对个别观点和表层关系进行机械对照和肤浅罗列，而是在差异性基础上把各学科关系中呈现的本质特征、历史渊源、表现方式、社会功能及相互影响等进行综合考察，通过对其他相关学科的系统分析，找到跨学科研究的本质价值之所在，从中得出宏观结论。

(二)进行选题的可行性判断

各学科之间有无可比性，这是衡量跨学科研究能否成立的关键，没有可比性，也就没有跨学科研究。这里提及的可比性，是在方法意义上来使用的，是对一项已完成的研究成果所具效度的检测。如雷马克在《比较文学的定义和功用》一文中举例所示："一篇论莎士比亚戏剧的历史材料来源的论文(除非它的重点放在另一国之上)，就只有把史学和文学作为研究的两极，只有对历史事实或记载及其在文学上的应用进行了系统比较和评价，只有在合理地作出了适用于文学和历史这两种领域的结论之后，才算是'比较文学'。讨论金钱在巴尔扎克的《高老头》中的作用，只有当它主要(而非偶然)探讨一种明确的金融体系或思维意识如何渗进文学作品中时，才具有比较性。"①应注意的是，无论是对一个还未展开研究的命题还是对一个已完成的研究成果进行可比性判断，都不能直接从命题的字面上提取是否有可比性的结论。在字面上满足跨学科研究条件的命题，未必具有比较研究的可比性。

(三)建立理性分析的方法

跨学科研究像其他文学研究一样，是一种融会了艺术思维成分在内的科学研究活动。从科学研究层面上讲，它必须借助于归纳、判断、推理、演绎、分析等逻辑思维的综合合力作用于研究对象，才能达到对研究对象的内在机制以及动态变化规律的认识。由于与文学相比较的学科的本质构成都是复杂而潜在的，属于各个不同的独立系统，其内在机制和规律不可能直接被感知。因此，只有借助分析的力量，才能形成对研究对象的深刻透视，如果没有理性分析，那么综合的结果只能限于对对象表层因素感性直观的认识。例如要洞悉文学与艺术之间的共同性、规律性，就必须将其纳入系统性知识框架，进行汇通性分析研究，才能获得统一深刻的认识。

(四)各学科特定概念、术语的相互借用

在跨学科研究中，各学科内部的专业概念、术语的互置、通用是进行科际整合的重要手段。英国诗人、文学评论家 T. S. 艾略特在《诗的春天》一文中对诗歌与音乐进行了综合考察，他大量借用"节奏"、"交响乐"、"四重奏"等音乐学概念，对经过分析而获得的许多局部认识进行整合，最终综合成极富建设性的理论成果。总之，汇通性研究方法是跨学科研究理论的重要组成部分。

---

① [美]雷马克：《比较文学的定义和功用》，载张隆溪：《比较文学译文集》，北京大学出版社1982年版，第6页。

五、文学性原则

文学性原则是对跨学科研究目的的规约。在跨学科研究中要突出文学的主体性地位，防止在文学与其他学科之间出现平分秋色甚至喧宾夺主的现象。

跨学科研究虽然要涉及各类艺术、宗教、社会科学和自然科学等各个领域的知识与理论，然而，由于比较文学是一门独立的学科，它有自己研究的对象和任务，它始终要以文学研究为中心，突出文学的审美特征，探寻文学自身的价值和规律。因此，跨学科研究作为比较文学理论的一种，也是要以文学研究为其最终目的的。这就要求研究者在进行跨学科研究时，头脑必须思考着文学，目光必须审视着文学，理论结论也必须针对着文学。我们在考察文学与其他相关学科的关系时，无论是在差异中探寻共同性，还是考察其间的相互联系和影响，或是探讨科际间思潮、理论、方法的嬗变情况，都应该围绕文学的本质和规律这个美学中心问题来展开。否则，跨学科研究作为比较文学的一种研究理论就会失去它的价值和意义。

第三节　跨学科研究理论的研究视域

所谓“视域”，有“远景”、“视野”、“视角”、“观点”、“看法”、“展望”、“眼力”等多重含义，可引申为“透视”。当比较文学研究者对文学与其他相关学科进行跨学科研究时，他以自己的学术思考对双方进行内在透视，形成一种宽阔的学术研究视野。根据跨学科研究理论和原则的要求，其研究视域主要涉及与文学相关的、有着独立的自身系统性的其他学科，如哲学、心理学、艺术、宗教、自然科学，等等。本节将主要从学理上介绍几个与文学关系较为密切的领域，即文学与艺术、文学与社会科学、文学与宗教、文学与自然科学。

一、文学与艺术

文学与艺术自原始时代起就已存在天然的姻缘关系。在广义的概念上，文学属于艺术，艺术不仅包括文学，还涵盖音乐、绘画、舞蹈、雕刻、建筑、影视等不同的艺术门类；在狭义的概念上，文学处于与艺术同等的学科地位，研究文学与艺术的关系，就是在狭义上探讨文学与各艺术门类的关系。

如上所述，文学与艺术由其姻缘关系而有着许多交叉共同之处，但它们毕竟分属于不同的学科门类，带有明显的差异性。因此，在文学与艺术的差异性中去寻找共同的“诗心”和“文心”，成为跨学科研究的主要课题。一般来说，进行文学与艺术的比较研究主要沿着形式与内容的关系、影响关系、综合关系三种途径来进行。

在内容与形式的关系上，文学与艺术的差异性主要体现于由表现载体的不同而产生的形式差异。文学以文字为表现载体，音乐以声音和旋律为表现载体，绘画以色彩和线条为表现载体，舞蹈以人体为表现载体等。这些不同载体决定了它们不同的外存形式。但在表现的主题内容、审美价值等方面却有着共同的追求目标，如歌颂人类生命的活力，赞美人世间的真善美，抨击世俗的假丑恶，追求事物的自然和谐等。

在影响关系上，文学与艺术的互相影响主要表现在两个方面：一是题材上的相互借鉴。文学是艺术的题材来源，歌剧、音乐、绘画、电影等艺术门类的许多作品都是由文学作品改编而成的。二是结构、技巧上的相互借鉴。T. S. 艾略特认为，诗人研究音乐会有很多收获，因为音乐当中与诗人最有关系的性质是节奏感和结构感。使用再现主体对于诗像对于音乐一样自然。诗句变化的可能性有点像用不同的几组乐器来发展一个主题，一首诗当中也有转调的各种可能，如交响乐或四重奏当中不同的几个乐章，题材也可以进行各种对位的安排。这一论述精辟地阐明了文学与艺术在结构和技巧上的相互借鉴。

在综合关系上，主要是考察文学与艺术之间相互孕育、相互影响、相互反映的关系。例如在创作实践中，不少作家兼善多种艺术，在创作中或以一门艺术为主旁及他种艺术，或同时进行数种艺术创作，它们相互补充、相互生发、相互渗透而构成一种综合关系。

总之，文学与艺术的比较研究，美国学者玛丽·盖塞作了极富启发性的总结："这种研究以全部艺术为领域，从单个艺术品之间的偶然联系直到整个文化时期文学艺术作品互相渗透的极为复杂的情形，可以有无数值得研究的题目。研究各门艺术的这种方法也绝不是牵强的。严肃的艺术家和批评家都随时意识到，文学与艺术间存在着'天然的姻缘'，而且几乎毫无例外地承认，这种姻缘本身就包含着构成比较分析之基础的对应、影响和互相借鉴。有时候，艺术家本人就意识到自己的主题、布局技巧、形式安排和思想的发展方式其实属于另一门艺术的范畴……"①

二、文学与社会科学

作为社会活动的文学与社会生活的各个方面都有着千丝万缕的联系。人们从事文学活动的动机和目的，接受文学的态度和方式，对于文学的要求和期待，以及文学在社会生活中所发挥的实际作用，并不总是和审美联系在一起并且把审美当作惟一的方式和目的的。事实上，无论是人还是社会，介入文学活动的直接原因更多地来自某种现实需要。文学与社会的这种广泛联系，必然直接或间接地作用于文学活动，从而给文学注入了种种新的成分。

文学与社会科学的关系，按经济基础与上层建筑的关系来考察，一般分为两大层次：一是文学与上层建筑及各种意识形态的关系；二是文学与社会经济基础的关系。它们同处于一个反映社会存在的总的关系网络之中，相互之间的交叉互渗呈现出多重形态。现从下述几个主要领域来加以说明。

文学与哲学的互渗。文学与哲学的互渗主要体现在哲学以其深邃的认识影响文学，文学自觉或不自觉地从哲学那里汲取营养。尽管哲学以高度概括化和抽象化的方式来把握世界，与文学以具体的感性形象来反映人生完全不同，但这并不意味着可以忽略哲学在文学活动中的作用。事实上，哲学作为人类认识世界和自身的一种思维成果，必然会成为文学的思想源泉，它为文学创作方法的选择、文学思潮的兴起，为文学理解人性和感悟人生提供了观念、思想和方法。在文学创作中，一定的创作方法总是建立在一定的哲学观念基础之上的，一定的哲学观念，总是在一定程度上影响作家对文学创作方法的选择。就文学思潮而言，一种哲学思潮的兴起，常常是一种文学思潮的先导；一种新的哲学思潮，也常常

① [美]玛丽·盖塞：《文学与艺术》，载北京师范大学中文系比较文学组：《比较文学研究资料》，北京师范大学出版社1986年版，第495～496页。

成为与此相呼应的文学思潮的核心内容。在文学作品的主题表现方面，一个作家所受的哲学思想的影响，往往关系到他对人性的理解和对人生的感悟，并影响到他作品主题的形成和表现。反过来，以塑造艺术形象为己任，以感性形象来表现生活的文学，也明显地表现出对哲学意味和哲理性的追求。

文学与心理学的互渗。文学与心理学的互渗包括创作和接受两个环节，无论是创作还是接受，两者都是主体的心理活动，这样就在心理层面上，文学与心理学发生了意义关联。文学与心理学交叉互渗，具体体现在心理学对文学的影响上。首先是心理学对文学批评的影响。在文学批评中的心理学批评和神话—原型批评，都大量借用了心理学的相关理论、概念、术语，如“俄狄浦斯情结”、“无意识”、“原型”等。把心理学的理论融入文学批评，不仅为文学批评提供了理论支撑，而且更加彰显了文学批评的科学品格。其次是心理学对文学创作的影响。心理学对文学创作的影响是直接的、显在的，尤以精神分析学对文学的影响最大。弗洛伊德的精神分析理论不仅解释了作家的创作心理动因，而且影响了作家的创作活动。超现实主义、意识流等现代主义文学派别的产生，很大程度上就是受精神分析理论的影响。

三、文学与宗教

文学与宗教的关系远比文学与其他意识形态的关系要复杂得多。尽管文学和宗教分属于人类社会生活中两种不同的意识形态，但在人类文化的发展过程中，它们之间却有着十分密切的联系。

从文学的产生和发展来看，宗教对文学的影响是不可低估的。如果对古希腊和古代东方文学进行一番考察，我们就会发现，宗教对文学体裁的形成有很大影响。在古希腊文学中，许多文学样式和体裁的产生都离不开古老的宗教仪式，如古希腊的悲剧明显与原始祭祀仪式有关。在古埃及，体裁形式是取决于教规的。从主题、题材上讲，文学作品许多主题、题材深受宗教的影响，许多文学作品的主题、题材出自于宗教经典。而且，很多古老的宗教经典，既是一种宗教典籍，又是古老的文学总集，其中包含了各民族大量的古老神话与传说，既是当时人们的精神产品，又是后世文学取之不尽、用之不竭的宝库。在世界文学史上，许多宗教典籍中的故事、人物，被一代又一代的文学家所利用，作为一种原型在后世文学作品中得到体现。

除宗教对于文学产生影响外，宗教与文学还存在着两重关系，即宗教利用文学来为自己服务，而文学中则具有明显的反宗教倾向。这是文学与宗教关系的又一重要方面。宗教要利用文学来扩大它的影响，西方中世纪文学中专门用来宣传宗教教义的教会文学就是一例。文艺复兴之后，随着人的发现和自然的发现，尤其是宗教改革运动的开展，一方面宗教意识作为一种厚重的精神文化积淀，渗透于文学艺术等意识形态的方方面面，对文学作品的思想内容产生着潜移默化的影响；另一方面，随着教会势力的日益反动，大量反教会和反宗教思想的作品层出不穷。在西方文学史上，文学与宗教之间这种互相影响、互相矛盾的事实，一直延续至今。

此外，宗教与文学在本体构成和运思方式上的契合，是文学与宗教关系的更为内在的一个层面。本体构成中的自我意识可以导致文学与宗教关系在主体上的融合。一般来讲，自我意识是宗教意识萌发的必要条件，宗教意识是人类对生存状况的自觉，这是走出动物界的早期人类所没有的。只有在人类发展到一定阶段，形成了自我意识之后才会出现宗教意识。原始宗教尽管以神秘体验以及虚幻、自我异化的形态扭曲地表现着世间万物，但其间始终潜藏着人类的自我意识和人生追求。而人类的这种自我意识也是文学本体构成中的不可或缺的要素，如文学审美活动中的对象化便是突出的表现。而且，在人类渴望认识自我、寻找精神家园方面，文学与宗教也很相似。一位当代德国女作家曾表白，她的作品之所以会出现宗教主题，是因为她认识到，对于人来说，具有一个支撑点、一个立足点很重要，也许这个立足点不需要任何名称。但上帝就是这个中心、这个立足点的一个名称。

在运思方式上，文学与宗教有更多相似之处，最为突出的是宗教的思维方式和传播方式与文学的创作和审美活动极为相似。一是宗教具有幻想、直观、感悟、体验和内省思维能力的特点，强调语言传达神秘经验的方式和技巧。二是宗教为了领悟和传达神秘的宗教意识，形象和情感体验往往成为宗教交流的常用媒介。很明显，宗教的这两种运思方式与文学是非常近似的，两者都建立在幻想和情感体验的基础之上。这些宗教的思维方式不仅在一定程度上促进了文学形象思维能力的发展，而且也可深化文学对艺术思维和语言问题的认识。

四、文学与自然科学

文学与自然科学的关系，涉及文学与数学、物理学、化学、天文学、地理学、生态学以及各种现代高科技领域的关系。文学与自然科学本属于极不相同的知识系统，但是随着现代科学的深入发展，文学与自然科学之间的共同属性以及深层的内在联系正在被逐渐地揭示出来，构成了自然科学与社会科学你中有我、我中有你、相互融汇、相互影响的综合化趋势。马克思曾说过：自然科学将会统括人的科学，正如人的科学也会统摄自然科学，二者将会成为一种科学。的确，许多自然科学的观念、方法和原理正在运用于文学研究中。从整体上说，文学与自然科学的相互联系和影响，主要表现在以下几个方面：①文学和自然科学都致力于改善人类的生存环境和状况(物质文明与精神文明)，以其现实的思想理论成果促进人类文明的发展，推动人类历史的进步。②科学往往是文学表现的主要对象。文学可以打通古今，超越时空，纵横驰骋，反映深广的社会历史内容，而科学是社会发展的主要动力，自然成为文学的主要表现领域，如科学理论与思想、科学发明与创造、科学预设乃至科学本身都已成为文学经常性的表现对象。不仅如此，由于某些文学对科学内容的直接描写，还历史地形成了一种“科幻小说”文体。③科学往往还是文学和文学研究中一些重要理论、观念、方法的来源。如进化论对文学观念变革的影响；科学理论中的信息论、系统论、控制论以及耗散论、突变论、协同论对文学研究方法的影响等。

◎思考题

1. 跨学科研究理论的依据是什么？
2. 跨学科研究理论的研究原则有哪些？如何理解这些原则？
3. 跨学科研究理论主要涵盖哪些领域？简述文学与它们之间的相互关系。

第十章　比较诗学

比较诗学(Comparative poetics)是比较文学学科理论中一个重要的组成部分，它主要指不同国家(民族)和不同文化体系的文学理论之间的比较研究。相对于传统的各民族文艺理论研究而言，比较诗学更关注于一种跨民族、跨文化的文学本质规律的探求，并在这种跨越中阐述不同文学理论各自所具有的特征。

第一节　比较诗学的研究对象和历史发展轨迹

比较诗学一词虽是近30年来才被正式提出和使用的，然而，关于诗学和文艺审美规律的讨论却是由来已久的。本节将重点阐述比较诗学的研究对象和比较诗学研究大致的发展轨迹。

一、比较诗学研究对象

(一)“诗学”一词的基本蕴涵

比较诗学作为一个独立词汇的含义涉及“比较”(comparative)、“诗”(poem)、“诗学”(poetics)等几个相关的概念。分散来看，这几种概念都有自己的独立内涵，但合并为一体，其内在机理就有了新的变化，一些新的学理要素就滋生出来了。而正是这些新的要素使比较诗学具备了自己独立的理论品格。

就指称的范围而言，“比较”指的是从事“比较文学”研究的人所采用的种种研究方式。“诗”指的是人类产生得最早的一种文学体裁，即诗歌，由于那时作为文学的作品在文体和文章类型上都尚未明确分化，尚未取得独立性实体的地位，因此，早期的诗歌也可以泛指所有的文学。以上这两个词从词义上看不会引起太大的歧义。关键是“诗学”一词，由于历史的跨度和跨文化语言与思维方式的差异，从而导致对这一词在理解上产生了较大的差异。“诗学”在西方可追溯到古希腊的亚里士多德，在他的著名《诗学》里，“诗学”成为与伦理学、修辞学、形而上学等具有相同地位的学科，其讨论的问题不仅有关于诗歌本身的种类、功能、性质等一系列理论问题，而且也探讨了文艺模仿、文学与历史的关系、文学的社会功用等关于文学本质的一般性理论问题。显然，亚里士多德的“诗学”并非只指研究诗歌的理论，而是泛指一般的文学理论。因此，他是在“文艺学”这个层面上来使用“诗学”一词的。在《诗学》中，亚里士多德虽主要谈论的是古希腊的悲剧，但他实际上的“研究对象不仅包括戏剧家，而且包括许多其他的作家，首先是荷马”①。因此，他所讨论并得出的结论绝不只限于悲剧理论，而是讨论了所有有关文学本质的问题。由此看来，亚里士多德把他的作品不定名为“悲剧学”是对的。那么，要超越一种文类而上升到对所有文类的本质的讨论，除借用“诗”的概念外，几乎再没有其他可借鉴的词了。而且，在西方，亚里士多德之前还没有人把文学明确区分为各种独立性的类别，是亚里士多德第一个将文学类别在理论上划分为悲剧、喜剧、抒情诗、荷马史诗等。当然，他的这种划分是建立在实际生活中已经存在的事实之上的。由此，亚里士多德用“诗学”来命名他的著作无可厚非。受其影响，西方文艺理论界一直就沿袭了这一传统。如古罗马时代贺拉斯的《诗艺》就广泛涉及文学创作及其技艺的各个方面。文艺复兴时期也产生了大批类似作品。到17世纪古典主义时期，法国布瓦洛的《诗的艺术》也并没有仅仅局限于只研究诗歌。直至20世纪，在西方始终是以“诗学”来泛指一般文学理论。

然而，当比较文学兴起以后，尤其是西方“比较诗学”引进到中国后，西方“诗学”的概念在中国的文化传统中开始产生歧义。在中国，“诗学”一般指《诗经》研究或者是诗歌的创作与技巧研究、诗歌自身的理论研究等，而超越诗歌理论研究范围的、涉及多种文艺本质研究的内容则用“文艺理论”来表述。如清代鲁九皋著的《诗学源流考》、黄节著的《诗学》(1922年)、杨鸿烈著的《中国诗学大纲》(1928年)、范况著的《中国诗学通论》(1930年)等，当代也有黄永武著的《中国诗学》(1976年)、王先霈著的《中国诗学通论》(1994年)，这些作品，书名都是有关“诗学”的研究，但并非西方“诗学”所指的文艺理论的范围，而只是有关诗歌这一种文体的研究。因此，中西文化的差异导致了对“诗学”概念理解上的差异。当比较诗学进入到中国文化语境以后，中国学术界尤其是比较文学界也开始将西方的“诗学”概念与中国的“文艺理论”的概念合在一起来使用。我国著名学者乐黛云在《世界诗学大辞典》序言中说：“现代意义的诗学是指有关文学本身的、在抽象层面展开的理论研究。它与文学批评不同，并不诠释具体作品的成败得失；它与文学史也不同，并不对作品进行历史评价。它所研究的是文学文本的模式和程式，以及文学意义如何通过这些模式和程式而产生。”②可以看出，“诗学”用以指称一般文学理论已为中国学者所接受和认可。

（二）比较诗学的研究对象

当“诗学”一词的内涵定位以后，中国古代文论和现代文论都被纳入到这一范畴里面来了，尤其是中国传统的古代文论一下子被提到了前台。这种由中华民族自创的诗学理论体系是一种“原创性诗学”(originative poetics)，正如美国学者厄尔·迈纳所说的：“其他文化体系中的原创性诗学与亚里士多德的理论一样明确，只是没有亚里士多德的理论那么自成体系罢了。例如中国的《诗大序》(公元前206—公元220年)以及日本纪贯之为《古今集》(约公元910年)所作的序。”③中国古代文论和世界各民族各自独立创造的文艺理论都具有极高的文化价值和学术研究价值，它们之间的关系应成为国际比较诗学研究的最主要的对象。如果说随着世界各民族文化的交流与融合，一种统揽各国文艺理论的世界诗学体

① [美]厄尔·迈纳：《比较诗学》，王宇根、宋伟杰译，中央编译出版社1998年版，第17页。
② 乐黛云、叶朗、倪培耕：《世界诗学大辞典》，春风文艺出版社1993年版，第4页。
③ [美]厄尔·迈纳：《比较诗学》，王宇根、宋伟杰译，中央编译出版社1998年版，第18页。

系能够实现，那么，比较诗学则正是为这个目标而努力。

(三) 比较诗学研究的价值及必要性

由于比较诗学研究是对世界文化的发掘与整理，是为人类未来进一步走向相互理解和融合所作的持续的努力，因此，比较诗学研究具有多方面的价值，显示出极大的必要性。

(1) 对于不同诗学体系的比较研究，可以凸显它们各自的美学特征和理论价值。不同的诗学体系因为脱胎于不同的文化系统，总结的是不同民族的艺术规律和审美规范，它们一经形成，便获得了自身独特的理论构架和理论指向。同时，由于人类的文学艺术实践具有诸多的相通之处，不同的诗学体系之间存在一些可沟通的共同之处。如何才能使这些或同或异之处显现出来呢？那么通过运用比较诗学的理论和方法，对不同的诗学体系乃至不同的文化系统进行具体而深入的比较分析，才能达到这样的目的。

(2) 随着比较诗学的深入发展，人们将能够从中探寻并提升出人类共同的文学规律，从而为建构新的人类共同的诗学体系提供理论基础。虽然文学与其他人类社会文化现象一样，是随着时代的变化而变化的，并不存在亘古不变的文学特征和文学理论，但是我们不能否认，在一定的历史时期，相对稳定的文学特征及人们对此一致的认识还是存在的。基于这样的认识，比较诗学可以通过对分属不同诗学体系的文学理论的相互阐发和相互印证，拓展人们的视域，从而一方面丰富和发展自身的文学理论，另一方面又可形成对文学普遍规律的认同和把握，并最终促进一个新的、更富综合性和适应性的诗学体系的建立。

(3) 比较诗学能拓展文学研究的新领域和新的思维空间。长期以来，在文学理论的研究中，人们往往只局限于在某个特定的诗学体系和传统理论范畴之内进行研究，缺少与其他诗学体系和外来理论的比较与相互借鉴，这显然不符合目前日益全球化的社会现实的需要，这对文学理论的发展和创新无疑是不利的。只有把文学理论的研究置于更加广阔的多元文化背景之中，为研究者提供更为宽广的研究领域，研究才能更深入地开展下去。对于研究者来说，比较诗学可以为其扩大参照的纬度，增添更宏阔的视域、更多的文化向度，使其能改变以往单一的思维模式，避免封闭保守的倾向。

二、比较诗学研究的历史

(一) 西方比较诗学研究的产生及其发展

1. 比较诗学提出的历史条件

自比较文学兴起以后，由于受实证主义和历史主义的学术精神影响，法国学派的比较文学研究者一直坚持认为，比较文学应“相信任何积累起来的事实，希望这些砖可以用于建筑知识的金字塔，相信可以仿照自然科学的模式以因果关系来解释一切”①。他们只强调对于两国文学间影响事实的外部实证研究，排斥任何综合性的美学研究方法。到了20世纪中叶，随着时代精神的演进和美国学派的崛起，法国学者那种只注重外在事实联系的历史研究逐步被关注文学内部美学品格的审美综合研究所代替，比较文学界开始突破了基亚关于“比较文学是文学史的一支”②的界定。这种注重文学的审美研究的主张最早是由美国学者韦勒克在1958年美国的教堂山会议上首次提出来的。他认为，艺术品是一个整

① 张隆溪：《比较文学译文集》，北京大学出版社1982年版，第22页。

② 张隆溪：《比较文学译文集》“编者前言”，北京大学出版社1982年版，第3页。

体，如果把它们分为来源和影响，赋予其生成过程以机械的因果论，就会使艺术品成为零散破碎、互不相干的片断，就会破坏它的完整性与意义。美国学者雷马克也说，我们必须进行综合研究，“除非我们甘愿让文学研究永远处于可憎的支离破碎状态”①。比较文学研究从对事实的考据到对文学内在审美本质的挖掘，显示出比较文学研究开始向文艺理论靠拢。美国学者主要是在强调文学研究不能离开文学性这一点而展开论述的，但是，他们的观点无疑为文艺理论全面进入比较文学打开了大门，正如法国比较文学学者艾金伯勒在其著名的著作《比较不是理由》(1963 年)中所预言的：“历史的探寻和批判的或美学的沉思，这两种方法以为它们自己是势不两立的对头，而事实上，它们必须互相补充；如果能将两者结合起来，比较文学便会不可违拗地被导向比较诗学。”②这是西方学者首次提出比较诗学的概念。实际上，艾金伯勒的“比较诗学”主要是指对不同国家(民族)文学的内在审美本质的比较研究，还不是指对各国已经出现的诗学理论进行平行的比较。但是，潘多拉的魔盒已经打开，各民族有自己的文学，当然就有自己的诗学理论。当比较文学涉及对不同民族的文学进行本质的评判的时候，必然要涉及评判的标准问题。由此，各国自己所拥有的各种诗学理论和观念开始成为比较文学研究进一步发展的关键。由此，各民族不同的文学理论大规模地涌入比较文学研究领域是历史的必然。

2. 比较文学的第二次大论争与西方比较诗学的发展

20 世纪 70 年代以后，随着西方“诗学复兴”大潮的冲击，比较文学也开始在自己的学科内作出了反应，即产生了关于比较文学发展的第二次大论战。以美国的韦勒克、雷马克、奥尔德里奇、韦斯坦因等为首的一批学者曾是 50 年代与法国论战的胜利者，如今在面对文艺理论的冲击面前却显得迟疑、犹豫，甚至公开进行反对。如 1985 年雷马克曾在《比较文学在大学里的处境》中说：“我们遭遇到了对今天的比较文学的第二个大挑战……这第二个大挑战，也就是我们最近的仇人，名叫‘总体文学’或‘文学理论’。”③虽然雷马克是想捍卫比较文学应坚持进行文学审美批评这一宗旨，但诗学理论对比较文学的渗透从本质上讲是绝不会对比较文学造成危害的。他们担心比较文学将会被文学理论所吞噬，其实这种担心是多余的。

比较文学作为一门开放性综合学科，它的自立性和兼容性都是很强的，文艺理论的介入正好给比较文学带来学科发展的新的动力。1982 年，荷兰学者佛克玛在《比较文学和新变化》一文中专门探讨了这个问题，他认为比较文学的研究对象决不限于文本，还应该包括文学信息传递与接受之间的“文学交流情境”和“文学符号系统”等，因此，它与文学理论研究的对象基本上是一致的。近年来比较文学界的理论化倾向反映了比较文学发展的趋势。④ 1985 年，国际比较文学协会在法国巴黎召开了第 11 届大会，在会上虽然就此问题争论得非常激烈，但大会的讨论本身就具有浓厚的理论化色彩，并专门成立了一个“文学理论委员会”，以加强比较文学中文学理论的研究。此后，国际比较文学协会 3 年一度召

① 杨乃乔：《比较文学概论》，北京大学出版社 2002 年版，第 323 页。

② [法]艾金伯勒：《比较不是理由》，载干永昌等：《比较文学研究译文集》，上海译文出版社 1985 年版，第 116 页。

③ [美]雷马克：《比较文学在大学里的处境》，载《中国比较文学》1988 年第 2 期。

④ 陈惇、刘象愚：《比较文学概论》，北京师范大学出版社 2000 年版，第 97 页。

开的历届年会都带有浓厚的文学理论色彩。如第 12 届年会主题是："文学的时间和空间"；第 13 届年会的主题是："欲望与幻想"；第 14 届年会的主题是："多元文化语境中的文学"；第 15 届年会的主题是："作为文化记忆的文学"。

比较文学对文学理论的容纳导致方法论的更新和多元文化标准的冲撞，尤其是 20 世纪 70 年代以后东西比较文学的兴起，不同的文化标准和不同的文学观念体系的相互比较、研究、融会、阐发已成为进行东西文学的比较研究的前提。一些西方有远见的学者已意识到："只有当两大系统的诗歌互相认识、互相关照，一般文学中理论的大争端始可以全面解决。"①荷兰学者佛克玛在 1985 年中国比较文学学会成立大会上也说，中国学者加入到国际比较文学的行列中来，使国际比较文学界"能够集中世界各大洲的学者们的才智进行仔细研究，找出人类行为有价值的模式"②。东方人的价值观与西方人的价值观的确存在很大的差异，如何在两大体系和两种文学观念之间进行交流、沟通、对话，这成为进行中西比较诗学研究的重大课题。在这一方面，美国斯坦福大学教授、美籍华裔学者刘若愚先生就进行过长期的研究、探索。1973 年，他出版了《中国的文学理论》一书，此书可视为第一部中西比较诗学的代表作。作者借用美国学者艾布拉姆斯在《镜与灯》中提出的文艺四要素的理论，对中国传统的古代文论进行了全面的梳理和研究，实际上是将东西两种文化和语言进行了一次艰难而有意义的对话。他自己说：撰写这本书的"第一个也是终极的目的在于通过描述各式各样的源远流长，而基本上是独自发展的中国传统的文学思想中派生出的文学理论，并进一步使它们与源于其它传统的理论的比较成为可能，从而对一个最后可能的普遍的世界性的文学理论的形成有所贡献"③。可以说，中西比较诗学的目的、意义在这里都表达出来了。美国的另一位著名学者、普林斯顿大学比较文学系客座教授厄尔·迈纳更是对东西比较诗学的研究非常执著，1990 年，他出版了《比较诗学》一书，对比较诗学中的各种理论元素及不同文化体系中派生出来的文学理论价值都有非常独到的见解。他认为，亚里士多德从戏剧方面建立了西方的诗学传统，而其他一切具有明晰发展的文学观的著名文化群落都把诗学奠基在抒情诗实践之上。由此他认为，对于这些问题，任何令人满意的论述必定是跨文化的，比较式的④。迈纳在此书的最后向学人提出了比较诗学的最终难题，即文化的价值判断与文化相对主义的问题，从而使比较诗学成为跨入 21 世纪后比较文学学科中最值得人们思考的问题。

（二）中国比较诗学的历史与发展

随着西方比较诗学的兴起，东方诗学尤其是中国诗学的巨大价值日益受到世人的重视，一些西方学者已认识到，如果不考虑中国诗学，西方就不能谈"一般的文学理论"。当然，中国比较文学工作者对中西比较诗学更感兴趣，投入了更大的关注和更多的精力，并取得了卓越的成绩。

20 世纪 70 年代以后，中西比较文学和中西比较诗学研究在我国港、台地区发展非常

① 叶维廉：《寻求跨中西文化的共同文学规律》，北京大学出版社 1986 年版，第 25 页。

② 陈惇、刘象愚：《比较文学概论》，北京师范大学出版社 2000 年版，第 101 页。

③ 陈惇：《比较文学》，高等教育出版社 1997 年版，第 232 页。

④ ［美］厄尔·迈纳：《比较诗学》（中文版前言），王宇根、宋伟杰译，中央编译出版社 1998 年版。

快。1976年，我国台湾学者古添洪、陈慧桦主编出版了台湾第一部比较文学论文集《比较文学的垦拓在台湾》，这部作品中很多文章是采用西方的文学理论和方法来阐发中国文学，开创了跨文化比较诗学的“阐发研究”新方法。与此同时，香港学者李达三也撰文《比较文学研究之新方向》，阐述了这种观点。进入80年代以后，比较诗学在港、台发展得很快，奚密于1982年出版了《隐喻与转喻：中西诗学比较》。从1983年开始，港、台学者更是联手出版了一套《比较文学丛书》11种，由台湾东大图书有限公司陆续出版。这套丛书绝大部分是有关诗学研究的，如叶维廉的《比较诗学》、周英雄的《结构主义与中国文学》、王建元的《雄浑观念：东西美学立场的比较》、古添洪的《记号诗学》、郑树森的《现象学与文学批评》、张汉良的《读者反映理论》等。叶维廉的《比较诗学》是在1983年出版的，他在此作中主张比较诗学要寻求跨文化、跨国家的“共同文学规律”、“共同的美学据点”。在《中西比较文学中模子的应用》一文中，他提出了“文化模子”的理论。他主张在根源处寻求不同诗学之间的异同，寻找“共相”，但又不要死守一个“模子”。他特别反对用西方文论来硬套中国的文论，他认为，这样做会扭曲甚至破坏中国传统文化和中国文论体系。在他的论文集《寻求跨中西文化的共同文学规律》中，他全面地探讨了关于“文化模子”的问题、中西文化共同规律的问题、中西诗歌美感意识的演变与美学汇通问题、文意的派生与交相引发的问题，等等①。叶维廉先生的工作为中西比较诗学研究作出了有益的贡献。

在中国大陆，中西比较诗学的研究应该说远在法国学者艾田伯正式提出比较诗学之前就已经发生了。20世纪初叶，我国近代著名学者王国维于1904年出版了著名的《〈红楼梦〉评论》一书，将西方学者康德、叔本华的哲学观点引入我国的《红楼梦》研究。1908年，他出版了著名的《人间词话》一书，非常明确地将中西文论和中西美学中的一些相关概念和范畴对应起来进行研究，如“造境”与“写境”、“优美”与“宏壮”、“写实的”与“理想的”等，从而试图解决艺术创造的基本问题。其后我国著名的思想家鲁迅先生于1908年出版了《摩罗诗力说》一书，横跨中西，熔中外古今于一炉，不仅对中外诗人进行了横向的比较研究，呼唤社会有更多的摩罗诗人，而且还将中国古代文论的直感性、鉴赏性与西方文论的逻辑性、理论性和体系化特征进行相互阐发，开中西诗学比较研究之先，成为我国比较诗学理论的开山之作。另外，他在《论诗题记》中以睿智的眼光指出：“东则有刘彦和之《文心》，西则有亚里士多德之《诗学》，解析神质，包举洪纤，开源发流，为世楷式。”显示出鲁迅先生早就看到了中国古代诗学在世界上的地位。其后，钱钟书的《谈艺录》、朱光潜的《诗论》、梁宗岱的《诗与真·诗与真二集》、宗白华的《中国艺术意境之诞生》和《中国诗画中所表现的空间意识》等著作相继出版，都具有跨国界、跨文化比较诗学的特点。在中国，从20世纪40年代到70年代，比较文学发展得比较缓慢一点，因此，比较诗学研究也薄弱一些。但70年代以后，在中国大陆的比较文学开始复兴，一个重要的标志就是1979年钱钟书先生《管锥编》的出版。此书是一部典型的比较诗学的理论著作，全书“纵观古今，横察世界，从‘针锋粟颗’之间总结出重要的文学共同规律”，“突破各种学术界限(时间、地域、学科、语言)，打通整个文学领域，以寻求共同的‘诗心’和‘文心’”②。同年，王元化的《文心雕龙创作论》出版。书中对《文心雕龙》作了深入研究，

① 叶维廉：《寻求跨中西文化的共同文学规律》，北京大学出版社1986年版。

② 乐黛云：《比较文学与中国现代文学》，北京大学出版社1987年版，第14页。

其中有不少与西方诗学进行比较的内容。80年代以后，中国比较诗学的研究空前繁荣。前期的研究成果中，张隆溪的《诗无达诂》、王元化的《刘勰的譬喻说与歌德的意蕴说》、周来祥的《东方与西方古典美学理论的比较》、蒋孔阳的《我国古代美学思想与西方美学思想的一些比较研究》、张月超的《中西文论方面几个问题的初步比较研究》、苏丁的《中西方文学批评的心态层次比较》等论文都是这个领域的代表作品。1981年，宗白华出版了他的美学论文集《美学散步》，在学术界产生了很大的影响。该著对诗、书、画、乐的审美感悟与跨学科的综合研究，显示出作者深厚的诗学和美学功底。真正比较系统地对东西诗学进行比较研究的是1988年曹顺庆出版的专著《中西比较诗学》，这是中国大陆学者第一部以"比较诗学"为名的理论著作，全书从艺术的本质、起源、思维、风格、鉴赏五个大的方面进行中西诗学的比较研究，为中国新时期比较诗学的全面、深入的发展奠定了一个基础。其后，乐黛云、王宁主编的《超学科比较文学研究》(1990年)、黄药眠、童庆炳主编的《中西比较诗学体系》(1991年)、狄兆俊的《中英比较诗学》(1992年)、张法的《中西美学与文化精神》(1994年)、周发祥的《西方文论与中国文学》(1997年)、杨乃乔的《悖论与整合》(1998年)、饶芃子等著的《中西比较文艺学》(1999年)、余虹的《中国文论与西方诗学》(1999年)等，都是中西比较诗学的重要著作。乐黛云在跨文化的诗学话语方面进行了深入的探索，杨乃乔、饶芃子和余虹等则从中西文论的本体论、生存价值论以及中西诗学的运思、叙事、抒情、心性、体系和功能诸方面进行了细致而全面的研究。

第二节　比较诗学的理论形态

比较诗学自从作为一种独立的理论观念被正式提出来以后，中外学者在这个领域进行了大量实践和理论上的探索。由于东西方文化的巨大差异，导致了不同民族诗学形态、运思方式和内在机理的巨大差异被强烈地凸显出来。因此，寻求不同诗学之间相互理解的渠道，探索不同民族诗学表象下面人类所共有的对文学本质的思考，进行不同诗学之间的相互阐发，已成为比较诗学理论中非常重要的内容。

比较诗学研究的机理性主要是指比较研究中的一般规律以及在进行不同诗学研究中必须遵循的一些基本原则及其产生的一些独有的特征。

一、可比性原则

进行比较诗学研究，首先要考虑的问题就是不同诗学的可比性问题，它是比较诗学能否成立的首要条件。当有些学者接触到世界不同国家(民族)的诗学体系，尤其当他们碰到古老的东方和中国的古代文论体系时，他们对东西诗学的比较研究产生了怀疑，因为相对西方文论而言，中国古代文论几乎完全是另外一种理论体系，从一系列具体的术语概念，如气韵、意境、风骨、性灵、虚静、神思、滋味等，到整个文论体系的运思与建构，如原道、体性、通变、熔裁、隐秀、养气等，与西方的文论体系差别太大，似乎难以放在一个平台上来进行比较和评判。然而，这种难度是否不可克服呢？中西的不同文思之间是否不可相互释解和兼容呢？对此，我国著名学者钱钟书先生说得非常肯定，他认为："文艺理论的比较研究即所谓比较诗学是一个重要而且大有可为的研究领域，如何把中国传统文论中的术语和西方的术语加以比较和相互阐发，是比较文学的重要任务之一。”①可以肯定，跨文化的比较诗学是可以研究的，它的可比性可从三个方面进行规定。

（一）本体论原则

进行比较诗学的第一步就是进行本体论研究，即研究者必须分别深入到不同的诗学本体中去，从整个的诗学构架、运思方式，到概念、范畴的规定性内质，都必须进行跨文化的思索和了解，一种身份的转换和文化的认同是这种本体论研究的前提。实际上，当你真正了解了不同诗学体系的内在本质的时候，你就会发现，不同的诗学话语之间竟在用不同的语言说着同一种事物或同一种对象。如钱钟书先生在《管锥编》中曾详细考察了中国文论中的“神韵说”，他指出：“神韵说”所讲的无非就是含蓄而不露痕迹，写物状景不要写尽，要留有余地，让观者从所写之景物中看出未写之物来，这实际上是给观者留下思考的空间。他看到，在西方的诗论、画论中，也有这方面的大量论述，他引用了自谢赫以后很多文论家如狄德罗、儒贝尔的观点来说明他们也论述了文艺创作论中这种表现手法的必要性。他引用叔本华的话说：“作文妙处在说而不说，正合古希腊诗人所谓‘半多于全’之理。切忌说尽，法国诗人所谓‘详尽乃使人厌倦之秘诀’。”可见，虽然中外文艺理论家用词与表述有所不同，但是，他们关注的问题和阐述的道理却是非常一致的。因此，坚持本体论原则是比较诗学第一条定律。

（二）系统论原则

按照结构主义和系统论的观点，世界宇宙万物都是处在一个个系统之中的。相对文学而言，诗学理论对系统的依赖性更强，文学主要是要唤起读者的形象性想象，而文艺理论则主要是引导读者的逻辑思考，这种思考的连续和意义的逻辑连接是一个完整意义得以表达的前提，否则，话语再多也无济于事。因此，要真正理解一种文艺思想的内质，比如说要理解亚里士多德《诗学》中的“净化”、“陶冶”之义，就必须要理解亚里士多德《诗学》的整体内涵，要与他所表达的悲剧必须引起观众的“怜悯”与“恐惧”的观念结合起来思考，这样，他的“陶冶”就具有明显的“宣泄”之义。对比之下，中国的古代诗学中，关于文学作品功能的理论论述一直奉行的是孔子的“兴”、“观”、“群”、“怨”论，在这里，孔子虽也考虑到了诗有“泄导人情”、“感发意志”的作用，但绝不能将他提出的四个方面分裂开来孤立地去看，他更多的是考虑“诗”可以帮助人们认识社会和政治的得失（观）；使人们能“群居相切”，和睦共处（群）；能批评执政者为政之失（怨）。而且，他把“兴”、“观”、“群”、“怨”之内涵又全部归结到“迩之事父，远之事君”，即人品道德和忧国达政这两方面。可以看到，中西诗学中虽都有泄导和净化的内容，但从整体上来看，两者相距甚远，西方诗学强调的是个体审美的愉悦，而中国诗学强调的是个人对家庭、社会的责任。

此外，一种诗学体系还必须与整个大的文化系统联系起来进行考察和理解，比如说中国诗学是由儒家诗学、道家诗学和佛教诗学所构成，这样，中国诗学实际上与整个中华文化中的儒家思想、道家思想、佛教思想等多种文化因素都存在着密切的联系。但我们如果只孤立地看中国诗学中刘勰的“原道”而不去考察整个中国诗学中一脉相传的各种构成元素，不去了解中国的儒、道、释的文化传统，那么，我们不可能读懂“原道”。同样的道理，我们如果只孤立地去看西方诗学中柏拉图的“理式”而不考察整个古希腊的文艺思想

① 张隆溪：《钱钟书谈比较文学与“文学比较”》，载《读书》1981年第1期。

和哲学思想的形成与发展，那我们也就无法讲清柏拉图的“理式”内涵。可以说，一种文化系统对滋生于其中的诗学理论是起着支配的作用的。

（三）审美性原则

比较诗学的审美观照与比较文学不一样，比较文学重在对文学内在所固有的文学性的比较研究，比较诗学则是对从这种文学性中所总结出来的规律性特征的比较研究。比如中国诗学用品次、体味来归纳文学的内在美，如南齐钟嵘的《诗品》、唐代司空图的《二十四品》等。司空图说：“愚以为辨于味而后可以言诗。”即他把中国诗学的美学基点落脚在对“味”的感悟上。由此，他进一步探寻如何去辨诗味，他说：“近而不浮，远而不尽，然后可以言韵外之致耳。”他所指的这种“韵外之致”也就是他所说的“象外之象、景外之景”，一种超然物外的致境。他正是依据这种意象而创造出了“思与境偕”的理论观点和“韵味说”的文学整体观，并用一种“比物取象，目击道存”的非思辨性的理论阐释来表达这种诗心。如他列出的24品中有雄浑、冲淡、纤秾、典雅等。在表达“纤秾”的体味时，他这样写道：“采采流水，蓬蓬远春，窈窕深谷，时见美人。碧桃满树，风日水滨，柳荫路曲，流莺比邻。”按我们现在的想法，司空图应该把如何为“纤秾”的道理讲清楚，但他只给了人们一首近乎诗的描述。由此，中国诗学的审美基点可见一斑，它不是理性的推理，而是感性的体悟。而与中国诗学相对应的西方诗学却大相径庭，它们是把审美基点建立在逻各斯（logos）之上的，也就是建立在对一切运动、变化事物的内在规律的理性思考和追求之上。比如古希腊著名哲学家柏拉图在《大希庇阿斯篇》中记载了一段苏格拉底与希庇阿斯关于美的本质的辩论。希庇阿斯从各个角度提出了关于美是什么的看法，而苏格拉底则依靠严格的逻辑思维能力一一加以驳斥。如希庇阿斯（以下简称“希”）说“美就是一位漂亮的小姐”。苏格拉底（以下简称“苏”）反驳说，这种看法是把美和美的东西混为一谈了，也就是混淆了普遍性与特殊性的关系。他认为，具体事物的美是相对的，一个精工制造出的汤罐是美的，但最漂亮的汤罐比起年轻的小姐来也是丑的。因此，不能把美的具体事物当作美本身。希说，一件东西只要镶上黄金它就显得美了。苏反驳说，美不能单从价值和色泽上看，因为雅典娜女神像没有一处用到黄金，却显得非常美。希说，美是有用的。苏反驳说，有用是根据个人的目的来说的，而人的目的有好有坏，有用而用于坏的目的，就不是美而是丑了，因此，不能说有用就是美本身。在这里，一种严格的逻辑推理和充满理性的表达使人们对美的追寻步步深入。克拉德·艾文斯在《解构的策略——德里达和声音的神话》中说：“逻各斯负载着一系列相关的意义……在哲学思想中，逻各斯承担摄取了合理言说与原由论据的意义。在苏格拉底的对话录中，后者是逻各斯的典型阐释。这样逻各斯可以代表理性自身。”①很明显，西方的文学审美基点就是建筑在这种对事物内在合理性的思考与追索之中。在深入寻求不同诗学的美学原点的基础上，比较诗学正是在这两种最深层的美学原点之间所进行的比较研究。虽然这两者从理论形态上看的确具有很大区别，如中国诗学有意把人导向到具体的事物即具象之中去体味美，而西方诗学却尽力要把美的具体事物与美自身分开，即在一种抽象思维中去把握美。但不可否认，这两者之间也存在某种潜在的共同指向，中国诗学所追求的一种和谐、静穆、超然物外的境界，不正与康德阐述的“无目的的合目的性”，叔本华所坚持的美的无利害、超功利的观点相一致吗？

---

① 杨乃乔：《悖文与整合》，文化艺术出版社1998年版，第115～116页。

二、阐发性原则

进行比较诗学研究，首先必须透视其可比性，建立起可比性关系。然后，比较诗学开始进入到理论的相互阐发阶段。它在三个层面上展开。

(一)语言转换原则

语言转换是比较诗学研究最为关键的一个环节。每一种民族语言从历史上考察，它是约定俗成的，从范围上考察，它是一种封闭的内循环系统。然而，随着历史的发展和社会的进步，语言的本质开始发生变化，不同语言之间的交流成为一种语言进一步发展的前提，语言开始从封闭走向开放。

语言是信息与文化的承载者，当两种语言发生碰撞的时候，实际上给了不同传统文化、思想观念、民族意识一种相互接触、猜测、选择、接受的机会。因此，语言的转换实际上是文化与观念的转换。这种转换必须注意几个关键问题：①概念的非对应性。这是指不同民族语言词汇之间的概念是不能完全对应起来的，从最具体的物体到最抽象的观念，完全客观的对译是不可能的。美国学者韦斯坦因曾明确指出："某种特定语言中习用的术语，在另一种语言中往往找不到精确的对等词，真正的同义词就像冬天的蝴蝶那样稀缺。"这是因为任何一个词语都背负着非常沉重的负担，其外延所包含的语义几乎是不可穷尽的，因此，任何语言的翻译都只是类似性词语的选择，这必然导致语言的误读、误译。由此，韦斯坦因说："在翻译中，创造性叛逆几乎是不可避免的。""从文学被接受的角度看，字对字的翻译在任何情况下(特别是在翻译抒情诗时)都不是无懈可击的。"①当然，从现代语言学和阐释学来看，这种概念的非对应性和误读虽是不可避免的，但它是必需的、有益的，它实际上是一个精选和筛选的过程，在这个过程中，各民族文化之精华都被相互吸收。当然，这种误读不能成为对很多类似诗学概念不加辨析地加以等同和混淆使用的口实，尤其是中西诗学体系中存在的很多不同的概念、术语，对其内在本质进行翔实的辨析是非常必要的，也就是说，一定要弄清楚它到底是针对什么问题，它到底要讲述什么问题。把问题弄清楚，概念就不容易混淆了。比如亚里士多德的"诗学"一词，就引起我们很长时间的误读，而中国古代文论中的某些术语如"虚静"、"气韵"等，在西文中是绝对没有对等词的，因此，对西文翻译来说，首先就必须弄清楚这些概念的内涵，才可用一些恰当的词语组合来表达。②语义的重新组合。经过概念的非对应性翻译，实际上每一个词语都可以说被接受者赋予了新的内涵，这种相对已经错位的个别词语在一种新的思维法则的支配下被重新组合起来。这种组合实际上是由理解来牵引的，按海德格尔的"先结构"和伽达默尔的"成见"的观点，任何一种认识和理解都是主观者用自己固有的知识结构、独有的思维模式、已经形成的固有观念去认识和接受外界事物，这样一来，任何一种认识都必然带有认识者的主观因素。当带有这种主观色彩的认识主体循着自己的理解去组合语义时，一种语言不仅在外表上已被另一种语言形式所取代，而且，语言的内涵也随着这种外在形式的取代而成为认识主体的创造物。当然，这种创造还是有一个原文本的文义在制约着。③增、删原则。文本语言转换中还有一个重要现象就是对原文进行增、删。尤其是诗学文本，这种增、删应该说是非常必要的。因为理论的阐述是一种语义场，是靠一

① ［美］韦斯坦因：《比较文学与文学理论》，刘象愚译，辽宁人民出版社1987年版，第36页。

系列语言的逻辑组合而形成一个欲表达出的完整的观点，对这个语义场来说，其中每一句的翻译是否准确并不是关键，关键是整个理论观点要表述得非常准确。正因为如此，为了说清楚一个道理而增加一些文词是常有的事情，同理，删减一些内容也在所难免。另外，由于对理论理解的深浅不同，重点不同，这也必然导致对自己熟悉的问题就多说一些，对自己不太熟悉的问题就少说一点，甚至不太重要的问题干脆删去。这就导致一种诗学文本却有多种译本的现象。

(二)理论的相互渗透

在比较诗学研究过程中，不同诗学观点的真正交汇点不是在文本之中，而是在人的大脑之中。实际上，不同诗学的相互阐释就是理论的相互渗透，就是理论观点的相互契合，而这种交互过程首先是在大脑中进行的，它表现为认识主体用自己的内语言来知解不同的语言文本理论，而这种内语言携带的又是本土文化知识和理论观点。因此，这就涉及一个"双语境遇"问题，即当不同民族诗学相互接触的时候，此时的"双语境遇不是仅仅指在一般的语义层次上进入两种语言世界(即读懂)，而更是指在本体论之语言学层面上把两种诗学的具体问题(范畴、命题)的发生学根源逼显出来"①，让这些滋生了不同诗学话语的历史本源进行相互的渗透和解读。当然，这种渗透既是一种文化的进攻，又是一种文化的屈就，进攻表现为以本土理论观点为主使他者理论服从于我；屈就则表现为以他者理论为主来影响、改造甚至替代自我的理论。一般来看，这两种交互形式基本上是同步进行的。

(三)诗学范畴的对比研究

这是目前比较诗学中最明显、最有价值且进行得最为广泛的研究。这种研究主要是将两种不同诗学中可以建立对比关系的概念、范畴放在平等的位置上来进行比较，实际上是一种平等对话和相互阐发。比如：曹顺庆在《中西比较诗学》一书中，非常具体地将中西诗学中的很多概念、范畴提取出来，从而建立起种种对应性的比较研究关系，如意境与典型、和谐与文采、物感与模仿、文道与理念、神思与想象、风格与文气、风骨与崇高、滋味与美感，等等。这些不同的诗学话语虽各自都带有自己独特的内质，但作者已在中西诗学之间建立了一座座小桥，不同的诗学话语在这里得到相互阐发，一种共同的诗心、文心将在一种平等的对话和比较中得到显现。

要进行中西诗学的对话和对比研究，我们需要遵循以下几个原则：一是无优劣原则。即承认不同诗学都有其内在的价值，相互之间只有语言及形式结构的差异，没有质的区别。比如近百年来，随着中西方政治、经济、文化的落差，中国传统诗学之价值受到了冲击和质疑，在西方文化中心主义的巨大阴影之下，中国古代文论和各种文化思想似乎在世界上消失了，正如某些人所说的，中国近代社会是患了"失语症"。的确，中国近代随着西学的引进和白话文的兴起，使中国现代文明从语言、文化到人的思维活动，都带有西方文化的痕迹，中国近现代文学理论的框架和诗语言说基本上都是以西方诗学范式为蓝本建构的，而与中国传统诗学反而疏远了。这造成了在一般人心目中，中国传统的诗学话语没有多大价值的观念。但是，这种中西诗学的价值差异和优劣观念是不真实的，中国几千年积淀下来的文化宝藏只是在西方文化的压抑下被曲解而遭到了不平等的待遇，随着中西比较诗学的兴起，中国传统诗学价值将得到昭显，一种平等的对话将成为可能。二是"问与

① 杨乃乔：《比较文学概论》，北京大学出版社2002年版，第335～336页。

答”的诠释原则。这是一种不存在任何主客关系的交流，也就是说，“诠释者与文本(传统)之间是互为主体的存在论关系”①。“问”是一种进攻，此时诠释者是主动者，他规定了意义生成的方向。而“答”对诠释者来说是一种屈就，一种认可，此时文本就转换为被动性的一方。常言道，不懂就问，这应该是比较诗学中相互阐释的重要法则。三是价值标准的转换原则。本来各种诗学都有自己的一套价值评判标准，并由此而形成了一整套独具特色的诗学话语，当不同诗学体系、范畴相互接触时，一方的价值标准就会成为另一方的否定因素，此时，标准的惟一性消失了。因此，标准的修改的转换就成为诗学相互阐释的必要前提，否则，标准的对抗将使这种阐释成为不可能。

(四)文学批评中的诗学借用

这是比较诗学中不同诗学的实践性阐发。如借用西方诗学理论来分析中国文学，或者用中国文论来分析西方文学，使在某一个文化中生成的独特诗学话语在另一个文化系统中接受检验，这个过程实际上是一个诗学被实践阐释的过程。当我们借用西方诗学来解析中国文学时，我们已感觉到西方诗学之不足，一种冷静的分析取代了一种审美的追求。然而，如何将中国诗学理论运用到西方的文学实践中去，去解剖和驾驭西方文学，这也是检验和挖掘中国诗学内在功能及其生命价值的重要一步。当然，这种中国古代文论的西用还必须补充一个中间环节，即中国古代文论的现代阐释，它包括诗学体系、话语构成、语言范式、思维方式等都有一个古今转化的过程，即在现代汉语语境中对古代文论进行阐发。一方面是语言的辨析；另一方面是对古代文论的简约表述进行理论上的逻辑梳理，使其条理化、理论化、系统化。这种现代阐释既是对古代文化的一种发掘，也是让中国文论真正走向世界的重要步骤。

三、综合性原则

比较诗学的综合性原则是指这种研究一般在四个相互区别而又相互联系的层面上展开：一为文化层面，二为诗学的本体论层面，三为诗学范畴层面，四为概念术语层面。

文化背景的比较研究主要是对造成不同诗学景观的社会历史生活和政治、经济、宗教、哲学等方面因素的比较研究，实际上是深入到各种诗学赖以生存的历史文化土壤之中，探寻不同诗学得以滋生的历史文化原因。这是一种宏观研究，是比较诗学机理中的外围研究。

诗学的本体论比较研究主要是指对各诗学体系的逻辑起点、诗学话语特征、意义生成的语境、诗学价值的建构等方面的比较探讨，它主要是对诗学本体的本质性因素进行揭示，从比较中找到各民族诗学的本质性特征，而这些特征正是由历史文化的比较研究来加以说明的。

建立中西诗学中对应性的范畴体系是比较诗学中一项重要而艰巨的工程，它需要经过接触、理解、预设、比较、论证、判断等各个环节来进行。其中，预设这个环节非常重要，它是上面两方面比较研究的结果，同时又是进一步比较研究的开始。比如说，欲将中国古代诗学中的“神思”与西方诗学中的“想象”组成一对比较范畴，那么，依据什么来组成这对诗学范畴呢？其相互之间有多大的理论阐发空间？两者是否存在着共同的诗学话

---

① 杨乃乔：《比较文学概论》，北京大学出版社2000年版，第332页。

语？这些都是预设时必须考虑的。

概念术语的比较研究主要是在语言层面上展开。它是对不同诗学中最基本的语言构成单位即一系列基本词汇所进行的语义界定。这种界定是诗学理论进行理解、阐释、比较的基础。在不同诗学比较过程中，没有这种语词概念的界定，一切比较都是不可能的。

第三节　比较诗学的发展前景

比较诗学作为比较文学学科理论中重要的组成部分，已日益受到越来越多的比较文学研究者的关注，它的发展正代表了比较文学日益向理论化发展的趋向，尤其是中西诗学比较研究的迅速发展，使比较诗学更显示出重要的学术价值和诱人的发展前景。这种发展大致体现在如下几个方面。

一是比较诗学研究日益成为不同民族相互了解的桥梁。随着世界多元文化的发展和全球化思潮的迅速崛起，人类日益感到相互交流和相互了解的必要，而比较诗学研究正适应了这种需要。因此，一种更深入、更广泛的理论层面上的比较研究将会持续地发展下去。

二是东西比较诗学在未来的发展中将成为比较诗学研究中最热门的课题。其理由是：①传统的西方中心主义的观念已逐渐为世人所抛弃，西方已有越来越多的人把眼光转向了东方；②东方社会经济的发展非常迅猛，其在世界的地位越来越高，这促使东西比较诗学将成为诗学研究中的主体；③东方各国的诗学传统被逐渐发掘出来，并日益显示出西方诗学中所没有的很多特质，这为东西诗学的比较研究提供了舞台。

在过去，对民族诗学的研究一般采取一种封闭式的态度，关着门进行研究，因此研究视域不开阔。比较诗学为传统的诗学研究扩大了视野，让全世界不同诗学全部放在同一个平台上进行平等对话，这无形之中提高了东方诗学和东方文化的地位。

三是一种世界诗学的展望。比较诗学的目的主要是从不同诗学的对比研究中寻找某些人类共通的诗心、文心，从而在理论观念上获得某种共识。实际上，这种共识正是人类未来共同诗学的基础。在不同民族诗学之间，有同有异，这是客观存在的事实，“同”是人类共同本性的体现，“异”则是民族个性的具体表达，而一种新的世界诗学就是在不断寻找更多的共性，同时又要使这种共性更多地存在于个性之中来完成的。

◎思考题

1. 正确理解比较诗学中关于“诗学”一词在中西方不同语境中的内涵。
2. 试论中西美学审美观的差异。
3. 中西诗学对话需要遵循哪几个原则？

第十一章 比较神话学

比较神话学(Comparative Mythology)亦称神话学，是以神话为研究对象的人文科学。两千多年来世界上许多著名学者和学术流派都很重视对古代神话的搜集、整理和比较研究，相继提出各种神话学理论和研究方法。比较神话学就是在博采众长，广泛汲取神话学派、语言学派、人类学派、历史学派、心理分析学派、结构主义学派等研究成果的基础之上，从宏观的、跨文化、跨学科的角度科学地研究世界各民族的神话与传说，从而形成了一套相对完整的理论体系。本章着重阐释比较神话学的研究对象、范围、主要流派、基本理论及其研究方法。

第一节 比较神话学的研究对象与范围

神话是比较神话学的主要研究对象。在太初时代的东西方各民族都曾产生过优美的神话与传说，如世界上最古老的经典《亡灵书》、《圣经》、《吠陀》及大型民族史诗《荷马史诗》、《罗摩衍那》、《格萨尔王传》等作品中的主要构成元素都是神话。可以说，神话是人类最古老最珍贵的文化遗产，是人类文明发展的源头。众所周知，神话是远古人类解释世界起源、自然现象、社会生活和人生奥秘的形象反映，是远古人类在生产劳动和社会实践中集体创造出来的非现实的形象及其各种生动的故事。但是我们要清楚，这些神话故事决不是原始人类自觉的艺术创作。由于原始社会生产力水平还很低下，科学知识贫乏，人们不能正确认识世界、解释人生，以为日升月降、刮风下雨、生离死别、祸福成败等都是因为有一种超自然的神在起作用，在这样一种神灵观念的支配下，于是远古人类借助想象把某些自然现象和社会现象拟人化或神化，以便与天地万物、异己力量达到和谐统一，乃至战而胜之。正如马克思所言："任何神话都是用想象和借助想象以征服自然力，支配自然力，把自然力加以形象化"，也就是说，神话是通过"幻想用一种不自觉的艺术方式加工过的自然和社会形式本身"①。鲁迅也说："昔之初民，见天地万物，变异不常，其诸现象，又出于人力所能以上，则自造众说以解释之：凡所解释，今谓之神话。"②

① 《马克思恩格斯选集》第2卷，人民出版社1972年版，第113页。

② 鲁迅：《中国小说史略》，人民文学出版社1973年版，第7页。

神话作为人类祖先思想观念和语言艺术的结晶，不管它多么神奇怪诞，都不可避免地蕴含着远古人类各种实际的生活经验与朴实的超自然想象，它具有历史的真实性，既是说明事理的哲学，也是诉诸情感的艺术，还是规范道德的伦理学。例如解释宇宙和人类起源的创世神话、起源神话，就展示了原始初民力图认识客观世界、主宰万物的探索精神，这应该说是人类哲学的萌芽。又如很多歌颂古代英雄和能工巧匠的神话故事，实际上是孕育历史与科学的胚胎。如果说以地母该亚为中心的前奥林匹斯神话，反映了蒙昧时代人类杂婚、相互为食等野蛮情景，那么以宙斯为中心的后奥林匹斯神话，则记录了由母系氏族社会演变为父系氏族社会的发展轨迹，以及父权制时代的社会生活。从神话的表现形式来看，神话同文学艺术的关系更为密切，它不仅直接催生出大量的史诗、戏剧、雕刻、绘画，而且还为各民族作家提供了丰富的艺术素材和创作灵感。

比较神话学的研究对象除了神话，还有民间文学。所谓民间文学，主要是指在民间以口头方式广泛流传的文学，包括神话、传说、民歌、民谣、民间故事、寓言、童话、谚语等各种类型。神话和民间文学有着明显的差异，前者是一种不自觉的艺术加工，后者则逐步成为自觉的艺术创造；前者为无名氏的集体创作，后者大都出自讲述者、传承者的个人手笔。当然两者之间的关系也很紧密。神话作为原始初民集体创作的一种口头文学形式，自然属于民间文学范畴。尤其重要的是，好些民间故事、寓言、童话是从神话脱胎、演化而来的，有时甚至很难说清哪些是神话，哪些是民间文学。所以，中外学者常把它们放在一起进行比较研究。

可以说，比较神话学的研究不仅涉及世界各民族神话之间的相互比较，也涉及与多种学科的关系，如历史、哲学、宗教、法律、科学等，它是在一种多学科范围内的综合研究。

第二节　比较神话学的主要流派与基本理论

神话作为人们关注和研究的对象已有两千余年的历史。古希腊哲学家色诺芬尼(前565—前473年)早就指出，古人是以自身为原型刻画诸神形象的，“埃塞俄比亚人说他们的神皮肤是黑的，鼻子是扁的；色雷斯人说他们的神眼睛是蓝的，头发是红的”。假如动物也能绘画塑像，马会绘出“马形的神像”，狮子将会塑出“狮形的神像”①。历史学家希罗多德(前484—前420年)通过影响研究得出结论：“几乎所有神的名字都是从埃及传入希腊的。”②这些精辟论断尽管富有创见性、科学性，但很零散，尚未形成一门学问。真正的系统的神话研究始于18世纪的欧洲，其代表是意大利的著名学者维柯(1668—1744年)。

一、维柯与他开创的神话学研究

维柯是意大利哲学家、社会学家、历史发展循环论的主要代表，被誉为西方神话哲学的创始人。在其主要论著《新科学》一书中，他把人类社会分成三个历史阶段：“神的时

① 张尚仁：《西方无神论史话》，福建人民出版社1986年版，第21～22页。

② ［古希腊］希罗多德：《历史》第2卷，王以铸译，商务印书馆1959年版，第50页。

代”、“英雄时代”和“人的时代”，大体相当于人生的三个时期：童年时代、青年时代和成年时代。人类社会经历三个阶段以后，回归起点，循环往复。

维柯的神话理论涉及神话的本质、神话与历史的关系、神话的创作主体、创作过程、流传变异的特点等重要问题。维柯认为，神话是人类最早的艺术，起源于宗教和社会生活。神话是人类对外在事物所作的一种力所能及的主观解释，一种“真实而严肃的叙述”，是用“诗性文字”和“诗性词句”写出来的真实历史。关于英雄形象的塑造，他说，初民犹如儿童，不会抽象思维，对外物尚不能构成“类概念”，只好借助形象鲜明的个别事物表现同类事物，如以阿喀琉斯代表一切英雄的勇猛强悍，以奥德修斯表达所有哲人的聪明睿智，以爸爸或叔叔、妈妈或阿姨指代与爸爸、妈妈相类似的人物①。谈到神话流传变异的规律，他说，由于人性相通，也由于存在着某种通行于一切民族的“心头语言”，各民族神话、传说、格言、谚语的表达方式虽有差异，实质意义却又大致相同。维柯正是基于这一点，才能从世界众多的不同表现形态的神话中得出科学的结论。

维柯的神话哲学虽然未对神话的历史沿革作出科学总结，但他是最早对神话进行系统研究的学者，对神话学研究有开创之功，他提出的关于原始人类具有“诗性智慧”的观点直至今天仍然具有极大的影响。自维柯开始，后来的各种神话学理论才逐渐被提出来。

二、浪漫主义神话学派

浪漫主义神话学派主要把神话解释为人对自然的感受的一种表达方法。最初它是在发掘、整理、研究民间文学的基础上形成的。18 世纪中叶，英国出版了托马斯·帕西辑录的《古英诗钩沉》(1765 年)、詹姆斯·麦克弗森编译的《莪相史诗》(1793 年)，引起了许多人对民间文学的极大兴趣。接着，德国学者赫尔德(1744—1803 年)的《民歌集》(1778 年)、约瑟夫·戈莱斯的《德国民间故事书》、阿尔尼姆和布伦塔诺的《男童的神奇号角》、格林兄弟的《格林童话集》陆续面世，掀起了搜集整理民间文学的高潮。赫尔德通过不同民歌民谣的比较研究，提出了“诗歌最初完全是人民的”观点。戈莱斯则把德国故事和其他民族的英雄传奇加以比较，探寻其渊源、题材的演变，开创了“题材史”研究的先河。在《亚洲神话史》一书中，他还提出一切神话起源于东方的论点，明显带有比较神话学的观点。

德国哲学家谢林(1775—1854 年)是浪漫主义神话学派理论的集大成者。他把神话看成介于艺术和自然之间的一种美学现象，并说神话是一切文学艺术的元素和土壤。在他眼里，神话赖以构成的律则是象征。他说，人类思维包括三种形态：归纳(特殊通过一般)、比喻(一般通过特殊)和象征，后者乃是前二者的集合体，其特点是使一般与特殊浑然呈现于特殊之中。所以在神话中，特殊并非一般，却又正是一般。他还深入研讨了东西方各民族神话的异同，明确指出希腊神话富于象征性，印度神话注重比喻，波斯神话则流于程式，而基督教神话的“质料”不是自然，而是历史，特别是见诸历史的奇闻轶事、预言和道德劝诫；在这里，理念世界的象征已不是自然本身，而是人和人的行为；神的人化取代了人的神化，启示的宗教取代了诗情的宗教。他还认为，神话创作一直延续到了今天，几乎所有伟大诗人都在利用其“质料”创作自己的神话，所以他把但丁、莎士比亚、塞万提

---

① 维柯：《新科学》，朱光潜译，商务印书馆 1997 年版，第 452、119 页。

斯、歌德等人的作品称为“永恒的神话”①。如果说维柯主要偏重于研究神话的表现形态，那么谢林则是通过比较来研究神话的功能，通过神话而重新获得对上帝的超自然的统一，他认为这是哲学的任务。

三、语言学派的比较神话学

语言学派指的是受雅科布·格林(1785—1863 年)民间文学和神话学研究影响的一批以德国语言学家为首的学者。他们通过对欧洲各民族语言与印度古梵语的深入细致的比较研究，惊奇地发现了彼此间的亲缘关系，即都属于同一个横跨欧亚两大洲的“印欧语系”。也就是说，印欧各民族的语言有着共同的祖先，那就是雅利安语。根据这一重大发现，他们认为印欧民族既然拥有共同的祖先、共同的语言，势必存在共同的生活习俗和精神文化形态。经过认真搜求、仔细考证、反复辨析，他们证实了自己的推断，形成了“印欧原始共同神话”的重要理论。例如较早利用语言学来研究神话的弗郎士·波伯，他认为印度的天神帝奥斯(梵语 Diaush Pitar)，与希腊的众神之父宙斯(希腊语 Zeus Pater)、罗马的主神朱比特(拉丁语 Jupiter)、北欧的战神提尔(条德尼语 Tyr)等如果从语言上来考察应该是同一的，这些神表面看来互不相干，仔细考证便会发现，它们同出一源，乃是同一词根的不同变体。这种研究方法为解读梳理神话的发展脉络提供了思路。

语言学派中最主要的代表是著名的德国语言学家、比较神话学家麦克斯·缪勒(1823—1900 年)，他在 1856 年出版了学术专著《比较神话学》，系统地研究了神话和民间文学，引起学界高度重视，被视为“划时代的”事件，已显示出他运用语言学来研究神话的倾向。缪勒认为，神话的产生是和语言的发展密切相关的。在该书中，他把人类语言的进化大体分成四个阶段。第一阶段：根词和语法形态的形成时期，这个阶段人类语言刚刚起步，因而相当漫长。第二阶段：方言时期，这时原始共同语逐渐分化成几个较大的基本语系，如阿非罗—亚细亚语系(闪含语系)、印欧语系、突厥语系。第三阶段：神话时期，印欧各民族的共同神话就是在此时产生并流传下来的。第四阶段：民族语言时期，这时印欧语系(雅利安语系)再次分化，形成梵语、日耳曼语、凯尔特语、希腊语、拉丁语等各种民族语言。缪勒之所以把第三阶段称为神话时期，是因为那时神话世界观主宰一切，印欧各民族及其语言尚未进一步分化，而雅利安共同语中的每一个词在某种意义上都是一则神话。他说：“在创造神话的那个时代，每个词，无论是名词还是动词，都有充分的原生功用，每个词都是笨重和复杂的，它们的内涵非常丰富，远远超出它们应说的东西。所以我们对神话学中的千奇百怪，只能理解为会话的自然成长过程。在我们的谈话里是东方破晓，朝阳升起，古代诗人却只能这样想和这样说：太阳爱着黎明，拥抱着黎明。在我们看来是日落，在古人看来却是太阳老了，衰竭或死了。在我们面前太阳升起是一种现象，在他们眼里却是黑夜生了一个光辉明亮的孩子；而在春天，他们会真的以为太阳(或天)和大地热烈地拥抱在一起，并把巨大的财宝滋润于自然的怀抱中。”②基于同一雅利安语系的观点，缪勒由此发现了一种运用语言的考证来阐释神话内涵的方法和途径。他发现，古希腊有一个没有多大意义的神名雅典尼，而这一词正是梵文里的 Ahana，意为“曙”。由此他断言，

---

① 梁工：《比较文学概观》，河南大学出版社 2000 年版，第 178 页。

② [德]麦克斯·缪勒：《比较神话学》，金泽译，上海文艺出版社 1989 年版，第 6 页。

古希腊神话中的雅典尼都可以解释为有关“曙”的神话。通过对神话的比较研究，缪勒提出了“太阳神话说”这一种重要理论。缪勒认为，原始初民把自然分成两半：一半是黑暗的、冰冷的，象征严冬、衰老和死亡；另一半是光明的、温暖的，象征春天、欢乐和生命。因为两个部分的相互交替更迭完全取决于太阳的活动，所以一切在自然现象的基础上产生的神话都是“太阳神话”。如果用这种理论解释俄狄浦斯神话，那么俄狄浦斯就是太阳，他战胜斯芬克斯就是太阳击败雷雨，他的母亲伊俄卡斯忒则是黎明，他与母亲结合乃是太阳拥抱黎明，他刺瞎自己的双眼表明太阳又被乌云和黑暗吞没。这一观点受到当时和后世一些学者的批评。

缪勒还将神话的成因归结为语言的障碍，并提出著名的“语言疾病说”。在他看来，原始初民的意识中没有抽象的概念，语言都是具象的，都是具体的事物，如天、地、山、河、日、月、雷、电、白昼、黑夜等，这样，在表述某一现象时，容易进行简单的拼凑，丧失了某些中间环节。另外，由此也容易造成语义的混淆，形成一词多义、多词同义和隐喻不明的多种状况，而神话则正是由于这种混淆和语言疾病造成的。例如原始人类可能用一个词来表达手(hand)和光(ray)这样两个事物，也就是说，手与光混用，而当这个字又经常与“金光闪闪的”(golden)连用来表示太阳(sun)时，这样一来，“闪着金光的太阳”(sun with his golden rays)很可能被解释为“长着金手的太阳”(golden - handed sun)，这样一来，神话形象自然而然就产生了。如德语和梵语神话中说：天神因陀罗(Indra)的手掉了，换了一只金手。在这里，手很可能是光的混用，因为因陀罗就是创造太阳、天宇和朝霞的天神，他的眼睛就是太阳，他和希腊神话中的阿波罗(Apollo)一样是光的化身。希腊神话中有一个故事讲，太阳神阿波罗爱上了神女达佛涅(Daphne)，达佛涅为了摆脱他的追求，在父亲的帮助下变成了一棵月桂树。阿波罗无奈，只好将其枝叶编成花冠，以寄托自己的情思。其实，这个故事在神话时代只是人们经常讲的一句话：“发光者(Helios)追逐燃烧者(Dahanā)”或“太阳追逐黎明”。因为希腊语中的Helios(赫利俄斯)本意是“发光者”，它像Apollo一样都是太阳的别称，经常混用。梵语中的Dahanā表示“燃烧者”，实际上是雅利安语中表示“黎明”的名称，因为黎明时分可以看到火红的朝霞。希腊语中的Daphne显然是从Dahanā变来的，后来慢慢失去了“燃烧者”的意思，用来指一种易燃的桂树。于是，起初的Helios追逐Dahanā，慢慢变成了Apollo追逐Dahanā，最后又变成了Apollo追逐Daphne。也就是说，随着语言的发展变化，很多中间环节被人遗忘了，“发光者追逐燃烧者”这样一个简单的意思就演变成了太阳神追求女神，而女神变成桂树的神话。缪勒运用类似方法比较研究印度的《吠陀》和希腊神话，发现了许多可以证明这一演变的旁证。① 所以他认为要想追寻神话的真正含义，必须从语言比较研究入手，搞清它在雅利安共同语中的原始意义。

神话语言学派借助于对原始词义的考辨探讨印欧语系共同神话的由来及其原貌，取得了可喜的成就。但是仅从语言的角度来解释神话的成因，忽略社会因素和人文因素的作用，未免存在着简单化、绝对化的弊端。而且，即使在雅利安语系内能相互说明神话的本义，那么，一旦超出了这个语系，如对东亚人、澳洲人、南太平洋群岛人、非洲布须曼人、美洲土著印第安人等民族的神话，这种理论就很难得出科学的结论。由此，这派的观

① 陈惇、刘象愚：《比较文学概论》，北京师范大学出版社2000年版，第164~165页。

点遭到了各方面的批评。

四、人类学派的比较神话学

人类学派的创始人是英国文化史家、民族志学家爱德华·泰勒(1832—1917 年)。他对原始宗教和文化作了全面探究，据他推断，神话和宗教蒙生的时间远比缪勒的揣测还早。他在《原始文化》(1871 年)中说，神话蒙生之际，人类尚处于野蛮状态，但能运用理性解释自身之外的自然和人类事物。他们笃信人类既有灵体，那么万物皆有“灵性”，人和万物一样都由神灵司掌，由此，他提出了“万物有灵论”说。在他看来，原始思维并没有将死亡与熟睡区分开来。死亡不过是灵魂暂时离开肉体，犹如做梦一般。脱离躯体的灵魂既有欲望，又有需求，还能潜入人体，对人实施保护，由此产生了亡灵崇拜。古人将这种万物有灵的观念移至自然界，于是出现了河流崇拜、林木崇拜、动物崇拜等。他认为原始人面对生老病死以及其他异常现象必定有所思悟、有所解释，由于“万物有灵论”观点的支配，一切神话便由此诞生了。

人类学派的代表人物还有安德鲁·朗(1844—1912 年)和詹姆斯·弗雷泽(1854～1941 年)等。安德鲁·朗是英国著名的民俗学家、历史学家和希腊学家。他对比较神话学的重要贡献是创立了人类学派的民俗学理论。在《习俗与神话》(1884 年)、《神话、仪典与宗教》(1887 年)、《现代神话学：对缪勒教授的答辩》(1897 年)等著作中，他发展了泰勒的观点，并驳斥了缪勒的理论。他说自己曾在北美的印第安人、北欧的爱斯基摩人以及其他非雅利安语系民族中找到了一些神话，经过比较研究，发现它们与希腊神话有许多相似之处。按照缪勒的说法，希腊神话产生于雅利安语发展过程中的“疾病”，那么非雅利安种族中类似希腊神话的故事是怎样产生的呢？难道雅利安语系患过的“疾病”传染了别的语种吗？显然，只从语言方面考察是不够的，还应从别的角度找出合理的解释。在他看来，造就神话的主要原因并非语言的“疾病”，而是初民的原始宗教、信仰、习俗和仪式，因为不同民族的古代宗教、信仰、习俗、仪式的比较研究已经证明，上古初民有着许多共同心态，能触发类似的想象，以致分属于不同语系的种族能够创造出相似的神话故事。经过反复比较研究，他把原始初民的共同心态分为五种：一是万物同一、物我同一的观念。即认为人与万物都有同样的生命、情感和语言。这种观点实际上是泰勒的“万物有灵论”。二是笃信巫术和符咒。即认为酋长、巫师、术士能以法术和咒语使万物发生变化。三是相信鬼魂和精灵。以为它们能够长生不死，随意转化变形，隐匿或依附在任何人或物体上。四是好奇。即具有浓厚的好奇心，渴望对未知世界做出种种解释。神话就是这种想象的产物。五是轻信。初民犹如儿童不仅好奇，而且易于轻信，满足于任何解答，而那些解答正是他们自己制造的体现初民宗教、信仰、习俗和仪式的神话故事。

弗雷泽是英国宗教史家、民族志学家，长期从事原始宗教和神话研究，重要著述有《金枝》(1890—1915 年)、《图腾崇拜与外婚制》(1910 年)等。他的最大贡献在于创立了图腾崇拜和交感巫术理论，为理解诸多早期文化现象提供了一把钥匙。在他看来，原始初民深信人与动植物或无生物有一定的血缘关系，便将它们作为自己部落的始祖加以崇拜。这就是“图腾崇拜”。好些神话中的人兽易形、人兽通婚，均与此密切相关。他在素有人类学百科全书之称的《金枝》中指出：人类思维方式的一般进程是从巫术到宗教，最后到科学。远古时代的初民崇拜巫术和巫师，相信巫术中有一种神奇的力量，可以控制自然，能够使人生子、使天降雨、使庄稼丰收、使战争获胜。这类巫术信仰和巫术活动先于宗教而存在。后来，当人们一旦发现这种巫术并不能奏效时，便转而信奉更有能力的神灵。于是宗教日兴，逐步取代巫术。宗教的心理基础是承认并畏惧超自然力量，认为人要想达到自身的目的，必须取悦这种力量。等到神灵信仰衰微之际，才有真正的科学出现。但弗雷泽不同于泰勒，他认为神话并不是对周围世界的阐释，而是日趋湮没的仪礼的模塑品，进而提出"仪典先于神话"的观点，并在《金枝》中予以探考。这对研究宗教与神话的起源及其特点影响很大，成为仪典论的开端。

人类学派以巫术、宗教、仪式、习俗和心理为主要依据来解释不同民族神话的类似现象，从而把语言学派所关心的自然神话扩大到社会生活的层面上(即泰勒所说的"文化神话")。他们强调研究现代尚未开化的土著民族神话的重要性，同时开辟了在世界性大范围中进行神话比较研究的道路。但他们只注重不同民族神话的共性，对各民族神话的个性论述不足。

五、历史地理学派的神话比较研究

历史地理学派因其从历史地理的层面来解读神话和民间文学而得名。该派理论是由芬兰学者提出来的，因而又称芬兰学派，主要代表有卡尔·科隆和安蒂·阿尔奈。

科隆根据父亲老科隆对史诗《英雄国》的研究方法，把流传在民间的《聪明狐狸的故事》的异文按照内容和流传的年代、地域加以排列比较，发现这个故事有许多类型：傻熊类型是从德国北部传到挪威、瑞典，尔后再传到芬兰；笨狼类型是从北欧其他国家传入的。科隆通过芬兰民间故事的深入研究发现，国产的民间故事并不多，绝大多数是从俄国和瑞典引进的。这样一来，他的比较研究跨越民族界限，走向了欧洲。正是这种大范围的综合比较探析，使他得出下列很有意义的结论：第一，民间故事的国际性在于它有共同的基本思想和情节，情节的发展大同小异；第二，要想找出最原始的讲述形式，必须把一个故事的各种异文放在一起比照；第三，有文字记录的异文，应按历史的原则分类；第四，只有掌握一个故事的全部异文，才能在比较研究中得出正确结论。

阿尔奈是科隆的学生，他在《故事类型指南》一书中，运用老师的原则创造出一套十分精细的民间文学类型的分类方法。他的分类方法大体上是先按语言分，给个符号，再来区分国家，给个符号，最后加上故事的顺序号码。如GF4，表示这个故事是芬兰的第四个此类德语故事，倘若这个故事又从芬兰传到挪威，那就再加一个N，表示这个故事是在挪威发现的。他还比较分析了大量的民间故事，归纳出三个大类：一是动物故事；二是普通民间故事；三是笑话。每个大类又可分为若干亚类。比如动物故事，又可分成野生动物、野生动物和家畜、人和野生动物、禽类和鱼类几个小类。如果研究需要，还可细分。但阿尔奈的分类索引局限在北欧诸国，尚未涵盖整个世界，因此，美国著名民俗学家斯蒂思·汤普森以此为基础作了大量的增补修订工作。他把阿尔奈的三大类扩充为五大类，增补了"程式故事"和"未分类故事"两类，并把原来的504个类型增加到2 499个。这个新的类型索引虽不完善，没有包括亚、非、拉、美地区的民间故事，但它收录了欧洲、西亚、北美许多国家和地区的民间故事资料，成为各国民间文学研究者必备的工具书之一①。

---

① 陈惇、刘象愚：《比较文学概论》，北京师范大学出版社2000年版，第169～170页。

历史地理学派开创的比较分类法在民俗学和整个文化史的研究中都有不可磨灭的功绩，遗憾的是它只注重故事的情节类型，很少从社会、习俗、文化背景等层面来探讨民间文学的生成过程，忽略了作品的审美评价。

六、心理分析学派的神话比较研究

心理分析学派的奠基人是奥地利医生、心理学家弗洛伊德（1856—1939年）。在《梦的解析》（1900年）、《图腾与禁忌》（1913年）、《精神分析引论》（1915—1917年）等著作中，他把人的心理结构分为三个层面：上层为意识（超我），中层为前意识（自我），底层为无意识（本我）。他认为无意识（包括前意识和潜意识）在人的精神活动中占有最重要的位置，而无意识的核心则是性欲和本能（即人体内部的需要和冲动）。据他看来，人的性欲望肇始于童年，性心理的最初对象是自身，可以称为“自恋”或“自我性欲”，后来转为“他恋”，男孩的对象为其生母（生父被视为“情敌”），女孩的对象为其生父（生母被视为“情敌”），这便构成每个人皆具有的幼年“情结”，即“俄狄浦斯情结”或“厄勒克特拉情结”。文艺创作就是被压抑的性欲的无意识的升华过程，作家的欲望在现实中无法得到满足，便把复杂的内在心理活动转化为一种社会所允许的形式表达出来，这就是文学产生的根源。按照弗氏学说，俄狄浦斯的神话、哈姆雷特的悲剧反映的是恋母妒父的心理，而厄勒克特拉故事则表达了恋父妒母的愿望；克洛诺斯反叛乌剌诺斯，宙斯反叛克洛诺斯，都是受了情欲的驱使，潜在目的乃是追逐各自的母亲（该亚和瑞亚）。谈到图腾崇拜的寓意和族外婚制度的由来时，弗洛伊德宣称，被杀的图腾兽本是逆子们所食父亲的代替者，诸兄弟因弑亲的罪愆而悔过，于是禁止族内通婚，以避免弑亲乱伦。他还推论，人类早期文明的诞生均与“俄狄浦斯情结”相关。由于乱伦和弑亲遭到禁止，道德规范随之萌生；由于对弑亲罪行有了悔悟之心，宗教和神话得以出现。他认为，原始人具有一种“思想全能”的倾向，而一切神话的产生皆有赖于这种思维方式的存在。与这种观点相近的是一位法国学者列维-布留尔（1857—1937年），他在《原始思维》（1910年）一书中认为，原始人类的一切活动都是在一种“集体表象”的支配下进行的，这使他们具有一种“原逻辑思维”的能力，正是借助这种能力，世界各民族才产生出如此丰富多彩的神话故事。

瑞士精神病学家、分析心理学家荣格（1875—1961年）是心理分析学派的又一重要代表，主要著作有《精神分析论》（1915年）、《心理学与宗教》（1938年）、《神话学科学文集》（1949年）等。荣格师承弗洛伊德，但在许多方面修正并超越了他的老师。针对弗氏的个人无意识理论，荣格提出了集体无意识学说。弗氏认为无意识是个人的后天的受压抑被遗忘的心理因素。荣格却说，无意识中除了“个人无意识”，还有“集体无意识”。集体无意识（又称种族记忆）不是个别的后天的经验，而是某个民族普遍共有的一种先天的心理倾向。它是一种民族心理的积淀，并以一种“原型”的形式在人类的文化生活中反复表现出来。按照荣格的理论，集体无意识通常由以下各种原型（archetype）体现出来，比如创世、造人、洪水、死亡、再生、魔鬼、人神婚配、英雄探险、寻找父亲，等等。这些原型又称“原始模型”或“民族雏形”，是人类深层心理活动中的集体无意识，是本能的表现、“经验的集结”，也是先天“固有的直觉形式”、“领悟的典型模式”。它们保存在古代神话和宗教观念中，有时也会自发地呈现于个人梦幻中。它们的存在为文学艺术提供了基本的创作母题。原型具有特殊的活力，可以“唤起一种比我们自己的声音更强的声音”。伟大的艺术品之所以感人，就在于它能借助古老的原型呼喊出千万人的心声，影响整个民族和时代。

荣格的原型理论经过加拿大学者弗莱（1912—1991 年）的继承发展，形成了一种神话批评理论，即“原型批评”。弗莱在《批评的解剖》（1957 年）、《伟大的代码》（1982 年）等经典论著中指出，神话就是原型，它是文学中能够独立交际的结构单位，就像语言中的词汇；它是意象、主题、人物，它在不同作品中反复出现，并具有约定性的语义联想；原型体现着文学传统的力量，能把彼此孤立的作品联结起来，使文学成为一种社会交际的特殊形态；原型的根源既是社会心理的，又是历史文化的；它能把文学与生活连为一体，是二者相互作用的媒介。既然文学是一个植根于原始文化的有机整体，那么，对文学原型的探求就会追溯到远古宗教仪式和神话传说中去。由此他断言，文学是移位的神话。世界上的文学作品固然千差万别，但串连它们的原型和叙述范式却又相对集中。弗莱从纷繁复杂的文学现象中概括出四种基本叙述模式——喜剧式、传奇式、悲剧式和讽刺式，称它们分别对应着四类神话原型和大自然的四个季节：喜剧对应清晨和春天，讲述英雄的诞生或复活；传奇对应正午和夏天，展示英雄的成长和胜利；悲剧对应黄昏和秋天，叹息英雄的失败和衰微；讽刺对应黑夜和冬天，描写英雄的殉难和死亡。这四类叙述模式恰如日出日落或四季更迭，构成一个圆形的循环轨道①。严冬过后是春天，讽刺文学将预示神话的出现和英雄的诞生。

心理分析学派，尤其是原型理论把各种文学现象（如文体、题材、主题、人物乃至意象、结构）置于宏观的文化系统中作整体透视，力求从神话原型中发现其深层奥秘，挖掘作者本人无意识或不自觉地表达出来的东西，为文学研究提供了新途径。这种注重从总体，从相互联系中考察、观照研究对象的批评方法，有助于更好地把握文学作品，探索文学发展演变的规律。但它过分强调无意识和文化传统，视艺术家为古代原型借以显现的被动媒介，将丰富多彩的艺术品纳入某些原型模式，不利于把握复杂的文学现象。而弗洛伊德的“升华说”和“泛性论”则在解析文学作品时更带有主观片面性的色彩。例如，他们常用“泛性论”中的象征理论来研究文学，如在“杰克和大豆秆”的故事中，杰克顺着大豆秆爬上天堂、获得财富的情节竟被解释成手淫，因为大豆秆被认为是男性生殖器的象征。

七、结构主义学派的神话比较研究

结构主义神话学研究主要是指 20 世纪 60 年代以法国哲学家、人类学家、结构主义神话学家列维-施特劳斯（1908—　年）为代表的神话学研究。结构主义发端于瑞士语言学家索绪尔（1857—1913 年）的结构主义语言学理论，他把语言的研究从历时态研究变为共时态研究，第一次揭示出语言内在的结构性功能。随后结构主义观念很快波及到哲学及各类社会科学、自然科学之中，对人类的思想观念产生了极大的影响。早在 20 年代，前苏联民间文学研究者普罗普（1895—1970 年）就率先运用结构主义方法解析神话和民间文学，他在《俄国童话形态学》（1928 年）中探讨了俄罗斯民间故事的结构模式。据他发现，俄国童话的内容和形式尽管多种多样，但每个故事都由六种人物组成：英雄、英雄的对手、假英雄、英雄的助手、英雄的恋人、恋人的父亲。它们的功能比较稳定，大致包括 7 大类

① 梁工：《比较文学概观》，河南大学出版社 2000 年版，第 183 页。

31 种功能。[①] 普罗普的研究为后来的民间文学和神话学研究奠定了一个坚实的基础。

到了 20 世纪五、六十年代，法国学者列维-施特劳斯则运用结构主义理论对神话进行了全面的研究，他著有《结构人类学》(1958 年)、《野性的思维》(1962 年)、《神话学》(1964—1971 年)等一系列著作。他认为，如果把大家熟悉的童话和神话汇编起来，那将卷帙浩繁。但是如果我们从众多的人物性格中抽象出一些基本的功能，那么我们就可以把这些神话故事缩减为一小部分简单的类型。他还指出，神话是按某些规则建构的，它的意义并不体现在个别要素上，而是表现于总体的结构方式，神话所展示的各种叙述范型，不论其赖以形成的地理、民族、社会状况如何，总有某些共同的逻辑结构。他举例说，有这样一串数字：1、2、4、7、8、2、3、4、6、8、1、4、5、7、8、1、2、5、7、3、4、5、6、8，表面看来没有什么规律，倘若按照从小到大的顺序排列，并把相同的数字放在一个纵向栏内，其特点便一目了然。他用这种方法解读俄狄浦斯神话，把这则神话中的很多基本情节分解为一些基本的单元，他称之为“神话元”，然后将这些“神话元”按情节的性质进行纵向排列，这样就打破了原有故事的结构顺序，把不同人所做的事情、所具有的特点都按其性质归为不同的类型。例如列维-施特劳斯将卡德摩斯寻找被宙斯劫走的妹妹欧罗巴这一情节视为一个“神话元”，并与另一个“神话元”俄狄浦斯娶其母伊俄卡斯忒的情节排在一栏纵向表格中，把卡德摩斯杀龙与俄狄浦斯杀斯芬克斯两个情节排在另一栏纵向表格中，从而他得出：第一栏实质是象征人类的血亲乱伦的主题，暗示人是血缘关系的产物。而后一栏杀妖魔的情节主要暗示出人类对自己来源于大地的反叛，因为所杀的妖魔都是土生土长的。通过这样对多种“神话元”的重新编排，列维-施特劳斯得出一个结论：俄狄浦斯神话主要表达了原始先民对自身起源的困惑与矛盾，人到底是来源于土地还是来源于男女婚媾。为解决这种矛盾，原始先民将这些对立的观点同时并置于神话之中，以求矛盾的缓解。

运用结构主义的方法来研究神话和民间文学，在 20 世纪上半叶产生出很多著名的学者，如美国著名的神话与民俗学家克莱德·克拉克霍恩从全世界的 6 大文化区产生的大量神话中发现了很多共同的主题和神话类型，如洪水神话、创世神话、英雄斩妖除魔神话、同胞相残神话、兄妹乱伦神话，等等。而且，每一类神话还可以再分为若干个类别。总之，结构主义神话学研究的是神话的内在结构和功能，通过比较世界各民族大量的神话故事来破译密码，寻觅远古神话中所隐藏着的奥秘。

当然，结构主义神话研究往往只注重文本的内在结构、情节与功能、人物与角色的关系，忽略作品的思想艺术价值，这样推导出来的结论往往有些牵强，难以让人完全相信。但它毕竟提供了文学研究的新方法、新思路，有利于我们探索一切文学作品深层结构中隐含的重要意义。

比较神话学在西方呈现出多姿多彩的状况。在中国比较神话学和民间文学的研究中也取得了很大成绩，如茅盾的《神话研究》，鲁迅的《神话与传说》，闻一多的《神话与诗》、《伏羲考》，钟敬文的《钟敬文民间文学论集》，袁珂的《中国神话传说》、《袁珂神话论集》，冯天瑜的《上古神话纵横谈》，何新的《诸神的起源》，肖兵的《中国文化的精英》，叶舒宪的《中国神话哲学》以及谢选骏的《神话与民族精神》等，这些研究将为中国神话学研究的进一步发展奠定了一个基础。

---

① 陈惇、刘象愚：《比较文学概论》，北京师范大学出版社 2000 年版，第 176 页。

第三节　比较神话学的研究方法与范例

从上述我们介绍的比较神话学主要学派的理论观点来看，比较神话学的研究方法很多。但不管从哪个角度(语言、习俗、礼仪抑或心理、地理、结构)切入，都离不开历史比较的研究方法，都是在跨民族、跨语言、跨文化的范围内进行全面的系统的对比分析和综合归纳，进而得出自己的结论。一般来说，比较神话学在研究方法上特别强调历史比较的方法，也就是把神话和民间文学放在人类发展的历史长河中，放在世界文化的大背景中，既作历时的纵向比较研究，又作共时的横向比较研究。另外，它还主张综合运用语言学、人类学、考古学、心理学等各个学科的研究方法，甚至采用图表、统计等自然科学的方法来研究神话。正如我国著名的民间文学研究专家钟敬文先生所言："对民间文学的研究，除了从文艺学(特殊文艺学)的观点或角度外，还必须运用其他人文科学的观点或角度，即采取民族学(或民族史)、民俗学、语言学、社会学、考古学、原始文化史以及民族心理学等的观点或角度去研究。"①

我国著名的学者闻一多先生的《伏羲考》就是一篇典型的比较神话学专论。从研究范围看，此文涵盖了湘西、广西、云南、贵州、西康诸少数民族以及台湾、越南、印度等地的洪水遗民故事；从研究方法看，则采用了多种观点与角度，在考证伏羲女娲既是兄妹又是夫妻时，他利用了人类学和考古学的材料与观点；在论及伏羲女娲人首蛇身与龙图腾崇拜问题时，又运用了历史的、宗教的、文化史的材料和观点，并将华夏和几个夷狄民族的图腾作了比较研究；在谈到洪水遗民和再造人类的神话时，也运用了比较研究的方法；在考证伏羲女娲就是葫芦时，则采用了比较语言学的方法；与此同时，他还运用了图表、统计的研究方法②。由于作者综合了各家的观点和方法，推导出一系列重要结论，这篇文章至今仍为神话学研究中的典范之作。

日本学者伊藤清司(1924—2007年)的《中国古代典籍与民间故事》也是一篇著名的比较神话学论文，它以流传在中国各地的"难题求婚"型民间故事为例，探寻中国古代典籍与民间故事的关系。作者经过广泛搜集、认真考证、深入研究后认为，中国的"难题求婚"型故事可以分为两类：一类是权贵为了霸占他人妻女而向该人或其父出难题，如《百鸟羽衣》、《救白蛇》和《善良的拔卫》等；另一类是姑娘或其父向求婚的小伙子出难题，在这类故事中，姑娘本人出的难题往往交给三个求婚者去做，最后只有一个求婚者做完难题，并与姑娘结婚。其父出的难题常常交给一个人去做，而且相当棘手，甚至有生命危险。在傈僳族的《鲍鱼的故事》、佤族的《阿那和龙女的故事》、纳西族的《人类迁徙记》中，为求婚者出的难题都与刀耕火种有关，比如在短时间内开垦一片荒地，种上小米，而后收割回来，数出粒数，体现了山地百姓的生活、思想与表达方式。在蒙古族故事中出的难题则与射箭、赛马、摔跤有关，显示了草原人民的思想与表达习惯。流传在山东省的《春旺和九仙姑》中的难题是要除掉已经成为妖精的虱子、臭虫、蝎子和毒蛇，并用竹篮子给宽阔无比的花圃浇水，这些难题极富幻想色彩，普通百姓恐怕很难想象出来，体现了

① 钟敬文：《钟敬文民间文学论集·自序》，上海文艺出版社1982年版，第9页。

② 闻一多：《闻一多全集》第1卷，上海三联书店1982年版。

古代神话和民间文学情节离奇、故事性强的特点。有些难题则是以杀害为目的的“死亡考验”，如云南苗族《天鹅姑娘》里的岳父一边命令阿根上山开荒种地，一边四面放火，企图将他烧死。《人类迁徙记》中也有这类难题，天神眼看丽恩轻而易举地解决了好几个难题，于是又让他到山上猎取山羊，到河里捕鱼，意在将他踢下悬崖或者推入水中。

据伊藤清司看来，难题求婚型故事中有关农业的难题，反映了劳动婚的习俗。因为姑娘一旦出嫁，女方家就失去了一个劳动力，女婿必须帮助岳父劳动一段时间，以作为补偿；至于那些拔来龙的胡须、挤来虎的乳汁、降妖除怪之类异想天开的难题，则是一种确定求婚者有无求婚资格的审查方式，也就是考查求婚者的劳动技能、聪明才智及其胆量；威胁求婚者肉体与生命的难题，相当于未开化部族社会中在成人仪式上对适龄青年所进行的考验。如果我们把出难题的姑娘之父放到部族长老的位置上，就会发现所谓“死亡考验”乃是以获得结婚资格为前提的成人仪式考验的反映，目的在于测试他们的勇气与耐力。

在文章中，作者还把尧舜禅让传说与中日难题求婚故事作了对比解析，发现它们的情节结构与主要因素极其相似。他说，两者的主人公都是贫穷的小伙子，其对象多为天女或超自然的存在（传说中的尧是人帝，而神话中称他为天帝。既是天帝，其女自然就是天女）；难题求婚型故事中的难题通常只有三个，舜也受了三次生死考验：修理粮仓时险些被火烧死，打井的时候差点被活埋，餐桌上几乎被人灌醉身亡；他能够化险为夷，全靠女性救助。不同的是，难题求婚型故事虽有先成婚、后上天界接受考验、再正式结婚的，但出难题的往往是女方父亲，而这个传说中陷害舜的却是他的父亲瞽叟，以及同父异母的弟弟象。伊藤清司认为，这个情节令人费解。据他推断，焚廪、填井、醉酒虽是父亲、弟弟所为，但其主谋很可能是尧帝，因为他想考察舜是否具备政治领袖的能力与素质，以便将来禅让王位。至于三次陷害均发生在尧帝已经确认舜的品德，并且把他看作接班人，还将两个女儿嫁给他做妻子以后，这种不合情理的情节安排，如果不是流传过程中造成的变异与混乱，便是儒家学者所为，目的在于宣传封建统治阶级的孝悌道德。作者最后得出结论：“中国古代典籍一般被认为是关于政治思想、哲学的书籍，或是关于历史的书籍。而在这样的中国古代典籍中也还存在着不少本质上与民间故事相通的记载。因此要对中国古代典籍作这方面的研究，那人民口头流传下来的故事必然是不可缺少的材料。”①

◎思考题

1. 为什么说神话是人类文明发展的源头？
2. 简述麦克斯·缪勒的比较神话学理论。
3. 为什么弗莱认为文学是移位的神话？
4. 试论比较神话学的几种主要方法。

① ［日］伊藤清司：《中国古代典籍与民间故事》，载叶舒宪：《神话—原型批评》，陕西师范大学出版社1987年版，第435页。

下编
比较文学实践

第十二章　中西诗歌比较研究

第一节　中西诗歌产生的历史文化土壤

一、中西诗歌产生与发展的轨迹

(一)中国诗歌的产生与流变

诗歌是最早出世的文学，它是伴随着人类文明的产生而出现的。生产劳动是人类生存与社会发展的重要的实践活动，劳动创造了人本身，创造了文明，也孕育了诗歌。在劳动中产生的有节奏、有律感的声音，能协调人们的动作，能激发人的劳动热情，充分发挥人的内在潜力，这些劳动中的相互呼叫及喊号子的声音，很可能就是诗歌的最原始的形态。《淮南子·道应训》里记载的“今天举大木者，前呼‘邪许’后亦应之，此举重劝力之歌也”就是对原始的“劳动号子”即“民间口头诗歌”的记录。《吴越春秋》中的《弹歌》“断竹、续竹。飞土，逐宍!”是一首远古的猎歌，记述了原始人类简单的劳动过程，这首歌两字一句，句句押韵，一句一音节，有一定的节奏与律感，可算是原始二言诗。高尔基曾说：“这种艺术之所以产生，是因为人类渴望用最容易记牢的言语形式，即用二言诗、‘俗话’、‘俚谚’和古代的劳动口号等的形式来组织劳动经验。”①

春秋战国时期的《诗经》和《楚辞》标志着中国诗歌的真正诞生，成为了诗歌发展的源头，并确立了诗歌在中国文学史上的主体地位。《诗经》具有整齐的四言句式、重章叠句、套语结构与隔句用韵等特点，其中的四言体诗无论是在句法结构上，还是在节奏的抑扬顿挫上，抑或是在韵律的优美均衡上都是中国诗体发展史上最简单、最完整的常用体式，它奠定了中国古代诗歌发展的基本方向，滋润着后世中国诗歌的不断成长。《楚辞》是继《诗经》后的一种新兴诗体——骚体诗的代表，形式特征上多以六言句为主，出现了大量的五、七言句与三字尾节奏，体制灵活多变，“兮”从句末移至句中，便于自由抒情。与《诗经》相比，《楚辞》扩展了句法，延长了篇幅，使诗歌有散文化的趋向，对汉赋的形成发展产生很大的影响。同时，《楚辞》中五、七言诗句雏形的显现，促进了诗歌由四言向五、七言的转化。

---

① ［俄］高尔基：《文学论文选》，孟昌、曹葆华译，人民文学出版社1958年版，第412页。

五言诗兴起于汉初，发展至汉乐府，而最终成熟、完善于《古诗十九首》。汉代乐府诗歌形式上多为叙事诗，韵律节奏变化多样，不讲平仄，音节自然和谐，富有音乐性。《古诗十九首》顺应诗歌发展的趋势，全面吸收和总结了前代五言诗艺术形式之所长，使五言诗在表现手法、艺术形式、语言特质等方面达到了前所未有的高度。刘勰称其"实五言之冠冕"①，钟嵘评其"文温以丽，意悲而远，惊心动魄，可谓几乎一字千金"②。这充分说明了《古诗十九首》在中国诗歌发展中的作用。七言诗与五言诗产生时间大致相同，但远不如五言诗成熟及对后世的影响远大。究其原因，有人认为四言简质、句短而调未舒。七言浮靡、文繁而声易杂；有人认为五言诗借助了音乐的力量而得以传播，而七言歌谣在汉代时未曾有一首被采入乐府。

魏晋南北朝时期，是中国诗歌由古体至律体的转变期。魏晋先出现了平仄谐调、韵式和谐的律句，南北朝时七言诗纷纷登上诗坛，这些诗形式多变，用韵自由，有的较多运用对偶句式，使诗歌更具外在形态美和内在韵律美。在此基础上，沈约、刘勰提出了"律句相联"的原则，诗歌声律理论与"四声八病"说，形成了以"永明体"为代表的新体诗，永明诗体的出现则为古体非格律诗向近体格律诗变化的先声，预示了诗歌体式的根本性变革。

唐朝是中国诗歌的鼎盛期，明朝诗论家胡应麟曾描述过唐诗盛况："甚矣！诗之盛于唐也！其体，则三、四、五言，六、七、杂言，乐府、歌行，近体、绝句，靡弗备矣。其格，则高卑、远近、浓淡、浅深、巨细、精粗、巧拙、强弱，靡弗具矣。其调，则飘逸、浑雄、沉深、博大、绮丽、幽闲、新奇、猥琐，靡弗诣矣。其人，则帝王、将相、朝士、布衣、童子、妇人、缁流、羽客，靡弗预矣。"③

这一时期，五七言律诗、排律、绝句等新格式得到广泛的实践。这些近体诗虽各有其形式特征，但总体而言，表现为专押平声韵，字数严格限制，中间两联必须对仗，十分讲究声调排列组合方式。另外，各体式在押韵、节奏、平仄上多有不同限制，唐代近体诗使诗歌最终格律化，进一步确定了五、七言诗型，丰富了诗歌的表现领域与艺术功能，大大提高了其文学地位。

宋元时期，中国古代词与曲的发展到了顶峰。词与曲在艺术形式上均达到了完美与完善，词曲作为广义的诗，与音乐具有密切关系，显示出与诗不同的表达形态。从词的产生、发展和功用看，它具有鲜明的双重性：文学性与音乐性。尽管其实质是诗，但它与音乐联系紧密，又在形式上具有一些自身的特点。如：词有调名且分片(阕)，句式一般为长短句，字音讲究审音选用，用韵严格等。曲是由词衍变而成，均为配曲而歌唱的文辞，但它们本为两种不同的文学体式，各有其特点。如：词中的字数、句数不能增减，而曲中加衬字、加句子是常见现象；曲不分片，类似词的单调形态；平仄用韵不同(词韵主要是依诗韵而来，曲韵只有平、上、去三声，入声分派于三声之中)；曲的语言较词来说更加口语化、通俗化、白描化，等等。

中国古典诗词盛于唐宋，之后，日趋衰微。"明代诗歌在小说与戏剧齐头并进的夹缝中顽强地求生存，也在自身较量中艰难地求发展，出现了一批文学社团与流派，偶露风

---

① (梁)刘勰：《文心雕龙·明诗》。

② (梁)钟嵘：《诗品》。

③ (明)胡应麟：《诗薮·外编》。

采。清诗终于从元、明的低谷中冲出来，踏上了复兴之路；词也经历了从潮落到潮涨的变迁，重铸了宋以后掩熄了数世纪的辉煌。”①但终究没有超越唐宋时期。

中国现当代新诗，即自1919年“五四”新文化运动开始产生、发展、成熟的以白话形式创作为主体的自由体诗，完成了中国诗歌由旧体诗向新体诗的转化。中国现当代自由诗虽有一定的节奏，但不要求音节对称，也无章可循；押韵自由灵活，有的诗根本就不押韵；诗节无任何框架，句式可长可短，停顿自由，有的诗歌省去标点或用分行表停顿，或将标点用于句子等。总之，中国现当代新诗广泛地吸收、融化古今中外的优秀创作成果，许多诗人逐渐显露出自己的艺术个性，从不同方面体现了新时期诗歌的继承性与时代性。

(二)西方诗歌的产生与流变

希腊诗歌事实上是一切诗歌的先行者，它对后世欧洲的各种文学体裁具有源头性的意义。古希腊史诗时代出现了《伊利亚特》与《奥德赛》两大史诗，接着抒情诗时代出现了源于民歌的笛歌与琴歌，古典时期以诗体悲剧、喜剧著称，希腊化时代则是牧歌盛行。古罗马诗歌直接继承并模仿古希腊诗歌但风格接近希腊化时代，有诗体神话、文人史诗、哲理长诗、个人抒情诗等多种形式出现。

中世纪的近千年时间都是由基督教文化笼罩的，正如恩格斯所说：“中世纪只知道一种意识形态，即宗教和神学”，欧洲人处于“基督教中世纪的长期冬眠中”②。因此，中世纪的文化大多打上宗教的烙印，宗教因素对诗歌在思维、认知、情感诸方面产生了很大的影响，导致了教会文学的产生。其时，异教文化、世俗文化也同样存在，诗歌种类除了有宗教诗歌之外，还有英雄史诗、骑士诗歌、法国普罗旺斯抒情诗歌等。

中世纪的艺术是沉了的夜色，文艺复兴的艺术是初吐的曙光。文艺复兴时期的造型艺术、戏剧、小说都取得了辉煌的成就，但诗歌相对来说，并不突出，但毕竟对后世欧洲的诗歌影响不小。诗人们一方面从古希腊罗马抒情诗中吸取营养，另一方面继承中古骑士抒情诗的遗风，使一些诗体形式逐渐发展完善，如彼特拉克的十四行诗就成就辉煌，他用十四行诗表现心灵情感，表达自由火热的爱恋之情，进一步拓展了诗歌的表现领域。

文艺复兴末期，政治上新兴资产阶级力量与君主专制相对平衡，宗教上清教主义反情感，强调节制；哲学上笛卡儿理性主义强调法则、规范，轻情感重理念，这些使得17世纪的文艺创作显示出显著的特点：尊重古典，崇尚理性，讲究共性和规则，忽视独创性、个性、天才、想象，忽视情感、激情等。因此，在新古典主义时代，抒情诗甚至叙事诗无法生存与发展，而说理诗、讽刺诗、寓言诗与颂诗等诗体则大为繁荣。

浪漫主义诗歌强调艺术的创造性，特别重视情感与想象，反对新古典主义诗歌的清规戒律与理性主义，又从中古文化中寻找灵感。这一时期的抒情诗的创作达到鼎盛期，即使是叙事诗、诗剧也把抒情性作为首要因素，并采用夸张、放大等手法，以一种铺张和神秘之美去打破新古典主义诗歌的平衡、匀称与静穆的美学观念。浪漫主义诗歌惯于运用华丽的词藻和丰富的比喻，以华丽的词句掩盖抽象的内容，格律也比较舒展、自由，但往往流于矫揉造作。

---

① 马承五：《诗歌论要》，华中师范大学出版社2000年版，第155页。

② 《马克思恩格斯选集》第4卷，人民出版社1972年版，第231、220页。

20世纪诗歌发展呈多元化趋势，总的趋势是反对浪漫主义诗歌过分强调情感的宣泄，要求摆脱强烈的主观性，而逐渐趋向客观化。唯美主义诗歌要求艺术应客观化，力求达到“无我”境界，认为诗歌是具有独立审美价值的本体，特别重视诗歌形式，对诗歌形式作了空前规模的试验与创新，为20世纪现代派诗歌的产生与发展奠定了基础。20世纪诗歌由于受哲学的非理性思想的影响，诗学上强调主体性，强调主客体契合，形式上重借鉴与创新，多采用暗示式、隐喻式或结构式等手法。

二、中西社会文化特征对诗歌产生与发展的影响

诗歌以高度集中的艺术概括，丰富的艺术想象，精粹、凝练的语言，将社会生活中的事件、人物与诗人的特定感受和情绪融为一体，通过浓烈的情感抒发，集中、概括地反映社会本质。事实上中西诗歌都是用语言塑造人物形象、表达人类情感、反映社会生活的，这是中西诗歌的共性。但诗歌作为一种文学形式，却又植根于各自特定的社会文化土壤之中，中西不同的社会历史背景、宗教、哲学观及语言特征等对各自诗歌的产生和发展起了决定性的影响。

(一)社会历史背景的影响

中国是一个历史悠久的农业大国。中华民族的发源地——黄河中下游地区，土地肥沃，灌溉便利，有利于发展农业生产，中国历代人民都是靠优越便利的农业生产环境，勤劳耕作，自给自足。加之中国的地理环境相对隔绝，高山、沙漠、海洋成了天然屏障，这在交通不便、信息不通的古代不利于开展对外贸易。因此，中国历代统治者都奉行以农为本、重农抑商的政策，形成中国社会独立的、封闭的农业经济。

与农业社会相适应的，是在中国周代建立的兼备政权统治与血亲道德制约的双重功能的宗法制度。“君君臣臣，父父子子”的宗法观念禁锢着人们的思想和行为，巨大的宗法关系网把人们束缚在土地上，进一步强化了中国古代社会经济的农业性。在农业型的经济和宗法制的政治所形成的封闭保守体系中，人们每天日出而作，日落而息，面对的是小桥流水人家，向往的是稳定和安宁，追求的是天伦之乐和人与自然的和谐。他们以耕读传家自豪，以穷兵黩武为戒，所谓“若使天下兼相爱，国与国不相攻，家与家不相乱，盗贼无有，君臣父子皆能孝慈，若此则天下治”①。这便是中国古代农业社会圣贤和庶民百姓的理想，这种农业社会的传统也导致了中西方民族性格相异之处。有论者说，西洋民族以战争为本位，东洋民族以安息为本位，以家族为本位，宗法制度造成了种种弊端②。也有人说西洋文明是动的文明，东洋文明是静的文明③。正是这种“安息”与“静”，使中国人惯于在安贫乐道中追求一种宁静、和谐与向往和平的国民精神。这种民族特性不利于叙事诗的产生而有利于抒情短诗的产生。纵观中国诗歌的发展，不论是写忧国忧民的言志诗，还是写自然美景的田园山水诗，总要把自己的情感幻化于有形的山水之中，追求道家、佛家的“无”和“空”，诗人的情感、哀乐、喜怒、情爱都淡化在自然山水的规律之中。在表达的“度上”，往往注重“中庸”、“中和”、“含蓄”之美。

---

① 孙诒让：《墨子间诂》，载《诸子集成》卷4，中华书局1954年版，第63页。

② 陈独秀：《东西民族根本思想之差异》，载《新青年》1915年第1卷第4号。

③ 杜亚泉：《静的文明与动的文明》，载《东方杂志》1916年第13卷第10号。

古希腊是西方文明的源头，希腊半岛和爱琴海地区多是贫瘠的山地，极大地限制了农业生产的发展。但古希腊有许多天然良港，海上资源较为丰富，古希腊人很早就从事海上贸易，他们有着强烈的开拓与进攻欲望，除了商品交换，还进行海上掠夺与海外殖民，使得希腊文明呈现出明显的海洋性，从而也就决定了西方社会经济的商业性基础。

古希腊的海上冒险经历为文学创作提供了大量的素材，所以西方最早的诗歌是叙事史诗。在很长的一段时间内，叙事史诗在欧洲诗歌史中占主导地位，成为诗歌中的最重要的体裁。这种充满冒险传统的海上经历还影响了西方文论中模仿说的出现。

西方商业性社会也造就了西方人以自我为中心，追求个人主义，崇尚个人奋斗与享乐，敢于冒险与战斗的精神。荷马史诗中的许多英雄的价值体现在他们的智慧、勇气和毅力上，而不是体现在个性的完美以及对君主的忠诚上，西方诗人正是通过作品中冒险、传奇的情节来展示战争与民族在流动、迁徙过程中文化的撞击与冲突。在欧洲中世纪，欧亚大陆的诸多民族彼此间的文化撞击和绵延不断的战争，为史诗的发生提供了现实基础和大量的素材，社会的变更与民族迁徙给史诗的繁荣创造了有利的条件，由此，催生出中世纪一大批英雄史诗，如《尼伯龙根之歌》、《罗兰之歌》、《熙德之歌》、《伊戈尔远征记》等。其实，中国古代的北方游牧民族也经常南下侵袭定居的汉人，东南沿海也常有倭寇侵扰，加之，汉民族内部诸侯割据，致使中国古代战乱频繁，数次出现“天下大乱”的局面，同时也就涌现过一些抵御、抗击外族侵略的帝王将相、民族英雄，如赵武灵王、卫青、霍去病、岳飞、戚继光、郑成功等，他们的题材本是创作史诗的绝好题材，却只被如实地收入一些史书之中，没有人加以搜集、整理、加工、创作成史诗型的作品，这与中国以农民为主体的汉族“重实际而黜玄想”的民族性格有很大关系。正是中国人重现世生活不爱作抽象、理性的玄思的务实精神，抑制了好奇心、想象力与创造精神，也不利于诗人把富有传奇性的历史事件和人物加以想象与再创造，而形成有神话色彩的史诗作品。

（二）宗教、哲学的影响

1．宗教对中西诗歌的影响

在文学的产生和发展过程中，宗教曾起过重要的作用，某些文学体裁的形成，与宗教更有着直接的关系。古代东方的诗歌，古希腊的戏剧，其最初根源都与宗教仪式有关。①基督教对西方诗歌的影响与道教、佛教对中国古典诗歌的影响是中西诗歌研究中一个不可忽视的问题。

《圣经》是基督教的最重要的典籍，它对西方文学的影响难以估量，有人说：一部《圣经》就是理解西方文学乃至西方文化的“巨大的密码”。千百年来，它不仅为后世作家与诗人提供了大量的人物原型和素材，也为他们提供了丰富的思想。中世纪的相当一部分宗教诗歌（宗教训喻诗和赞美诗），几乎全是《圣经》故事的演绎或圣徒的行迹，即便是民间创作的诗歌，也不同程度地受到宗教的感染，带有或多或少的宗教气息。中世纪后期的英雄史诗虽然属于氏族社会晚期各族人民的口头创作，但其中仍打下了基督教的烙印。《贝奥武甫》中存在着上帝、天堂等观点，这表明它在流传中已受到基督教思想的影响。《罗兰之歌》中的查理大帝军中有随军牧师，而每当他占领一座城，除了抢掠财富之外，就是“将城里不肯改信基督的人全部杀光”。《尼伯龙根之歌》也表现了人们上教堂做弥撒的情

① 陈惇、刘象愚：《比较文学概论》，北京师范大学出版社2000年版，第275页。

形，这些史诗记录了当时基督教对人们的影响。

中世纪后，诗人采用《圣经》故事为素材进行创作的情况极为普遍。但丁的长篇叙事诗《神曲》的内容“首先表现为在梦幻的世界中建构了一个融会着古希腊、罗马神灵意识的形象化的宗教体系”①。作品中关于惩罚、赎罪、来世等观念，无不来自《圣经》的影响，即使是关于地狱、炼狱、天堂的具体描写，固然主要来自作者的想象，但没有《圣经》和神学的启示也是不可能的；弥尔顿的长诗《失乐园》、《复乐园》和《力士参孙》都以圣经故事为题材，带着明显的清教思想；玄学派诗人邓恩的诗作中常用一些独特的比喻，如用鸟兽虫鱼、蔬菜、孩子的成长来比喻人的心态，而这些比喻往往借用了《圣经》中的善恶观念或者被置于“创世”的背景中；歌德的诗剧《浮士德》采用了基督教的形象，该剧的“天上序幕”从《旧约·约伯记》中获得启发，并模仿了宗教神秘剧的形式。

道教是中国土生土长的宗教，对中国古典文学的影响较大，它的求仙、成仙思想一直是古典文学重要的创作题材之一，魏晋盛行的“游仙诗”流露出的就是道教的思想。道教主张的清静无为、顺其自然、隐逸出世，历来是文人遭受挫折或受打击时的精神支柱。所谓“出则为儒，退则为道”，诗人最终向道教寻求安慰与解脱，隐居于田园山水中，写出了大量的优美的山水田园诗、隐逸诗，中国诗史上才出现了淡泊脱俗的陶渊明和飘然欲飞的李白，道教的浸染使中国的古典文学具有一种独特的有别于其他文学的民族色彩。

佛教是在东晋末年由印度传入中国的外来宗教，佛教给中国古典文学输入了新鲜的血液，极大地影响了中国诗歌。一些著名僧人一面从事佛经翻译，一面从事文学创作，通过诗歌来表达佛教思想，如鸠摩罗什的《十喻诗》、《赠沙门法和》等。慧远、支道林也有说明佛理的诗作传世。这类表现佛教思想的佛理诗开创了后世以佛理入诗的先河。白居易、柳宗元等人研讨佛学，与名僧交游，写出了不少佛理诗文。典型的还有王维。他一生信佛，晚年尤盛，写下了大量表现佛教思想和佛教意境的诗文，有“诗佛”之称。佛教主张的四大皆空、人生无常对古代文人的思想和观念的影响极为深刻。曹操的《短歌行》、杜甫的《秋兴八首》、《红楼梦》的“好了歌”、《三国演义》的开篇词、苏轼的《念奴娇·赤壁怀古》等诗歌中，“苍凉”与“无常”时有显现。此外，因果轮回观念、地狱观念也屡屡出现在诗歌中；惟有信佛才能超脱苦海到达彼岸的思想也在诗歌中时有显现。

2. 哲学对中西诗歌的影响

韦勒克曾说：“文学可以看作思想史和哲学史的一种记录，因为文学史与人类的理智史是平行的，并反映了理智史。不论是清晰的陈述，还是间接的暗喻，都往往表明一个诗人忠于某种哲学，或者表明他对某种著名的哲学有直接的知识，至少说明他了解该哲学的一般观点。”②一个作家或诗人总是在一定世界观指导下进行创作，因而就不可避免地受到一定哲学思想的影响，他们的作品中也处处可以看到哲学思想的表现，诗与哲学成功的结合，可以提高作品的价值，哲理往往是作品的思想深度的一种表现。

西方许多诗人同时也是哲学家或思想家，他们喜欢在自己的作品中表达某种哲学思想。如古希腊的恩培多克勒，文艺复兴时期的费希诺与布鲁诺，他们既写诗又写哲学论著，也就是哲理诗与诗的哲学。后世的歌德，既是诗人又是有真知灼见的哲学家。他的诗

---

① 聂珍钊：《外国文学史》第1卷，华中科技大学出版社2004年版，第166页。

② ［美］韦勒克等：《文学理论》，刘象愚译，生活·读书·新知三联书店1984年版，第114页。

剧《浮士德》的主人公是一个象征性的形象，他的复杂的人生探索体现了深刻的哲理，肯定了实践的意义和人生道路的辩证法，从而显示了作家的思想深度与作品内涵的深刻性。美国女诗人艾米莉·狄更生接受了爱默生的超验主义思想，她的一些优秀诗歌以警句开头，逐渐深入到对人生问题的探索，充满了神秘与玄学色彩，颇多哲理意味；还有华兹华斯和雪莱的诗作中都有柏拉图哲学的影响。

中国古代，有过文史哲不分家的阶段，中国传统文人受儒道思想的影响极为深远，这种影响在他们的创作中表现为文学家不愿自居于文学家，而是为求提升作品的思想价值，自觉追求“文以载道”。中国许多哲学家也是文学家，如庄子、柳宗元、刘禹锡等。中国古典美学中，也有“艺”、“道”统一的传统观点，其核心也就是文艺与哲学统一的思想。尽管儒、道两家的哲学思想和美学思想有较大差异，但在这一问题上，他们的主张是一致的。中国古典艺术的高度的表现性、抽象性和写意性，来源于它同哲学的自然联系，一首绝诗，一支小令，就是一片崭新的天地，蕴含着某种宇宙人生的哲理。

中国诗歌擅长写自然，写伦理道德，而不像西方的那样善于写人生，写社会。中国写自然的文学极为发达，自东晋陶渊明开始，以写自然为主的山水田园诗人及隐逸游仙诗文蔚然成风，这与老庄哲学有直接的关系。被称为“诗仙”的李白虽然也受儒家思想的影响，但更多地接受了道家哲学，尤其是庄子的遗世独立的人格，追求绝对自由、蔑视封建传统的思想，使他的诗作也具有更多的叛逆精神与飘逸风格。与他同代的“诗圣”杜甫，其思想源于儒家，最高理想是“致君尧舜上，再使风俗淳”，他发扬儒家入世思想中积极的一面，这种思想使他始终关心国家的安危和人民的命运，诗作中明显地表现了他们忧国忧民的忧患意识。

（三）语言特征的影响

如果说社会历史背景、宗教、哲学是影响诗歌的外部因素，那么语言系统则是影响它的内部因素，因为诗歌形式首先是一种语言现象，诗体独立的形式结构主要由语言的审美属性决定，中西语言文字不同的特征，对中西诗歌的形式、韵律都会产生较大的影响。

汉语是一种以形为主的表意文字，表意文字不太讲究文法上的结构，而是偏重形式美的组合。因此，汉语没有时态、语态、数、词性等变化，汉诗往往可省略主语、谓语或其他成分，词的位置调整与词性的改变也比英语更灵活、方便，这就使汉诗更加简洁，为读者提供了紧凑而意蕴丰富的想象空间，也就决定了汉诗灵动、飘逸的意境美。西方文学是表音文字，以音为主，对每一个词的词性、结构、时态、数的变化都非常重视，因此，西方诗歌更具明确性与准确性，但不如汉诗富有联想性和模糊美。

汉语中每个汉字构成一个音节，汉诗中每行诗句的字数等于它的音节数，根据诗歌字数的多少，中国诗歌的形式主要可分为二、四、五、七言诗；根据诗歌的句数不同，可分为一句诗、两句诗直至八句诗；绝句、律诗有句数限制，排律不少于10句，还有长诗等诗体。西方词汇有单音节、双音节与多音节之分，西诗中的基本单位是音节而不是词汇，每个诗行中不一定只有一个诗句，而且如果在行末诗句未完还可跨行连续。因此，西诗以每个诗节中的行数来确定诗的形式，如双行体，三、四、五、七、十四行体等。

汉字的四声决定了汉诗有声音的高低和长短。这就使汉语格律诗具有平仄互协、句法相对的自合节拍的特点。西诗的格律与语音的重音基本一致，其节拍主要由重读音节和轻读音节构成，再辅之以长音和短音来形成音律。一个重读音节和一个或两个轻读音节组合，便构成一个音步，一个轻短音节加上一个长重音节形成抑扬格，反之为扬抑格。此外还有扬扬抑格、抑抑扬格等韵格。由此看来，中国诗歌讲平仄、音律，西方诗歌讲音节、音步也讲音律，这些都由字、词之间的语音关系或语意关系而形成种种效果，它们构成了诗歌作品审美效果的一个极其重要的组成部分。

第二节　中西诗歌的诗性特征

一、中西诗歌本体观念的产生

（一）西方的模仿论

西方对诗歌本体的认识是从“模仿”开始的，模仿说在西方起源很早，“是古希腊人研究文艺的起源，解释文艺与现实世界的关系的一种学说”①。赫拉克利特首先提出文艺是从模仿自然和社会现实而产生的，他说：“这个世界对一切存在物都是同一的，它不是任何神所创造的，也不是任何人所创造的，它过去、现在和未来永远是一团永恒的活火，在一定的分寸上燃烧，在一定的分寸上熄灭。”②因此，他否认艺术为神的产物，认为应“按照自然行事，听自然的话”。这是在西方文论史上首次提出尊重自然、模仿现实的观点。继他之后，德谟克利特也主张文艺模仿自然，他说：“在许多重要的事情上，我们是模仿禽兽，作禽兽的小学生。从蜘蛛我们学会了织布与缝补；从燕子学会了造房子；从天鹅和黄莺等歌唱的鸟学会了唱歌。”③亚里士多德继承了以上这些朴素的唯物主义的观点，并加以发展和系统化，他批判了他的老师柏拉图的“理念”论、“文艺是模仿的模仿”、“与现实隔着三层”的唯心主义模仿论，承认文艺所模仿的客观现实是真实的，从而肯定了文艺的真实性，提出艺术的模仿对象是现实世界“行动中的人”。他还指出，诗是描写人的生活和行为的艺术，实际上这是把人生当成模仿的主要对象。他还认为诗所模仿的对象，不一定是实有，但必须近情理、可信，当然他绝对不是排斥、否定模仿已经发生的事实。他在《诗学》中说：“即使他写已发生的事，仍不失为诗的创作者，因为没有东西能阻挠，不让某些已发生的事合乎可然律，成为可能的事；既然相合，他就是诗的创作者。”④也就是说，不管是否已经实际发生，只要按照事物“应当有的样子”进行创作，只要合乎情理，合乎可能性、必然性，使人相信，都可以成为模仿的对象。亚里士多德还认为模仿是人的天性、本能。他说：“诗的起源仿佛有两个原因，都是出于人的天性，人从孩提的时候起就有模仿的本能(人和禽兽的分别之一，就在于人最善于模仿，他们最初的知识就是从模仿得来的)，人对于模仿的作品总是感到快感。”⑤在他看来，模仿不是抄袭，不仅反映现实世界的个别表面现象，而且揭示事物的内在本质和规律，因此，对艺术有认识作用。他的“模仿说”大大超过了前人，真正接触到了艺术的本质。

---

① 董小玉：《西方文艺美学导论》，西南师大出版社1997年版，第45页。
② 北京大学外国哲学史教研室：《古希腊罗马哲学》，商务印书馆1961年版，第21页。
③ 北京大学外国哲学史教研室：《古希腊罗马哲学》，商务印书馆1961年版，第112页。
④ ［古希腊］亚里士多德：《诗学》，罗念生译，人民文学出版社2002年版。
⑤ ［古希腊］亚里士多德：《诗学》，罗念生译，人民文学出版社2002年版，第10页。

（二）中国的表现论

中国诗歌本体观念起源于“诗言志”说，这种诗论高度强调诗人在创作活动中的主体地位，把诗人感于外物而生的内心活动作为创作的本原，一开始就把它视为诗人的内心凝聚。言志之说，在中国是一个最古老的观念，是我国古典诗学体系的基础，最早可追溯到《尚书·虞书》中：“诗言志，歌永言，声依永，律和声。”《左传·襄公二十七年》也有“诗以言志”之说，《庄子·天下》篇谓“诗以道志”，《礼记·乐记》则云“诗，言其志也”。到了《诗大序》时期，“诗言志”作为中国诗歌本体论的基本观念就初步确立了。有关于“志”，许慎《说文解字》和王逸《楚辞章句》都训诗为志，诗志互通。因此《诗大序》中说：“诗者，志之所之也，在心为志，发言为诗，情动于中而形于言。”可见，没有情感的积聚和涌动，没有情感的冲击和喷发，就不会有诗。诗、志原是同一本体在内心言表的不同表现形态，诗是志的外化，诗人胸中涌动的情思，形诸于言就成了诗。唐人孔颖达《左传正义》中认为：“在己为情，情动为志，情志一也。”闻一多也认为“志”经历了记录、回忆、怀抱三义，言志即抒写怀抱，这正是诗作为抒情文体的本质特征。“诗言志”体现了一种表现论文艺观。它把诗的根本起因，归结于诗人蕴藏于心的情感渴望一泻千里的愿望，诗歌因情而生，因感而发。一首好诗，“本质上是内心世界的外化，是激情支配下的创造，是诗人的感受、思想、情感的共同体现”①。“诗言志”作为中国诗歌本体论的初始观念，被朱自清看作是中国诗歌“开山的纲领”。

（三）中西诗歌本体论差异的原因

西方的模仿论把外部现实世界作为诗的绝对本原来模仿，诗是对自然的复写或再现；中国的表现论以诗为内心世界的外化，重在抒情言志，这两种本体论一个眼睛向外，一个眼睛向内，呈现出不同的姿态。中西方诗歌的本体观念表现出如此大的差异，是由两者迥然不同的民族文化、经济基础和思想习惯等造成的。西方的社会形态，尽管经历了诸种更迭，但它始终是一个商业型的社会。具有深厚的商业传统的西方社会惯于经商、征战、海上冒险等探索和征服外部世界的活动，这决定了西方人向外拓展的实践方式和认识客观世界的思维方式以及开放型的文化心理，他们注重人的行动性，所以叙事体文学高度发达，诗歌以模仿客观世界以及人的行动为主，就产生了艺术模仿说。中国古代是宗法式的农耕社会，农业经济和宝塔形的用血缘关系连缀起来的宗法制等束缚了人们在社会生活方面的手脚，养成了向内开掘的道德实践方式、自我反省的民族性格和闭合自锁型的思维模式。他们注重人的情感性，所以中国的抒情文学高度发达，以诗为心之表现。因而，中国人写诗，不是要“模仿”客观世界，而是要表现主观世界。“言志乃诗人之本意，咏物乃诗人之余事”。由此可见，西方人摹物以求知，中国人感物而生情，模仿与言志，正反映出中西方对诗歌本体价值的不同的审美取向。

二、中西诗歌本体观念的嬗变

（一）西方：从模仿论、表现论到客体论的多元替变模式

从亚里士多德提出的触及艺术本质的模仿说起，西方世界在很长时间内对诗歌本体的基本看法都是模仿。从文艺复兴到 17、18 世纪，西方文艺美学史上出现了占优势地位的

① ［美］艾布拉姆斯：《镜与灯》，郦稚牛译，北京大学出版社 1989 年版，第 25 页。

“镜子说”，它是模仿说的继续和发展，是新的历史条件下的现实主义文艺理论对文艺与生活关系的形象化表现。塞万提斯就是模仿说观念的持有者，他认为所有的事都是模仿自然，自然便是它惟一的范本，模仿得愈加妙肖，你这部书也必愈加完美。为此，他也积极提倡“镜子说”，主张艺术“应该是一种人生的镜子，风俗的榜样，真理的造像”①。莎士比亚曾说：“戏剧是自然的镜子。”他强调反映人生，反映时代，这可以说是“镜子说”的进一步发展。法国新古典主义的最后一个代表、散文家费纳龙把诗看作是一种模仿和绘画，要求模仿得美和真，他认为失去了真就不美了，真是美的基础，他要求不应该有损对真实自然的模仿，只能把自然描绘得美而伟大。布瓦洛认为文艺要表现理性，必须模仿自然，只有自然才能给诗歌提供理性所需要的真和美，才能使人们得到理性的满足。18 世纪启蒙学者的时兴口号是“模仿自然”。莱辛认为模仿自然不应只是“模仿现象中的”，还必须体现在我们情感和心灵力量中的自然。综上所述，模仿论作为西方诗歌本体论雄踞几个世纪，但在发展过程中，某些变化正悄悄发生，诗人由摹写自然的真实逐渐转向摹写心灵的真实。中世纪的神学家认为艺术对自然的模仿是通过心灵来实现的。但丁则认为“诗不是别的，而是写得合乎韵律、讲究修辞的虚构故事”②；布瓦洛认为模仿自然中的自然是理性加工的抽象人性，是理性的化身。莱辛所说的自然是情感和心灵力量中的自然。赫尔德指出，诗歌的精神能“深入人们的灵魂”③。歌德也认为“直到今天还没有人能够发现诗的基本原则；它是太属于精神世界”④。随着批评家对诗人主体地位的重视，以模仿为诗歌本体的传统观念逐渐让位于以诗人自我表现为中心的表现论。

19 世纪的浪漫主义运动注重高扬人性和天才，着重表现诗人的个性、情感。华兹华斯认为一切好诗都是强烈情感的自然流露，直接阐述了自己独特新颖的理论，标志着表现论本体观正式占据诗坛主流。这一时期许多浪漫主义诗人的言论都围绕着主体的心灵、情感结构而展开。拜伦说过“诗，就是热情”，“文学创作是心灵的直接表现”⑤；缪塞主张诗人必须以自我为描写对象，表现他所具有的特殊的、惟一的东西，诗歌应该最直接、真诚地反映心灵震颤时刻的最隐秘、内在的激情，发掘诗人内心微妙的心理真实。诸多言论，难以穷尽。总之，这些人都主张诗歌应抒写生活、理想，应抒发个人强烈的情感，诗歌创作的任务就是把内在的情感和思想变为外在的物象，就是展示作者的知觉、情感和幻象。诗就是表现，是诗人内心世界的外化。这样，西方诗歌本体观从模仿说到表现说，终于与以言志为本体的中国诗人走到了一起。

风靡 19 世纪的表现论，到了 20 世纪逐渐发生了变化，人们对诗歌本体的兴趣开始从外部世界和诗人主体转向了文本自身。如英美新批评特别强调对文学作品本体的批评，认为作品是完全独立于作者、读者及社会之外的自足体。兰色姆声称“本体即诗歌存在的现实”⑥；维姆萨特更是把文本与作者、读者决然分离，称作者的意图为“意图谬误”，称读

---

① ［西］塞万提斯：《堂吉诃德》，杨降译，人民文学出版社 1983 年版，第 437 页。

② ［意］但丁：《论俗语》，载伍蠡甫：《西方文论选》上卷，上海译文出版社 1979 年版，第 173 页。

③ ［德］赫尔德：《批评之林》，载伍蠡甫：《西方文论选》上卷，上海译文出版社 1979 年版，第 442 页。

④ ［德］歌德：《诗与真》，载伍蠡甫：《西方文论选》上卷，上海译文出版社 1979 年版，第 445 页。

⑤ 聂珍钊：《外国文学史》第 2 卷，华中科技大学出版社 2004 年版，第 150 页。

⑥ 朱立元：《当代西方文艺理论》，华东师大出版社 1997 年版，第 106 页。

者对作品的感受为“感受谬误”。20世纪一些流行的批评，都持有这种本体论的观点，如：俄国形式主义显然是形式上强调文学的独立自主性，形式重于内容，把“陌生化”作为鉴别文学的主要标准。还有结构主义、符号学等文学批评流派，都注重艺术作品本体结构乃至语言的研究，这样文本就从各种外界参照物中孤立出来作为一个独立的客体成为研究的对象。诗歌文本就是诗歌本体，文本就是诗歌的一切。

由此看来，西方诗歌本体观经历了一个从模仿论、表现论到客体论的发展模式。在这个过程中，批评对诗歌本体关注的视点从外部世界、诗人内心到文本本身不断变化；批评的标准及诗人的创作标准也由摹写外部世界的真、表现主体内心的诚向单纯着眼于文本形式的不断变化；诗人的地位也由远离真理的模仿者上升到与上帝同享创造者的美名，最后又被判决为：与诗歌的本体价值无涉，也就是说：“作者死了。”

(二)中国：言志与缘情的一元二分法

中国诗歌本体论与西方的多元化替换的本体论模式不同，一直处于相对稳定的一元系统中，即以表现论为主导的诗歌本体论，但这个一元系统并不是一潭静水，在它的内部时有波澜，起伏不止，表现论的本体观主要包含两种相互争论的诗歌观念：言志与缘情。它们虽然都把主体情感作为诗歌的表现内容，但前者是儒家诗教观的体现，强调诗的社会性、功利性，后者则强调诗的个人性和休闲性。正像周作人曾说的，言志派与载道派的起伏造成了中国文学史上言志与缘情的起伏缠斗，贯穿了中国诗歌本体论发展的始终。

“诗言志”承认诗为心声，一方面说明诗歌必须表现诗人的思想感情，另一方面则也体现了诗的教化作用。“志”是诗人的思想感情，言志的诗必须具有从思想感情上影响人和对人进行道德规范的力量。这种道德规范力量通过诗表现出来，被中国历代的统治者把握得恰到好处。事实上从孔子的“思无邪”到后来的“发乎情，止乎礼义”以及孔子的“兴观群怨”，“怨而不怒，哀而不伤”的“温柔敦厚”的审美原则，无不体现了儒家思想和统治者对诗的功利主义的看法。也正是诗歌的这种政治教化作用，历代统治者都利用它并把它作为诗歌的正统理论纲领，以致有的时代，诗歌的“兴”和“怨”被为统治阶级服务的“志”所湮没，诗歌、文学往往成为“载道”、“明道”的工具。屈原提出“发愤以抒情”的主张，开始突破诗歌“发乎情止乎礼仪”的束缚，自述怀抱，泄一己之恨，但真正有意识地把诗歌作为主体个性的表现的，还在魏晋时期。这时的文学从前期的自觉时代走向自由时代，呼吁个性情感的自由。“涤荡放情志，何为自结束”，许多有艺术才华的诗人有意识地追求诗的技艺的新颖和语词的工丽，推动了诗的进程。诗歌的表现题材和领域在不断扩展，出现了许多展示个人生活情趣、人生态度和人格精神的田园山水诗、咏怀诗、游仙诗等，呈现出鲜明的文化特色。陆机在《文赋》中提出“诗缘情”的口号，主张诗歌是情感的自然流露和抒发，将诗歌推向情感的、审美的自由王国。此后整个魏晋、南北朝时期，诗坛的主流都在“诗缘情”的旗帜下发展，诗歌开始相对独立于政治的统治。

但“言志”诗歌并未从此退出历史舞台。刘勰在《文心雕龙·明诗》中一方面说“人秉七情，应物斯感，感物吟志，莫非自然”，另一方面又说“诗者，持也，持人情性；三百之蔽，义归无邪，持之为训，有符焉尔”，表现出儒家诗教观的强大影响。初唐陈子昂革新诗歌，标举“兴寄”，遵循诗经传统对社会政治发表意见，其“实质是要求诗歌发扬批判现实的传统，要求诗歌有鲜明的政治倾向”①。中唐元稹、白居易提倡诗“干教化”，强调诗

① 游国恩等：《中国文学史》(二)，人民文学出版社1999年版，第33页。

的教育作用和社会功能。白居易在《与元九书》中指出："诗者：根情、苗言、华声、实义。"他以果实成长过程为喻，形象地、系统地提出了诗的四要素，"情"和"义"是内容，"言"和"声"是形式，强调"情"的重要，尤以"实义"为最重要，"实义"即以义为果实，也就"经之以六义"，使诗具有"美刺"的内容，从而负起"补察时政"、"泄导人情"的政治使命，达到"救济人病，裨补时阙"的政治目的。与此同时，韩愈、孟郊等人继承"六义"、"风骨"的传统，强调诗歌的政治作用，他们也坚持个人主义的写作立场，提出"物不得其平则鸣"的口号，在诗中抒写个人的穷愁哀痛。到了理学繁荣的宋代，诗歌"以意为主"，议论为诗，力图对现实有所言说，有所干预。朱熹认为文学创作以义理为根本，文章为末务；而严羽却标新立异，提出"诗者，吟咏情性也"，使诗重归缘情本体。明代仍然是载道文学一统天下，统治者大力提倡程朱理学，但李贽却奋力宣扬"童心"之说，"童心"就是真心，也就是真实的思想感情，主张表现无饰无蔽的真性情，认为"天下之至文，未有不出自童心焉者也"。公安三袁继而提倡"独抒性灵，不拘格套"，强调自然天真或自然趣味，主张个性情感的自然流露与自由抒发。清代统治者继续大力提倡程朱理学，企图巩固其统治地位，在这种风气影响下，文学创作中的复古倾向更为严重。沈德潜倡言"格调"，尊崇"温柔敦厚"、"怨而不露"的诗教传统，认为诗关乎人伦，论诗要注重忠孝节义，即"诗之为道，可以理性情，善伦物，感鬼神，设教帮国，应对诸侯"，这就是要求诗必须为封建统治的政治目的服务。而袁枚却以为"诗之为道，标举性灵，发抒怀抱"，又说"做诗不可以无我"，在他看来，"性情"是诗的根本，做诗要有真性情，要有个性。他宣称对于古今诗人，对于各个流派、风格的诗，"无所不爱"，"无所偏嗜"，主要看它是否表现了性情，袁枚抓住"情"字大做文章，是向当时儒教理学统治的诗坛的公开挑战。

从"五四"开始，中国诗歌揭开了全新一页，中国现当代新诗同样走过了一段言志与缘情的曲折的路程。郭沫若的诗在言志的同时也以宏大的气魄和炽热的激情，强调强烈的主体意识和高扬的个性精神。他曾说"诗人是感情的宠儿"①，"抒情诗是情绪的直写"②，强调情感对于诗人和抒情诗的重要性。"文化大革命"前 17 年，诗歌始终围绕着政治运动这一轴心运转，表现了明显的政治化、概念化倾向，但也有一些思想性、艺术性较好的诗作。这些诗作在表达革命理想和斗志的同时，也宣泄着火热的情感。艾青说："作为诗，感情的要求更集中，更强烈；换句话说，对于诗，诉诸于情绪的成分更重要。"③郭小川说："诗，要有感情。没有感情，就没有诗。"④这些见解，是中国传统诗学关于情感理论的继承与发展，也是他们从创作中获得的经验与体会。"文化大革命"中，由于林彪、"四人帮"的文化专制主义，诗苑一片冷落、一片苍白，但 1976 年"四五"运动中涌现的以《天安门诗抄》为代表的群众自发创作的诗歌，具有极大的鼓动性和感染力。真情出真诗，真诗写真情，是天安门诗歌最突出、最鲜明的艺术特征。粉碎"四人帮"特别是党的十一届三中全会后，新时期的诗歌显示出一些新的发展态势，诗人的"自我"进一步得到强化，抒情主体占有显著地位，许多赞美人生与人性美的诗歌，使狂热年代后人们的心灵得到净

① 郭沫若:《论诗三札》，载《沫若文集》第 10 卷，人民文学出版社 1959 年版，第 208 页。

② 郭沫若:《论节奏》，载《沫若文集》第 10 卷，人民文学出版社 1959 年版，第 225 页。

③ 艾青:《诗与感情》，载《文艺学习》1954 年创刊号。

④ 郭小川:《谈诗》，上海文艺出版社 1978 年版，第 117 页。

化。新时代的诗人不再压抑自己的情感，不再抑制自己的想象，也不再排斥现实主义诗歌艺术以外的一切优秀的艺术手法，“真正的诗永远是心灵的诗，永远是灵魂的歌”①。

纵观中国诗歌的发展史，虽自魏晋始，论诗者就开始重视对诗歌艺术技巧、形式特征的研究探讨，但从没有哪一家讨论把诗歌的本体地位赋予诗的文本形式；中国古典诗歌，即或是现当代诗歌，始终统一在表现论本体观的一元系统中，但这个表现论，却内分为言志与缘情的两面，徘徊在社会化讽咏与个人化述怀之间。

（三）中西方诗歌本体论反差的原因

西方诗歌本体论的多元替变的发展模式与中国诗歌的本体论恒定的一元系统下的二分模式构成了鲜明对比，产生了巨大的反差，而这种反差背后有它深刻的原因。

首先，西方社会尊重人的个体性，中国社会强调人的群体性。

在西方从古希腊罗马时代起，就特别重视“力、智、美”三者兼备的完整人性、和谐心智、人本精神以及开放胸襟。文艺复兴时期的人文主义思想，要求尊重人的价值，解放个性。欧洲浪漫主义运动时期，极为强调个人主义，夸大个人、主观的作用，认为人是自如自在的，绝对自由的。这些观点与近代资本主义自由竞争中提出的个性解放、个人自由的要求是完全一致的。20世纪种种反理性的现代主义思潮不断涌现，叔本华的唯意志论、尼采的超人哲学、萨特的存在主义哲学等都是以人为中心、尊重人的个性和自由的哲学。个性独立一直是西方社会的传统风尚，这种风尚推崇求新求变，大胆反叛与革新的精神，所以西洋民族以个人为本位，为彻头彻尾的个人主义之民族。而中国古代超稳定的宗法制的封建社会，深受儒家思想的影响，特别强调群体意识，“天下大同”是儒家的政治理想，中国人向来以家族为本位，个人以牺牲自我、趋附群体为荣，张扬个性被认为是哗众取宠，离经叛道，所谓“木秀于林，风必摧之；堤高于岸，水必湍之”。这种风尚总是倾向于维护既成秩序，随大流，推崇统一、稳定与和谐。

其次，在历史观上，西方要尚“变”，中国人尚“通”。

西方人注意事物的运动变化，“一切皆流，无物常在”。赫拉克利特曾说：“人不能两次走下同一条河”。这是一种动态的发展变化的辩证观点，所以说存在就是运动，就是变化，就是过程，只有从运动和变化中去认识事物，才可能真正把握事物的本质。而中国人注意事物的前后承袭，讲究继承，讲究传统，不主张大变大动，以稳为主，“万变不离其宗”，不同的历史观导致中西诗人对“通”与“变”的不同追求，也导致中西诗歌本体观念的单一与多元的发展模式。

再次，就学术思想史而言，西方人热衷于站在反传统的立场建立个人体系，中国人则常以为传统添砖加瓦为满足。

纵观西方学术思想史，许多学术思潮、如哲学思潮、文学运动等都是建立在对传统的反拨和否定之上的。如尼采的一声“上帝死了”，打碎了偶像，破坏了陈腐的传统，推出了狂放不羁的“酒神精神”与超人哲学。而中国人往往主张在继承中发展，在继承中创新。因此，“西方历史上一种理论的产生，往往以批判的姿态出现，故整个理论史纵观起来，呈现出多元性的特点。而中国古代的理论发展却像滚雪球一样，它是由许多时代的许多人

① ［俄］高尔基：《文学书简》上卷，人民文学出版社1962年版，第482页。

围绕同一传统轴心建立起来的”①。中西诗歌本体观念的嬗变模式，恰好印证了这点。

第三节 中西诗歌的对比分析

一、中西古典诗歌的比较研究

诗歌是抒写人类心灵、情感的一种独特的工具，是中西文学中起源最早的且相当重要的一种文学形式。但由于中西文学传统、民族心理习惯和表达情感方式上的差异，造成了中西古典诗歌在诗歌观念、创作实践等方面的差异，归纳起来，具体表现在以下四个方面：

（一）西方诗歌重叙事，中国诗歌重抒情

西方最早的荷马史诗《伊里亚特》与《奥德赛》杂糅神话和历史传说而成，既是整个西方文学的渊源，也开创了西方长篇史诗的传统。英、法、德、俄诸国文学的发展，最早的重要作品都是长篇英雄史诗，如英国的《贝奥武甫》、法国的《罗兰之歌》、德国的《尼伯龙根之歌》、俄国的《伊戈尔远征记》等。在随后的发展中，西方出现了许多像斯宾塞的《仙后》、弥尔顿的《失乐园》、《复乐园》和《力士参孙》一类的长篇叙事诗。而中国，最早的诗歌，如《诗经·国风》里的篇章不仅内容十有八九是抒情诗，而且篇幅均较短小，《楚辞》中的篇章也是以其强烈的抒情性影响了后世。此后，汉乐府“感于哀乐，缘事而发”的传统绵延了几千年，虽说偶有长篇叙事诗，如被沈德潜称为“古今第一长诗”的《孔雀东南飞》，却只有350句，计1 745字，与西方荷马史诗的一万余行相距甚远。

（二）西方诗歌多透出巨大力量与哲理沉思，中国诗歌多注重自然与情趣的契合

中西写自然之诗都非常发达，诗中自然美景更是尽显眼前。朱光潜认为自然美有两种：一种是刚性美，一种是柔性美。刚性美如高山、大海、狂风、暴雨、沉寂的夜和无垠的沙漠；柔性美如清风皓月、暗香、疏影、青螺似的山光和媚眼似的湖水。诗句“骏马秋风冀北，杏花春雨江南”就概括了这两种美的胜景。中国诗自身有刚柔之别，但与西诗相比，则西诗偏于刚，中诗偏于柔。西方诗人所爱好的自然是大海，是狂风暴雨，是峭崖荒谷，是日景；中国诗人所爱好的自然是明溪疏柳，是微风细雨，是湖光山色，是月景。中国诗人神的观念很淡薄，自然观中偶尔夹杂道家的神秘色彩，但不甚浓厚。中国人对待自然多取乐天知足的态度，把自己放在自然里面，彼此相悦相安，与自然之间多保持情趣的默合的关系，因而有“相看两不厌，惟有敬亭山”，“举杯邀明月，对影成三人”等诗，这也是多数中国诗人对待自然的态度。然而，西方诗人受基督教的滋养，对大自然多抱一种“泛神主义”的态度，将大自然看作神灵的表现，认为它有超越人并时时支配人的力量，常常在其中看出不可思议的妙谛，诗人往往能从自然中感受到巨大的力量和哲理的沉思（而中国诗人却很少能达到此境）。如华兹华斯的名作《丁登寺旁》：“我感到/一种东西让我惊诧，它带来了/崇高思想的欢乐，一种升华之感/像是融汇万物的魂灵，/来自落日灿烂的余辉，/来自浩瀚的汪洋和清新的空气，/来自碧蓝的天宇和人们的心田，/一种力量，一种精神，它驱动/一切深思的生灵，一切思想的对象/又穿过一切事物而运行。”这节诗

① 黄药眠、童庆炳等：《中西比较诗学体系》（上编），人民文学出版社1991年版，第26页。

是写诗人在一个古寺废墟上的沉思感受，诗人仿佛要传达一种捉摸不透且难以言传的神秘思想，因而不得不使用一连串很难翻译的抽象名词和情感形容词，说明诗人企图把难以言说之意说清楚的努力，但读者仍然很难把握它每句诗的确切含义。还有他在《不朽的兆象》中曾说："我看一朵最平凡的花都有深刻的思想，深藏在连眼泪都达不到的地方。"类似这些诗，我们能体会的只能是大概的主旨：自然界最平凡、最卑微之物都有灵魂，而且它们与整个宇宙万事万物的灵魂息息相通，融为一体。这可以说是西方诗人对待自然的共同特点，即希望在自然中寻出奥秘来，而中国诗人流连于自然中，追求的只是一份慰藉和欢乐。

（三）西方诗歌重宗教情操，追求永恒；中国诗歌重现世人生，追求实际

西方受基督教的影响深远，即便是非宗教题材的诗作，也含有至上的神的意识，透出浓郁的宗教气息。这种现象不单出现在个别诗人身上或作品之中，而是很普遍。我们不能将"开口上帝闭口神"简单地看作西方人的生活习惯，其实这涉及他们对世界的根本看法。基督徒认为现世人生充满痛苦，青春韶华与幸福易逝，只有在绝对永恒里灵魂才拥有真幸福，而死亡能达到灵魂的永恒。因此西方许多诗歌中出现了死亡主题，且以超脱平和的心态面对死亡。如女诗人艾米莉·狄更生的《因为我不能停步等待死神》中，作者用拟人的手法使本来狰狞的"死亡"变得像绅士一样慈祥有礼，默默无言，仿佛她与诗中人是多年的老友，诗中人见到她时还有几分喜悦之情，因为她立即放下了手中的活计和娱乐，心甘情愿地随他上了通向死亡的马车。诗中最后两句"那一天，我初次猜出，马头，朝向永恒——"就说明诗人把死亡看作是永恒，全诗将死亡宁静化、神圣化了。相比之下，苏轼的悼亡妻的词作《江城子》却显得无限凄凉。在中国人眼中，死亡意味着决绝，虽然佛教声称人死可以转世，道教声称人可以成仙，仍然可以相见。但讲究实际的中国人，受儒家文化的影响太深，注重现世生活，对死后的情景不感兴趣或觉遥远，逝去的人总会为生者带来无尽的悲痛与伤感，任什么宗教都难以抚平他们心中的创伤。因此，中国以死亡为主题的诗歌往往情真意切，催人泪下，而达不到西方诗歌中对死亡的超脱与平和的境界。

（四）西方言情诗铺陈奔放，中国言情诗含蓄精练

西方向来强调以自我为核心的个人主义，注重展现自我，张扬个性，造成了西方人的性格直率、开朗的性情。西方诗人们从不羞于表达自己的任何感受，在诗歌中往往表现出喷薄而出的浓郁情感，令读者为之动容；而中国人的民族性格倾向于含蓄蕴藉，说话行事曲折委婉，中国诗人推崇备至的境界是"言有尽而意无穷"，讲究的是不露痕迹的含蓄隽永。因此，中西言情诗之间存在着较大的差异。

首先，反映在言情诗的表现对象上，中国的言情诗不单指爱情，还包括亲情、友情、君臣之情，如《赠汪伦》、《芙蓉楼送辛渐》等送别诗是写朋友之谊；《游子吟》吟唱的是母子之情；《离骚》则明写香草美人暗写君臣关系，等等。在中国诗歌中，亲情、友情似乎比爱情更为重要，中国诗歌中关于朋友交谊的诗比爱情诗还多。而在西方，言情诗主要指爱情诗，在西方诗人的笔下，歌唱爱情，追求自由幸福就成了永久不衰的主题。

其次，反映在爱情诗的主题内容上。西方重视恋爱，爱情至上，恋爱本身即具有实现人生价值的正面意义，"说尽一个诗人的恋爱史往往就已说尽他的生命史"（朱光潜语）。因此诗人们讴歌爱情的炽热、美好，执着追求汹涌澎湃的爱情，萨福呼喊"噬人的热情像火一样烧遍了我的全身"；莎士比亚吟唱"爱烧热泉水，泉水冷不了爱情"；叶赛宁则呼喊

“来，吻我吧，吻吧，吻得疼痛，吻得嘴唇出血，心的泉流是滚开的水，它不需冷静和理智”。而中国人向来重婚姻而轻恋爱，真正的恋爱往往见于桑间濮上。中国诗人只在潦倒无聊、悲观厌世时才肯公然寄情于声色，恋爱只是他们消遣人生的不得已的手段罢了。他们即使写爱情，多写婚后的惜别与“怨”，中国爱情最善于“怨”，春怨、宫怨、闺怨无一不是表现爱情得不到对等响应的苦闷、怨愤，而这怨愤又与痴情缠绵交织，形成了中国爱情诗在内容主题上的别具一格。如曹丕的《燕歌行》，梁玄帝的《荡妇秋思赋》及李白的《长相思》、《怨情》、《春思》等皆是“怨”的胜境。

再次，反映在言情诗的艺术表现上，西方的言情诗情感表达热情奔放，激越狂野，总是竭尽渲染、夸张之能事，诗人们擅长铺陈，直抒胸臆，倾诉爱慕之情。拜伦在《雅典的少女》中反复吟唱：“请听我临别前的誓语：你是我的生命，我爱你。……我要凭那野鹿似的眼睛起誓：你是我的生命，我爱你。……还有我久久欲尝的红唇，还有那轻盈苗条的腰身，凭这些定情的鲜花，我要说：你是我的生命，我爱你。”相比之下，中国言情诗无论抒写亲情、友情、爱情都显得委婉含蓄，蕴藉感人，尤其是爱情诗，中国诗人善于细腻含蓄地表达宫闱女子的心理状态及其微妙变化，较之西诗，显得情感平静，波澜不惊。建安诗人徐干的《室思》：“自君之出矣，明镜暗不治。思君如流水，无有穷已时。”这种情感不是烈火燃烧，不是波澜迭起，而是细水长流，绵绵不绝，颇具情韵之美。

中西诗歌的差别正像朱光潜先生所说：“西诗以直率胜，中诗以委婉胜；西诗以深刻胜，中诗以微妙胜；西诗以铺陈胜，中诗以简隽胜。”可谓深得中西诗歌之真谛。

二、中西意象诗的比较研究

（一）中国古典诗歌对西方意象派诗歌的影响

西方“意象派”是20世纪初在英、美等国兴起的一个诗歌流派，对20世纪世界诗坛产生过重大影响，被视为英美现代派诗歌的发端。探究英美现代诗歌的发轫，自然离不开对意象派和庞德的观照；而探究意象派的诞生发展，庞德的诗艺成熟，就不得不关注中国古典诗歌对意象派的影响。因为，不论是意象派的干将庞德还是其他绝大多数意象派诗人，都非常钟情于中国古典诗歌并深受其影响。美国诗人埃温说：“到如今，不考虑中国诗的影响，美国诗就无法想象，这种影响又成为美国诗传统的一部分。”①庞德作为一个天才诗人所受的影响是多方面的，但是对其影响最大的还是中国古典诗歌。中国古典诗歌深受老庄哲学的影响，强调主、客观和谐统一的美学原则，创造了大量形象生动和内涵深刻的美好意象，显示了特殊的艺术魅力。庞德不仅与其他的英美诗人一起学习中国古典诗词的写作技巧，还把自己翻译的中国古典诗歌收进自己的意象派诗集里。影响意象派诗歌的还有日本俳句。日本诗歌也受中国诗歌的熏染，注意突出诗歌的意象，这与意象派的美学主张也是相容的。

庞德是中国古代文明的崇拜者，他赞美、歌颂孔子的思想，当他从基督教文化中看不到治疗时弊的有效办法时，便四顾茫然，终于将目光转向了东方的中国文化。在孔子儒家学说中，他找到了医治西方社会弊病的良药，找到了现代西方所急需的理智和理想。他曾说：孔子就像屋顶下的一盏明灯，一定能照亮和开化野蛮的西方；孔子的和谐、秩序、宁

① 赵毅衡：《美国新诗运动中的中国热》，载《读书》1983年第9期。

静的理想“像阳光一样照耀着人们的心灵，是医治西方社会的良药”。正是孔子永不枯竭的智慧与中国深邃的古典哲学思想，才使得庞德决定：“今后一个世纪将从中国寻找推动力，正如文艺复兴时期人们从希腊人那里寻找推动力。”①

1913 年，庞德从著名的东方学者厄内斯特·凡诺洛萨的遗孀手里，得到了学者有关东方文化的研究手稿。此后的几十年中，庞德潜心研读中国文学与诗歌，探索孔子及中国哲学的真谛。他认为，中国古典诗歌的魅力首先源于其简洁典雅的语言、丰富的典故、优美的意象和浑然天成的音韵等。庞德根据凡诺洛萨的研究手稿转译了李白等诗人的 19 首中国古诗，取名《华夏》(Cathay)，被当时诗界誉为“用英语写成的最美的书”。T. S. 艾略特称赞庞德是“为当代发现中国诗的人”，“我们这个时代的中国诗歌的创造者”，并预言 300 年后《华夏》将成为“20 世纪诗歌的典范”。尤为重要的是，正是翻译这些中国古典诗歌，并从中汲取大量营养，使庞德在创作和理论上日益成熟，随后写了 117 卷的现代史诗《诗章》。《诗章》记录了诗人长达半个多世纪的经历和思想，恰如交响乐的乐章一样，它可分成不同组诗。全书的创作深受中国古代文化和中国古典诗歌的影响，孔子的哲学思想贯穿始终，成为其主导精神。在第 12～13 章中援引孔子关于“秩序”的论述，将现代的经济与孔子道德哲学所向往的社会秩序相对比；第 49 章引用中国古典诗歌与古代舜王时的《卿云歌》；第 52 章为《礼记》的意译；第 53～61 章简述自古至清代乾隆皇帝时的中国历史，阐述了孔子的伦理道德哲学，以及孔子追求和平昌盛的社会理想。由于他反对腐败的现代资本主义商业文明，就在书中把孔子的伦理哲学和儒家政治理想化。

中国古典诗歌影响了庞德，同时也影响了意象派的其他诗人。休姆认为，汉字象形表意，中国诗歌充满意象，雄浑简洁，内容丰富。因此，他主张诗人的任务就是不断创造意象，借助意象的“叠加”和“并置”等近似于绘画的手段，完成意义的建构，其代表作《日落》就体现了他的创作思想。更妙的是，题为《日落》，全诗对“日落”只字不提，而是对一位要下场的芭蕾舞演员细致描绘，把在生活中本来很少联系的两个意象“日落”与“退场”并置，互为参照，在两者的无奈与徒劳中对人生发出无限的感慨，突出了“夕阳无限好，只是近黄昏”的意境。此诗用词简洁，注重诗的内在节奏，句中音部多寡不一，犹如中国古代的长短句；用韵自由，语言近似口语，但读来朗朗上口，音韵天成。如《日落》：“一位女芭蕾舞演员贪恋着喝彩，/迟迟不肯走下舞台，/在全场不友好的嘁喳声里，/她施展出最后的魔力，/高高踮起她的脚尖，/露出了胭脂云织成的嫣好的内衣。”

1913—1922 年间，美国各大报刊刊登的对中国诗的评论远远超过除法国之外的其他任何国家，许多意象派的干将和支持者翻译并讨论中国诗歌。著名芝加哥诗人哈丽特·门罗曾在中国学习艺术和文学，回国后创办《诗刊：诗的杂志》，旨在将意象派诗人和其他的“新诗”介绍给美国读者。门罗非常喜爱中国诗歌，常和旅美中国诗人探讨中国艺术和古典诗歌，认为意象诗是“中国魔术的追求”。另一位诗人约翰·弗莱契称他自己在 1914 年后写的诗全是东方诗，并说他的《蓝色交响乐》之所以被《诗刊》采用是诗中有对中国艺术的反映，他还直言：“正是因为中国的影响，我才成为一个意象派，而且接受了这个名称的一切含义。”意象派后期的领袖艾米·洛威尔与艾斯库夫人合作翻译过中国古典诗歌 150 首，取名《松花笺》。她曾说：“含蓄是我们从东方学来的重要东西之一。”她不仅翻译

① 赵毅衡：《远游的诗神》，四川人民出版社 1983 年版，第 11 页。

中国诗，而且在诗歌创作中也融入了中国诗的特色，正如我国学者施蛰存所说，她的诗受我国诗与日本诗的影响(本来现代英美新诗有许多人都是受东方诗学之影响的)，短诗之精妙者颇有唐人绝句及日本俳句的风味。她的诗《秋雾》就是一例："是一只蜻蜓，还是一片枫叶，/轻柔地栖息在水面上?"为了表达她对中国文学的偏爱，她还直接将"松花笺"三个汉字印在诗集的封面上。

从1915—1920年英美诗坛出现了不下10种中国古诗英译本，一时间掀起了一股"中国热"。文学史家惊叹，这些年，中国诗简直"淹没了英美诗坛"。意象派诗人何以对中国古诗如此青睐?皆因中国古诗尤其是唐诗具有鲜明的意象，他们找到了与意象派主张相一致的表现方法，从有着几千年文明史的中国古典文化中获得了理论的支撑点。

(二)西方意象派诗歌与中国古典诗歌的比较分析

首先，意象派诗歌与中国古典诗歌都注重意象的创造。

中国先秦哲学领域中有所谓"立象以尽意"之说，这里的"象"，本指《易经》中的卦象，是外在表象的呈现态，即客观物质世界；"意"本指《易经》所涵盖的"道"，是内在意义的体现，即人的主观思想观念，通过"象"去表达"意"，从而达到两方面的和谐一致。这是一种关于世界的认识观，未涉及文学问题。南北朝时，刘勰首次把"意象"这一概念运用于文学批评理论中，描述诗人的创作状态"窥意象而运斤"。此后，"意象"一词逐渐运用在诗歌创作与评论中，并将其蕴含之义不断丰富、深化。中国古诗中的"意象"在于含蓄而形象地表达"人生微妙的刹那"，"用意象——给你一个复杂的感觉"。这与庞德所说的"意象是一种在刹那间呈现出来的理性和感性的集合体"，"它给人们一种突然获释之感，一种脱离时空界限之感，一种我们在最伟大的艺术作品面前所经历到的突然成长之感"是一致的。西方意象派诗人也就是在对中国古典诗歌的意象创造的借鉴与学习中，才使自己的意象诗日臻成熟。

其次，西方意象派诗歌与中国古典诗歌都注意语言的锤炼、简洁。

中国古代诗人向来重视语言的锤炼，无论是"春风又绿江南岸"的"绿"字，还是"僧敲月下门"的"敲"字都是千锤百炼的结果，恰似杜甫所说的"两句三年得，一吟双泪流"的艰辛与执着。中国古典诗歌擅长用精粹、简洁的语言去表达丰富的内涵，如李白的《玉阶怨》："玉阶生白露，夜久侵罗袜。却下水晶帘，玲珑望秋月。"这是一首写思妇的幽怨的诗，庞德评论这首诗时说："玉阶"，可知是豪华的邸宅；"怨"表示有怨恨要诉说；从"罗袜"可知怨恨者是一位贵妇人，不是婢女；玲珑的秋月表明天气很好，他不能借口天气不好不回家；从露水使玉阶变白且侵入罗袜，说明她已等待多时。这首诗之所以特别受重视，是因为它没有直接说责备的话，没有一个"怨"字。庞德还说："我们仔细检查此诗，可以发现一切要说的全都有了，不仅是用暗字，而且是用类似数学的化简过程。"①从这里可看出庞德已深谙汉诗炼字之妙。因此，他的长达30行的诗《在地铁站里》(In a Station of the Metro)经过一年半的思考和几度删减，最后才用两句"俳句式的诗行"把自己"那突发的情绪"表达出来：

---

① 彭长健：《主客合一与意象的生成机制》，《宁波大学学报》(人文版) 1990年第1期。

The apparition of these faces in the crowd; petals on a wet, black bough.

杜运燮将此诗译为：

人群中这些面孔幽灵一般的呈现湿漉漉的黑色枝条上的许多花瓣。

他这首意象派的压卷之作，以非凡的想象力和简洁、含蓄的语言，将潮湿、黑暗的地铁车厢里隐现的人的“脸庞”写成“湿漉漉的黑色枝条上的花瓣”。“脸庞”被比作“花瓣”，“花瓣”是“脸庞”的代号，也使“脸庞”与“花瓣”在湿漉漉的黑色的背景衬托下显得格外的鲜明突出。

再次，都善于运用并置、重叠的意象，达到较强的艺术效果。

中国古诗惯于将两个或多个意象同时并置呈现在读者面前，颇有利用蒙太奇手法产生的效果，如“鸡声茅店月，人迹板桥霜”。马致远的《天净沙·秋思》更为典型：“枯藤老树昏鸦，小桥流水人家，古道西风瘦马。夕阳西下，断肠人在天涯。”作者将十二个意象并置、叠加，呈现了一幅带悲凉色彩的画面，刻画了一个在日落黄昏仍踯躅于西风古道上的落魄天涯的游子形象。庞德的诗歌创作思想——意象的“叠加”与“并置”与中国古典诗歌如出一辙，有异曲同工之妙，他模仿中国古典诗歌所创作的诗歌达到了酷似的地步。如《诗章》第49章中的几行诗就有浓郁的中国味：“雨，荒江，旅行人，/寒云，闪电，暴雨，昏暗天，/孤灯茅屋下。/芦苇沉甸，垂弯弯，/竹林萧萧，似在悲泣。”这几行诗中的多个意象并置、叠加，突出了在雷鸣电闪、风雨交加、寒云暗淡的天气里，一个异乡的旅行人在荒江边的孤灯茅屋下的落寞、孤独与凄凉的情绪。

最后，在句法结构上，尽量省略冠词、连词及其他成分，以短小见长。

汉语，特别是古代汉语，意合因素大于形合因素，中国古诗在句法结构上，当有两个意象并置时，不需要任何连接词，如“国破山河在，城春草木深”，“落花人独立，微雨燕双飞”等。许多古典诗歌中，主语省略属于正常现象，不定时态，不定关系，形式松弛，组合自由的特点尤为突出。英语属于“语音语言”，以“关系框架”为组合法则，讲求逻辑、序列与线性关系。意象派诗人学习中国古典诗词的句法结构，在庞德的诗歌中，常有冠词和连词的省略。如《诗章》第一章中的诗行“Sun to his slumber, shadows o'er the Ocean”就类似于李白的“青山横北郭，白水绕东城”，其中既省略了名词前的冠词，又省略了句子之间的连词，没有语法限制，“太阳”(sun)与“影子”(shadows)这两个意象鲜明突出。由于它们间省略了连词，其关系不受限制，两个意象同时展现在读者面前，既扩大了视觉范围，又带给读者联想空间，再如希尔达·杜利特尔的《奥丽特》(Oread)也有类似的特点：

Whirl up, sea —
Whirl your pointed pines,
Splash your great pines
On you rocks,
Hurl your green over us,
Cover us with your pools of fir.

翻腾吧，大海——
翻腾起你尖尖的松针，
把你巨大的松针
倾泻在我们的岩石上，
把你的绿扔在我们身上
用你池水似的杉覆盖我们

（裘小龙 译）

这是庞德最欣赏的一首意象诗，诗人以古希腊神话中的女神为标题，借以在时间上赋予本诗以永恒的意义：把诗人一瞬间感觉到的大海和松林的意象叠合在一起，大海即松林，松林即大海，标题的山林女神又与这两者融合，使诗达到了高度的凝练，全诗短小精悍，“sea”前面省略了冠词，动词 whirl up、whirl、splash、hurl、cover 后的句子间没有英语结构中常见的关联词，犹如祈使句，颇有汉诗中绝句的风味。

总之，意象派诗歌得益于中国古典诗歌，两者有如一对孪生姐妹，成为艺术领域的奇葩。但是，意象派诗人着意模仿的只是中国古诗的形式，殊不知，中国古诗在意象松散的表面之下蕴含着深刻的内涵，且诗中意象达到物我的统一，这与中国天人合一的哲学观是分不开的。而意象派诗歌有的意象则表现为非理性的，表现为物我的割裂。如休姆的《秋》中出现了“月亮”和“星星”两个意象，并把月亮比作“红脸庞的农夫”，把星星比作“城市中的儿童”，诗中作者并未介入。有论者说，休姆的这首诗只显露客观景象，缺少内涵，所呈现的物象只是诗人内心世界的投射，无法像中国诗人那样将自己融入大自然之中，达到真正的万物同一，物我同一。另外，意象派诗歌虽有简洁、精确、鲜明及意象呈现方面的特色，但有的诗歌偏重形式不求传情，反映的是一种纯粹的感觉或体验，追求的是意象结构本身，没有一种奇妙的境界，因而缺乏中国古典诗歌那种高妙辽远的意境。

三、西方象征主义诗歌与中国现代诗歌的比较研究

（一）西方象征主义诗歌对中国现代诗歌的影响

西方象征主义兴起于19世纪80年代的法国，到20世纪20年代盛极一时，它在内容上强调主观感受，在形式上追求神秘美、朦胧美和晦涩感。中国现代诗歌全面吸收、借鉴西方20世纪现代主义文学，其中，象征主义诗歌对中国现代诗歌影响更大。对象征主义的吸收、借鉴，突出表现为三个阶段①：第一阶段是20世纪20年代的中国象征派；第二阶段是30、40年代的现代派、九叶诗派；第三个阶段是80年代的朦胧诗派。

“五四”时期，西方象征主义诗歌对中国的新诗形成了遮蔽式的影响，李金发、王独清、穆木天、冯乃超、戴望舒等人的诗歌理论和创作，构成我国的象征主义流派。李金发被称作中国象征派诗歌第一人，他的诗集《微雨》、《为幸福而歌》、《食客与凶年》等主要受波德莱尔、魏尔伦的影响，运用象征、暗示、联想表现人生和命运的悲哀，刻意描写如鲜血般飞溅的残叶，日落时秋虫之鸣声，意境怪异。王独清将象征主义与中国古典诗歌结

① 马晓华：《象征主义对中国现代诗歌的影响》，载《语文学刊》2003年第6期。

合，意象朦胧、含蓄，蕴含着个人的感伤与虚无的情绪，雕琢的痕迹很重。冯乃超是在日本接触法国象征主义作品并受其影响的，他的诗集《红纱灯》色彩丰富，音节铿锵，爱情的失意和人生的苦恼成为主旋律。穆木天主张“纯粹”的诗歌，渲染音乐与情绪的律动，从他1926年发表的文章《谭诗》中可看出他也受了象征主义的影响。戴望舒的诗受魏尔伦“万般事物中，音乐位居第一”的影响，特别注意诗歌的音乐美。苏汶的《望舒草序》也谈到戴望舒在留法期间“象征派底独特的音节也曾使他感到莫大的兴味”。戴望舒的《雨巷》就很富有神秘美、音乐美。有人认为，《雨巷》明显地受到西班牙的诗人洛尔伽《低着头》一诗的影响。外国汉学家契尔卡斯基认为它是“中国象征派的暗示的抒情诗的典范”。总之，西方象征派的艰涩、暗示等直接导致了李金发的怪异、戴望舒的神秘、卞之琳的晦涩、施蛰存的含糊等。

20世纪30、40年代的现代派、九叶诗派仍然在追求象征主义，现代派诗歌所追求的“现代情绪”是纯诗浪潮的体现，与西方象征主义再一次接轨。现代派诗歌兼有浪漫主义、古典主义、意象派和象征主义特色，但以象征主义为主。它们追求现代情绪、现代诗型、现代诗艺。所谓现代情绪，就是疏离时代的个人隐秘的落寞与绝望。荒原意象构成其现代诗型。漂泊、寻梦、咀嚼死亡，表现了灰色都市中现代青年“青春的病态”。九叶诗派出现在40年代，以辛笛、陈敬蓉等九人为代表，他们的诗受到西方象征主义诗人波德莱尔、维尔哈伦及现代派诗人庞德、艾略特、瓦雷里、里尔克、奥登等人的巨大影响。在题材上，刻意表现生命意志，人生感悟与超越，在孤独和寂寞中追寻生命的真实。在艺术上，他们追寻现实、知性、象征的融合，描绘世界对人的异化，表现知识分子孤独的内心，追寻哲学意义上的生命自由，从而形成与西方现代主义趋同的文化语境。

80年代的朦胧诗派，在审美感知上，是对象征主义的回归。朦胧美在30年代的现代诗派中就成为新诗的审美追求，西方象征主义强调“客观对应物”的理论，客观世界只是主观世界的象征，它切断语言叙述功能，以意象的拼接直接对应梦幻般的情绪，这种跳跃、缺失造成阅读的困惑，而语言的抽象、含混又强化了创作意识的模糊性、朦胧性。而80年代朦胧诗派直接承接了20、30年代的现代文学传统，表现出充当精神启蒙者的精英意识。同时60、70年代的“白洋淀诗群”也是朦胧诗得以形成和发展的一个重要源头或雏形。我国50年代也译介过一些西方现代主义文学作品，如对象征主义，就有进一步的译介和研究。“白洋淀诗群”的重要成员宋海泉认为，朦胧诗先驱们“受到最大影响的是波德莱尔以后的象征主义诗歌”，根子的《三月的末日》“有几分高举反叛旗子，以其犀利的冷漠傲视世人的拜伦的影子，有几分波德莱尔的影子”①。他还认为，有人说“新潮诗人们完全凭自己的生活感受和灵感，不借鉴西方的现代派文学，而写出极具现代色彩的诗”的论断是武断的和不符合事实的。另一位“知青”诗歌写作者马佳也说：“我迄今坚定地认为，中国的当代的诗歌和文学受这些书的影响之大是不可估量的”，“我现在看当时的诗，我都能看出破绽来，有些句子是惊人的相似”②。这些都表明，封闭的文化环境和严峻的政治形势，都不可能根绝朦胧诗的先驱们对西方现代主义文学的吸收与借鉴，他们是在异

① 宋海泉：《白洋淀琐忆》，载《诗探索》1994年第4期。

② 廖亦武：《马佳访谈录·沉沦的圣殿——中国20世纪70年代地下诗歌遗照》，新疆青少年出版社1999年版，第219～227页。

常困难的情况下，以极其有限的出版资源作为借鉴，延续和丰富中国的现代主义。80 年代的朦胧诗人北岛、顾城、江河、舒婷等把诗歌定位于普通人，呼唤人的价值和尊严，探求生命本体与感知。他们借鉴现代主义手法，运用象征、比喻、夸张、通感、变形等手法，让心灵直接找到"客观对应物"，革新了当代诗歌创作理论，对当代文坛影响较大。

总之，西方象征主义对中国现代诗歌的影响尤为深刻，最突出的反映在形式方面，它给中国新诗带来了更加具有现代特征的审美观念的本质变化。具体来说，这种影响以纯诗追求为价值目标，分别从诗歌的象征性、音乐美、神秘美、全感官效果、语言纯化、客观化等各个层面，表现出对诗歌形式本体意义的影响。中国现代主义诗人对西方象征主义诗歌艺术本体特征的关注与借鉴，比起接受他们诗歌的思想观念来说，更为自觉，成绩也更斐然。

(二)西方象征主义诗歌中的"绝望"与中国现代诗歌中的"忧患"

20 世纪西方种种反理性的哲学的出现，为 20 世纪现代主义文学奠定了哲学基础。西方象征主义作为一个重要的文学流派也应运而生，象征主义诗人一方面批判异化的社会和人性，对社会现实强烈不满，表现出反传统、反理性的精神；另一方面又看不到人类前进的出路，悲观主义、虚无主义在诗歌中弥漫。波德莱尔认为现实人生是"一片令人厌倦的沙漠中可怕的绿洲"，世界是残酷的，诗歌的目的在于发泄"人生苦恼"。他还认为"忧郁"是"美的最灿烂出色的伴侣"。马拉美则说诗人的处境，正是一个为自己凿墓穴的孤独者的处境，艾略特的"荒原"也正是西方社会没有信仰、没有希望、精神衰败的象征。在他们的诗中，充满了沮丧、失意、愁思、悲观，充斥着不可捉摸的痛苦，还有挥之不去的颓废、绝望的情绪。

西方象征派诗歌在思想内涵上影响了中国现代主义诗歌，但又体现出一些本质的区别。首先，西方象征主义诗歌对社会现实与文化传统进行深刻而全面的批判，是一种彻底的反理性与反传统。而中国现代诗歌主要表现的是对现实人生的冷静审视与理性批判。虽然不乏对理想失落、精神沉沦、前途迷惘的哀怨与悲伤，但诗中对现实生活、对政治的关注更多，呈现的是在时代风暴中一时难以施展个人抱负与才志的寂寞，是忧愤于现实的愁绪，是为民族、为人民的生存危机而慨叹的悲凉。朦胧诗人们以平静的歌喉吟唱正义和人性的复旧，反叛极度扭曲的时代生活，追寻思想的大解放，他们的作品重新思考人与社会的关系，以纠正历史错位造成的个体缺席，带有凝重的反思意识和忧患意识。舒婷呼唤"人啊，理解我吧"；杨炼声称"我要首先记住作为一个人的歌唱"；顾城道出了一代人的历史心绪："黑夜给了我黑色的眼睛，我却用它寻找光明"；梁小斌的《中国，我的钥匙丢了》对历史进行深刻的反思。这些与西方象征主义诗歌的悲观绝望情绪是截然不同的。其次，中国现代主义诗歌对孤独寂寞情绪的表现与西方象征主义诗歌具有本质的差异。前者的孤独情绪的体验是来源于生存现象的，更多地包含着一种愤激于现实的反抗情绪；而后者认为这种情绪是与生俱来的人类生命的本性，且是无法驱逐的绝望情绪，诗人们认为创作就是苦闷的象征。在孤独情绪的体验中，西方象征主义诗歌多切近于生命本质的哲理体验，具有形而上的深邃；中国现代主义诗歌主要表现的则是时代苦闷与忧患于现实的孤独，表现出形而下的沉郁。

值得一提的是，中国现代诗歌明显体现了西方象征主义艺术与中国古典诗歌艺术融合的趋势：一方面，洋为中用，借鉴了他们的理论主张，注重象征、隐喻、感觉、暗示等；

另一方面，古为今用，继承了古代诗词的精华，如意象、比兴的运用，将借鉴与吸纳、继承与创新熔为一炉，大大革新了中国现代诗歌，加快了中国现代诗歌发展的步伐。

◎**思考题**

1. 中西诗歌发展轨迹概述。

2. 中西诗歌的本体观的差异及形成原因。

3. 比较中西意象派诗歌的内涵特征。

4. 西方现代诗歌从哪些方面影响了朦胧诗？谈谈你对朦胧诗的看法及它在中国现当代新诗中的地位和作用。

第十三章　中西小说比较研究

第一节　中西小说产生的历史文化土壤

中西小说的比较研究，应该从比较文学的视野出发，站在民族性和地域性特征之上，力图突破纯理论的探讨，以实际文本为基础，开拓中西小说视域，以期达到相互借鉴与吸收的目的。

一、经济、政治背景

(一)经济背景

小说是一种市民文学。这可以从它最初的定义中寻到证据。班固在《汉书·艺文志》中说："小说家流，盖出于稗官，街头巷语，道听途说之所造也。孔子曰：'虽小道，必有可观者焉，致远恐泥。'正以君子弗为也，然亦弗来也。闾里小知者之所及，亦使缀而不忘，如或一言可采，然亦刍荛狂夫之议也。"①所谓"街头巷语，道听途说"即表明小说在其产生伊始，便具有浓厚的平民气质，而这种平民气质又是与城市经济的发展分不开的。市民社会是在"城市商品经济发展到一定阶段而出现的，相应地随即产生了为市民阶层所喜爱的和表达市民思想意识的都市通俗文学，市民文学"②。很明显，中国小说的兴起是与城市经济和商业文明的发展相联系的。由于城市的兴起，城市经济的发展，导致从事商业和制造业人数的激增，并逐渐形成了一个固定的阶层——市民阶层。这一阶层，在文化上表现出其鲜明而独特的价值取向。一方面，由于他们无法达到正统文化(或称雅文化)，即一般意义上的诗词曲赋等所要求的知识层面，这类文化当时还被上层社会士大夫们所垄断；另一方面，也由于一些民间文学，如民谣、儿歌等过于简易、零散、篇制短小，很难满足这些具有一定文学基础的阶层对文学趣味上的更高要求，因此，一种满足市民阶层世俗要求的通俗小说样式形成了。在中国，真正意义上的小说是从唐传奇开始的。

在西方，小说的发展过程同样反映了特定经济类型的历史作用。被认为是西方文明的两个源头之一的古希腊文明，就是一种商业文明。罗素在《西方哲学史》中说："商业与海盗掠夺——起初这两者是很难分别的——

---

① 班固：《汉书·艺文志》。

② 谢桃坊：《中国市民文学史》，四川人民出版社1997年版，第1页。

对于希腊人的最重要的结果之一，就是使他们学会了书写的艺术。”①由此可见古希腊的文明是海上贸易的直接结果。商业的发达，城邦的林立，平民成为社会的主要组成部分，于是产生了与之相协调的文学形式，史诗与戏剧就是典型例证。虽然，在这个时候，还没有严格意义上的小说，但史诗与戏剧对于小说的产生影响巨大，它们在相当大的程度上决定了后来西方小说的题材、结构和叙述方法等。在西方，真正意义上的小说的诞生是在文艺复兴时期②，这是资本主义生产方式开始兴起的时期，虽然此前有古希腊史诗与中世纪城市文学的铺垫，但小说的产生仍然不能不说是一种飞越。叙事文学在此之前，都是以诗歌和戏剧的形式出现的，几乎找不到小说叙述方式的影子。但薄迦丘却一反常规，在《十日谈》中采用了类似短篇小说的形制。他所写的内容，完全是抨击、讽刺封建社会和教会思想的，而那些商人和手工业者则往往被表现得非常聪明和机智。很明显，小说是与新兴的市民阶层同时出现的。

（二）政治背景

中西小说的产生与政治背景也有紧密的联系。中国最早出现的小说样式是唐传奇，这是因为唐代的统治者在政治上采取较为宽容的政策。唐太宗曾说：“自古皆贵中华，贱夷狄，朕独爱之如一。”这种华夷如一的思想体现在文化上，就是鼓励不同文化间的交流，由此，外来文化在唐代也找到了自由伸展的空间。这种较为开明的政策和文化观使得各种类型的文艺可以在一起相互取长补短，彼此交融，这在相当程度上促进了小说的形成。以唐传奇为例，它不仅继承前代文言作品的叙事传统，如史实和虚构的双重性、人物塑造的简约生动、情节描写的曲折迂回，还大量地从诗词中吸取营养，从而形成自己的独特品格。如在《霍小玉传》中，霍小玉在痛斥李益无情绝义时，所说的一段文字就明显带有诗赋的特征：

> 我为女子，薄命如斯。君是丈夫，负心若此。韶颜稚齿，饮恨而终。慈母在堂，不能供养。绮罗弦管，从此永休。征痛黄泉，皆君所致。李君李君，今当永诀！我死之后，必为厉鬼，使君妻妾，终日不安！

除此之外，唐代的科举制度也大大推动了小说创作。唐代科举，行卷（即将所写文章呈与位高权重者阅览，以期得到举荐）之风甚重，而行卷的学子往往以小说投献。宋代赵彦卫在《云麓漫钞》中记载道：“唐代举人，先藉当世显人，以姓名达之主司，然后以所业投献，逾数日又投，谓之‘温卷’，如《幽怪录》、《传奇》等皆是也。”③现实的利益必然会极大地刺激文人的创作欲望，虽然不是单纯为了创作，但是这种间接的力量对于小说的发展，其作用是非常大的。科举制度始于唐代，而小说也正式产生于唐代，这其间的联系能够从一个侧面说明政治制度对于小说产生的影响。

在西方，政治对小说创作的影响也非常明显，如骑士小说，就是对骑士精神的一种宣扬，这种骑士精神归根结底是中世纪政治的产物。到了文艺复兴时期，人文主义思想首先

① ［英］罗素：《西方哲学史》，何兆武、［英］李约瑟译，商务印书馆 1963 年版，第 31 页。

② 陈秋红：《中西小说发生学的比较研究》，《东方论坛》1999 年第 2 期。

③ 程国赋：《唐代小说与中古文化》，文津出版社 2000 年版，第 96 页。

是一种社会政治思想，它直接影响了西方最早带有人本主义色彩的小说的产生。到启蒙运动时期，小说更成为政治的代言人，如席勒就将小说作为其政治主张的传声筒，从而有“席勒化”之说。可以说，在西方，小说的产生和发展是与政治生活联系得非常紧密的。

二、宗教、文化背景

（一）宗教背景

1．神话与小说

黑格尔说：“最早的艺术作品都属于神话一类。”①鲁迅也说过：“神话大抵以一‘神格’为中枢，又推演为叙说。”②可见，神话是一切艺术理念及其艺术表达形式的始祖。从小说这一角度看，神话无疑也具有特别重要的意义。中国古代神话，是中国小说的最初渊源。神话有简单的故事情节和有一定个性的人物形象，这正是小说艺术的一些要素。鲁迅说：“神话不特为宗教之萌芽，美术所由起，且实为文章之渊源。惟神话虽生文章，而诗人则为神话之仇敌。”在西方，神话也是小说的滥觞，蹇昌槐说：“希腊原始小说大约肇始于公元前6世纪，其滥觞则可上溯到神话和史诗时代。”③

神话一般都产生于人类社会早期，神话的内容多表现为人类对大自然的抗争与征服，许多神话描述生动，主题突出，易为一般民众所接受。通过长期的传承、变化，神话几乎都成为各民族文学的重要组成部分，很多神话中的人物已成为一种民族精神的象征，如中国的《精卫填海》中的女娃形象，她表现了原始先民在面对大自然时坚毅不屈的精神，象征了中国人民不屈不挠的民族性格。像这样类似的例子还有很多，如《女娲补天》、《后羿射日》、《鲧禹治水》等。在西方，也有很多这样的例子，如关于阿耳戈英雄、俄底修斯、阿喀琉斯等神话人物的英雄传说。其中最具有代表性的神话人物之一是赫剌克勒斯。他贵为天神之子，力大无比，敢于向一切力量挑战，并完成了十大功绩。很明显，中西方神话对中西小说的产生和发展都起到过重要作用。从相同点上看，中西小说均吸收了神话的叙事性特点，注重情节的迂回曲折以及人物塑造的个性特征。从相异点上看，在中西小说中则体现出了不尽相同的神话精神，虽然两者都表现出抗争的一面，但这中间的内涵却大异其趣。在中国神话中，所弘扬的往往是一种敢于与大自然的恶劣环境进行斗争的精神，这类神话多具有一个圆满的结局。而在西方神话中，主人公则多为主动向大自然发出挑战，并在挑战中体现勇气与力量，英雄的胜利多体现在他的征伐或冒险过程中，而其结局，则多体现出一种悲剧性。很明显，中西神话体现出了中西美学精神中某些不同的气质，而这些精神对中西小说产生了深刻的影响。

2．宗教与小说

中西小说由产生、发展到最终成熟，其中每一阶段都包含着大量的宗教内容。首先，宗教活动直接促成了小说的形成。中国唐代的变文与俗讲对唐传奇的产生就有很大的作用。“变文”是唐代的一种说唱文体，起初主要为佛教俗讲用于向信徒宣讲佛经。所谓“变”与“俗”说明这种文体对于佛经已不再是一般意义上的照本宣科，而是要通过演义、

① [德]黑格尔：《美学》，朱光潜译，商务印书馆1979年版，第24页。

② 鲁迅：《中国小说史略》，人民文学出版社1973年版，第7页。

③ 蹇昌槐：《西方小说与文化帝国》，武汉大学出版社2004年版，第22页。

通俗化使佛教经义能为平民大众所接受。这恰恰是小说的基本要素。另外，“变文”所采用的骈散结合的文体，对于小说写作的启发意义也同样不可忽视。“变文的体制是散文与韵文相结合而成……其散文与诗句相生相切，映合成篇。除散文外，其中韵文大约可为长偈、短偈两种。短偈大抵皆七言八句，近于七律之体。长偈上章，一律七言，或间用‘三、三、七’句法，或叠用‘三、三、七’句法。”①这种骈散结合的方法将中国文字的特点发挥到了极致，同时，也与小说作为综合型艺术的基本精神相融合。

其次，宗教给小说提供了思想的依托和大量的素材。西方的两希文明是一切艺术的源头，而其中的希伯莱文化在很大程度上是一种宗教文化。以《圣经》为代表的宗教典籍给后来小说创作提供了丰富的题材与主题上的启示。巴尔扎克在《人间喜剧》的序言中写道：“我在两种永恒真理的照耀下写作，那是宗教与君主政体。”②而列夫·托尔斯泰也说：“现代的宗教意识——即承认生活的目的在于人类的团结——已经显示得够清楚了，现代的人们只需摈弃美的理论(这种不正确的理论认为艺术的目的是享乐)，那么宗教意识就自然而然地会成为现代艺术的指引。”③陀思妥耶夫斯基被誉为西方最具有宗教意识的小说家，他的小说通篇弥漫着一种赎罪与忏悔的气氛，陀氏正是试图通过小说创作来达到对自身灵魂的救赎。同时，宗教精神中的宽容、博爱等思想以及对世界永恒价值的信仰给小说家以创作的动力，并激发他们的灵感。即使对无宗教信仰的创作者而言，宗教文化中的许多艺术因子依然是他们借鉴的对象。如中国敦煌，作为一个灿烂光辉的艺术武库，一方面其中所藏的文卷中有许多变文作品，另一方面，优美的塑像和华丽的壁画中也包含着许多美丽的故事，这给小说提供了无尽的养料。在西方，取材于《圣经》的小说不胜枚举。如美国著名作家福克纳的小说《押沙龙，押沙龙》，其篇名“押沙龙”原为《圣经·旧约》中的人物。又如《去吧·摩西》中的主人公了解到自己家族的罪恶以及生活于这个家族中的人们所受的苦难后，决心离家出走，悉心忏悔的情节明显是模仿《圣经·旧约》中的《出埃及记》。此外，海明威也有很多作品取材于《圣经》。如《太阳照样升起》这一题目就是摘引自《旧约全书·传道书》：“日头出来，日头落下，急归所出之地。”而且其主题也同样是受其启发。④

宗教对于小说创作的影响已经渗透到它的各个方面，宗教本身所具有的宗教性和世俗性这两个矛盾而又相互纠缠的命题正是小说的生命力之所在。

(二)文化背景

1. 儒道思想与中国小说

中国小说批评史，主要是以儒道的审美观点和文学观念为基本标准，孔子“子不语怪、力、乱、神”的儒家文艺观，老子的“大音希声”、“大象无形”的道家思想都与以志怪、志异为基本内容、以娱乐性为基本特性的小说创作背道而驰，这反映出小说在中国发展的艰难性。仅从对小说这个词本身的阐释，就可看出小说在中国文学史上的地位。道家的庄子首先提出了“小说”一词，他在《庄子·外物》中说：“饰小说以干县令，其于大达亦

① 罗宗强、陈洪：《中国古代文学发展史》，南开大学出版社2003年，第182～183页。

② 徐岱：《小说形态学》，杭州大学出版社1992年版，第289页。

③ 徐岱：《小说形态学》，杭州大学出版社1992年版，第290页。

④ 林澜：《略论中西小说的题名》，载《嘉应大学学报》1999年第4期。

远矣。”到汉代，儒家兴起，于是桓谭在《新论》中又给小说定性为“合丛残小语，近取譬论，以作短书，治身理家，有可观之辞”。在理学发达的宋代，曾慥在《类说序》中说：小说“可以资治体，助名教，供谈笑，广见闻”；陈振孙在《直斋书录解题》中说：小说只是“游戏笔端，资助谈柄，犹贤乎已可也”。即使是在小说创作已经相当成熟的明代，也有“小说野俚诸书，稗官所不载者”①这样的评论。可见小说一直是被排除在正统的文艺行列之外的，这就造成了文士对于小说的矛盾态度。最具有代表性的是瞿佑在《剪灯新话序》中说的一段话：“其事皆可喜可悲，可惊可怪者。所惜笔路荒芜，词源浅狭，无嵬目鸿耳之论以发扬这耳。既成，又自以为涉于语怪，近于诲淫，藏之书笥，不欲传出。”一方面，对于小说所描述的内容怀着极大热情，甚至害怕自己的才学无法将这些可歌可泣之事和盘托出；另一方面，又因为有“语怪”、“诲淫”的嫌疑，以至对所写之事和自己写作的合法性又抱有很大的怀疑，甚至自责。这也就造成了中国小说的佚名状况，大量的作品无法确定真正的作者，这其中当不乏一些好的作品。

由于从事小说创作的人，大都接受的是儒家思想教育，所以儒家的美学观、伦理观、人生观全面渗透到小说之中。儒家倡导的“温柔敦厚”的美学观在很大程度上，成为中国小说创作的指南针。宋代将说话分为四类：小说（又名“银字儿”）、讲史、说经、铁骑儿。小说的内容应该是“胭粉、灵怪、传奇、公案、朴刀、杆棒发迹、变态之事”，而以血腥征伐情节和宏大壮观场面为内容的说话都不在“小说”之列。虽然以后中国小说并没有按照这条道路发展，但这种认识对中国小说的影响是很大的。在中国古代小说中，描写日常生活、世态人情的小说所占的比例是其他小说无法比拟的，即使是在历史演义、英侠传奇、神魔小说中，也可以体味到非常浓厚的世态气息。如果深究其源，可以看到这种现象背后是儒家思想使然。

道家思想对中国小说主题和内容的影响也很深。历代都不乏表现人生虚幻、世事无常的作品。其大致的模式为：小说的主人公在经历一段磨难后，或在身陷困境时突然顿悟人世，或经高人点拨后窥见天机，于是胸怀澄澈，逍遥山林，羽化成仙。如《镜花缘》中的林之洋、《红楼梦》中的贾宝玉等。志怪小说是中国小说的一个重要分支，这类小说多记叙一些奇异灵幻之事，如《搜神记》、《幽明录》等，而道家的经典著作《庄子》中也有大量关于奇闻异事的记载，这种类似不是偶然的，这是道家思想对小说影响的结果。

中国文化就其主体而言，表现为儒道互补的局面。体现在小说中，就是志人、志怪两大主题既各自发展，又相互融合的历史。

2. 两希文明与西方小说

古希腊文明与古希伯莱文明是西方一切艺术的发源地。就小说而言，古希腊文明赋予它的是叙事技巧、情节布置、结构安排的知识；古希伯莱文明主要给它的是主题的启示、丰富的题材以及宗教的精神。

古希腊文明因为史诗与戏剧而闻名，《荷马史诗》与三大悲剧诗人埃斯库罗斯、索福克勒斯、欧里庇得斯的作品给西方树立起了强大的叙事文学传统。亚里士多德在《诗学》中对此进行了系统的总结和阐发。亚氏在书中提出了悲剧的六大部分，即情节、性格、思

---

① 谢肇淛：《五杂俎》；载黄霖、韩同文：《中国历代小说论著选》上，江西人民出版社 1985 年版，第 167 页。

想、言语、唱段和戏景，并强调“情节是第一，也是最重要的部分。根据定义，悲剧是对一个完整划一，且具一定长度的行动的模仿”①。由此，亚氏提出了完整的“模仿说”理论。“模仿说”对西方文学的叙事传统起到了巨大的历史作用。所谓模仿，就是按照对象的形态来描摹，模仿实际的行动，这无疑为文学的叙事性奠定了理论基础。对于小说的产生与发展起到了极大的推动作用。

希伯莱文明主要是宗教文明。希伯莱文明表现出了一种非常谨严的宗教意识，对其律法和教义表现出了一种高度的重视，如：“亚历山大里亚的犹太人，在哲学方面，都情愿向希腊人学习，但他们却异常顽强地墨守其律法，尤其是行割礼、守安息日，以及不吃猪肉和其他不洁的肉类等。从尼希米到公元后70年耶路撒冷陷落为止，他们重视律法的程度是与日俱增的。”②美国当代哲学家巴雷特也指出，希腊人缔造了西方人的理性和科学，而希伯莱人则创立了西方人的道德和信仰③。作为西方文明的源头之一，希伯莱文明深深地影响到后世的文艺创作。对于小说而言，这种影响就表现在作家创作过程的谨严与作品内容中的宗教精神。

中西文化的不同内涵铸造了中西小说不同的价值观、创作方法以及风格特征。

第二节　中西小说的美学精神

小说美学，是以作品为基础，以理论为依托，对小说这一文体进行形而上层面的总结，从而确立小说的核心内涵。对中西小说美学精神的探寻，将有助于中西小说的比较研究脱离浅层次的单纯对比，走向深入。

一、实与虚

（一）史传传统与现实主义

中国小说的一大特点就是它的史传传统。中国文学批评史，向来以“史”的标准评审文学作品，小说也不例外。中国小说史上以史命名的作品不胜枚举，如《儒林外史》、《燕山外史》、《熙朝快史》、《禅真逸史》，等等，再加上各朝代的“演义”、人物“志传”等，构成了中国小说创作中的主流。

小说创作的史化倾向，从创作实践上看，是因为中国悠久的历史给小说提供了大量题材，同时也在创作技法、结构形式上提供了借鉴和启示。如史学中纪传体以事写人、纪事体以人写事的手法就给小说以极大启发。同时，史传文学由于有历史的制约，使得其行文趋于严谨、细密，结构完整、严密。当然，这些影响还只是表象，在这背后，还有更深层的影响。由于小说在中国向来不被视为正宗，而历史却历来是被奉为正统的。由此，小说希望通过模仿史学，借史学的地位来抬高自己的地位，这也许是中国小说史化的极为重要的原因。这造成了两种结果：一种是小说成了“野史”的代名词。由于正规的历史已经由史传写出，小说只好另辟他途，惟一的道路就是采集民间传说，街谈巷议，弥补正史，虽

---

① ［古希腊］亚里士多德：《诗学》，罗念生译，商务印书馆1996年版，第20页。
② ［英］罗素：《西方哲学史》，何兆武、［英］李约瑟译，商务印书馆1963年版，第393页。
③ 周宪：《美学是什么》，北京大学出版社2002年版，第52～53页。

然有时确有补苴罅漏之功，但大都流于虚假和调侃。另一种就是小说代替历史文本，充当了普及历史知识的角色，这主要表现在中国文学史上出现的大量历史演义类文本之上。《三国志通俗演义序》中说："文不甚深，言不甚俗，事纪其实，亦庶几乎史，盖欲读诵者，人人得而知之，若诗所谓里巷歌谣之义也。"一般来说，"质胜文则野，文胜质则史"，这一直是中国史家的秉笔之法，史书在显示其正统尊严的同时，也丧失了一般读者。而小说凭其通俗的语言和浅显的说理成为一般民众学习历史的最好教材。《三国志通俗演义引》中说："史氏所志，事详而文古。义微而旨深。非通儒夙学。展卷间。鲜不便思困睡。故好事者。以俗近语。檃括成编。欲天下之人。入耳而通其事。因事而悟其义。因义而兴乎感。不待研精覃思。知正统必当扶。窃位必当诛。忠孝节义必当师。奸贪谀佞必当去。是是非非。了然于心目之下。裨益风教，广且大焉，何病其赘耶。"这一段话，是对小说家心理的极好注解。一方面，为小说正名，说明小说不是无聊的野史，而是用通俗笔法，达正史之义；另一方面，又用大段文字说明小说所具备的教化作用。教化作用对于中国的文学作品来说，是极为重要的一项品质，作者正是试图证明小说同样也能"裨益风教，广且大焉"，从而提高小说的地位。

与此相比，西方小说现实主义走的则是完全不同的道路。中国小说的史传传统是长期受排斥和压抑从而进行抗争的结果，在相当程度上可以看作是一种被动行为，而西方则完全是有意识的主动介入。19 世纪 30 年代崛起的现实主义创作潮流，容易给人造成一种错觉，即西方的现实精神始于此时。其实在此之前，西方文学，尤其是小说就已经有了反映现实社会生活的传统。从古希腊、罗马开始，小说虽处于萌芽阶段，但已经具有了现实意识。如现存最完整的古罗马小说《金驴记》描述了青年被施魔法而变成驴，为了恢复原形，他游历全国寻找解药，在此过程中，他接触到了各色人物，被人买卖和奴役，使他尝遍辛酸，对于人性有了深刻的了解。同时他也看到，表面繁荣的罗马帝国其实已经矛盾重重，暗藏危机。《金驴记》的这种写法无疑具有明显的现实主义风格。到了文艺复兴时期，真正现代意义上的小说开始出现，以《堂吉诃德》为代表的一批作品同样高扬着现实主义的旗帜。塞万提斯在其小说集的自序中说："你若好好地看一遍，那么无论从哪一篇小说你都能找到一些有用的鉴戒范例。"①可以看出，这时的小说已经注意到现实内容的教育和警世作用。

西方的现实主义与中国的史传传统虽然都以反映现实自命，但是在美学形态上，却表现出差异性。首先由于出发点的不同，中国小说更注重从历史中挖掘现实内容，用历史的事实去反映现实的意义；同时，在行文中还夹杂大量的议论性话语，使得教化作用得以凸显。西方小说则直接从现实中提取素材，让现实生活说话，通过情节展开和人物的描述，使得主题自己浮现出来。其次，两者的现实精神也不同。中国的小说，讲究"经世治用"，以古鉴今，反映的内容虽五花八门，但总有一个原道的"主题"。这实际上，还是小说借史传的正统地位来抬高自己的做法的结果。西方小说由于没有这样的先天不足，所以在创作时就显得无所顾忌，主题鲜明而多样，其现实精神来得更加干脆、果决。

现实是小说的生命。虽然出现了现代派小说、先锋小说等流派，但是它们只是对于传统小说的创作形式、创作理念的背叛，而非对其本质即现实的背叛。一部作品打动人的地

---

① 陈惇、刘洪涛：《西方文学史》第 1 卷，四川人民出版社 2003 年版，第 199 页。

方，就是它使人感受到真实的地方，所以，小说永远也不会抛弃现实。

(二)神话情结与浪漫主义

求奇是中国小说创作的一大特点。从志怪小说的“怪”到唐传奇的“奇”，再到以后的神魔小说的出现，显示出中国小说浓厚的神话情结。与此相仿的是，西方小说中除现实主义倾向外，也弥漫着不少浪漫主义色彩。言奇与浪漫共同构成了中西小说最为精彩奇幻也最富有意味的景观。

从源头上看，中西小说的最早雏形都是神话。神话的产生，是原始先民求知欲望的结果。“昔者初民，见天地万物，变异不常，其诸现象，又出于人力所能以上，则自造众说以解释之：凡所解释，今谓之神话。”①从这句话可以看出：① 神话产生于原始初民对天地万物的疑问和好奇心，神话正是对于这些疑问和好奇心的解释和满足。② 这种解释是主观臆造而非理论依托下的科学分析的结果。所谓“自造众说以解释之”，说明神话在解释现象时，主要运用的不是理论，而是想象力。而小说的两大特征——求奇和想象，则正是对神话特殊想象力的继承。中西小说首先在这点上有了一个共同点。

从对象上看，小说是以普通大众为主要对象的文学体裁，其创作必然要考虑读者的兴趣。而好奇心是人的天性之一，也是市民阶层最为显著的特征，市民平庸的生活状态催发了他们的求变心理，但在实际生活中，这种诉求却很难实现，于是他们便寄希望于文学，通过文学阅读来延伸、拓展他们想象的空间，从而在审美快感中获得心理的平衡。而小说充沛的想象力正好适应了这种猎奇心理的需要，这从中外小说的本质特性即可得到证明。

从文体分工上看，小说以对奇人异事的描写弥补了中国文体叙述中的空白。以奇人异事为题材或内容，历来都被正统文学所不耻，这种现象在中国表现得尤为突出。但是，这种题材一方面本身是一个巨大的知识宝库；另一方面是它确实拥有广大的读者群体。而且，小说作为一种通俗文学，与民间文学有着天然的血缘关系，其本身的特征如题材、结构、语言等较之其他文体更加适合与这些民间传说或故事共存共生。所以，小说在中国较之其他文体就具有了其独特的优势。

虽然中西小说在求奇求异方面体现出了某种相似的特征，但是在很多具体的艺术表现内容和方法上，却存在着很大的不同。

在内容上，中国小说多专注于神异事物的描写，神鬼的世界与人的世界虽然相通，但却有一条分明的界线。在对神鬼的描写中，多强调他们与人不同的神性，突出他们作为一种异化物的存在。通过对这种非正常自然事物的描述，从而达到内容上的新奇，最突出的例子就是《山海经》。《山海经》共 18 卷，讲述的几乎都是奇珍异兽，奇景异俗，很少涉及现实世界的内容。而西方小说的内容则较少对神异事物的奇异性作直接描写，其奇异的艺术效果，主要是通过对现实生活的幻化来实现的。如古希腊神话中的神皆具有人的本性，是通过对人的本性的提炼来完成的。这与中国的神鬼在本质上是不同的。又如英国小说《鲁宾孙漂流记》，虽然这部作品极具浪漫色彩，给人以不可想象的新奇感。但是，此作整个故事都是在一个非常具体的时代背景中展开的，从人物到场景，都带着很强的现实性。在作品中，作者将现实生活中的人与现实生活的环境进行了大跨度的错位，这种错位的结果就构成了对读者非常陌生而有趣的事件和人物，作者让一个欧洲人远离欧洲大陆独

① 鲁迅：《中国小说史略》，百花文艺出版社 2002 年版，第 7 页。

自生活在一个孤岛上，本来欧洲人和海岛都是大家所熟识的，但是将这两者奇妙地联系起来，奇异的效果就制造了出来。实际上，小说强调的是奇异中的现实性。由此可见，中国小说是以神奇写神奇，西方小说是从现实见神奇。

由于内容上的差异，也导致中西小说在风格上有了不同的取向。中国小说的奇异由于它的非现实性和人的实际生活相距较远，因而制造出的整体气氛是轻松、愉悦的，说的是神鬼之事，然而这些神鬼却并不太可怕，它们只是一些与人无碍的奇物，它们对人的影响是非常有限的，最后终于被人制服。而且，其篇幅一般比较短小，最短者甚至只有几十个字，阅读一个故事只需要很短的时间，这也给读者以轻松之感，如《搜神记》、《博物志》等。而西方小说的风格，由于叙事宏大和情节繁复，往往显得较为庄严沉郁。其中所描述的神与人几乎同处一个世界，神界与人界没有什么隔绝。人的任务不是维护个体的存在，而是要为整个世界而战斗。尤其在浪漫主义兴起之后，这种使命感就更加强烈。可见在西方小说的奇异风格中，暗含着古希腊的悲剧传统。中西这种风格上的差异性反映了中西小说不同的美学精神，即优美与壮美。王国维曾说："美之中又有优美与壮美之别。今有一物，令人忘利害之关系，而玩之而不厌者，谓之曰优美之感情。若其物不利于吾人之意志，而意志为之破裂，唯由知识冥想其理念者，谓之曰壮美之感情。"①中国的神话小说写神鬼之事，悠游于神鬼之世界，但这世界是与现实世界并无太大关联，也与现实人生无碍，所以其内容虽然奇异，但并不让人有深沉的压抑感和恐惧感。西方小说，在抒发浪漫情怀、叙说神人交往时，总难以丢弃对现实人生的关注，在新奇的情节与内容背后，总有着鲜明的现实主题，人们通过阅读作品，感受的是奇迷幻化下的痛苦与悲壮，品味到的是一种壮美的升华。

优美与壮美的划分，分别体现了中西小说在创作风格上的不同特点。

(三)再现与表现

一般来说，再现与表现两种文学创作方法是有区别的，从文体上考虑，诗歌倾向于表现，小说倾向于再现。然而，实际上这两者在本质上是有联系的。再现源于模仿，但不同于模仿。模仿是以对象为中心，主体则在模仿的过程中，将自身消解、隐藏；再现则肯定主体的存在，主体的活动在再现活动中是被认可的，再现对象由主导者地位下降到自然的对象物层次。而且，模仿注重的是过程，而再现注重的是结果。对小说来说，"虽然它所再现的对象在一定程度上仍同现实世界存在联系(这是它与模仿论的相似之处)，但并不以此为转移，多少为主体的想象能力和选择的能动性网开一面地提供了活动机会"②。这说明，再现与表现之间，并不是一条无法逾越的鸿沟。艺术由模仿走向再现的同时，就已经铺设了通向表现的大道。中国小说被定义为"街谈巷语，道听途说者之所造也"，这实际上兼有再现与表现的意思。一方面，这是说小说并非凭空捏造，而是有事实依据的，所谓街谈巷语，道听途说，就是小说题材，小说要做的是将它们形之于篇章。这是再现。另一方面，小说还要看重一个"造"字。造，就是要将所听所闻进行改造，将这些所听所闻的材料构成书面文字，对这些零碎、杂乱的故事进行重新的组织、编排，创作出动人的小

① 王国维：《王国维经典文存》，上海大学出版社 2003 年版，第 113 页。

② 徐岱：《小说形态学》，杭州大学出版社 1992 年版，第 58 页。

说情节。这是表现。在西方，小说通常被说成 Novel 或者 Fiction，Novel 一词源于意大利语 Novella，Novella 又由 Novean 派生而来，而 Novean 正是“所闻”的意思。①这与中国的街谈巷语、道听途说相类似。Fiction 是“虚构”的意思，这又与“造”之义相吻合。仅从上述词源的比较考察中我们可以看到，中西小说称谓的相同，并非偶然，这应该理解为中西小说家在小说创作过程中，已深切意识到这两者关系是有统一性的。

二、俗与雅

（一）中间文体

通俗性虽然向来被认为是小说的根本特性，但我们应该注意到，小说历来都不缺乏它“雅”的一面。从文体上考察，小说是最能体现出雅俗共赏的文体。

1. 雅与俗的共存

在内容上，小说涉及的生活面比较宽，往往能对社会图景进行全方位的、多角度的、展开式的描述。如《水浒传》，它以好汉聚义为主线而展开了对北宋社会图景的全面描写，这其中，达官显贵与市井平民并举，文人骚客与乡村野老同台，写僧人便要将僧人刻画得入木三分，写好汉也要将好汉摹画得活灵活现。三教九流的丰富个性特色成为小说内容的主要看点。在西方，雨果的《悲惨世界》、列夫・托尔斯泰的《战争与和平》等，也都是全境式的小说。艾布拉姆斯在解释艺术“四要素”中的第三要素“世界”时说：“一般认为作品总得有一个直接或间接地导源于现实事物的主题——总会涉及、表现、反映某种客观状态或者与此有关的东西。这第三个要素便可以认为是由人物和行动、思想和情感、物质和事件或者超越感觉的本质所构成，常常用‘自然’这个通用词来表示，我们却不妨使用一个含义更广的中性词——世界。”②实际上，小说历来就是以现实的世界为自己的表现对象，与小说相比，其他文体不免陷于片面，它们总是较为执着于世界的一面，而小说却是一个名副其实的万花筒。在小说中，世界的繁复性得到最大限度地表现。各种生活状态、时代精神、思想观点都被小说密切注视，并用最贴切的方式和语言反映出来。在语言上，小说能将极具文采的铺叙与日常生活的俚语并存，以适应不同阶层、不同人群的口味和需要。这突出地表现在中国明清的市民小说当中。当时，由于市民阶层的发展，小说必须使用切合生活实际的语言，才能使他们看懂并产生亲切感。同时，小说家为了营造气氛，展示才华，又不会放弃对于华丽词句的使用。在形式上，诗词曲赋和俗谚民谣并存。如中国的章回小说中，其回目往往采用对仗工整的偶句，篇首有“词曰”、“诗曰”这样的字眼，行文中还常会出现“有诗为证”，诗词在小说中被大量应用。这构成小说雅的一面。与此形成鲜明对照的是，小说中也包括大量的俗谚、民谣等。民谣、俗谚在小说中常担任预言、警言一类的任务，如在《三国演义》中，董卓被刺杀之前就描写了一段流行的民谣：“千里草，何青青！十日卜，不得生！”据统计，在《三国志演义》中使用的文体包括：奏疏、诏书、表文、赞、论、诗、词、曲、传、谣、歌、评、赋、册、书、檄文、誓词、祭文、诔文、偈、行状等③。这种多方面的特点使得小说在整体风格上亦庄亦谐，既符合普通大众

① 刘献彪、刘介民：《比较文学教程》，中国青年出版社 2001 年版，第 196 页。

② ［美］艾布拉姆斯：《镜与灯》，郦稚牛等译，北京大学出版社 2004 年版，第 4 页。

③ 陈美林、冯保善、李忠明：《章回小说史》，浙江古籍出版社 1998 年版，第 14～15 页。

的要求，又不失文人高士的喜爱。

2. 雅与俗的转化

在小说发展的过程中，雅与俗的概念是相互转化的。如“五四”新文化运动以大众文学(俗文学)的形式，为大众代言、立言，批判旧式的文言笔记小说，创造出了白话小说，并以为大众服务自命。然而，当这种文学革命取得成功以后，俗文学上升为主导文学，很快俗文学就同它的批判对象一样(也几乎以同样的罪名)也成为一种雅文学，甚至也成为新的批判目标。俗文学向雅文学革命的过程，也是一个自身调整并向雅文学靠拢的过程。当俗文学取代雅文学端坐庙堂之上时，俗文学也开始了向自身回归的内在旅程。因此可以说，俗文学革命的结果是以丧失自身的俗文学特征为代价，并最终向它的革命对象转换。俗文学一旦成为新的雅文学，也就孕育着新的危机，造就着新的反叛。①从“五四”新文化运动中的白话小说到延安时期以赵树理为代表的大众化小说，从50年代反映工农兵的现实主义小说到新时期的大量通俗小说的出现，俗与雅几乎是以一个轮回的形式在永不休止地运动着。实际上，在整个小说发展的过程中，雅不避俗，俗不避雅。在西方，俗与雅的问题也是共存转换的。如在西方启蒙运动时期，一方面，批评家们继承了文艺复兴时期对于古希腊艺术的倾慕，在文艺创作上，出现了诸如德国古典美学这样奉古希腊罗马文艺为最高准则的文艺观点；另一方面，由于民族意识的觉醒，对于民族文学的提倡和发掘得到前所未有的重视。在这里，两种艺术是可以互置的，古希腊罗马文学必须依赖民族文学而生存，而民族文学又必然超越古希腊罗马文学而上升为文艺的主流。又如俄国著名的作家普希金，在他的文学创作中运用了大量的民间俚语、俗语，从而创造出世界最美的文学作品来。雅与俗的观念变化，正是文学发展的本质规律的反映。

(二)才学小说与哲理小说

才学小说是产生于明清时期的中国小说体裁中的一种，鲁迅在《中国小说史略》中专辟一章来讨论这种小说类型。才学小说作为一个流派“也讲故事，但又不仅仅讲述一个或多个故事，它还论学说艺、数典谈经，充分展示作者的学问，有时甚至‘故事’让位于‘学问’；它的某些作品脱离了拟说书腔调，拒绝让读者假想为听众；它‘文备众体’，融合了历史演义、英侠传奇、神魔小说、人情小说等流派的特色”②。才学小说的作者一般都是有才华的士子，他们以小说“见其才藻之美”，以小说为谈论学问、发表学术见解的平台，而且在主题上，也遵从史传传统，宣扬儒道思想。这派代表作有夏敬渠的《野叟曝言》、屠绅的《蟫史》和李汝珍的《镜花缘》。这是一种试图让中国小说脱俗变雅、融雅俗于一体的文体。而哲理小说是西方18世纪启蒙运动中产生的一类小说作品。这类小说与中国的才学小说有类似之处。较之西方一般意义上的小说，哲理小说的小说元素要淡化得多，其着重点不在人物形象的塑造、情节结构的整一，而是丰富的哲理性思考。小说的内容多针对现实的社会问题而展开，以揭露和批判为主。其作者多为具有深厚文学修养、知识渊博的学者。代表作品有孟德斯鸠的《波斯人信札》，狄德罗的《修女》、《宿命论者雅克》、《拉摩的侄儿》等。

从思想文化背景上看，才学小说主要是在乾嘉时期理学、汉学高度发达的背景下兴起

① 张全之：《雅俗对峙：中国现代文学史的内在矛盾运动》，载《中州学刊》2001年第1期。

② 陈文新等：《明清章回小说流派研究》，武汉大学出版社2003年版，第233页。

的。清中叶是一个“博学的时代”，崇尚学问、注重考据，文人常常以学入诗，以理入诗，并得到了理论上的支持，这对小说创作的影响很大。如《野叟曝言》中的理学，《镜花缘》中的音韵学都达到了相当的学术高度，并提出了很多作者自己的见解，说明作者的学识和用心。哲理小说产生于启蒙运动时期，而理性正是这一时期的最高主题。唯理主义的代表人物笛卡儿在《第一哲学沉思集》中提出的“我思故我在”的著名论断标志着这一时代的基本精神。自然科学和哲学成为这个时期最为热门的学科，对思考和知识的热爱成为普通共识。哲理小说正是在这样的时代背景下产生的。可以看到，才学小说和哲理小说都兴盛于理性和思辨精神很强的时代，时代共铸了这类偏于理性思考的小说文章。但两者间也有很大的区别。清代理学是在文字狱这样的背景下诞生的，所以其内容大多不关乎现实社会，是纯粹的形而上式的学问。而启蒙运动是资本主义蓬勃发展的产物，所以必然带有明显的时代烙印，其思考的内容都是现实社会生活中的普遍存在的问题。这表现在两种小说中，就是才学小说完全沉浸于个人的世界中，醉心于自我学识的展示和炫耀，而缺乏反映现实的内容，所以其作品往往走向百科全书式的知识堆砌，显得苍白无力，不能打动人。而哲理小说的创作动机来源于现实，作家有着强烈的社会责任感，如孟德斯鸠、狄德罗、伏尔泰等，都以社会改革家自命，其作品在表现出作家深厚的知识素养的同时，也反映了极现实的社会问题，并对其有深刻的思考和认识。出发点的不同给中西两种趋“雅”的小说带来了不同的结果：才学小说由于其贫乏的现实内容，在经历了一个短短的时期之后，就销声匿迹了；而哲理小说却因为其有力的揭露、深刻的思考、隽永的说理对后世的小说乃至整个西方文学创作都产生了深远的影响。

三、人与道

(一) 中国小说的“明道”思想

“救济人病，裨补时阙”是中国古典文艺的核心思想。文艺创作者必须以社会民生为己任，在作品中弘扬王道思想，从来都是中国文艺创作的正宗。对于小说，也不例外。

中国小说的“明道”思想主要是由外部和内部两个原因造成的。就外部而言，被视为中国正式小说的传奇，就诞生于明道思想极其浓厚的唐代。“文章合为时而著，诗歌合为事而作”的观点在当时非常流行，文学创作的首要原则被定格在发扬“兴寄”之上，当韩愈在不经意间提出文章“所以为戏”时，竟遭到暴风雨般的口诛笔伐。这种明道观必然会影响到小说创作，如李公佐在《谢小娥传》中写道：“知善不录，非《春秋》之义也，帮作传以旌美之。”这说明他创作的目的就是要表扬谢小娥“足以儆天下逆道乱常之心，足以观天下贞夫孝妇之节”的事迹。在宋、元、明三代，小说创作的明道思想又进一步被强化，到了清代，更是达到了一个高峰。清代的统治者为了笼络知识分子，巩固自己的统治，一方面非常注重吸收儒家文化，强调伦理道德观念；另一方面又大兴文字狱，打击具有异己思想的文人。反映在文坛上的就是对于“文以载道”理论的空前重视。毛宗岗在《读三国志法》中说：“读《三国志》者当知有正统、闰运、僭国之别。正统者何？蜀汉是也。僭国者何？吴、魏是也。闰运者何？晋是也。”他十分明确地将小说作为宣扬正统观念的工具。从最初的“治身理家，有可观之辞”、“有益于世”到“可以资治体，助名教”、“事纪其实，亦庶几乎史”。由此可见，随着小说的发展，小说“经世治用”的功能越来越突出。

小说长久的明道传统还有其内在原因。由于长期得不到正统文坛的承认和理解，使得小说一直处于“在野”文学的地位，难登大雅之堂。在这种情况下，小说开始有意识地学习被奉为权威和正宗的史传文学。史传文学由于肩负着重要的政治使命，所以历来以宣道、明道为核心精神，如在明清小说的评点性文章中，就有大量关于小说与历史关系的讨论内容。而且在中国小说中，历史小说是一个大类，其地位明显要高于其他类小说。毛宗岗在《读三国志法》中说：“读《三国》胜读《西游记》。《西游》捏造妖魔之事，诞而不经，不若《三国》实叙帝王之实，真而可考也。”可见，历史小说中的“史”味正是其身价高于其他小说的原因所在。而这个“史”味之精髓正是它的道学意味。正因为历史小说将明道之价值观融于小说之中，使得小说本身也就带上了正统气息。中国历史小说如此，其他类小说，如英侠传奇、神魔小说、人情小说、才学小说等虽不以历史为主要内容，但也都有试图使作品具有史传意味的倾向。另外，在中国小说批评史上有很多小说家和小说批评家还有意将小说与史传相比较，如将《水浒传》同《史记》、《汉书》相比，赋予小说同史传文学同等重要的意义，即继《春秋》，承雅道，教化人伦。中国小说向史传文学自觉靠拢，造成了中国小说的明道精神。

（二）西方小说的“人文主义”精神

西方小说的人文主义传统，可以追溯到文艺复兴时期对古希腊人本主义的继承。由于中世纪长达近千年对于人性的压抑，使得在文艺复兴到来时，被压抑的人性有了全面的爆发。所谓人文主义精神，大致包含有两种含义。朱光潜先生在《西方美学史》中说：“西文‘人道主义’（Humanism）这一词有两个主要的涵义。就它的原始的也是较窄狭的涵义来说，它代表希腊罗马古典学术的研究，所以也有人把它译为‘人文主义’。……其次，与这个意义密切相联系的是与基督教的神权说相对立的古典文化中所表现的人为一切中心的精神。就这个意义上来说，有人把 Humanism 译为‘人本主义’或‘人道主义’，人本主义所否定的是神权中心以及其附带的来世主义和禁欲主义，所肯定的就是上文所说的那种要求个性自由，理性至上和人的全面发展的生活思想。”①

人文主义思想从文艺复兴时期开始，逐渐成为西方小说创作的主流。从外在原因来看，西方在经历了中世纪以后，新兴的资本主义开始登上历史舞台，随着这个阶级力量的不断加强，资产阶级在各方面都要求有自己的声音。在文艺方面，这个阶级要以人文主义为核心建立自己的思想体系和价值体系。从内在原因来看，西方经历了黑暗的中世纪以后，清楚地认识到泯灭人性所带来的毁灭性后果。因此，整个西方文学史，就是对于人性不断发掘、不断深化认识的过程。从文艺复兴、启蒙主义到浪漫主义、现实主义，每一阶段都涌现出了大量的人文主义巨著。在文艺复兴时期，出现了西方第一批带有人文主义色彩的小说作品，如薄迦丘的《十日谈》、拉伯雷的《巨人传》、塞万提斯的《堂吉诃德》等。这些作品从不同角度表现了文艺复兴时期的风貌和思想，高扬起了“人”的旗帜。《十日谈》被认为是近代小说的开端，它从内容到形式，都已走出古代史诗和宗教文学的阴影，进入世俗世界。其故事描写了僧侣、贵族、商人、手工业者等不同阶层的人们，覆盖面广，全是意大利社会现实生活的反映。小说形式上虽由若干故事的串连组成，显得有些松散，但小说却统摄于同一个主题之下，即对人性之恶的揭露、讽刺和对人性之善的描绘、赞美。作品对禁欲主义、愚民主义进行了彻底的批判，同时对追求自由、理性的行为和思

① 朱光潜：《西方美学史》，人民文学出版社 1979 年版，第 145 ~ 146 页。

想给予了充分的肯定。所以，《十日谈》不仅在时间上是近代小说的开始，在思想上也开创了西方人文主义小说之先河。到了启蒙主义运动时期，伴随着资本主义生产方式的确立和西方理性主义思想的出现，人文主义小说更是硕果累累，创作出了诸如《鲁宾孙漂流记》、《波斯人信札》、《浮士德》这样的杰作。这些小说反映了勇于冒险、寻求财富、追求自由的进取精神，表达了对社会的哲理性思考，体现出了启蒙主义精神。到了19世纪，随着资本主义工业文明的最终确立和社会内部矛盾的日益激化，批判社会现实的文学作品开始大量出现，涌现出了一大批浪漫主义和现实主义作家，如雨果、普希金、巴尔扎克、果戈理、陀思妥耶夫斯基、福楼拜、列夫·托尔斯泰等，人文主义思想仍然是这个时代的主旋律，如巴尔扎克的《人间喜剧》对资本主义的深刻批判就充分体现了这种人文主义精神。到了20世纪，人文主义再次转向，经济危机和两次世界大战给欧洲带来了灾难性的后果，反思人的生存价值与反传统成为时代的主题，传统的理性在这个时期遭到了质疑，人文主义的特点开始体现为对人性自身及其存在价值的深入关注、思考、发掘，批判高度的现代文明对人的压制与束缚，呼唤人的自由成为文学关注的主题。在小说创作中，有很多作品开始从文艺复兴甚至古希腊神话、圣经等古代作品中去获取题材，如乔伊斯的《尤利西斯》就是模仿荷马史诗《奥德修记》的结构和内容；美国作家福克纳的作品中也有很多是取自文艺复兴时期人文主义作品或圣经的内容，如《喧嚣与骚动》的题目与主题就是来源于莎士比亚的名剧《麦克白》的一段台词："人生只是一个行走的影子，一个在舞台上装腔作势的拙劣的戏子，登场片刻便悄然退下；它像一个白痴所讲的故事，充满着喧嚣与疯狂，却无丝毫意义。"在20世纪，执著探求人的本质是大量具有人文主义思想的作家所共同追求的目标，如罗曼·罗兰、海明威、卡夫卡、艾略特、乔伊斯、福克纳、萨特等正是这个时代最有代表性的小说作家。综上所述，虽然人文主义在西方各个时期表现出不尽相同的内容和风格，但人文主义精神却一直贯穿始终。

(三)人与道的变奏

通观中国小说的明道精神与西方小说的人文主义精神，虽其中心意旨都指向于人，但着眼点却不同。明道是要通过外在的本体——宇宙生命使人合于社会；人文主义却是要通过内在的本体——自然生命使人组成社会。叶朗说："中国古典美学认为，艺术家在自己的作品中必须表现宇宙的本体和生命。"①这里的宇宙本体和生命就是指的道。由此，中国小说更多的是指向高于人本体的社会和自然宇宙。而西方的人文主义兼有人道与人本双重内涵，本质上是以人的本体为中心的。古希腊的哲学家赫拉克利特就说过：我已经寻找过我自己。罗丹说：艺术向人们提示人类之所以存在的问题，它指出人生的意义，使他们明白自己的命运和应走的方向。卡西尔也说：认识自我乃是哲学探究的最高目标。西方哲学一直以来都有着关照人自身的传统，所以从美学角度来看西方小说，人的本体是其关注的主要对象。从比较的角度来看，将道纳入到小说创作中来，这给中国小说带来的后果是两方面的：一方面，明道传统的存在无疑对于深化小说的主题，避免中国古典小说流于无聊和庸俗起到重要的作用，遏制了小说迎合某些社会低级趣味的倾向。另一方面，明道又给小说在主题和内容上带来了极大的限制。明道传统在小说的创作中很容易陷入唯道论，将小说变为宣扬道统、教化人伦的工具。这使很多优秀小说作品都被扣以不合于道的帽子而

① 叶朗：《中国美学史大纲》，上海人民出版社1985年版，第28页。

遭到排斥，如由于《水浒传》反映的是官逼民反的主题，因此一直不为道学家所容，被认为有违“规矩”，是一部“反书”，于是有了俞万春的《荡寇志》。他的写作目的非常明确，就是要让《水浒传》的官逼民反式的英雄主题不能成立，要以“正道”制止这样的越轨写作，因此《荡寇志》中充满了教条式的说教和迂腐的道德观。同中国趋于明道倾向的小说相比，西方人文主义思想则使小说更趋于人性化，其影响也可以从两个方面看：一方面，人文主义将人的概念输入小说之中，这是对人的肯定，也是对人类社会本质的肯定；另一方面，西方人文主义小说在执著于对人性的反映时，在一定程度上使小说有忽视社会责任的倾向。

就文学创作来讲，两种不同的美学观，对中西小说的影响非常明显。从作品整体结构和内容组织上看，在中国，由于“道”是世界的本体，是万物之根，老子说：“道生一，一生二，二生三，三生万物。万物负阴而抱阳，冲气以为和。”①人和自然同出于道，人和自然应该是和谐的共存。这使得中国的小说在整体上呈现出一种温和的气质，比如大团圆式的结局，没有过激的矛盾冲突，作品的内容平和、恬淡、朴实，情节显得琐碎、平淡和日常化。而西方人文主义思想中人是价值的主体，一切以人为衡量的标准。由于人的生存需要，人必然会与自然、与社会发生冲突，所以，西方小说中的内容往往表现为人和自然的关系处于激烈的冲突和对抗之中，情节跌宕起伏、波峰谷底式的设置屡见不鲜，结局也多以悲剧性的分离、死亡为主。在人物塑造方面，中国小说中的人物由于与自然本体的同一，多忽视人的外在形体、动作、言辞的详细的描写，人物形象的塑造往往富于诗情画意；而西方小说则习惯于对人物进行详细的描写，包括对人物的外形、个性特征以及内在心理活动的详细描写等。因此，中国小说中的人物显得含蓄，西方小说中的人物却表现得异常真实而富于具体的行动。东方含蓄美与西方具象美，显示出中西方小说的差异性。

当然，明道小说与人文主义小说也不是严格的两条平等线。在中西小说中，有很多作品就突破了单纯的一种美学品质。中国小说的典型代表是《金瓶梅》。鲁迅在《中国小说史略》中将《金瓶梅》归为人情小说之列：“当神魔小说盛行时，记人事者亦突起，其取材犹宋市人小说之‘银字儿’，大率为离合悲欢及发迹变态之事，间杂因果报应，而不甚言灵怪，又缘描摹世态，见其炎凉，故或亦谓之‘世情书’也。诸‘世情书’中，以《金瓶梅》最有名。”②《金瓶梅》对人性的描写的深刻以及其中所含着的对于人生的思考是许多西方小说无法比拟的。同样，西方小说史中也有很多“明道”式的作家和作品，如西方很多宗教小说，明道显然超过了人本主义的内容，如俄国作家陀思妥耶夫斯基，他在作品中始终贯穿着极为虔诚而令人肃然起敬的宗教精神，对于宗教教义和宗教思想的宣扬是他写作的主要目的，作品中关于宗教和哲学问题的思考和认识甚至胜过了中国的“道统”小说。

中国小说创作中的明道精神与西方小说中的人文主义精神是两者的根基所在，它们的形成和发展有着各自深厚的历史文化背景。通过对两者的比较研究将会对中西小说各自的特点有更清楚的认识。

---

① 老子：《老子》第42章，花城出版社1998年版，第85页。

② 鲁迅：《中国小说史略》，百花文艺出版社2002年版，第132页。

第三节　中西小说的对比分析

一、主题对比分析

从主题学的角度看中西小说，通过对相同主题以及与主题相关的题材、母题、意象、人物在中西小说中的不同表现的研究，有利于更好地把握中西小说的不同特质。

（一）中西小说主题类别

中国小说的主题大致可以分为五类：神魔类、传奇类、历史类、人情类、讽刺类。这些主题在不同的历史阶段分别占据着主流位置。汉魏晋六朝时期，还没有严格意义上的小说，但是小说的雏形即神话已经大量出现，可以算是神魔类小说的先声，如《山海经》、《穆天子传》等。其后有《神异经》、《列异传》、《搜神记》等鬼神志怪类书籍出现，这些故事集继承了先秦神话的传统，结构短小，文字精练，在叙事上突出一种神秘色彩，在内容上却强调一种现实感，其故事都有具体的发生地点、发生时间和现实人物，这些神魔类小说给后世小说以很大的影响。传奇类小说是继神魔小说之后出现的小说创作主潮，以《世说新语》和唐传奇为代表。《世说新语》的特色在于只言片语间对人物描写的传神效果，这也是它对后世小说影响最大的地方。唐传奇被认为是中国真正小说的开端，它的篇幅较神话故事已经有了很大的增加，创作更加严肃，叙事更为严谨，尤其是情节设置上有了高潮的变化，具备了小说的轮廓特征。历史类小说是中国小说史上承上启下的重要阶段。在这一阶段，小说完成了由文言走向白话的过程，并在继承前代小说诸优点的基础上，使小说创作成熟起来，并在一定程度上使得小说走出了“稗官野史”的阴影，开始正式登上中国的文学历史舞台。历史小说在内容、结构、情节、人物等方面上都呈现一个质的飞跃。以宋代“说话”（“讲史”）发端延续至明清，代表作品有《水浒传》、《三国演义》、《隋唐演义》、《东周列国》等。人情类小说是中国小说发展的高潮，主要集中于明清两代。这类小说代表了中国小说创作的最高成就，从主题到具体的创作，人情小说都是集大成者，代表作有《红楼梦》、《金瓶梅》等。讽刺类小说是清代产生的独特小说类型，但是在此之前的作品中，已经包含了这一因素，只是到了清代才渐成气候，形成了独立的一个门类。主要作品有《儒林外史》、《官场现形记》、《老残游记》等。

西方小说的主题也可按以上五个主题分类，不过在顺序上有所调整。首先，西方小说也发轫于神魔类。古希腊罗马的神话和圣经故事一方面是西方小说的源流，另一方面也给西方小说提供了大量的题材，以至后世的其他类小说有许多都取材于此。然后是历史类小说，这类小说主要出现于古典主义时期，它同中国的历史小说一样，强调庄严叙事，且多取材于历史事件、荷马史诗、古希腊罗马神话和圣经故事，具有较强的历史意味和正统文学观念。接之而起的是传奇类，这类小说是启蒙运动时期的主题。启蒙运动是伴随着资本主义蓬勃发展而兴起的，所以表现出了上升时期资本主义的昂扬精神和奋斗意志，表现在小说中就是航海探险类题材的兴盛，如著名的《鲁宾孙漂流记》。这类小说具有浓厚的传奇色彩，充满异域气息，给西方小说增添了一抹亮色。19 世纪的现实主义与浪漫主义则可以归结为人情小说，但是它们不是统一的人情小说，而是各叙述了一半，即现实主义以写人为主，浪漫主义以写情为主。现实主义的勃兴是由于社会发展过程中人与社会、人与人之间的矛盾的激化而引起的，所以现实主义以人与其周边事物的关系为基本内容。浪漫主义以情感为主要的描写对象，它偏重于表现主观理想，抒发强烈的个人感情，强调创作自由和想象，并通过对大自然的热情歌颂来表达人的主观情绪。现实主义与浪漫主义虽然各抒其人、其情，但又常表现出互融的倾向，如雨果是浪漫主义大师，但他的作品却有着现实主义的背景，并散发出较浓的现实主义气息。所以可以将其总结为现实主义为情中之人，浪漫主义是人中之情。到了20世纪，随着旧的价值观念的彻底打破，西方小说创作表现出较强的叛逆精神，从内容到形式，都极具讽刺意味。如卡夫卡的作品，用黑色幽默式的笔调展现了现代人性的真实一面，其代表作《变形记》描述了男主人公格里高尔·萨姆沙在变成甲虫后的悲惨遭遇，用表面荒诞不经的情节对现实社会的伦理和价值观进行了辛辣的讽刺。因此，这类小说可称之为讽刺小说。

中西小说主题的分类变化大略依照了这一顺序，但也不是严格的阶段性变迁。在一个类型兴盛的同时，也会出现其他类型的小说，如中国在以历史演义为主流的时代，人情小说就已经开始成形，并初步与历史小说分庭抗礼。而在人情小说兴盛的时期，历史演义小说依然不绝如缕。西方小说的情况则更为复杂，各个时代的类型划分只是就整体时代的精神面貌而言，具体到作品中，会有很多出入。如启蒙运动时期，虽然传奇类小说表现出了这一时代的精神，但是卢梭的《新爱洛绮丝》却是典型的人情小说。另外，讽刺小说虽在总体上代表了20世纪的文学气质，但20世纪西方文学还包括其他很多小说类别，如政治小说、战争小说、言情小说甚至乌托邦小说。

（二）中西小说类型的对比研究

依照上文提出的五大类型，可以对中西小说的主题进行相应的对比研究。

1. 神魔类

神魔类一般指取材于神话，具有神话的奇幻色彩，以神魔反映现实的小说类型。中西方的神魔小说都以神话为源头，在神话的表象背后都蕴含着极深刻的现实内容。袁于令在《西游记题辞》中说："文不幻不文，幻不极不幻。是知天下极幻之事，乃极真之事；极幻之理，乃极真之理。故言真不如言幻，言佛不如言魔。"神魔小说正是要从神魔的特殊角度来揭露现实社会的扭曲、变态和异化，用非正常化的情节来更有力地反映现实。但在风格上，中西神魔小说差异却很大。中国的神魔小说在整体上表现出喜剧性的特色。轻松、幽默被认为是这类小说的一大特征，所以才有"闲居之士，不可一日无此书"的说法。闲居之士的读物说明这类小说在很大程度上还限制于休闲消遣的层次，而对"寓五行生克之理，玄门修炼之道"这些深义的理解只是附带的事。如《西游记》至今还被视为最佳的儿童读物。相比较而言，西方神魔小说则在整体上表现出悲剧性色彩。叙事沉郁、庄严，情节多以悲惨的现实境遇为背景，直接返照惨淡的人生和社会。20世纪的现代主义文学中，就有很多神魔类的小说。如卡夫卡的《变形记》、《为科学院作的报告》、《乡村医生》等。最典型的是拉丁美洲的魔幻现实主义，以马尔克斯的《百年孤独》为代表的这一流派用魔幻的情节深刻揭示了现实生活的黑暗与丑陋。所以，西方神魔小说是一种非常严肃的小说类型。

2. 传奇类

中国的传奇小说以唐传奇为代表，西方则是一些探险题材的小说。唐传奇与探险类小说在情节上都较神魔类小说更具现实意味，都以日常生活为素材。此外，它们都继承了神魔小说的神异特色，所叙述的故事大都幻化奇秘，不可以现实主义目之。但唐传奇在具体结构与美学趣味上与探险类小说却有不同。唐传奇篇幅短小，情节简单，在整体上表现出平和、淡雅的气质；而西方的探险类小说一般都是长篇巨制，情节复杂，带有强烈的时代精神。我们可以以优美和壮美来界定唐传奇与探险类小说。

3. 历史类

历史主题为中西小说的一个大类。历史类小说由于以历史事件或具有历史意义的故事为题材，内容上加入大量的历史事件，使作品具有厚重的历史感。在情节上，此类小说严格按照历史时间行进，并穿插进一些真实的历史细节；人物也以历史人物为主，按照其本来个性特征加以适当的改造；语言上力求严谨、庄严，以宏大叙事为主。中西历史小说由于以文学正宗自命，所以在作品中都自觉地扮演起教化的角色。当然，由于历史文化土壤、文学传统的差异，使得中西历史小说也有各自的特色，突出表现在对待历史的态度上。中国的历史小说，虽被冠之以“演义”的头衔，但是对于历史依然有着严正的使命感和责任感，其中心主题就是历史，在整体上有“补正史之阙”和向民间普及历史知识的功用；而西方小说则主要将历史作为一个载体，其情节和主题的中心不在历史上。如托尔斯泰的历史小说，就被认为是写人心和人性的作品，历史在他的作品里，主要是渲染气氛，充任背景。

4. 人情类

中西的人情类小说都可以算是其小说创作的高峰。这不仅体现在数量上，而且体现在质量上。中西的人情类小说以人为中心，着重探讨的是人与社会、人与人之间的复杂关系，并通过描写这些关系，深刻揭露人性中的丑恶，赞扬人性中的美德。但中西人情小说在具体的创作方法上又有很多差异，中国的人情小说在风格上显得细琐、平实，情节进展的速度相对缓慢，较少激烈的冲突和对抗。语言上以平白而有韵味的日常话语见长，而西方的人情小说则以沉重、严肃的风格为基本特征。在现实主义小说中，取现实中最富有戏剧性的内容为题材进行创作，旨在通过激烈的矛盾冲突表现人与社会；在浪漫主义小说中，则通过大段的心理描写直接勾勒人物形象，语言上也以华丽、奇幻的长句为多。

5. 讽刺类

高尔基说：“文学即人学。”小说基本的任务就是反映社会，指导人生。而这个任务可以通过正反两种手段完成：一种就是正面的劝讽，如人情类、历史类小说。这些小说将现实的生活原态展现于读者面前，美与丑清晰并陈，使人一目了然。另一种是反面的劝讽，如神魔类、讽刺类。这些小说将现实生活变形、异化后呈现出来，美与丑失去了明确的界限，混融于一体，读者可以不追究深义地进行消遣式的阅读，但如果认真地反思作品的内容，就会发现其深藏的意义。在中国古典的讽刺小说中，以清代的讽刺、谴责小说最为闻名，这些作品多揭示深刻，笔法老辣，讽刺手法富于韵味而多样。在内容上，一般不是直陈其事，而以委婉的叙述语调为主。西方的讽刺小说家和作品更是层出不穷，以塞万提斯的《堂吉诃德》为始端，而后以马克·吐温、契诃夫、果戈理、海勒为代表的一批作家分别在各自的时代创作了大量的讽刺小说。不同的时代对应着不同的特色。在马克·吐温时代，讽刺小说的创作是以较为轻松的形态出现，而到了黑色幽默盛行时，讽刺小说就已经成为最为严肃的小说门类。在创作手法上，与中国的讽刺小说相比较，西方采用的多是在事件的直接叙述中掺入讽刺内容的手法，而中国采取的是喜剧式的寓言小品形式。可以用王国维的“隔”与“不隔”的美学理论来分析中西讽刺主题的小说创作方法。中国是“隔”，以隔见味，西方是“不隔”，以不隔见力。

二、人物形象对比分析

(一)类型与典型

人物是小说的核心构成。类型与典型表现出中西小说在人物形象塑造上的各自特点。中国小说人物偏向于类型化的白描，西方小说人物偏向于典型化的摹写。

中国小说人物形象塑造的一大手法就是白描。白描本是国画术语，指用墨线勾勒而不着颜色的绘画技巧，这种技巧强调对于事物摹画的简洁明了，但又不失神韵。白描被运用到小说中，即要求对人物的塑造要简练传神，所谓“白描追魂摄魄”、“白描入骨”、“白描入化”就是强调这种传神写照。摹写则是西方小说塑造人物形象的主要方法，这种方法强调多方面、多角度的描写人物，将人物形象置于小说创作的中心地位，集中手段加以表现。

白描的手法在小说中有多种表现，如逆写法、衬托法、隐写法、对比法、连带法等，而以前三者最为常见。逆写法指以喜写悲、以愚写智、以好写坏的方法。这种方法常常采取人物本来个性特征的对立面来表现人物，从而达到更为有力的效果。如《红楼梦》中黛玉听到宝玉要与宝钗成亲的消息后，不写她哭反写她笑：见了紫娟笑，见了宝玉笑，被丫环搀走后，仍是笑。她的笑与其平时多愁善感的性格特征截然相悖，但却更将她的极度痛苦表现得淋漓尽致。衬托法是指以其他人或物的相关特性来衬托要表现的人物。如《水浒传》中将李逵与宋江并写。金人瑞曾评价道：“只知写李逵，岂不段段都是妙绝文字，却不知正为段段都在宋江事后，故便妙不可言。盖作者只是痛恨宋江奸诈，故处处紧接出一段李逵朴诚来，做个形击。其意思自在显宋江之恶，却不料反成李逵之妙也。”在金氏看来，作者意在用李逵的诚恳憨直来衬托宋江的奸诈庸俗，却反倒写出了李逵的性格特征，不论作者是有心或是无心，也不论是李逵衬宋江，还是宋江衬李逵，都让人物的性格特色鲜活了起来。这种衬托方法是反衬。还有正衬法，如在《野叟曝言》第十四回中，为描写文白武艺高强，先写杭州豪杰郑铁腿以腿功见长，但他攻击恶头陀时，恶头陀毫发无伤，郑铁腿的腿却折了。而当文白出现时，又几拳就打得恶头陀七窍流血。这种方法就是以恶头陀之高来衬文白之高，是正衬。除了以人衬人外，还有以景衬人的方法，这种方法常常以与人物性格特征相合的景物、景色来衬托。如在《红楼梦》中，潇湘馆、蘅芜院的居所景色就同林黛玉、薛宝钗的个性气质相联系。隐写法就是对所要描写的人物避实就虚，用非正面的描写委婉而有韵味地塑造人物形象。如《三国演义》中写的是刘、关、张的“三顾茅庐”，实则要表现的是诸葛亮，虽然诸葛亮并未出场，其人物形象却已经跃然纸上。毛宗岗评价道：“此卷极写孔明，而篇中却无孔明。盖善写妙人者不于有处写，正于无处写。写其人如闲云野鹤之不可定，而其人始远；写其人如威凤祥麟之不易睹，而其人始尊。”对比法指将两个及两个以上人物进行对照。连带法则是用一个鲜明的人物形象来说明较为陌生的人物形象。

西方的叙事文学的传统以荷马史诗为开端。这部作品的人物形象塑造对后世小说有很大的启发意义。其最大的特点就是在“典型的环境中塑造典型人物”。这种典型的创作方法虽由恩格斯总结出来的，但实际上在荷马史诗中就已经存在。最具代表性的范例就是对英雄人物阿喀琉斯的描写。特洛伊战争这样一个典型的环境给塑造阿喀琉斯这样的典型英雄人物提供了典型的环境和气氛。阿喀琉斯先是在战斗中体现出他无人可挡的勇猛，后与阿伽门农因女俘和战利品产生矛盾，毅然退出战斗。然而，当他听到战友被杀的消息时，又愤怒而起再次加入战斗，亲手斩杀特洛伊的头号英雄赫克托尔，顿时扭转了希腊人的颓势。阿喀琉斯的几进几出充分表现出这一形象的英雄特征。第一次进，是为了表现其卓绝的战斗才能和无比的勇气，继之其后的出则是为了映衬其刚烈的气质和不惧权贵的品质。第二次的进，是在听到战友的噩耗以后所采取的行动，表现出他对于友情的珍视和不计前嫌的宽容。而杀死赫克托尔后将其尸体绑于战车后奔驰则又反映了他的残忍。显然，古希腊神话中这种典型化摹写的方法成为西方小说创作的主要方法。

从中西小说人物塑造方法的比较中我们可以看出，中国的人物白描法于寥寥数笔中可以将一个人物的个性鲜明地刻画出来，但正如其在绘画中的表现一样，这种手法虽然简洁传神，但只是一个轮廓，由于没有浓墨重彩的填涂，使得人物形象只见其最为突出的一面，而不见其丰富性，所以人物性格在整体上呈现出类型化的特点，虽能表现鲜明的性格特征，但有时不免显得过于单一，缺乏变化和个性。而西方摹写式的创作方法，针对一个人物不惜笔墨，好像西方的油画一样，所有的地方都会涂上油彩。人物形象处于中心的位置，用大量的语言来渲染、刻画人物的多方面特征，表现出人物形象的复杂性格和强烈个性，使其在复杂情节的展开中得以浮现出来。所以西方小说的人物性格显得更加典型化，既突出一个人物的个性，又充分表现其性格的丰富性和发展过程。当然有时会显得过于芜杂，缺乏一个统领性的性格。

(二)人物心理描写

在小说创作中，心理描写是不可或缺的表现手法。中西小说在心理描写上体现出各自的不同特点。中国小说心理描写以简洁为特色，西方小说则以细腻为特点。中国小说在创作上始终遵循中国古典美学的简洁原则，这也体现在心理描写上。作品中的心理描写都以一两句话结束，而且大多采取“某某心下想道”、“某某私下思忖道”这样的句式。但这样的描写并不因其简单就缺乏意义，相反，在很多情况下，这样的心理描写却成为情节发展的关键或转折点。如在《拍案惊奇》第一回《转运汉遇巧洞庭红　波斯胡指破鼍龙壳》中，文实破落潦倒中突然遇到做海货生意的人时，写他的心理活动：“自家思忖道：‘一身落魄，生计皆无，便附了他们航海，看看海外风光，也不枉人生一世。况且他们定是不却我的，省得在家忧柴忧米，也是快活。’”短短数句真实地写出了已处于穷困边缘的文实的潦倒心态和善于算计的性格，而且还使得已经无以维系的情节得以发展下去。而西方小说则不同，如以心理描写著称的托尔斯泰，他将心理描写作为人物形象塑造的最重要手段，《复活》中描写聂赫留朵夫在法庭中遇到玛丝洛娃时心理活动的变化一节，堪称心理描写的典范。作者将聂氏的紧张、矛盾、犹豫尽情展示于读者面前，在大段的心理描写中表现出了其复杂性格的各个方面之间的相互激烈斗争。心理描写在此不仅是推动情节发展的重要因素、刻画人物形象的重要手段，而且有些心理描写几乎可以独立成篇，自己就是一个完整的故事情节，情节中还有各种人物活动。另外，在西方小说的心理描写中，作者还常常将自己的价值观大段写入到作品中，从而提高了小说的理论化色彩。

中西小说的心理描写体现了中西不同的叙事传统和美学精神。心理描写直接指向人的内心，所以心理描写要求作家要以人和人性为其创作的出发点。中国小说由于继承了史传文学的传统，注重于外在的道学教化和价值规范，这使得小说家们的思维方式停留于人心之外，反映在创作中就是将描写的侧重点放在人物心理描写之外，甚至在行动、语言之外，这样，心理描写自然就相对少一些。而西方的人文主义传统由来已久，人作为一切价值的中心在西方文学中占据着主导地位，所以对于人和人性的研究一直就是文艺创作的重要任务。而最能真实反映人性的就是人的心理。所以，西方小说一直非常注意对人物心理进行直接的描写。如果说中国小说是将人的心理活动还原到生活本身来表现，那么，西方小说则是将社会生活纳入到心理活动中来表现。

三、情节对比分析

（一）奇异与平实

中西小说的情节的发展可以概括为奇异与平实的互相转换。中国小说从其形成之初开始，就以简短、质朴著称。随着小说的发展，尤其是到了明清时期，小说理论和创作经验趋于成熟，小说情节的设置虽然变得复杂了，但仍以平淡、朴实为主，如《红楼梦》等作品。但到了20世纪以后，随着西方现实主义理论的传入，以及中国国情的需要，小说开始以揭露现实黑暗、反映普通大众生活为已任，其主题和情节开始由平实转为激越。而西方小说在情节上却走上了一条大致相反的道路。从古希腊史诗开始，特洛伊战争的雄伟壮阔，使西方小说从一开始就在情节上追求一种奇特的效果。从文艺复兴、古典主义、启蒙运动直到19世纪的浪漫主义和现实主义，这种风格都在不断地加强和充实。但是我们在西方浪漫主义运动中多少已看到了这种风格的转变，而这种在西方延续了几千年的传统却在20世纪西方现代主义和后现代主义文学的浪潮中几乎要被抛弃了。当然，西方小说的这种趋向并不否认在西方还存在着大量追求情节刺激的通俗小说的存在。

（二）线性与整体

在中西小说情节的比较中，我们可以看到，中国小说情节倾向于线性式推进，而西方小说情节倾向于整一化表现。

由于中国小说由“说话”发展而来，“说话”每到高潮时，便戛然而止，从而产生悬念，并以此来招揽听众。这种方式传入小说中，就在篇章结构上逐渐形成了章回式的特点，使你接着上一章继续往下看。此外，在情节的设置上，中国小说家习惯于单线叙事，情节始终以一个人或一个团体的行动为主，遇到要变换人物时，还要通过前面的人物引出后面的人物。如《水浒传》中用史进引出鲁达，又用鲁达引出林冲，一旦引出之后，情节就会集中于被引出人的身上，是一种“你方唱罢，我登场”的流水线式的发展。章回制和单线发展使得中国小说的情节呈现出线性化的特点。

西方叙事文学从一开始就非常注重情节整一性。亚里士多德在诗学中不仅将情节放到首位，而且强调说：“悲剧是对一个完整划一，且具有一定长度的行动的模仿……一个完整的事物由起始、中段和结尾组成。……此外，无论是活的动物，还是任何由部分组成的整体，若要显得美，就必须符合以下两个条件，即不仅本体各部分排列要适当，而且要有一定的、不是得之于偶然的体积，因为美取决于体积和顺序。”①西方小说的情节有一个严

① ［古希腊］亚里士多德：《诗学》，罗念生译，商务印书馆1996年版，第74页。

格的整体框架，情节在这个框架下逐渐展开，并保持着连贯性和前后的关联性。另外，在时间和空间上也有着精密的安排，不会产生前后情节相互脱节的情况。

与西方的整体性情节特征比较起来，线性化的情节结构容易使人产生单一感。如美国汉学家罗溥洛就曾批评《水浒传》的情节道："108 位英雄好汉在一系列乱糟糟的互不相干的故事情节中上了梁山。"哥伦比亚大学的夏志清教授在论文中也指出："《金瓶梅》的写作技巧极为拙劣。很明显，结构上的无政府主义使其无论在思想内容还是哲学内蕴上都不可能保持连贯性。"①当然，产生这种批评的原因主要是因为这些批评家以西方的理论来硬套中国小说作品的结果。实际上，中国小说这种线性的特点也有其优势。比较中西小说情节设置的差异，主要有下面两个方面的原因：

其一，中国小说创作非常注重单个单元的成功与否。这依然是"说话"的积习所致。因为在说话的过程中，听众不可能对话本的整体情节有所了解，只可能逐回欣赏，并根据每回的精彩程度决定自己是否继续听下去。所以，话本以及后来的小说在创作上自然更注重每个单元故事的情节性。这种创作方式还使得作家大量运用悬念、伏笔，制造奇特的情节效果，每一回中都有高潮、低谷，可以独立成篇。而西方小说则受史诗和戏剧的影响很大，其情节多以一个整体的形式出现于读者和观众的面前，情节的整一性和完整程度在很大程度上决定着小说是否成功，每一段情节并不像中国小说那样为其自身而存在，而是作为大情节的一部分而存在。

其二，中西小说的情节设置还与其各自的思维模式和世界观有关。中国小说的线性结构体现的是中国人的整体观。卡普拉先生指出：东方世界观的重要特点，就是认识到所有人、事、物的统一性和相关性。实际上，这种相关性往往又表现为相传性的特点。在小说中则是强调缘分和宿命。如《水浒传》中众英雄的相遇表面上是巧合，实际上是因为他们都是天罡星临世、地煞星下凡，早已注定了要聚义落草，干出一番大事业。而西方的思维方式从亚里士多德开始就已经具有了严格的逻辑性，即具备了超越具象的抽象思维能力，这种能力能将各种事物都纳入到一个整体中来思考。而西方小说的整一性与西方人的思维方式直接相关。表现在小说中则是让多种情节线索同时展开，如在托尔斯泰的《战争与和平》中，多条线索交叉进行，给人以一种整幅的生活画面，表现出了一种深沉的历史感。当然，这两种整体观也各有特点和不足。表现在小说中，单个单元的突出会使人专注于具体的、单独的情节，而淡化了整体性的印象；而整体性、多线条的情节结构也容易使小说出现不连贯的倾向，从而有损于单个情节的完整欣赏。因此，线性与整一性应在互补中达到同一。

◎思考题

1. 在中西的历史文化土壤中对于小说的孕育和发展有特别意义的因素有哪些？这些因素在造成中西小说不同的风格中都起到了怎样的作用？

2. 中西小说的美学精神与诗歌、散文等其他体裁有何不同？中西美学特点对小说的

① 张跃生、阎海峰：《中国古典小说缀合结构与传统思维模式》，载《社会科学研究》2001 年第 1 期。

影响体现在哪些方面？

3. 试从主题学的角度对中国的人情小说与西方的现实主义、浪漫主义小说进行比较分析。

4. 从熟知的中西作品中选取有典型意义的人物，分析中西小说人物形象塑造的特点和相互的借鉴意义。

第十四章 中西戏剧比较研究

第一节 中西戏剧的起源和形成

一、祭祀与中西戏剧的起源

中西戏剧虽然产生于不同的历史文化土壤，但都与人类原始的宗教活动即祭祀活动有着密切关系。下面将分别讨论中西戏剧如何起源于原始宗教活动以及中西戏剧之间的异同性。

(一)西方戏剧的起源

西方最早的戏剧是古希腊的悲、喜戏剧。然而，溯其源头则是起源于远古人类对酒神狄奥尼索斯的祭祀活动。狄奥尼索斯同时也是掌管万物生机之神。为了祈祷和庆祝丰收，古代希腊人在春秋两季都要举行酒神祭祀。从公元前7世纪起，这种祭祀已经流行于许多城市。人们搭起祭台，将狄奥尼索斯的神像供奉在神坛上，摆上宰杀的山羊等作为供品。然后身披羊皮、头戴羊角的羊人歌队开始演唱“山羊之歌”，赞颂酒神的生平事迹。最初，这种演唱只采取咏唱的形式，有领唱、合唱、对唱等，有双管箫等乐器伴奏。后来逐渐增加了表演的内容，来模拟现实中的场景，这样在演唱中就添加了一个专门进行动作表演的演员。他随着歌唱内容的发展，轮流装扮其中的各种人物，于是，一种专门从事表演的戏剧演员就此诞生了。这种对唱和装扮结合一体的综合形式，就是悲剧的滥觞。随着时间的推移，这种原始的表演逐渐地有了发展，表演内容已不局限于酒神，而是扩大到其他神祇和英雄的故事。歌队也不再只专门装扮成羊人，他们也开始根据歌唱的内容随时装扮成其他的各类人物。由于故事逐渐复杂，模仿各种人物的演员也从一个增添到两个、三个或更多。角色的增加，孕育了对话和戏剧的冲突，戏剧的基本元素已经具备，正式的戏剧诞生了。由于狄奥尼索斯在古希腊神话故事中是一位死而复活的神话人物，因此，人类早期的这种祭祀活动便成为悲剧的最早源头。

古希腊戏剧的另一个重要类别是喜剧，它也源于对酒神的祭祀活动。在古希腊时期，人们把祭祀酒神的活动逐渐演变成一种盛大的节日，在节日期间，人们可以举行盛大的宴会和欢乐歌舞的游行表演，这种表演形式便是后来喜剧的雏形。另外，从词源上来看，在希腊文中，“悲剧”(tragedy)的原意是“山羊之歌”，而“喜剧”(comedy)的原意则正是“狂欢游行之歌”。由此，亚里士多德在《诗学》里说：悲剧起源于“酒神赞美歌”的序曲，喜剧起源于“下等表演”的序曲。

（二）中国戏剧的起源及发展

1. 中国戏曲的起源

中国戏剧一般称戏曲，其形态与后来的话剧、歌剧、舞剧等戏剧形态有很多不同的特点，主要是表现手段的多样化。相对来说，话剧、歌剧、舞剧的表现手段比较单纯，话剧主要突出言语和动作的作用，歌剧主要突出歌唱的作用，而舞剧则主要突出动作和表情的作用，作为舞台艺术的表现手段，它们各自都显得比较单纯。而中国的戏曲则运用了唱、念、做、打等多种舞台表现手段，并且通过与表演的有机结合，从而引起复合的审美效果。

与西方戏剧相比，中国戏曲的产生也经历了一个漫长的过程，其源头同样可以溯源到原始时代的歌舞。不同的是，中国原始时代的歌舞是从模拟鸟兽开始的。《尚书》中记载的“击石拊石，百兽率舞”、“鸟兽跄跄”、“凤凰来仪”的描述，还有许多现存的古代岩画中的描绘，都在一定程度上反映出原始舞蹈的基本形态。另外在《吕氏春秋・古乐》中也记载了融原始诗歌、舞蹈、音乐三位一体的原始初民的最初表演：“昔葛天氏之乐，三人操牛尾投足以歌八阕：一曰载民，二曰玄鸟，三曰遂草木，四曰奋五谷，五曰敬天常，六曰建帝功，七曰依地德，八曰总禽兽之极。”这是指这种原始歌舞共分八段，每段有一个确定的内容。第一段“载民”，即指初民，是歌颂自己的祖先。第二段“玄鸟”，即指中国古代商族的图腾，表现了先民对本氏族图腾的崇拜。第三段“遂草木”，是祈求上苍让草木蓬勃生长。第四段“奋五谷”，是指努力种植五谷。第五段“敬天常”，即表示对上天的崇拜和敬仰。第六段“建帝功”，歌颂天帝或是人间部族首领的功绩。第七段“依地德”，是感谢大地生长出万物的恩德。第八段“总禽兽之极”，是祝愿飞禽走兽大量繁殖，以提供人类更丰富的食物。很明显，八段表演都带有原始祭祀的性质。那么，在《吕氏春秋・大乐》中，这种原始歌舞更明显地表述为是祭祀仪式的组成部分：天子在仲夏之月，“命乐师修鞀鞞鼓，均琴瑟管箫，执干戚戈羽，调竽笙埙篪，饬钟磬柷敔。命有司为民祈祀山川百原，大雩帝，用盛乐。乃命百县雩祭祀百辟卿士有益于民者，以祈谷实。农乃登黍”。在这里，琴瑟、管箫、竽笙、钟磬等古乐样样俱全，祭祀仪式规模宏大，其目的就在于娱神祈福。

在中国民间，也有类似的融歌舞一体的原始祭祀活动和表演。例如《楚语》中就记载了较早的巫舞表演：“古者民神不杂，民之精爽不携贰者，而又能齐肃衷正。……如此，则神明降之。在男曰觋，在女曰巫。及少皞之衰，九黎乱德，民神杂糅，不可方物。夫人作享，家为巫史。”这则记载明显告诉我们巫觋是以歌舞来事神的。《书・伊训》及《疏》中说得更明白：“敢有恒舞于宫，酣歌于室，时谓巫风。”“巫以歌舞事神，故歌舞为巫觋之风俗也。”明代的杨慎在《升庵集》卷44中明确指出巫觋与后世戏剧的渊源关系，并描述了一条“巫觋——女乐——倡优”（即“巫觋——歌舞——戏剧”）的发展轨迹。我国著名学者王国维在他的《宋元戏曲史・上古至五代之戏剧》中说：“古代之巫，实以歌舞为职，而乐神人者也。”并在谈到《楚辞》中的“灵”与“灵保”时说：“《楚辞》之灵殆以巫而兼尸之用者也。其词谓巫曰灵，谓神亦曰灵，盖群巫之中，必有象神之衣服形貌动作者，而视为神之所冯依；故谓之曰灵，或谓之灵保。”那么，正是这个“灵保”，即穿着神的衣服，扮演神的形貌动作之人，就如同西方原始歌舞中披羊皮、戴羊角的扮演者一样，都是最早的戏剧演员。当然，经王国维进一步考证认为，《楚辞》中的"灵保"与《诗经》中的"神保"一样，都是指"尸"，即代神受祭的人，亦即象神之巫。如此看来，中国"灵保"比西方的"羊人"地位更高。杨慎认为，"巫以歌舞悦神"，而王国维却进一步论证这种原始歌舞是"乐神人"的，即对人也有愉悦作用。在这里，宗教性仪式已开始向世俗性戏曲转化了。对此，王国维曾作了非常明确的描述，他说："浴兰沐芳，华衣若英，衣服之丽也；缓节安歌，竽瑟浩倡，歌舞之盛也；乘风载云之词，生别新知之语，荒淫之意也。是则灵之为职，或偃蹇以象神，或婆娑以乐神，盖后世戏剧之萌芽，已有存焉者矣。"①

同巫舞一样，中国的傩舞与戏剧也有密切关系。傩舞是早期先民每年年三十所举行的逐鬼除疫的仪式，又称傩祭、傩仪。后来进入宫廷，称"大傩"。周代宫廷有专任领祭的巫师，叫"方相氏"。这种仪式在东汉、唐代也都有记载。它们在一定程度上也影响了中国戏曲的产生和发展。

在明代杨慎描述的从"巫觋——歌舞——戏剧"这一中国戏曲的历史发展轨迹中，歌舞作为从宗教仪式到独立戏剧的一个中间环节，正是两者转换的关键。由于歌舞表演的目的相对原始宗教仪式来说已发生了重大变化，由以娱神为主而逐渐变为娱人，在内容和形式上也发生了变化，除了歌舞外，还包括了武术、杂技和故事情节的表演等。刘师培先生在《原戏》中对于戏剧与上古歌舞的关系，作了深入的研究。他说："戏曲者，导源于古代乐舞者也。"他针对周代的武舞《大武》，从三方面进行了分析。第一，他认为《大武》表现了武王的战功，"犹之后人戏曲，侈陈古人战迹耳"，是为"示事"，是为"有容可象"，"此即古代戏曲之始"。这就是说，《大武》和后世戏曲一样，都有叙事成分，都有故事可搬演，都能够化为可视的形象。第二，他认为《大武》"执其干戚，习其俯仰屈伸，容貌得庄焉。行其缀兆，要其节奏，行列得正焉，进退得齐焉"，"非即戏曲持器操械之始乎"？这就是说，后世戏曲"唱念做打"中的"打"就是起源于此的。第三，他说《乐记·宾牟贾篇》中记录了孔子解释《大武》时提到武王、太公、周公、召公等人物，"又考之《尚书大传》，则古制乐歌，皆假设宾主"，"非即戏曲妆扮人物之始乎"？这就是说，后世戏曲扮演的各类宾主角色，化妆演出，正是起源于这种"古制乐歌"。刘师培先生的分析，涉及到戏剧构成的三个基本因素，即情节、动作、人物等，他认为这些因素在中国周代的歌舞中已经出现了。

通过上述探讨可以告诉我们，中国戏曲的"元形式"的发生同古希腊戏剧一样，都与原始的祭祀活动直接相连，是由原始宗教仪式演化而来的，其最早的基本功能就是娱神。

2. 中国戏曲的发展

中国戏曲从周代的《大武》发展到秦汉时，出现了"百戏"，也就是歌舞、武术、杂技等表演的总称。"百戏"又称"角抵戏"。《东海黄公》是西汉角抵戏中的一个节目，其中已有了简单的故事情节，有人物扮相和白虎假形。其后出现在南北朝时北方的《代面》、《拨头》和《踏摇娘》等也是歌舞和故事表演相结合的节目。这类节目到了唐代有了很大的发展和提高，特别是《踏摇娘》一戏，唐代时成了最受欢迎的节目。

中国戏曲的形成还与说唱艺术和滑稽戏相关。在汉代，乐府诗歌中有一部分是配合管

① 赵山林：《中国戏剧学通论》，安徽教育出版社 1995 年版，第 39～44 页。

弦歌唱故事的，如《白头吟》、《陌上桑》等。这一部分乐府诗歌在南北朝时称为“大曲”。隋唐时期，大曲在音乐舞蹈上得到了很大的发展。北宋中叶，说唱艺人孔三传把唐宋以来的大曲、词调、缠令、缠达、唱赚以及当时北方流行的民间乐曲，按其声律高低归入各个不同的宫调，创造了一种诸宫调，用以说唱长篇故事。13世纪金代出现的董解元的《西厢记诸宫调》，表明说唱艺术在文学和音乐上都已完全成熟。很明显，说唱艺术的成熟，为中国戏曲的产生，在剧本和戏剧唱腔上铺平了道路。

滑稽戏是从“优”发展而来的。“优”在西周末年就已出现，春秋战国时已有优人活动的记载。他们是国王贵族的弄臣，专以讽刺调笑为职务。《史记·滑稽列传》记载，楚国优孟装扮成已故宰相孙叔敖，连楚庄王开始也没有认出来。后世有“优孟衣冠”的成语，来形容登场演出。在“优”的表演的基础上，后来发展出了“参军戏”。五胡十六国时代，后赵石勒因一个担任参军的官员贪污官绢，就让一个优人穿上官服扮演参军，让另一个优人从旁戏弄他。这就是最早的“参军戏”。其中已有了两个固定的角色：苍鹘(戏弄者)和参军(被戏弄者)。晚唐时，参军戏发展成为多人演出，除了男角色外，还有女角色出场，剧情也比较复杂。到了唐末五代，参军戏改称“杂剧”。北宋时，出现了五个角色名目。中国戏曲发展到南宋初年才真正成型。其中，南宋温州杂剧的兴起，《赵贞女蔡二郎》、《王魁负桂英》等戏文的出现，是中国戏曲形成的标志。就其基本形态而言，中国戏曲可以说是歌、舞、乐、说白、诙谐调笑、武术和故事表演等各种艺术形式互相结合和发展的结果。

二、中西戏剧发展的不平衡研究

通观中西戏剧发展的历程，我们可以看到一个非常明显的现象，即西方戏剧的发展比中国戏曲发展的速度要快、要早。古希腊酒神祭祀活动中的歌舞表演较快地演变成了以叙事为主体的戏剧，而中国的“诗歌、舞蹈、音乐三位一体的表演”，却较长时间地“原地踏步”、“徘徊不进”，一直到很晚的宋元时代才演变成正式“戏曲”。这种中西戏剧发展的差异性，必须深入到历史文化的土壤中去进行解释。

(一) 叙事文学发展的影响

一般来说，古希腊戏剧的产生和成熟是与它有着深厚的叙事文学的基础直接相关的。古希腊戏剧是“神话戏剧”，现存的古希腊悲剧除埃斯库罗斯的《波斯人》是现实题材外，其余均取材于古希腊神话。古希腊神话是古希腊文学艺术的“武库”与“土壤”。在这个“武库”中最耀眼的就是荷马史诗。荷马史诗作为一种长篇叙事文体，它对古老神话的收集和再创造，不但为古希腊戏剧创作提供了大量的素材和故事情节，还为古希腊戏剧的结构、人物设置与情节安排、语言运用等各个方面都树立了光辉的榜样，这对古希腊戏剧的产生和迅速发展起到了重要的作用。

与古希腊戏剧相比，中国戏曲的发展就没有那么幸运了，中国戏曲在早期既没有丰富系统的神话故事作为其基础，也没有像荷马史诗这样优秀的叙事文本作为其典范。中国是一个抒情诗的王国，叙事诗发展得晚且非常缓慢，虽然在《诗经》、《楚辞》中有叙事的萌芽，在汉魏六朝时期出现了《孔雀东南飞》、《木兰诗》这样的叙事诗，可是我国叙事诗真正兴起的历史应该从唐代的变文(俗讲)算起。发展到宋、金、元时期，说唱艺术才汇集了前代叙事诗的成果，以多样的形式在民间广泛传播，这样不但为后来的戏曲提供了有待戏剧化的音乐结构和歌唱、散说等手段，更为其提供了大量的反映各阶层社会生活的故事内容。因此，当这种说唱艺术一旦与从汉、唐以来出现的歌舞戏、滑稽戏相遇合，才以一种巨大的催发力量，促使我国戏曲以独树一帜的形态迅速出现于东方剧坛。①

通过比较我们可以看到，中国由于“叙事诗发展较慢、兴盛较晚”，的确成为我国戏曲“元形式”长期“原地踏步”、“徘徊不进”，不能很快转变为一种完整的戏剧形式的重要原因之一。

（二）政治和文化观念的影响

古希腊戏剧的发展还与另一种因素直接相关，那就是官方的提倡与扶持。在庇西士特拉妥执政期间，雅典政府就开始在酒神节庆典中主办悲剧竞赛会，这种悲剧竞赛会鼓励了戏剧诗人和其他参加演出人员的创造热情，促进了戏剧艺术的发展。或许可以这样说，在悲剧的最后形成中，庇西士特拉妥时期的雅典政府的提倡与扶持实际上起到了一种催化剂的作用，不但促使悲剧的前身——酒神颂表演由农村来到城市、由民间而到全民，而且还促使其由叙事性歌舞而演变为代言形式的表演，从娱神逐渐变成娱人，将代言形式的表演与娱人功能直接相连。

古希腊执政者对民间戏剧如此重视，不但与其认识到戏剧在宗教、政治、道德教化方面有特殊作用有关，还与其在文艺类别上没有什么“雅”、“俗”偏见有关。事实上，在古希腊除柏拉图对戏剧进行过批评外，戏剧这种文体在当时是很受欢迎的。古希腊著名的文艺理论家亚里士多德对戏剧特别看重，他于公元前330年写了《诗学》一书，这就是一部典型的戏剧理论著作，是西方戏剧理论史上最早的悲剧学研究，奠定了戏剧在所有文学体裁中的重要地位。这种传统在西方一直居于统治地位。16世纪古典主义的著名文艺理论家布瓦洛甚至在《诗的艺术》(1674年)一书中称悲剧为“高雅的”体裁。直至今天，在西方悲剧仍然给人一种高雅艺术的感觉。而中国古代戏曲，在其发展过程中却从来没有如此“高人一等”，相反却常常“低人三分”。吴同瑞、王文宝、段宝林所编《中国俗文学概论》曾谈及俗文学的历史境遇：“我国的文学向有雅俗之分，历史上，雅与俗始终是对立的。正统文艺观褒雅贬俗，认为雅正而俗邪。……在形式上，正统的文艺观点对于通俗的文体，如小说、戏曲、民歌、唱本等，对于语言的通俗性，如白话、口语，对于文艺趣味的大众化等都是歧视的，正如郑振铎所说：‘于小说则卑之以为不足道，于书写性灵的小诗，则可持排斥的态度，于曲本则以为小道不足登大雅之堂。所以《四库总目》不录《西厢》、《还魂记》诸曲本，亦不列小说一门。’”②在中国，历来把诗歌列为正宗，只有诗赋才配登上大雅之堂，官方以及与之相附庸的封建士大夫们对民间文艺的偏见导致中国戏曲在古代始终得不到应有的重视，被看成难登大雅之堂的“俗”东西，更不用说像古希腊那样予以推崇、倡导，那么中国戏曲长期处于一种“原地踏步”、“徘徊不进”的状态也就是自然的了。因此，执政者的提倡，或戏剧文体、戏剧作者地位的提高，都会对戏剧发展产生很大的影响。比如说北宋后期，大约与瓦舍同时，出现了一批职业戏曲作者，他们被叫做“书会先生”或“京师老郎”。正是这些文人参与戏曲创作，大大提高了戏曲的美学水平和文学地位，使中国戏曲终于攀上了光辉的峰巅。在顾云、滕振才主编的《中国文化杂

① 沈达人：《戏曲的美学品格》，中国戏剧出版社1996年版，第41页。

② 吴同瑞等：《中国俗文学概论》，北京大学出版社1997年版，第3页。

说·艺术文化卷》中客观地分析了这种现象，该书认为：古希腊和古印度戏剧之早熟，其中一个重要的原因是从事戏剧创作的人地位很高，埃斯库罗斯和迦梨陀娑都是一代文学艺术的巨人，也有条件集中精力进行艺术探求。中国的文人从来都远离表演艺术而与仕途经济紧密结合，奉诗文为正宗，视戏曲鄙俗而不屑为之。文人的出路只有做官，与艺人为伍则是堕落，这种文化心态是很难产生戏曲大家的。宋代文人涉足戏曲创作，可能是受命运所迫，带有某种偶然性，而金、元的文人搞戏曲却是历史的必然。蒙古人入主中原后的民族歧视造成了文人的全体性落魄，统治者又很少从汉族文人中选拔人才。相传当时职业分十等，文士儒生居于第九位，排在娼妓之后，乞丐之前。知识分子与仕途经济无缘，有些满腹才情的文人便愤然走到瓦舍勾栏中去。比如伟大的戏剧家关汉卿不但动手写了六十多种剧本，还“躬践排场，画敷粉墨”，参与演出，这在11世纪以前的中国是不可想象的。而正因为如此，才形成了“合言语、动作、歌唱以演故事”的真正的戏曲①。

从上述事实中可以看出，等级意识所造成的中国文学的“雅”“俗”分野，以及与之相连的对民间文艺的偏见，的确对中国古代戏曲的形成和发展造成了障碍。这一点，是我们在进行中西戏剧比较时不能不注意的。

第二节　中西戏剧的文化品格

中西戏剧的产生虽然都与祭祀相关，但由于形成的基础不同，艺术旨向、审美趣味不同，在漫长的历史进程中也就形成了不同的文化品格，各有所重，各具特色。

一、写实剧与写意剧

早在1926年，余上沅就在《旧戏评价》一文中对中西戏剧的不同之处作过这样的区分：“就西洋和东方全体而论，又仿佛一个是重写实，一个是重写意。”②这种区分恰当地指出了中西戏剧各自的特征。

(一)西方戏剧的写实性

西方戏剧遵循的是亚里士多德《诗学》的戏剧观念。亚里士多德认为“悲剧是对行动的模仿，而这种模仿是通过行动中的人物进行的”③。这强调的是对真实生活和真实人物的模仿，是对艺术“真实”的追求。后世的文艺理论家们和作家们也同样注重“模仿”和“真实”。古罗马文艺理论家贺拉斯在其《诗艺》中奉劝诗人“到生活中到风俗习惯中去寻找模型”。他说：“虚构的目的在引人欢喜，因此必须切近真实；戏剧不可随意虚构，观众才能相信……”④莎士比亚也坚持“艺术模仿自然”这一传统，在《哈姆雷特》中他劝演员要“拿一面镜子去照自然”。他的剧作总是严格地遵守只表现与生活现象相关的动作行为。有时由于条件的限制，实在无法“逼真”地演出时，他就向观众说明，比如说《亨利五世》这部作品。俄国作家契诃夫也是一再强调戏剧要真实地反映现实生活，要表演真实的生活

① 顾云、滕振才：《中国文化杂说·艺术文化卷》，燕山出版社1997年版，第276页。
② 余上沅：《旧戏评价》，《戏剧论集》，北新书局1927年版，第192页。
③ [古希腊]亚里士多德：《诗学》，陈中梅译，商务印书馆1996年版，第63页。
④ 伍蠡甫：《西方文论选》上卷，上海译文出版社1979年版，第112、113页。

和真实的人。如在他的《樱桃园》中，通过对女地主在卖掉庄园后还开舞会的情节设置和描写，真实地反映了因挥霍而破产的女主人的真实情绪，表现了她死要面子的性格。而挪威著名戏剧家易卜生在他所创作的《社会支柱》、《玩偶之家》、《群鬼》和《人民公敌》等一系列戏剧作品中，人物仿佛就是观众，就是读者平常见过的人，剧中人的生活经历也仿佛是观众、读者自己的经历。因此，在“模仿说”指导下产生的西方戏剧，在“形似”与“神似”两方面关注得更多的是前者，总是努力创造出与实际生活形态相一致的舞台形象，属于“写实”性戏剧。

西方戏剧从演员表演到舞台设计都表现出“写实”的倾向件。

1. 追求真实的演员表演

传统的西方舞台表演，大都属于写实的表演美学范畴，表演上以“真”为美，追求唤起观众某种“生活的幻觉”的效果。法国启蒙主义文学家狄德罗曾说过，戏剧的完美就在于它精确地再现某一事件，以致使得观众处在某种幻觉之中，感到自己宛如身临其境。法国现实主义作家斯丹达尔解释说：“戏剧的幻觉是指一个人真的相信舞台上发生的事物确实存在着。”法国自然主义作家左拉也说：戏剧“妙就妙在能产生幻想”。可见，在西方戏剧中，演员就是把假戏当真戏演，就是要让观众产生真实的感觉。

与写真的表演美学相联系的是“第四堵墙”理论。戏剧模仿生活，必须要有舞台，室内戏的框形舞台无论怎样逼真，只能做到三面逼真，面对观众的一面非假不可。例如一个房间，按生活的真实得有四面墙，里面的人看不见外面，这才是真实。但因为是演戏，舞台三面可以有墙，惟独向观众的一面不能按照生活中的本来样子也砌起墙来。于是西方戏剧家就提出建立“第四堵墙”的理论，要求演员心中要设想有此墙在，演员应想到他在舞台上也如同在生活中一样，而不要想他是在给观众演戏，只有这样演员才能产生“生活的幻觉”，把假的当成真的。狄德罗就说：“无论你写作或表演，不要去想到观众，把他们当作不存在好了。假想在舞台的边缘有一道墙把你和池座的观众隔离了；表演吧，只当台幕并未拉起。”① 19 世纪末，法国戏剧家让·柔琏正式提出“第四堵墙”这个名词，说：“舞台前沿应是一垛第四面墙，它对观众是透明的，对演员是不透明的。”②他用“大幕打开时应立即熄场灯”的办法来使观众看得见演员而演员看不见观众。俄国著名戏剧家斯坦尼斯拉夫斯基把演员这种对观众视而不见的做法称作演员的“当众孤独”，其目的就是要演员感觉到自己处在一种真实的环境之中。

2. 写实性的舞台设置

西方戏剧的舞台道具和设置，从古希腊戏剧到现代戏剧，大都是非常真实的，实实在在的。吴光耀在《西方演剧史论稿》中对西方戏剧舞台的道具、布置有很具体的介绍③，他说：古希腊剧场有“推台”。按照当时的宗教禁令，在观众面前是不准表演凶杀的。但很多悲剧中发生了谋杀事件，怎么办呢？就让这类事件发生在后台，然后把尸体用推台送到观众面前。真是实到不能再实了。中世纪的宗教剧《东方三圣》，演东方的三个圣者跟

① ［法］狄德罗：《论戏剧艺术》，载伍蠡甫《西方文论选》上卷，上海译文出版社 1979 年版，第 362 页。

② 李万钧：《中西比较文学史》，海峡文艺出版社 1995 年版，第 454 页。

③ 吴光耀：《西方演剧史论稿》，中国戏剧出版社 1989 年版。

着一颗大星去找降生人间的耶稣，在教堂里(戏在教堂内演出)要事先布置好几颗星星，用绳子挂下来，其中一颗最大的就代表耶稣。文艺复兴时期的宗教剧布景道具更实在。为了表现天堂，将草皮和树丛都搬到舞台上，树上生有真的花果，水池中还养了新鲜的鱼。玛利亚骑真驴逃到埃及去，约瑟则牵了一头真牛上台，耶稣进入耶路撒冷时也骑着一头真驴。为了表现水，在屋顶上用水桶储存了大量的水，到洪水暴发时，水就从屋顶上倾泻下来。17 世纪莫里哀时期的法国宫廷剧场，舞台上空高达 59 英尺，装备着 144 根吊景杆，每根长 75 英尺，可以吊挂飞在云端的神仙、战车、珍禽异兽。据说有一个 45 英尺宽、60 英尺高的升降机，可以一次把上百名演员飞升上去；又以各种画出来的云朵巧妙地掩饰起来，使观众看不见机器设备本身，只见众多神仙，排列成各种阵势，或乘坐战车，或骑珍禽异兽，在舞台上空飞行。可以说，为了求得逼真，西方剧院什么办法都想到了。

西方戏剧的时空设置往往也是追求一种真实性。比如亚里士多德在《诗学》第 5 章就说过：“就长短而论，悲剧力图以太阳的一周为限。”也就是要求剧情时间不要超过一天，与人们实际度过的一天相一致。文艺复兴时期意大利的卡斯特尔维屈罗解释说：这是讲“事件的地点必须不变，不但只限于一个城市或者一所房屋，而且必须真正限于一个单一的地点，并以一个人能看见的为范围”①。这也就是说，在舞台上看见的事情必须在现实生活中也能一眼看见，这几乎就是要求把实际生活中的事情照原样搬上舞台。西方古典主义戏剧理论就据此而提出了严格的“三一律”，规定情节、时间、地点必须保持一致，也就是表演的时间与所表演的事件的时间要一致，一个戏剧必须在 24 小时内完成。在时空转换上，一般来看，西方戏剧用分幕分场来表现时空变化是较晚的事情。在古希腊，戏剧只分场不分幕，场次有三、四、五不等，演出时没有幕，演员上台摆好姿势再演。这时候戏剧的时空观念除了用布景、道具来表现外，主要的是靠歌队唱出来。到了文艺复兴时期，莎士比亚的戏剧全部分幕分场。莎士比亚已明确用分幕来表现时间的变化，但演出时分幕也仅仅是形式，基本上是一幕到底，因为当时还没有广泛使用幕布，剧情的时空变化常常要由演员说出来。西方戏剧真正用幕与灯光来表现时空变化起于近代的自然主义戏剧。1880 年以后，欧洲舞台才广泛用幕布来遮掩舞台上的换景，又用关灯与开灯使观众明显感觉到时间的变化。西方戏剧在分幕分场时，往往把舞台当作相对固定的空间，采取以景分场的办法，其情节延续的时间要使观众感到与实际演出时间大体一致，而时间的跨越是在场与场的间歇中度过的。西方戏剧这样做的目的就是要让舞台上的时空变化产生一种与现实的时空变化相似的感觉。

(二)中国戏剧的写意性

与西方“写实”戏剧不同，中国戏曲则更重视“写意”，在“形似”与“神似”两方面更关注于后者。这种写意特征与中国的诗歌、书法、绘画等艺术以形写神的精神内涵是一致的。其主要表现在以下三个方面：

1. 舞台时空处理的灵活性

中国传统戏曲中的舞台时间是流动的、自由的、不固定的。舞台是死的，但在戏曲演出中，说它是这里，它就是这里；说它是那里，它就是那里。说过了多久，就过了多久。舞台的时空涵义完全由剧作者和演员根据剧情的需要而自由灵活地赋予。这种自由的时空

① 郑传寅等：《欧洲戏剧文学史》，长江文艺出版社 2002 年版，第 131 页。

观念，一是来自叙述性文学的特性，按照时间顺序来决定空间地位；二是来自一种假定性，即通过某一种象征性动作而在舞台上实现一瞬间的时空转换。演员和观众早已达成默契，再加上约定俗成，观众也表示赞成和接受。比如一个圆场，可以“走”过千山万水；几声更鼓，则夜尽天明。杨绛在《李渔论戏剧结构》一文中举了《西厢记》第一卷第一折的例子来说明中国戏曲的这一特点。作品中崔夫人、莺莺等上场时，戏台上是普救寺西厢的台子。夫人等下场，张生上场，台上是将近京师的半途；说话之间，又变成了城中状元坊客店。张生下场，法聪上场，台上又变成了普救寺方丈。张生上场和法聪说着话，台上是上方佛殿，又是下方僧院，又是厨房，又是西法堂，又是钟鼓楼，又是洞房，又是宝塔，又是回廊，又是罗汉堂。只在一折之内，观众就随着演员的唱词遍历了许多地方①。

2. 表演形式的程式化

程式化是中国传统戏曲表演形式上的一个根本特征，集中体现在两个方面：“行当”与“四功五法”。“行当”是指生、旦、净、末、丑的角色分类。每个行当又有文、武之别，文重唱工、做工，武重把子、短打。老大剧种分得更细，如“旦”指妇女角色，“青衣”一般指16岁至40岁的性格贤淑、文静的妇女，“花旦”一般指性格活泼、天真的少女或少妇，“武旦”指短打女英雄，“刀马旦”指披甲的女将，还有小旦、贴旦、老旦、彩旦(丑旦)，等等。“四功五法”即“唱做念打(舞)”与“手眼身步法”。从明代以来，中国戏曲就有四大唱腔：昆山腔(起源于江苏昆山)、弋阳腔(起源于江西弋阳)、梆子腔(起源于西北，“梆子”是打击乐器)、皮黄腔(起源于湖北西皮即楚调，安徽二黄即徽调)。此外还有不属于这四大唱腔的，如福建的梨园戏、莆仙戏，上海的越剧等。同一剧种，同一行当，各派又各有不同的唱法。“念”主要是对白，有“韵白”、“京白”之别。韵白是朗诵式的音乐语言，用假嗓子。京白是通俗的、大众化的语言，用真嗓子。无论是韵白还是京白，“咬字”都非常讲究。“做”与“打”吸收的是舞蹈、武术、杂技的功夫，但也是经过程式化、经过艺术提炼的功夫。所谓“五法”指的就是“做”与“打”的舞蹈化动作的五种技术分解方法：“手”指手势，“眼”指眼神，“身”指身段，“步”指台步，“法”(“发”的讹字)或指“甩发”的技术。每个行当都有自己独特的“四功五法”。

中国戏曲的特点是表现性格时不能离开程式，任何演员都必须使用一定的程式表现性格。戏曲演员的所有动作，所有喜怒哀乐的感情变化，都有一定的程式，不能随心所欲。进门后关门，要上闩。要开闩，再开门。进门时抬脚然后踏入(有门槛)，出门也要抬脚踏出，否则就要有一个绊门槛踉跄跌出的动作。上楼是七步，下楼也是七步，不能少一步。船头上去一人，船尾必然翘起，船拐弯调头，演员不能随意乱走，走出船舷就掉进水里去了。武打更是十分严格按照规范化动作进行，否则就要出笑话以至伤人、死人。在舞台上走路要走“台步”，“台步”有几十种。七仙女上场，得一个紧跟一个，只见身子动，不见裙褶动，迅速走过，如溜冰一样，叫“碎步”。例如白娘子扑向昏沉不醒的许仙，桂英鬼魂来到王魁书房，走路像天上飘的白云，上身不动，两脚并齐，脚跟跟着脚掌向同一方向移动半步，一路走过去，谓之“云步”。杨贵妃喝醉酒走的是“醉步”。武大郎双腿蹲下，脚跟提起，脚掌着地，迅速向前移动，是“矮步”。小青要杀许仙，许仙向白娘子求救，走的是“跪步”，跌倒后仍欲前进，用膝盖走路。周信芳演徐策跑城，唱至“三步当作

① 杨绛：《李渔论戏剧结构》，载《春泥集》，上海文艺出版社1979年版。

两步走，两步当作一步行”时，用“蹉步”，前脚向前迈起，后脚随即“蹉”上一步，占有前脚位置，使前脚更向前迈进一步。侠客英雄夜间潜行，靠路边疾走，辨路，绕圈，紧衣巾，检查随身武器配带的松紧，这一成套的、连续的舞蹈动作叫“走边”。林冲夜奔要“走边”，杨子荣打虎上山也要“走边”。“走边”不一定非得夜间，白天也行。单人独行叫“单走边”，李逵与燕青一同下山，叫“双走边”。还有“集体走边”，那就是集体舞了。边走边唱叫“响边”，偷鸡摸狗的时迁只走不唱叫“哑边”①。

从上面的介绍中，我们不难看出中国戏曲表演的优点——规范与固定，当然也不难看出其缺点——保守与僵化。这一点，连外国人也看出来了。德国著名戏剧理论家布莱希特就说：“中国戏剧舞台的习惯，舞台人物一定的动作和姿势通过许多代演员保存下来，乍看起来这是很保守的。对大多数人不言自明，特定的(不可混淆的)现存动作缺少明显的演变，这是保守主义的可靠特征。”②

3．戏曲表演和舞台设置的虚拟化

“虚拟”性是中国戏曲表演的本质特征，这与西方戏剧截然相反。上述中国戏曲的程式化即是这种“虚拟”性的重要表现。下面从两个方面来进一步指出中西戏剧的巨大差异：

(1)“假定性”的表演。中国戏曲表演强调戏剧的“假定性”，即舞台并非真的生活环境，演员必须明白舞台上的一切都是“假定”的，不能产生“生活的幻觉”，不能进行“不拉起台幕”的表演，不能对观众视而不见，不能有“第四堵墙”，而且，中国戏曲演员也绝不“当众孤独”。中国的戏剧要求演员必须清醒认识到他是在表演，他们一面扮演某个角色，一面十分自觉地监视着自己的唱腔身段，一招一式，明明白白地告诉观众：看哪，我是在演戏呀！用布莱希特的话说，这是中国演员在“自我观察”、“自我疏远”。很明显，西方戏剧要求演员将自我化入情景之中，以让观众产生身临其境的感觉。而中国戏曲则要求演员不要太入戏，表演时不必模仿得如生活真实一样，而是通过一系列程式化的综合表演，达到艺术地表现社会生活的目的。如《春草闯堂》中第三场春草坐轿，那官轿就是虚拟的，是通过演员的轿舞来表现“坐轿”。《拾玉镯》中的孙玉姣赶鸡，戏台上没有一只鸡，通过演员的动作，配合“咯咯咯”的音响效果，观众却如睹群鸡。一个书生逛累了，在路旁搬块石头，撩起衣衫，翘起一腿，坐在石头上打盹，但事实上没有石头。说“酒宴摆下”，却不设宴，只是吹打，举杯相让，就开始喝酒了。四个龙套上场，有个队形变化，便是千军万马，即所谓“六七人百万雄师”。这就是中国戏曲，虚中见实，实中见虚，一种表演性极强的戏剧艺术。

当然，中国戏曲的“假定性”的表演并非说舞台上的表演是假的，只是说演员的表演是高于生活，不求外在的形似而要求演员内在感情的真实。所谓“假戏真演”，就是要求演员表演出角色的感情来。盖叫天就说：“戏，本身是假的，何必怕假，但要假里透真。”梅兰芳也说：中国戏曲是“真真假假”③。

---

① 李万钧：《中西比较文学史》，海峡文艺出版社 1995 年版，第 468～469 页。

② [德]布莱希特：《布莱希特论戏剧》，丁杨忠等译，中国戏剧出版社 1990 年版，第 203～204 页。

③ 李万钧：《中西比较文学史》，海峡文艺出版社 1995 年版，第 455 页。

(2)虚拟性的布景、道具和舞台设置。中国戏曲的舞台相对西方舞台来说是非常空的，没有什么布景和道具，所谓“一台二椅”，还是元代才有的，南宋的杂剧或传奇是连桌椅的摆设也没有的。比如《张协状元》中张协与贫女在破庙中成亲，就只由杲小二拟做桌子。中国戏曲演员可借助一些简单的小道具来补充舞台上布景、道具的简陋，从而使舞台丰满起来。如以马鞭代马，以桨代船，以旗代车，以椅子代门，以桌子代山、代床甚至代城门等。一桌二椅可以代表许多东西。

中国戏曲常常“以虚拟实”，即虚掉与角色有关的环境(如山水楼台)和实物对象(如船马车轿)，再由演员用艺术的手法把虚掉的东西模拟出来，观众则通过演员的表演想象出虚掉的环境和实物。如《打渔杀家》和《秋江》都表现江上行船，如果在西方戏剧中，就得做一些模仿船的道具，甚至还会弄一些水在舞台上。但在中国戏曲中，舞台上无江又无船，全靠演员在“船”上的种种情感(唱词)和动作表演出来，观众便在想象中补充出江和船。布莱希特看完《打渔杀家》后写道：“表演一位渔家姑娘怎样驾驶一叶小舟，她站立着摇着一支长不过膝的小桨，这就是驾驶小舟，但舞台上并没有小船。现在河流越来越湍急，掌握平衡越来越困难；眼前她来到一个河湾，小桨摇得稍微慢些，看，就是这样表演驾驶小舟的。这个闻名的渔家姑娘的每一个动作都构成一幅画面，河流的每一个拐弯都是惊险的，人们甚至熟悉每一个经过的河湾。观众这种感情是由演员的姿势引起的。”①在这里，舞台上虽然很空，但观众并不觉得空，正相反，演员的一系列虚拟动作填补了这种空白，从而给观众带来了无尽的遐想和审美的愉悦。

在舞台时空的转换上，中国戏曲直到20世纪初叶还不分幕分场，戏曲是一口气演到底，不分场，不落幕，也没有幕。当然，中国戏曲有着自己的时空概念，它用“上下场”、“走圆场”加上演员的表演唱白来表现时空变化。演员通过“上下场”、“走圆场”可以完全超脱时空的限制，使舞台有无限自由，演员想表现哪里就表现哪里，需要怎样表现就怎样表现。如表现近距离，演员只要嘴念“行行去去，去去行行”，走一个小圆场，一抬头便可念道：“不觉又到了某处。”这种时空的转换是通过一种程式化的动作传达出来的，而观众也是通过这种程式化的动作就自然地领悟到了这种变化。如在《空城计》中，诸葛亮下令三探，探马第一次报街亭失守，第二次报司马懿进兵西城，第三次报司马懿离西城仅四十里，演员一上一下，再报再探，不过三两分钟，可观众从不挑剔时间概念上的什么毛病。演员在台上走个场子，唱上一段地点便已经变换，观众也绝不追究剧中人走了多少路。《梁山伯与祝英台》中“十八相送”一场，梁山伯与祝英台一路行来，一路唱来，一会儿是池塘，一会儿是水井，一会儿是小河，野外环境的变换便通过他们的唱白而不断地“变化”出来了。

确切地说，中国戏曲的舞台是“虚”的，就像是一张白纸，由演员通过表演而写上文字，画上图画。西方戏剧的舞台则是“实”的，不换景，角色上下场多少次仍旧是那个地方，角色没上场，地点、时间也存在，这是由布景、灯光所规定了的。因此可以说，中国戏曲由于用“上下场”及“走圆场”来表现时空变化，一个圆场十万八千里，几声更鼓便夜尽天明，所以比西方戏剧在艺术表现力上要自由得多。

---

① 李万钧：《中西比较文学史》，海峡文艺出版社1995年版，第458～459页。

二、动作对白剧与“主曲宾白”剧

中西戏剧的又一个重要差异是：西方戏剧以演员的动作、对白演故事，中国戏曲以歌舞演故事。

(一)以动作为主的西方戏剧

亚里士多德曾给悲剧下了一个明确的定义，这实际上反映了西方戏剧从一开始就对舞台人物的动作十分关注。他说：“悲剧是对于一个严肃、完整、有一定长度的行动的模仿；它的媒介是语言，具有各种悦耳之音，分别在剧的各部分使用；模仿方式是借人物的动作来表达，而不是采用叙述法；借引起怜悯与恐惧使这种情感得到陶冶。”①这段话不但准确地概括了古希腊悲剧的实际状况，事实上还引导了西方戏剧的发展。从古希腊戏剧开始，西方戏剧都是由演员以动作、对白来表演故事。从这个意义上讲称之为“动作对白剧”似乎也不算偏颇。不错，古希腊戏剧就其构成看包含“合唱队”，有音乐歌舞成分，但其剧情的进行，主要还是靠演员的动作、对白。后来的西方戏剧把歌舞分离出去，形成歌剧、舞剧，一般意义上的戏剧就变成了名副其实的“话剧”，以动作、对白演故事的特征更为突出。

(二)以歌舞为主的中国戏曲

然而在中国戏曲中，音乐歌舞却占有极其重要的地位，有如戏曲的灵魂。中国戏曲的唱词一般是从诗变化而来，唱词离不开音乐。因此，无歌舞的戏曲在中国戏曲中基本上是不存在的，所谓“无声不歌，无做不舞”正是中国戏曲的基本模式。王国维曾给中国戏曲下了一个科学的定义：“戏曲者，谓以歌舞演故事也。”②这个定义准确概括了中国戏曲艺术形态的基本特征：“以歌舞演故事。”在《宋元戏曲考》中，王国维又进一步指出：“然后代之戏剧，必合言语、动作、歌唱，以演一故事，而后戏剧之意义始全。故真戏剧必与戏曲相表里。”③王国维在这里强调的是：中国戏曲是诗歌、音乐、舞蹈等因素的综合艺术。从中西戏剧的比较中我们可以看到，“演故事”是中西戏剧的共性，但西方戏剧强调以动作来“演故事”，而中国戏曲则是“以歌舞演故事”。在中国戏曲中也有对白，但那是次要的，即所谓“宾白”。“宾”绝非“主”，“主”是什么呢？“主”是“曲”，即可以歌唱的韵文，可以歌唱的诗。这道出了中国戏曲重唱不重说的传统，而这正是中国戏曲的价值所在。如《柳毅传书》第二折中前半折写柳毅入海与洞庭龙女送信，洞庭龙王之弟钱塘龙王正好到哥哥宫中做客，闻信怒而去找泾河小龙交战，一口吞了变成小蛇的泾河小龙。至此第二折剧情虽已全部结束，但这仅仅只是前半折，后半折还有十一首曲子，由电母向泾河老龙唱出来，通过老龙的提问，将前半折的剧情内容再唱一遍。在此，李万钧先生深有感触地说：倘若西人写此折故事，只要前半折，而我们则重在后半折。前半折只有对白，一句曲辞也没有，不能算戏曲。可见，中国的戏曲是一定要唱的。另外，中国戏曲中还特别强调“舞”的作用，中国戏曲演员的动作全是程式化的、舞蹈化的，绝不可以随心所欲。中国

---

① ［古希腊］亚里士多德：《诗学》，罗念生译，人民文学出版社 1962 年版，第 19 页。

② 王国维：《王国维戏曲论文集》，中国戏剧出版社 1984 年版，第 163 页。

③ 王国维：《王国维戏曲论文集》，中国戏剧出版社 1984 年版，第 29 页。

戏曲的人物性格、感情、故事，离开了歌舞就表演不出来了，中国戏曲是歌舞出性格、出感情、出剧情，演员若不能唱不能舞，缺乏“四功五法”的训练，根本上不了戏台。①对此，孙玫持先生把中国戏曲定性为“歌舞剧”，他认为戏曲“一直保存了它从母体里带来的歌舞性因素”②。沈达人先生也说：从诗歌、音乐、舞蹈与戏曲形态的关系来看，戏曲实际上是一种有规范的歌舞型的戏剧体诗。这是戏曲的最本质的艺术品格。很明显，中西戏剧是存在差异的，其根本区别就是：西方戏剧以动作、对白为主，中国戏曲的个性却是“主曲宾白”，以唱、舞为主。

三、“结构剧”与“音律剧”

（一）结构与“三一律”

西方戏剧重结构，中国戏曲重音律，这是中西戏剧的又一个巨大差别。亚里士多德在《诗学》中详细论述了戏剧结构，他认为戏剧有六大成分，即：情节、性格、言词、思想、形象、歌曲。“言词”即对白，“形象”指服装、面具，“歌曲”指合唱队的歌曲。他一再强调情节的重要性，说：“六个成分里，最重要的是情节，即事件的安排……悲剧艺术的目的在于组织情节（亦即布局），在一切事物中，目的是最关重要的”，“情节乃悲剧的基础，有似悲剧的灵魂”。在如何安排事件的问题上，亚里士多德还非常具体地给予说明，他认为：悲剧要有头、身、尾三部分，以追求“完整”；情节不能太长，应“以易于记忆者为限”；情节中的事件要有紧密的组织，使各部分成为“整体中的有机部分”；情节安排的效果不能单凭面具和化妆；穿插式的情节必然影响结构的完整；诗人应对所安排的情节事前清清楚楚；要借助“突转”与“发现”来使悲剧产生惊心动魄的效果；技巧上最完美的悲剧，一要出人意外而又有必然性，二应有单一的结构。亚里士多德对结构的强调是对古希腊戏剧经验的总结，因为古希腊悲剧创作已经显示出高超的结构技巧，并直接影响了后来的西方戏剧。刘圣效先生分析道：在古希腊，由于地点和时间的集中，舞台上表演的只是一桩事在那个地点上所发生的事情，至于过去的事件——冲突的成因和这件事情的其他方面，只好由剧中人的对话来叙述，舞台上只能把正在进行的冲突直接展示在观众面前。于是，剧作家总是选择事件中充满危机的时刻砍下第一刀，戏剧总是在冲突已经形成时开始行动，使戏剧的开头就接近高潮与结局。比如以结构完美著称的悲剧《俄狄浦斯王》，剧情一开始就是俄狄浦斯在追究杀死前王的凶手，于是发觉了自己的罪孽，结果剜掉自己双眼，流亡出国。这就是故事的高潮和结局。至于俄狄浦斯怎样误杀父亲，怎样制服狮身人首的怪物，怎样承继父亲的王位，娶了母亲，生了小孩等，都是由剧中的追叙来一一解决的。又如，易卜生的《玩偶之家》，幕一拉开，就是海尔茂开除了克洛斯泰，矛盾十分尖锐。克洛斯泰为保住生存的权利，以揭穿娜拉七八年前借债与假冒签名，构成“伪证罪”相要挟，冲突就这样展开了。而七八年前娜拉为送丈夫到海滨养病冒名借债的事，则只能通过对话来回顾。由于把按时间顺序发生的事件尽量集中在一起，戏里的各个情节都因果相关，戏剧一开头就接近高潮与结局，以及运用回顾和追溯的手法，这就使剧情紧凑，节

① 李万钧：《中西比较文学史》，海峡文艺出版社 1995 年版，第 430 页。

② 孙玫持：《东西方戏剧纵横》，江苏文艺出版社 1996 年版，第 7 页。

奏加快，一浪推一浪地把故事推向高潮，最后导致末尾的结局①。

为了让悲剧的情节结构紧凑、合理，亚里士多德提出把剧情限制在一天之内："悲剧故事却尽可能限于太阳运行一周以内，或大约如此。"②亚里士多德的本意是为了让悲剧的故事能更为集中地展现，不宜拉长。但亚里士多德的这段话却导致西方长期的"三一律"之争。所谓"三一律"，即指时间、地点、情节的一致，即剧情不能超过24小时，地点只能是一个，情节线索只能有一条。其目的在于：保证戏剧结构的高度简练集中。"三一律"是文艺复兴时期意大利的卡斯特尔韦特罗首次提出的。到了17世纪，古典主义的立法者布瓦洛在《诗的艺术》中更明确地提出"三一律"的要求："但是我们，对理性要服从它的规范，/我们要求艺术地布置着剧情发展；/要用一地、一天内完成的一个故事，/从开头直到末尾维持着舞台充实。"③

针对"三一律"的苛刻要求，西方也有不少人起来修正或反对，当然并不是对戏剧结构的否定。如17世纪著名悲剧作家高乃依就认为悲剧时间可以超过亚里士多德的规定，可以"不受拘束地把时间延长到30小时"。对地点一致的说法，他也提出修正，主张"扩大地点的广度"，"地点"可以理解为"一个城市"④。这实际上是针锋相对地反对卡斯特尔韦特罗。他的名作《熙德》就是以"城市"为大地点，包括"宫廷"和施曼娜的"家"两个地方；时间是36小时；情节除了男女主人公的恋爱外，还有公主爱男主人公。因此，这个悲剧受到当时法国官方的狠狠批判。到18世纪时，戏剧理论家分为拥护和反对"三一律"的两派。狄德罗持拥护观点说："三一律是不宜遵循的，但却是合理的。"⑤而莱辛则反对，他认为："三一律"只有行动的统一律可取。至于古希腊戏剧讲地点与时间的统一，那是为了迁就歌队。歌队是群众扮演的，他们"由于好奇心的缘故，聚集来目睹剧情的进行。这群人不能离开他们的住所太远，离开的时间太长。因此古人几乎不得不把地点限制在一个单独的场所，把时间也限制在同一天"。今天的戏剧已大不同于古希腊戏剧，也没有歌队，如果再要求地点、时间一致就十分荒唐了⑥。很明显，西方关于"三一律"的争论，其焦点是"结构"，即用什么戏剧结构写戏好。

(二)曲与"音律"

与西方比起来，中国戏曲有明显不同。中国古代的戏剧理论家，很少有重视戏剧结构的，直到清代李渔才有所改变。元明两代戏曲理论家所重视的，是戏曲的"音律"，即唱词的写法。中国的戏剧叫"曲"，不仅是文体的概念(指诗、词、曲的韵文文体的演变)，还是音乐的概念。"曲"即曲子，是声乐与器乐的结合。中国古人把创作戏曲称为"填词"，即依格律写歌词，它代表了中国戏曲的本质。写歌词必须讲究平仄押韵，讲究字数格律，要能合乐歌唱，故"音律"乃第一要义。中国戏曲首重音律可列举许多戏曲理论著作来加

① 刘圣效：《比较文学概论》，湖南人民出版社1989年版，第229～230页。

② [古希腊]亚里士多德：《诗学》，罗念生译，人民文学出版社1962年版，第17页。

③ 伍蠡甫：《西方文论选》上卷，上海译文出版社1979年版，第297页。

④ 伍蠡甫：《西方文论选》上卷，上海译文出版社1979年版，第263～265页。

⑤ [法]狄德罗：《狄德罗美学论文选》，张冠尧、桂裕芳译，人民文学出版社1984年版，第45页。

⑥ 缪朗山：《西方文学理论史纲》，中国人民大学出版社1985年版，第605页。

以证明，如金元时代燕南芝庵的《唱论》，元代周德清的《中原音韵》，明代何良俊的《曲论》，魏良辅的《曲律》，徐渭的《南词叙录》等，大多谈音律或语言而不论结构。只有王骥德的《曲律》所谈问题较多，“内容是论述南北曲的源流、宫调、作曲和唱曲方法，兼及剧本结构、情节、宾白、科诨等”。李万钧先生认为：王骥德论“结构”，主要从“唱”着眼，无一字说“结构第一”，和李渔不可同日而语①。在明代戏曲理论界还曾发生过吴江与临川两派之争，这也是中国古代戏曲重音律的重要证明。这次争论类似于西方的“三一律”之争，但内涵明显不一样。汤显祖是江西临川人，写作《牡丹亭》，以文采为第一生命，音律则不甚推敲，结果遭到以音律为第一生命的吴江派作家的猛烈抨击。当时吴江人沈璟等人嘲笑汤显祖不懂音律，说《牡丹亭》的唱词好看不好唱，不能搬上舞台。于是他们就删改《牡丹亭》，而艺人们也对改本表示欢迎，因为改本的确比原本好唱得多。这使汤显祖极为恼火，写信给宜黄县的艺人罗章二，请他们一定要按原本上演，说：“《牡丹亭》要依我原本，其吕［指吕玉绳，汤显祖的朋友，属吴江派］家改的，切不可从。虽是增减一二字以便俗唱，却与我原作的意趣大不同了。”但汤显祖的反批评并没能制止住吴江派作家，其后不久，沈璟又改《紫钗记》和《邯郸记》。吕天成（吕玉绳之子）、冯梦龙、臧懋循等也先后删改了汤显祖的作品。臧懋循竟将“临川四梦”逐一改过，还指名道姓地对汤显祖进行攻击，说汤只知卖弄文采，于音律一窍不通，要被元人笑掉牙齿。吴江与临川两派争论的是：到底是文采第一，还是音律第一？吴江派力主音律第一，吴江派之前驱何良俊认为戏曲的唱词“宁声叶而词不工，毋宁词工而声不叶”。后来沈璟更发挥说：只要叶律，不但可以词不工，就是不通也是可以的。汤显祖则针锋相对地提出唱词不能受音律束缚，只要文采好，“不妨拗折天下人嗓子”。“文采”属于诗范畴，“曲律”属声乐范畴。因此可以说，吴江与临川两派之争，实际上是戏曲中的文学性与音乐性以谁为主之争。汤显祖重视戏曲的诗性，沈璟则重视戏曲的唱腔——这都是中国戏曲有别于西方戏剧的根本特点。两派都有其自身的道理。但是结构呢？两派都不谈。直到17世纪李渔写出《闲情偶寄》，中国戏曲界才有了“结构第一”的声音。李渔说：“填词首重音律，而予独先结构。”李渔的确表现出一种过人的胆识——“独先结构”。但他也道出了一个明明白白的事实，即“填词首重音律”。对此，王国维也持相同的看法，他认为，元曲“最佳之处，不在其思想结构，而在其文章”。“文章”即“意境”，即写情写景写人写事都十分自然，真实感人，如同优秀的古诗词②。18世纪时，法国人赫尔特、英国人大维斯将我国的《赵氏孤儿》和《老生儿》译为外文。但他们不懂歌词，不通音律，把其中的唱词全行删去，只译出了科白。王国维大大地嘲笑了他们，说：“夫以元剧之精髓，全在曲辞；以科白取元剧，其智去买椟还珠者有几！”③王国维嘲笑外国人我们今天并不在意，在意的是他在嘲笑中所道出的精到的定论：“元剧之精髓，全在曲辞。”

以上我们从实与意、白与曲、结构与音律三个方面对中西戏剧不同文化品格进行了比较，虽然还不全面，但却不难发现一个重要事实，即：中西戏剧虽同为戏剧，但明显属于

---

① 李万钧：《中西比较文学史》，海峡文艺出版社1995年版，第432～435页。

② 王国维：《宋元戏曲考·元剧之文章》，《王国维戏曲论文集》，中国戏剧出版社1984年版，第29页。

③ 王国维：《王国维戏曲论文集》，中国戏剧出版社1984年版，第249页。

不同的戏剧体系和种类。有人说世界上主要有三大戏剧体系，即布莱希特体系、斯坦尼斯拉夫斯基体系和中国梅兰芳体系；有人说世界上有四种基本戏剧样式，即西方戏剧样式、印度梵剧样式、中国戏曲样式，还有日本能乐样式。不管哪一种说法，从中我们都可以看出中西戏剧之间存在的巨大差异。不同的戏剧样式并呈于世界，竞放异彩，绚丽多姿，这里不存在孰优孰劣的问题，这种并呈有利于不同戏剧样式之间彼此交流，相互学习、吸收、融汇，从而促进“世界戏剧”的繁荣。

第三节 关于悲剧及“大团圆”结局

在中西戏剧比较研究过程中，学术界经常涉及到对中西“悲剧”的比较研究，其中，关于悲剧的本质、悲剧的功能、悲剧的结局等问题，都存在着很大的分歧，这种争论也正是中西戏剧比较研究的结果。

关于悲剧结局的讨论是中西悲剧比较研究中较为集中的一个问题。在中外学者中有人认为，在中国没有悲剧，其理由是中国的戏剧基本上都是大团圆的结局。而悲剧的结局只能是以英雄和正面人物的失败和死亡为前提。中国是否真的没有悲剧，在中国戏剧史上是否真有类似于“缺类”的问题呢？实际上这个问题涉及文学的基本观念、艺术的审美趣味等一系列问题，同时也是一个中西戏剧的个性和特色问题，因此有必要进行深入的讨论。

一、悲剧判断的标准

何为悲剧？中国有无悲剧？这些问题直接与悲剧的判断标准有关。目前，通行的悲剧概念是从古希腊亚里士多德的《诗学》中得来的。直接与悲剧本质有关的内容大致可归纳为以下几点：① 主题上，悲剧必须是“严肃”的。② 道德观念上，悲剧中的主人公必须是观众心目中的“好人”。③ 情节上，悲剧必须描写失败的人物和事件，也就是悲剧必须能引起观众的“怜悯”之心，观众要能感到自己的处境比剧中主人公的失败要幸运。④ 功能上，悲剧必须能使观众通过“怜悯”和“恐惧”而在情感上“得到陶冶”，即滋生一种超越自我的崇高感，在精神上得到升华，情感上得到宣泄。亚里士多德的这些经典论述确立了欧洲几千年来关于悲剧的基本观念，虽然后来有不少学者也对悲剧有过一些论述，但从本质上来看都没有超过亚里士多德的观点。但亚里士多德的有关悲剧本质的理论也有明显的缺陷，其表现在：第一，没有更深入地论述造成“好人”失败的原因，也就是说，亚里士多德有意或无意回避这个问题。因为在古希腊时期的悲剧基本上都是“命运悲剧”，主人公的过失不能由自己来承担。亚里士多德的这种缺陷对欧洲后来的戏剧影响非常大，使表现主人公行为的责任感、道德感就相对显得弱了。第二，把悲剧与喜剧截然分开。实际上，这种绝对的划分几乎是不可能的，因为在任何戏剧中都会包含悲剧和喜剧这两种成分，只是在某一部戏剧中是由哪一种成分占据主导地位。针对亚里士多德的理论缺陷，后来有很多学者提出了一些完善悲剧理论的观点，如法国著名文艺理论家狄德罗提出了平民化的“正剧”的观念；文艺复兴时期意大利戏剧家瓜里尼提出“悲喜混杂剧”的观念等。最让人欣慰的是，马克思、恩格斯从历史唯物主义的角度提出：悲剧是“历史的必然要求和这个要求的实际上不可能实现之间的悲剧性冲突”①。这从本质上阐述了造成历史悲剧的根源，明显弥补了亚里士多德悲剧理论的不足。在亚里士多德4种悲剧观念的基础上又增加了1种，即从历史的角度来对悲剧进行规定。

应该说，讨论悲剧问题必须涉及悲剧的诸要素。当然，“悲剧”一词是西方发明的，而中国在古代是没有“悲剧”概念的。李万钧先生在《中西比较文学史》一书中指出：“中国戏曲以音乐声腔区分戏剧的种类，西方戏剧以模仿对象区分戏剧种类”，“西方从模仿说出发将戏剧分为悲剧、戏剧、悲喜剧、正剧，中国从音乐唱腔出发将戏曲分为杂剧、传奇、地方戏……”②然而，中国戏曲即使没有明显提出“悲剧”概念，但在中国传统戏剧作品中却存在着大量的悲剧，这是不容置疑的。这只能说明世界各民族在思想、感情、道德、荣耀等很多方面是相通的。朱光潜曾说：“悲剧这种戏剧形式和这个术语，都起源于希腊。这种文学体裁几乎世界其他各大民族都没有，无论中国人、印度人，或者希伯莱人，都没有产生过一部严格意义的悲剧。”③这并不是说，中国人、印度人，或者希伯莱人没有创作出悲剧，而是说悲剧在不同的民族会表现出不同的形态特点。因此，中西戏剧仍然可以就悲剧问题进行比较研究。这种比较大致可以用上述5种标准来进行。

二、中西悲剧观的差异

当我们仔细考察中西悲剧的关系时，我们会发现很多异同之处。

(一)相同之处

1. 中西方悲剧在主题上都追求一种严肃性

这种严肃性表现在：① 与喜剧轻松的风格相比，悲剧更显得庄重、严肃、沉重，这是中西悲剧所共有的。② 都有一个完整的情节，故事的主题是靠情节的步步推进而表现出来的，这与喜剧的情节结构是不一样的。③ 努力引发观众去思考更多的问题，而不是一笑了之。

2. 在道德观念上都追求一种认同感

这表现在：① 观众必须认可主人公的基本人品，在道德准则上把他划在“好人”的范围之内。② 悲剧最终总是要惩恶扬善的，即恶有恶报，善有善报。这种观念在中国戏曲中是非常明显的，比如“大团圆”的结局就是这种道德认同的体现。王季思先生在《中国十大古典悲剧》前言中就对“大团圆”的结局有过总结，他指出：“纵观我国古典悲剧的结局，大致有三种情况。一种是由清官或开明君主出场，为民伸冤。这在我们古典悲剧里是屡见不鲜的。我们这里选的十大悲剧(包括关汉卿的《窦娥冤》、马致远的《汉宫秋》、纪君祥的《赵氏孤儿》、高则诚的《琵琶记》、冯梦龙的《精忠旗》、孟舜臣的《娇红记》、李玉的《清忠谱》、洪昇的《长生殿》、孔尚任的《桃花扇》和方成培的《雷峰塔》——编者)，除《汉宫秋》、《娇红记》、《长生殿》、《桃花扇》外，几乎都是在剧的结尾处，请出清官或好皇帝来，从而使主人公蒙受的冤屈得到申雪。这未免使观众对清官、好皇帝产生幻想，但同时也是我们的剧作家在那个历史环境中提出的一种比较现实的做法。另一种是让剧中主角在

① 《马克思恩格斯论艺术》第1卷，中国社会科学出版社1982年版，第23页。

② 李万钧：《中西比较文学史》，海峡文艺出版社1995年版，第439、443页。

③ 朱光潜：《悲剧心理学》，人民文学出版社1983年版，第210页。

仙境或梦境里团圆。如《娇红记》的成仙，《梁山伯与祝英台》的化蝶，《长生殿》李、杨的月宫重圆，《汉宫秋》和《梧桐雨》的梦中暂聚，也可归入这一类。这些富有浪漫主义色彩的结局，虽是人们的一种幻觉或想象，却也有他现实生活的基础。它暗示人们：他们为之斗争的理想和要求，总有一天会得到实现。在上面两种结局之外，还有值得我们注意的一种，是让受迫害者的后代继续起来斗争，终于报了仇，雪了恨。《赵氏孤儿》就是这样结束的，《雷峰塔》的结局也有类似的味道。这较好地反映了现实生活里前赴后继的斗争，同是带有一定的理想色彩。”①很明显，这些作品虽然结局都是“喜剧化”的“大团圆”的结局，但作品在整体上是沉重的、严肃的、悲哀的。其实，在西方悲剧中，每一部悲剧都蕴涵着理想的、成功的因素和内质，这些因素甚至附着在悲剧情节的全过程之中。就看它的结尾，在一系列失败和死亡中，观众感觉到的不是一种颓丧的情绪，而是一种精神的胜利、复活和永存。从悲剧外在的情节结局来看，中西戏剧似乎不同，但从内在的精神实质来看，两者却是一致的，都是要给人以心灵的抚慰。因此，中西戏剧在道德认同上，在对悲剧的深层理解上是完全一致的。

(二)相异之处

中西悲剧在情节构拟上、功能的表达上以及对社会问题的关注上都显示出了某种程度的差别。

在情节上，西方悲剧重视事件的偶然性及个人失误造成的恶果，悲剧冲突往往是个人之间的一种内在性格的冲突。而中国悲剧则看重情节的必然性，是社会的腐败造成的人生悲剧。悲剧所反映的冲突主要是人与人、人与社会以及人性与封建伦理之间的外部冲突。西方悲剧总是把痛苦和失败放在作品结尾的最后时刻，而整个戏剧过程则表现主人公的抗争。中国悲剧则将痛苦伴随着情节发展的全过程，一种小人物的无赖、无助、被欺压、被凌辱的遭遇就是中国悲剧的主要内容。

在悲剧的功能上，西方悲剧不只停留在怜悯的层面上，而是强调对人要产生一种更强大的净化功能。就像一些“原型批评”家解析西方悲剧那样，通过对神的祭祀而达到对肉体的超越。西方悲剧强调的是一种构成了整个悲剧快感的“崇高的悲痛”。如古希腊埃斯库罗斯的《被缚的普罗米修斯》，展现的是一个为了人类的幸福勇于牺牲、甘于忍受被锁在高加索悬崖上的酷刑。索福克勒斯的《俄狄浦斯王》中的俄狄浦斯则为道德的悔恨而刺瞎了自己的双眼。萨特的《苍蝇》表达的是人生选择的自由而毫不畏惧神的惩罚。其他如欧里庇得斯的《美狄亚》、莎士比亚的《哈姆雷特》、高乃依的《熙德》、拉辛的《安德洛玛刻》等悲剧作品，也都浸透着一种超越悲痛的崇高感。而中国悲剧则更看重对悲惨境遇的直接描写，把能引起观众的同情和对恶势力的憎恨放在首要地位，观众心头的压抑感只有通过外在的力量去排解。这与西方悲剧情感的内在转换是很不一样的。当然，我们也要看到在西方20世纪的一些现代主义戏剧中，描写悲惨的、没有出路的、卑琐的小人物的作品也出现了，如奥尼尔的《毛猿》，主人公扬克没有任何的社会地位，所有的人都抛弃他，最后，他竟被大猩猩关进了铁笼子。这种悲剧从某种程度上来看，与中国的古典悲剧有了类通的地方。

在历史观方面，西方悲剧往往忽视历史对人物、事件的制约作用，把悲剧建筑在个人

① 王季思：《中国十大古典悲剧·前言》，上海文艺出版社1982年版，第20~21页。

能力缺乏和失误上，似乎只要不犯偶然的错误，个人甚至可以改变历史。因此，西方悲剧中造成主人公悲剧结局的不是别人，正是他自己。而中国悲剧中主人公的不幸遭遇决不是他本人造成的，一定是社会历史所致。因此，中国的悲剧更确切地说是一种“社会悲剧”。

三、关于中国悲剧的“大团圆”结局的思考

如上所述，判断一部戏剧是否是悲剧，“大团圆”结局不是根本的评判标准，而中国被列入到十大悲剧中的作品，从上述的悲剧标准来看都是符合的。而且，西方的悲剧标准也在发展中，中国悲剧中所显示出来的一些特点，可能恰好是西方悲剧观念所要吸收的。比如说，一种悲剧的历史感，悲痛贯穿剧情的全过程等。即使是“大团圆”的结局，也不是与悲剧背道而驰的。当然，中国的悲剧也要向西方悲剧学习，尤其是那种达到精神超越的审美愉悦，那种逆境中抗争的精神。总之，通过中西悲剧的比较研究，能使我们更清楚地认识了悲剧这一人类共同的财富。

◎思考题

1. 简述中西戏剧的起源与原始宗教的关系。
2. 中西戏剧发展的不平衡性的原因是什么？有无其他原因？试加以说明。
3. 谈谈中西写实剧与写意剧、动作剧与“主曲宾白”剧、结构剧与音律剧之间的差别。
4. 如何理解悲剧的本质？试论中西悲剧的异同。

第十五章　中西诗学比较研究

诗学，一般有两种含义，即狭义上的和广义上的。狭义上的诗学，是“诗之学”，是以诗歌为研究对象的理论和著作。广义上的诗学，是指以一切文学活动及其规律为研究对象的理论和著作。中西诗学的比较研究就是将眼光投射到中西整个文艺理论的广阔视域中去，对双方诗学的异同进行多方位的比较、总结和阐发，从而寻求人类的共同的诗学特征。

第一节　中西诗学产生的历史文化土壤

任何一种诗学都滋生于特定的历史文化土壤之中，“文学作为文化系统中的子系统，其系统功能、特征受到文化的影响和制约，与其他文化因素一起实现文化系统的总体功能”①。很明显，这里所说的文化系统是一种总体文化，它包含了“民族性”、“时代性”等的多种文化因素，并因此而形成某种历史文化背景。对于这些背景文化的分析，将是进入比较诗学的前提。

一、经济与政治背景

（一）经济特征

某种经济生活往往对文学及其理论生成起着决定性作用。“相比较而言，西方社会经济更具有商业性特点，中国社会经济更具有农业性特征。这一点，可以说是中西社会最根本的差异。”②这种不同的经济特征是由多方面的因素造成的，诸如地理环境、气候环境、历史传统等。中西这种不同的经济特征，造成了中西不同的诗学气质。

爱琴海文明的产生，在很大程度上得益于商业和航海业的发达。“贸易和航海业的发展造就了希腊人的坚强、机智灵活以及勇于追求理想的积极性格，也使希腊人得到接触两河、埃及等地区文化的机会，因而孕育了一大批的最优秀的艺术家。”③在商业贸易和航海探险中，在同恶劣的自然环境斗争中，作为西方文明发源的希腊人不仅增长了知识，开阔了眼界，

① 黎跃进：《文化批评与比较文学》，东方出版社 2002 年版，第 3 页。

② 曹顺庆：《中西比较诗学》，北京出版社 1988 年版，第 4 页。

③ 中央美术学院美术史系外国美术史教研室：《外国美术简史》，高等教育出版社 1998 年版，第 15 页。

而且养成了一种严谨、细致和勇于创新的精神，这直接影响了希腊诗学乃至西方诗学的理论形态，使其始终执著于对逻辑性、体系性和创新性的追求，对理性主义和形而上理论的看重。与此相比较，中国自古是一个以农业经济为主导的社会，这种小农经济对于自然的依赖性非常强，它缺少大规模的生产活动，在大部分时候，人们都处在一种平静的生活状态中，缺乏大规模的贸易交流，缺乏远离家园进行海上冒险的经历，长期形成了一种重农抑商的文化传统。所以，在这种经济环境中产生的中国诗学当然不同于西方的诗学，它带有更多的自然气息，产生出天人合一的思想。这种平静、力求回避矛盾的生活状态使中国人很早就形成了一种体悟式的思考方法。这种思维方式内在地制约着中国诗学不去注意对理论体系的建构，而是更多地强调“悟”这种独特的文思。当然，我们也应该看到，一种诗学形态往往是占统治地位的阶级的思想反映，中西诗学的不同特征，不能单纯地看成是各个民族整体的思想和精神特征，无论是西方诗学对于形而上思维方式的重视，还是中国诗学对于体悟式思维的青睐，都不能完全反映出在当时处于社会下层的人民大众的思想状况。理论的建设在一定程度上是脱离实际的社会生产和下层人民的实际生活的。

（二）政治背景

在西方，由于商业活动的展开，导致了经济的繁荣、城市的勃兴，由此产生了市民阶层。市民阶层对于个体的权利和价值有着清醒的认识，正如维柯在《新科学》中所形容的，在人类的英雄时代的末期，这大约在荷马时代之后，“家人”已经开始要求自身的“土地权”和“占卜权”。这是古代物质层面和精神层面最基本的权利，对这些权利的要求表明个性的觉醒，它促成了西方民主政体的形成。与这种政治体制相对应的是西方诗学中的民主精神的滋生，古希腊人开始对权威史诗产生了大胆怀疑，从而导致了批判的和个人诗学主张的自由抒发。与西方的政治体制大异其趣的是，长期以来，中国执行的是以“家”为核心的封建宗法制度。“从事农耕的人们聚族而居，长期固定生活在某块土地上，很少迁徙和流动，在血缘关系的基础上逐渐形成了以宗法关系为基础的‘家’，随着贫富的分化和阶级的出现，又以‘家’为基本细胞建立了‘国’。”①这种“家国”式的政治体制是对家族制的扩大，所以它强调对于祖先的崇拜和个人作为整体一部分而不是个体自身的存在价值。反映在诗学中，就是强调对传统的遵从，并围绕着这些核心命题进行“微言大义”的阐发。曾思艺在《中西诗歌研究》中认为：综观中西诗歌创作，我们会发现，尽管双方都是在继承各自传统的基础上进行艺术创新，然而，中国诗歌（这里指的是古典诗歌）的总体倾向是复古，西方诗歌的总体倾向是创新。由此，在中国以诗歌为主要研究内容的诗学当然也就具有了复古的特点。“复古”和“创新”作为中西视域下的诗学划分，在一定程度上，可以看作是中西不同政治制度以及由此产生的不同社会形态的结果。在城邦及元老院体制下成长起来的柏拉图主义与在“臣事君以忠”观念下发展起来的儒家学说的确有着不同的内核。在古希腊神话中，作为诸神之主的宙斯就是从他的父亲克洛诺斯手中夺取的正神之位，这实际上是对现实政治的反映。而在中国的尧舜时代，政权的更换实行的是禅让制，这说明了中西方在政治上从一开始就有极大的差异并孕育出不同的理念。在中西文化漫长的发展过程中，我们可以看出双方都表现为对同一个终极目标的追求，即对“恒在”（在西方表现为“真理”、“理念”、“理式”等，在中国则表现为“道”）的追求。但同时我们也应

① 曹顺庆：《中西比较诗学》，北京出版社 1988 年版，第 9 页。

看到，中西方在追求各自终极目标时所选择的道路和具体手段是不同的。而中西诗学便是对这种不同道路的反映和写照。

二、宗教与哲学背景

宗教与哲学可以说是一个民族思想的镜子。在人类的儿童时期，人类产生了最初的关于外在自然的思考。这些思想从一开始就已经包含着宗教与哲学的雏形。维柯关于“雷神”(或称“天神”)的推想就极为精彩地说明了这一点。他认为，最初的原始人(巨人)还处于意识的模糊状态，这些巨人流浪于森林之中，没有任何关于世界和伦理方面的知识，滥交，茹毛饮血，直到有一次，他们看到天上的闪电，在惊惧之余认为这是上天在警告他们，于是意识到自身行为的可耻，就躲到岩洞里过起了婚姻生活①。这种对于闪电的恐惧以及由此产生的生存伦理观念就是人类原始宗教与哲学的雏形。而诗学则正是这种思想的衍生物。

(一)诗学的起源

中国的诗学起源于诗、乐、舞合一的原始文化形态，张少康在《中国文学理论批评史教程》中说：“这时，意识形态和文化领域内各个不同部门的界限还不很清楚，文史哲不分，诗乐舞合一，还没有明确的、科学的文学观念。”②这种合一发源于宗教祭祀仪式。《尚书·尧典》中记载：“诗言志，歌永言，声依永，律和声，八音克谐，无相夺伦，神人以和。夔曰：于！予击石拊石，百兽率舞。”这里的诗、歌、舞被理解为神人相和的形式和工具，其表面形式为诗、乐、舞，其潜在内容则是人与神的交流。而人类最早的诗学观念则是在冲破这种内在的宗教观念的基础上建立起来的艺术本体观。

另外，在这种原始合一中还透露出原始人类对于人神关系的思考。这种哲学观念从发展的角度考察，它正是诗学产生的起点。中国诗学在其诞生之时，即融于中国哲学之中。这种现象从史前一直持续到文明社会很长一段时间，直到魏晋时代，文学开始自觉，诗学才从哲学中疏离出来，如魏代曹丕的《典论·论文》即中国第一部诗学专论。

与中国诗学起源相比较，作为西方文化两大源头的古希腊神话和古希伯来的《圣经》也都带有浓烈的宗教和哲学色彩。在古希腊神话中，人类被分为四纪：“神祇创造的第一纪的人类乃是黄金的人类。……当命运女神判定他们离开大地，他们便成为仁慈的保护神祇，他们在云雾中随处行走，给予赠礼，主持正义，并惩罚罪恶。……其后神祇创造第二纪的人类，白银的人类……他们不能节制他们的感情，放肆的行动使得这新的人类陷于灾祸。他们粗野而傲慢，互相违戾，不再向神祇的圣坛献祭适当的祭品来表示敬意。在他们终止人类生活的时候，他们仍然可以作为魔鬼在地上漫游。……第三纪的各族，青铜的人类。他们顽强的意志如同金刚石一样坚硬。……当这种族也完全死灭，克洛诺斯之子宙斯创造了第四纪的种族……这些新的人类比以前的人类都更高贵而公正。他们乃是古代所称的半神的英雄们。”③这四纪人类对应着西方诗学的四种形态，古典主义，替文艺订立法则；浪漫主义，表现出叛逆精神；象征主义，表现出人类的高大顽强；现实主义，表现人

① [意]维柯：《新科学》，朱光潜译，商务印书馆1989年版。

② 张少康：《中国文学理论批评史教程》，北京大学出版社1999年版，第1页。

③ [德]斯威布：《希腊神话和传说》，楚图南译，人民文学出版社1959年版，第8页。

类的求实品格。可以说，西方诗学的整个理论气质都在相当程度上继承于《圣经》和古希腊神话传统。

(二)诗学的本体特征

以儒、道、释为内质的中国哲学、宗教对中国的诗学观念有巨大的影响。儒家是一种入世的哲学，“子以四教：文、行、忠、信”①。在强调修养与行动的“通达”之上，儒家以礼、仁为核心的对现实的关怀精神成为中国几千年诗学史上的一条基本线索。佛教进入中国后，其对世俗和现世的关注是对儒家学说的很好补充。李泽厚说：“佛像变得更慈祥和蔼，关怀现世，似乎极愿接近世间，帮助人们。他不复是超然自得、高不可攀的思辨神灵，而是作为管辖世事、可向之请求的权威主宰。”②印度佛教在经过中国化的改造之后，已经由疏离人世变得贴近现实。这种宗教的世俗精神给中国诗学带来的是一种大众性，即强调对于现实世界的关怀。在儒家与佛教的双重渗透下，中国诗学一直强调一种“经世教化”的思想，强调要为现实服务。王勃说：“苟非可以甄明大义，矫正末流，俗化资以兴衰，家国繇其轻重，古人未尝留心也。”③像这种文字在中国诗学史上可谓比比皆是。

除儒家、佛教外，道教也对中国诗学影响很大。葛兆光说：“道教就把自身的宗教行为放置在以儒家思想为依据的意识形态与政治权力所允许的范围之中，并与世俗社会伦理互相协调，甚至与佛教伦理也逐渐磨合。”④在这里，道教作为一种宗教形态，其观念的世俗化倾向也是很明显的，这无疑对中国诗学产生影响。与宗教形态的道教相对应，中国历史上的道家作为一种出世哲学对中国诗学的影响也很大，“藐姑射之山，有神人居焉，肌肤若冰雪，绰约若处子；不食五谷，吸风，饮露；乘云气，御飞龙，而游乎四海之外”⑤。这种“逍遥游”的境界对中国诗学的影响极大。儒家的“入”和道家的“出”构成了中国诗学的两面，所以中国的诗学思想表现出微妙的矛盾性和模糊性，这种特征不仅体现在整个诗学理念之中，而且在具体的诗学主张中这种矛盾性也表露无遗。一方面，儒、释所表现出的“经世治用”的思想使诗学高扬起“事君敬民”的旗帜，以干预和引导现实的文学潮流为己任。如“盛唐气象”，它不仅是文学创作的盛世，更是一种挟着风雷之气的诗学精神的象征 。另一方面，道家的“虚静”、“物化”的思想也深深地植入中国的诗学血脉之中。以魏晋玄学为例，在魏晋时代，文学与诗学之所以能够取得独立的地位，就在于继承了这种玄学中脱离世俗的思想。由于对现实的漠视，使得诗学能够离开“文以载道”、“教化人伦”的传统思想，开始思考文学自身的问题。这种思考本身显示出一种独立的精神。另外，就具体诗学主张而言，这种矛盾性也非常明显，“诗言志”就是一个典型例证。一方面，“儒家极力强调诗‘兴、观、群、怨’的社会传播功能，大力以文艺整理人情、调适风俗、修齐辅政的思路。‘诗言志’后来多从此义解释”。另一方面，“在对‘诗言志’的解说

---

① 孔子：《论语·述而》。

② 李泽厚：《美学三书》，安徽文艺出版社 1999 年版，第 117 页。

③ 王勃：《上吏部裴侍郎启》，郭绍虞：《中国历代文论选》，上海古籍出版社 2001 年版，第 28 页。

④ 葛兆光：《中国思想史》第 1 卷，复旦大学出版社 2001 年版，第 355 页。

⑤ 庄子：《庄子·逍遥游》。

中，又斜逸旁出一路，试图从'志'中突出'情'来作解(实际上《乐记》已有'情动于中，故形于声'之说)" ①。对于"诗言志"的不同阐释反映出其背后不同的思想源头，也就是说中国诗学是处在儒、道两极中间所产生的一种内在矛盾的混融体。

与此相比较，以形而上学为本体，以逻辑学为方法而建立起来的西方哲学同中国的哲学表现出完全不同的特征。西方哲学强调对实体世界结构的理性认识和逻辑表达，这种"明晰性既是形式结构的鲜明特点，也是它的基本追求"②。明晰性作为西方哲学的总体理论形象，也渗入到西方诗学的各个方面。在宗教方面，与中国寺庙不同，西方的教堂建造得幽暗、高耸，这是为了营造与宗教的庄严感相配合的氛围。上帝总是高踞于现实之上，对世俗世界予以冷静的观照。这种内在的超越现实的宗教倾向对西方诗学思想的影响显而易见。从柏拉图开始，西方的诗学一直体现出较强的"离世"精神，这种"离世"不同于中国道家的"出世"，"出世"是此岸的出世，是出世而非弃世。但"离世"却是彼岸的离世，是脱离此岸世界而进入到一个非物质的彼岸世界。形而上学的抽象性被看作西方诗学的内核和基本的学科特征，看重纯理论的体系建构和本质阐发成为西方诗学的主要倾向。亚里士多德说："诗人的职责不在于描述已经发生的事，而在于描述可能发生的事，即根据可然和必然的原则可能发生的事。历史学家和诗人的区别不在于是否用格律文写作(希罗多德的作品可以被改写成格律文，但仍然是一种历史，用不用格律不会改变这一点)，而在于前者记述已经发生的事，后者描述可能发生的事。所以，诗是一种比历史更富哲学性、更严肃的艺术。" ③ 所谓"描述可能发生的事"即指现实中还没有出现，而按照人类理性对客观对象的逻辑思考却可推测出将会出现的事。显然，亚里士多德的悲剧理论正是因为理性思考而使其超越了社会现实之表象，上升到对事物本质的把握，由此他提出的"模仿说"等诗学观念都是其抽象思维的结果。可以说，西方诗学由于宗教与哲学的影响较早被抽象成了超越现实的玄物。西方宗教与哲学在相当长的时间内运用自身的思想影响乃至统摄社会，诗学受其影响也就在所难免。

(三)诗学的思维和语言

在中国，"道"作为中国哲学的核心主题之一，它的产生体现了中国哲学独特的思维方式及表述方式。所谓"有物混成，先天地生。寂兮寥兮，独立而不改，周行而不殆，可以为天下母。吾不知其名，强字之曰道，强为之名曰大"④。这种关于道的思想完全是一种体悟式的思维方法的表现，在语言表达上则非常隐晦。在佛教中有偈语，要求人们用体悟的方法去感知对象。大量的佛教故事和典故，如著名的"拈花微笑"、"水火喻"等即是这种思维的表现。"悟"作为这一思维方式的核心，被中国诗学全盘接受过来并加以发扬，如"体物言志"就是中国诗学中创作论的基本内容。在被称为中国诗学史上最具体系性和理论化的文论专著《文心雕龙》中，其"神思"、"风骨"等诸理论的提出就彰显了这种思维方式。虽然，历来文论家们对于"风骨"给予了各种各样的解释，但似乎一直都没有一个完满的定义，其原因就在于这种感悟式的思维方式所造成的概念的不清晰，这样就很难用

① 饶芃子等：《中西比较文艺学》,，第 86、87 页中国社会科学出版社 1999 年版。

② 张法：《中西美学与文化精神》，北京大学出版社 1994 年版，第 31 页。

③ [古希腊]亚里士多德：《诗学》，陈中梅译，商务印书馆 1996 年版，第 81 页。

④ 老子：《老子》第 25 章。

理性思维来理解了。这种体悟式的诗学内涵与语言上的模糊性正好结合起来，一方面，由于强调“微言大义”，中国诗学在语言上追求简洁、凝练，如“大音希声，大象无形”即被看作是语言表述的最高境界。另一方面，由于思维方式以体悟为主，造成思想本身的模糊性，在表达时，往往感到言不尽意，在接受时则使人的知解力很难清晰起来。相比较而言，西方诗学由于受西方哲学和宗教的认知方式影响，在思想和概念的表达上，却往往是追求完整性和明确性。同样是对世界本原的认识，中国隐约地将其形容为“道”，而西方则提出水本原说、气本原说、火本原说等各种明确的理论，即使是柏拉图提出“理式”的观点，但对于“理式”，他也给予了明确的定义。这种力求精确表达思想的理性精神一直是西方诗学思维及其语言的脊梁。在语言观上，中西的差异非常之大，“西方人相信语言可以而应该通过其理知结构来整顿、演示自然，从而证实世界的‘真实’秩序”；而“中国古人相信语言无法不失真地把自然的原本秩序纳入人为的名理语义格局，因而不应追求对无限自然世界的全面而明确的重整，只应安于经验所及范围内的事象感应”①。这种对语言不同的认识必然影响到中西文论家们在表达自己诗学主张时所采取的态度。在中为“隐”，在西为“显”。

第二节　中西诗学理论的比较研究

一般来讲，诗学的理论形态可以分为叙事诗学和抒情诗学两大类。关于叙事诗学，其最重要的理论莫过于典型，因为它把叙事作为诗学形态的基本特征。同样，对于抒情诗学，意象是其理论基础。中西诗学的理论正是在这两类诗学形态方面展现出各自的特征。

一、叙事诗学

(一) 典型论的嬗变

典型是叙事诗学的核心内容。典型论包括两层含义：一种是狭义上的，即典型环境和典型人物；一种是广义上的，即典型论。它建构在典型环境与典型人物之上，包括所有诗学研究中的广义命题，如现象与本质、个性与共性、特殊性与普遍性等。这里主要讨论的是广义典型论。

以典型性为基本特征的诗学典型论同诗学家关于世界本体的思考紧密相联。不同的思考产生了不同的典型论。由此，中西诗学的典型论经历了一个从个别到一般，又从一般到个别的过程。

第一个阶段：从个别到一般。

在西方诗学中，柏拉图将世界的本原理解为“理式”，在他看来，文艺是对“理式”的模仿的模仿，所以“理式”实际上就是一切文艺之典型。这一推理导致了他后来关于艺术的一切理论。而在亚里士多德的思想观念中，这个世界的本原是“第一实体”，即具体存在物。他认为：“除第一实体之外，任何其他的东西或者是被用来述说第一实体，或者是存在于每一实体里面，因而如果没有第一实体存在，那就不可能有其他的东西存在。”②所

---

① 饶芃子等：《中西比较文艺学》，中国社会科学出版社 1999 年版，第 94 ~ 95 页。

② 马新国：《西方文论史》，高等教育出版社 2002 年版，第 28、128 页。

以，亚里士多德认为“第一实体”就是典型，文艺就是对它，即具体的自然、社会和其中的人及其行动的模仿。当然，他指的这种模仿不是对事物的表象而是对“必然”的模仿，是对“带普遍性的事”的模仿。他说：“诗要表现的就是这种普遍性。”①这不是现实中的行动，而是“行动类”，在这个行动中，可以体现所有这类行动的特点，但又不是其中的任何一个。因此，“第一实体”就是带有普遍性的典型，它不是每个零碎的具体因子或其集中，而是基于一切具体而又高于它们的形而上的存在。所以，亚里士多德要在“实体”前面冠以“第一”，其目的就在于强调这种形而上的性质。同样，在中国的诗学中也有其追寻的终极目标“道”。所谓“道”者，世界之本原，为“天地之始”、“万物之母”②，“道生一，一生二，二生三，三生万物”，由此，“道”表现出高于一切的恒在性。在中国诗学发展史上，“道”一直被诗学家们奉为一切文艺之本原和最高典型。刘勰在《文心雕龙·序志》中指出：“盖文心之作也，本乎道”，并在《原道》篇中说：“道沿圣以垂文，圣因文而明道。”③“道”为一切“文”之终极旨归，“文”的写作正是为了明“道”，正是要体现出这个最高典范的意义。由“道”出发，在中国诗学典型论中还生发出很多其他的范畴，如“气”、“神”、“境”，等等。通观上述中西诗学中的典型论的比较，我们看到它们在某种程度上都表现出了一种共同的特质，即都存在某种终极目标，一切“文”皆为“道”之文，所有“天文”、“地文”、“万物之文”、“人文”皆须合乎“自然之道”，所有自然、社会及人的行为都必须趋向于“第一实体”的完美的存在。

从上述比较中我们可以看到，中西诗学在典型论上都强调从个别中显现一般，即显现出质的规定性来。当然，由于中西文化的差异，在典型理论的具体形态上也就存在着某些差异性，双方诗学各自呈现出某些不同的面貌。西方诗学从一开始就明确提出了典型理论，并由此产生了“类”的概念。贺拉斯在《诗艺》中非常具体地规定了典型描写必须具备若干要素，如“合式”原则中，强调人物的性格要与年龄相符；再现人物时要描写人们熟知的性格特征；内容要高贵，形式要优雅等。这些为罗马古典主义的典型创作指明了道路。中国的诗学中虽没有严格意义上的典型理论，但有些与典型相关的概念与叙述还是存在的，如“君子”一词就是这样一种历史形成的类概念。如在《论语》中包含“君子”一词的条目达103条，分别存在于各种主题的论述之中，如果将这些零散的段落合在一起，就可以构成一个在中国具有典型意义的“君子”形象。可以说，“君子”论即中国的“典型论”。同样，与“君子”相对的“小人”也具有整一性的典型意义。关于这两种典型人物的论述即构成了中国诗学典型人物论。另外，中国诗学中的典型论还往往以典故的形式出现。美国著名华人学者刘若愚先生认为：在中国“大体上说，有两种典故：一般的典故和特殊的典故。一般的典故是涉及普通的知识和信念的典故，比如中国诗中一些典故涉及到五行（金、木、水、火、土），涉及到大自然两个相对的原理阴和阳……特殊的典故是涉及特定的文学作品、历史事件和历史人物、传说及神话的典故”④。可以说，在中国，大量的典故实际上是对典型的浓缩，比如诗歌用典正是要通过典故中的典型人物或典型情节来创

① ［古希腊］亚里士多德：《诗学》，陈中梅译，商务印书馆1996年版，第81页。
② 老子：《老子》第1章。
③ 刘勰：《文心雕龙》，浙江古籍出版社2001年版，第4页。
④ ［美］刘若愚：《中国诗学》，韩铁椿、蒋小雯译，长江文艺出版社1991年版，第166页。

造诗歌自身的典型意义，如何用典，几乎成为中国古典诗歌创作论中不可缺少的重要内容。

第二个阶段：从一般到个别。

典型论一般是对文学本质的规定，本质上表现为对共性的追求。然而，随着时代的发展，诗学家们开始从个别到一般转向从一般中寻找个别，即强调个体作为一个独立存在的重要性。典型论开始呈现个性化趋势。在西方，这种转变开始于启蒙运动，“启蒙思想家们高扬资产阶级的人性，反对封建专制和教会对人性的束缚与扼杀……视自由、平等、博爱为人之本性，遵从人性，必然追求人的个性的解放”①。这种对于个性的追求，在诗学方面，就表现为对传统典型论的反动。伊恩·瓦特在《小说的兴起》中指出：“小说兴起于现代，这个现代的总体理性方向凭其对一般概念的抵制——或者至少是意图实现的抵制——与其古典的、中世纪的传统极其明确地区分开来。”很明显，“在传统文论中，真正的‘现实’是那种普遍性的、类别性的、抽象性的事物，而18世纪的小说家则认为‘现实’是特殊的、具体的、个别的事物”②。此外，由于经验主义的出现，人们开始热衷于对自然和现实事物进行仔细的考察和忠实的记录，这也从一方面促成了典型理论向个性化的转变。如左拉的自然主义就可看作这种典型理论在一个特定领域内的实现。

与西方诗学从一般到个别这种典型论的转化相比较，中国的这种转化更多地表现为对传统儒家思想的重新解释，不再一味地拘泥于“道”这个本体之上，所谓“道沿圣以垂文”的圣人文章已不再是惟一的，它可根据现实来进行重新解释。从明中晚期开始，由于资本主义开始萌芽，生产作坊的出现带动了城市经济的繁荣，市民阶层开始兴起，在传统文学的基础之上，娱乐性质更强的小说以及相关的诗学理论在唐传奇、宋元话本和元杂剧的基础上开始大量出现，中国文坛上出现了一些新的思想和新的文体。小说的兴起正是由于它适应了一般市民的耳目之奇，而且也由于它被长期人为地赋予一种非正统文学的地位，所以它没有承担“载道”和“教化”的重负，成了少有的可以尽情张扬自己个性的自由天地。由此，一些文论家就在其上敷演出自己的诗学观：如在明代文坛上先后出现的“唐宋派”、“公安派”、“竟陵派”等，在批评明代“前后七子”的“文必秦汉”、“诗必盛唐”的复古主张中，提出了由“有法”至“无法”，反对拘守“成法”，主张变古创新，抒写“性灵”的全新主张。这种张扬个性和强调文学来源于现实的理论主张，在叶昼评点《水浒传》的典型人物塑造的理论中有所体现，他说：“世上先有《水浒传》一部，然后施耐庵、罗贯中借笔墨拈出。……如世上先有淫妇人，然后以杨雄之妻、武松之嫂实之。”③叶昼意在强调典型来源于现实生活。又如著名文学批评家金圣叹则强调多种典型人物的价值，他说：“别一部书，看过一遍即休。独有《水浒传》，只是看不厌，无非为他把一百八人性格都写出来。”④张竹坡在评《金瓶梅》时则认为典型的重点在于紧扣人物的性格特征，要把握“各人的身分，各人的谈吐，一丝不紊”⑤。中国的诗学典型观在这里，出现了一种百家争鸣般

① 马新国：《西方文论史》，高等教育出版社2002年版，第128页。

② 饶芃子等：《中西比较文艺学》，中国社会科学出版社1999年版，第119页。

③ 叶朗：《中国美学史大纲》，上海人民出版社1985年版，第386页。

④ 叶朗：《中国美学史大纲》，上海人民出版社1985年版，第391页。

⑤ 叶朗：《中国美学史大纲》，上海人民出版社1985年版，第397页。

的热闹场面，这显然不同于传统对于“道”这个核心和惟一典型的反复阐释。典型论从一般转向个别。

中西典型论的嬗变，典型论的两个阶段的转化，皆为文学本质所决定的。一般与个别是一个严肃的哲学化的命题：一般是一个超越时空的存在，是对于事物内在本质的玄想；个别则是对于存在的极度关注和深刻认同。当中西诗学从初始走向现代时，都一致将眼光由彼岸收回到现实中的个体，这是诗学由诗性到感性的回归。对于典型论来说，两个阶段都是指向诗学的深层本质，都是对于世界本体的思考。

(二)诗与真

由上述个别和一般的关系，很容易推出关于诗与真的问题。一般的诗学著作中，关于诗与真的论述主要是讲文学之真与历史之真。值得注意的是，文学本身作为一个独立的门类，已包含着关于真的深刻追寻。而诗学，是对文学的理论性建设，它对于诗与真的追问应提到一个更高的哲学层面来讨论。

1. 诗之真与历史之真的区别

上文曾经引用过亚里士多德关于诗与历史的区别，他从哲学的高度对两者进行了划分，认为历史学家只记述已发生过的真实的历史，而文学家却是依据已发生的事而进行推断，从而描写还不曾发生但可能会发生的事。这种必然与可然的论述可以说是西方最早关于诗与真的思考，他认为诗之真超越了历史之真。但在中国，诗之真往往被等同于历史之真，或者以历史之真作为衡量诗之真甚至诗之价值的标尺。《毛诗序》在很大程度上把《诗经》当作一部先秦历史，“至于王道衰，礼义废，政教失，国异政，家殊俗，而变风、变雅作矣。国史明乎得失之迹，伤人伦之废，哀刑政之苛，吟咏情性，以风其上，达于事变而怀其旧俗者也。”可见，所谓“诗有六义”皆为史官记史劝政之作。这决定了中国的诗歌从其发端之始，就带上了浓厚的历史色彩。同样，《史记》也是诗、史界线模糊的著作，所以有“史家之绝唱，无韵之离骚”的美誉。而在中国文坛上对唐代大诗人杜甫的最大褒奖就是称其诗作为“诗史”。中国诗学的确有将“诗之真”与“史之真”相混淆的倾向。比较中国诗学与西方诗学在诗与真的问题上的差别，我们看到西方诗学主要是将诗的任务定位于要反映高于一般现实的本质真实，史诗家和悲剧家们要将那些藏在平凡事物背后的闪光点放大出来，照亮人们的思想。但中国却想让诗承担历史所做的工作，对现实予以忠实的反映，要反映人民的疾苦，要“教化人伦、讽喻圣上”，从而达到“醇民风、兴邦国”的目的。归根结底，中西诗史观的不同，是中西对“真”的理解的差异造成的。西方诗学的“真”是从现实中抽象出来的可能之真，它是对于本质真理的探索，希望超越现实而达到精神的自由；中国诗学的“真”是对现实的反思性写照，它是用历史的“真”来超越历史，它是对于世俗精神的不懈支持。“西方的自由追求面对束缚采取的是进攻方式，它以解除束缚来获得自由。……中国的自由追求也是基于束缚，但它获取自由的方式却是退却。”①退回到历史中去寻找对历史的超越，从而实现对自由精神的追求。可以说，虽然中西方在诗与真的诗学理念上有区别，然而在对自由的追求上，中西方却是一致的。

2. 诗之真与诗之美

诗之真是与诗之为诗的美紧密相联的。诗之真，在中西诗学中，有一个向内转的发展

① 张法：《中西美学与文化精神》，北京大学出版社 1994 年版，第 151 页。

过程，即逐渐强调诗之为诗的“本体”特征，也就是诗作为诗之真的“本体”中必然含有诗之美的特征与属性。中西诗学在这一问题上是一致性的。诗美是文学的本质属性，它是诗之真而非每一真实事物所具有。康德曾说：“现在既然问题在于某物是否美，那么我们并不想知道这件事的实存对我们或对任何人是否有什么重要性，哪怕只是可能有什么重要性；而只想知道我们在单纯的观赏中(在直观或反思中)如何评判它。”①这就是康德所说的“纯粹美”，一种非功利性的美学观，它强调的是直觉式的审美观照。在这里，一种非功利性的美成为诗之真的本质。也可以说诗之为诗的真，就在于认识到诗自身作为一种美的存在，即诗的自觉。

中国诗学，从魏晋起就开始注意到诗本身的价值，而不是把它作为宣扬政教的载体的工具。围绕着这个观念，展开了关于诗的各方面问题的研究，因此，这个时期被称为中国诗学的自觉期。陆机在《文赋》中说：“每自属文，尤见其情。恒患意不称物，文不逮意，盖非知之难，能之难也。”这清楚地说明，这一时代中国诗学家的眼光已经由外在的事物转向了诗歌自身的美学属性的探寻。“诗言志”的讨论已转向诗何以言志，诗怎样言志的探索。在《文心雕龙》中，“原道”、“宗经”、“征圣”虽然位列于首，但重点和精彩之处全在“风骨”、“神思”、“情采”诸篇，这不仅仅是对创作过程的重视，而且是将它提高到了“本体”的高度之上。传统意义上的诗之本体如“道”、“礼”、“教”等已经被创作论所取代，诗之主题的讽喻性和教化功用已经变得不再那么重要了。所以这一时期在诗歌的题材和主题上有了很大的开掘和拓展，除传统“言志诗”如《蒿里行》、《咏史》外，各类隐逸诗、游仙诗、咏物诗、山水诗、玄理诗等也悉数登场。这种丰繁杂呈的局面正是各种关于诗歌创作理论形成的基础。可以说，中国诗学从本体论出发，围绕着神思、风骨、情采、声律等文学自身的内在规律进行挖掘，力图找出诗之为诗的本质。例如风骨，就包含了这种对艺术美的内在思考，“如果说，‘风’是由充沛的感情而产生的艺术感染力，那么‘骨’就是由坚实的依据、严密的逻辑、严谨凝练的言辞而产生说服力”②。风与骨，实际上就是诗学高度上的诗之两面。

在西方，从很早开始就认识到了诗的独立品质及其意义，西方诗学在古希腊时期就对诗之为诗的真的“本体”做了深入的研究和发掘，亚里士多德的《诗学》中有关悲剧的创作理论可算作西方诗学自觉的开始。蒋济永在其《过程诗学·绪论》中说：“亚氏《诗学》虽然兼论了史诗、喜剧、讽刺作品，但主要论述的是悲剧，因而在亚氏那里，‘诗’，就文体来说它是一个含义宽泛的概念；从论述内容来说又是非常狭隘地局限在‘悲剧’，讲戏剧的分类、悲剧的性质、情节结构、人物塑造及其悲剧产生的同情、怜悯和陶冶等，因此，他的‘诗学’严格地说属‘悲剧学’。”③以文学的文体、情节、结构、人物塑造等艺术形式的研究为诗学的切入点，西方诗学在认识诗之真的同时也发展出唯美的艺术论。诗之为诗，作为一种唯美的追求，在西方经历了无数的思潮和流派，从古典的“三一律”、“纯诗论”到现代的浪漫主义、唯美主义，从创作中的象征主义、表现主义到20世纪初的俄国形

① ［德］康德：《判断力批判》，邓晓芒译，人民出版社2002年版，第39页。

② 叶朗：《中国美学史大纲》，上海人民出版社1985年版，第234页。

③ 蒋济永：《过程诗学·绪论》，中国社会科学出版社2002年版，第1页。

式主义以及欧美的新批评，从最初的讲求诗的纯艺术性，到后来将诗作为一个独立和封闭的结构系统，西方诗学对诗之真的真正美学意义的寻求一直未曾中断。

诗之为诗的真必须显示出诗之美。黑格尔说："美是理念的感性显现。"在他看来，古典主义艺术是一种和谐的艺术，就在于形象与理念之间取得了平衡，即形象正好可以完满地反映整个理念。"古典型艺术克服了这双重的缺陷，它把理念自由地、妥当地体现在本质上就特别适合这理念的形象，因此理念就可以和形象形成自由而完满的协调。从此可知，只有古典型艺术才初次提供出完美理想的艺术创造与观照，才使这完美理想成为实现了的事实。"①古希腊的雕像是这种和谐艺术的杰出代表，庄严高大、细腻柔美的形象下面包含着严肃的关于永恒真理的思考。黑格尔说："只有在雕刻里，内在的心灵性的东西才第一次显现出它的永恒的静穆和本质上的独立自足。"②在诗学领域中，这种和谐的统一就促成了诗学意义上的诗之真的实现。约翰·邓尼斯指出："我们称为作品情趣的那个东西，就是对真实的细微辨别力。但是在有识别能力的人看来，真实总是只有一个，总是不变的；因此如果开头能使一个真实的情趣得到快慰，最终肯定可以使整个世界得到快慰。"③诗与真，由一个叙事诗学的命题发端，随着对其不断深入的探讨，已经变成了一个普遍性的诗学命题。在整个的诗学体系中，它应该是处于塔底的那一层，所有的诗学问题都是在诗与真的关系之上展开的。

二、抒情诗学

中西诗学在抒情诗学方面有如下几个范畴。

(一)意象论

意象是抒情诗学，乃至整个中国诗学中最核心也最复杂的部分。"立象以尽意"似乎可作为这一理论在中国的先声。叶朗在《中国美学史大纲》中说："《系辞传》提出'立象以尽意'的命题，把'象'和'言'区分开来，同时又把'象'和'意'联系起来，指出'象'对于表达'意'，有着'言'所不能及的特殊功能，从而对'象'作了一个重要的规定。……后来出现的'赋'、'比'、'兴'这一组范畴，进一步对'象'(形象)和'意'(情意)之间互相引发、互相结合的三种不同的关系作了概括，实际上也就是对'立象以尽意'这个命题的进一步规定。"④到了魏晋南北朝时期，刘勰明确提出了"意象"的概念。李浩说："齐梁时的刘勰遥承先秦，在《文心雕龙·神思》中提出了'窥意象而运斤'，使'象'转化为'意象'，并取得了意与象、隐与秀、风和骨的多种规定性。"⑤刘勰又说："是以意授于思，言授于意，密则无际，疏则千里。"周振甫认为，这里的意指意象，思指神思，言指语言文辞。神思构成意象，意象产生文辞。这三者结合有疏有密。有时神与物游，心境交融，作者说到的就是一个完整的意象，用语言恰好地表现出来，思、意、言密切结合，不烦绳削而自合，即密则无际。有时作者想得很多，到形成意象时，比原来想的已经有了很大改

---

① ［德］黑格尔：《美学》第1卷，朱光潜译，商务印书馆1979年版，第97页。

② ［德］黑格尔：《美学》第1卷，朱光潜译，商务印书馆1979年版，第107页。

③ ［美］M. H. 艾布拉姆斯：《镜与灯》，郦稚牛等译，北京大学出版社2004年版，第328页。

④ 叶朗：《中国美学史大纲》，上海人民出版社1985年版，第72页。

⑤ 李浩：《唐诗的美学阐释》，安徽大学出版社2000年版，第13页。

变；用语言表达时，又经过反复修改，对意象又有很大改变，甚至没有意象，写不出来，即疏则千里。① 可见，意与象是紧密联系的一个整体。它们的合一，形成了外在之象与内在之情的互动。情触象而动，由象而生；象因情而活，因情而美。这个互动过程的进一步发展的结果就是情景交融，就是超乎象外的"境界"的产生。

在西方，除了庞德从中国诗歌中受到启发而创立了意象派外，意象理论在西方似乎出现不多。然而，刘若愚在《中国诗学》中论述中国诗歌的意象时，有大量中西诗歌意象的比较，显然，在西方诗歌中也是同样存在着意象的。余虹曾将中国的"意象"与西方的"象征"进行过比较，他说："作为一个浪漫表现论诗学范畴，'象征'既指述了一种表达方式，即以外在的表达内在的情思；又指述一个形象样式，即那种能象征暗示某种主观情思的外在物象。作为一种表达方式，'象征'义近'隐喻'；作为一种形象样式，'象征之象'义近'意象'。作为主观意象的'象征之象'它接近中国抒情诗论中的'兴象'。"②由此，我们可以从两个方面来比较中西的"意象论"。

1. 从影响研究角度考察中西"意象论"的关系

美国著名诗人庞德曾极兴奋地发现：汉字都是些蕴藏着种种意象的图画文字，这种文字本身就充满了诗意。他不明白汉字的构成途径除了纯粹的象形之外，还有会意、形声、指事、转注、假借之类。但他比一般中国人更能敏感地觉察到汉字的图画特点却是事实。③ 在欧美意象派创立之初，庞德订立了三条原则：①对于所写之"物"，不论是主观的还是客观的，要用直接处理的方法；② 决不使用任何对表达没有用的文字；③ 关于韵律，按富有音乐性的先后关联，而不是按一架节拍器的节拍来写诗。

从这些原则可以看出，庞德对于突出意象表达的强烈要求。他认为："一个意象是瞬息间呈现出来的一个理智和情感的复合体。"这基本上符合中国意象论的要旨。但庞德的意象论也不是对于中国意象论的全盘搬用，而是对于意象中的空间表现力、情景交融和由此产生的境界特别看重。中国意象论由于长期的发展，意象论本身就在不断发展创新，从而形成一些新的意象观点。对这些意象论以及因创新所形成的新的意象观点的解读本身就能产生美感，这是西方意象派诗学所不能比拟的。另外，西方意象派由于对中国意象论存在着某种误读，即认为中国的文字，每一个都具有意象意义，从而造成了其诗歌泛意象化，破坏了诗歌的整体美感，这在一定程度上也是由于中西处于不同语言系统所造成的。

2. 从平行研究角度比较中西意象论

"意象"一词在英语翻译中是"image"，这个词由于自身的多义性，使得其在表达为意象这个词义的同时，就已经天然地带有模糊不清的因素。"首先，这个词有肖像的意义，也即物体的形象。其次，它有比喻的意义……但是这个词还有另外两种意义，它们经常在文学批评中使用，而且可能引起混淆。一方面，'意象'用来指唤起'心象'(mental picture)或感官知觉的词语表达(这感官知觉不一定是指视觉的)；另一方面，这个词用来指诸如暗喻、明喻等包含两个要素的表现方式。"④正由于 image 这个词所带有的多义性，

① 周振甫：《文心雕龙注释》，人民文学出版社 1981 年版，第 299 页。

② 余虹：《中国文论与西方诗学》，三联书店 1999 年版，第 185 页。

③ 辜正坤：《中西诗比较鉴赏与翻译理论》，清华大学出版社 2003 年版，第 13 页。

④ [美]刘若愚：《中国诗学》，韩铁椿、蒋小雯译，长江文艺出版社 1991 年版，第 122 ~ 123 页。

使得西方诗学在表达意象这个概念时，往往引起误解。这种误解可能是使用者的误解，即使用者在表达意象概念时，运用的却是另外一个意思；也可能是读者的误解，即望文生义式的误解。

在逾越了文字所造成的鸿沟之后，中西意象论的理论本身也存在着差异，这主要表现在意象的重复性和感官侧重点的不同。所谓意象的重复性是指：在西方诗学中，一个经典的意象往往在一部作品中被重复使用，从而使这个隐藏模式下的意象具有象征或暗示作品主题的意义。这种重复由于需要一定的篇幅做基础，除了在戏剧中可以找到个别例子之外，总体上在中国是很少见的。所谓感官侧重点的不同主要是指西文侧重于视听感官刺激下产生的意象，这是由于西方长久以来“眼耳独尊”的审美方法造成的。张法在《中西美学与文化精神》中说：“从毕达哥拉斯起，希腊人把视觉和听觉作为审美感官，而排斥其它感官。……毕达哥拉斯说：‘我们的眼睛看见对称，耳朵听见和谐。’人体的其它感官味、嗅、触，当然是没法嗅、闻、感触到比例、对称、均衡等具有宇宙本质性的东西了。”①与西方的感知方式相比较，中国的意象则在全面的感知之下呈现出多样性特征。张法说：“随着由神到气的演化，中国宇宙成为整体功能的宇宙，与之同步，中国人的心理也成为整体功能的心理，由此又决定了心理快感的整体功能性质。……由于心理的整体功能和快感的整体功能，人的各类感官眼、耳、鼻、舌、身是被等同平列地看待的。”②“五官整合的美感主体构成”给中国诗学带来的丰富意象是西方所无法比拟的。

3. 中国意象论与西方象征论

将中国的意象论同西方的象征论进行比较研究，这里讲的象征论主要是指浪漫主义的象征论，而非象征主义的象征论。浪漫主义在强调表达自身情感和想象的基础上形成了其象征理论，它主要服务于情感的表达。余虹在《中国文论与西方诗学》中曾归纳了浪漫表现论诗学范畴中“象征”的两层含义：一种是表达方式，即以外在物象表达内在情思；另一种是指一种形象样式，即能象征暗示某种主观情思的外在物象③。浪漫主义的象征理论在以物表情上同中国意象是非常相似的。但差异也很明显，象征论没有中国意象中强调物我交融，在我移情于物时，物亦授意于我，只有这样才能达到象外之象的意象层次。另外，美国华人学者刘若愚也指出，象征同意象的区别还表现在：“首先，复合意象(指以一种用一个事物代替另一个事物，或把一种经验转化为另一种经验，带有并列和比较性质的意象——作者注)只有局限的意义，而象征却意味着具有普遍的意义。……其次，象征是选作代表某种抽象意念的具体事物；复合意象就不都是这种情况。”④

中西意象论的比较，在一定程度上，可以归结为中西不同诗学精神，特别是不同的抒情诗学精神的比较。对于意象这一主题的探讨，包含了诗学间的相互借鉴、吸收、改造和对于世界诗学建设的意义。

(二)“情”与“志”

关于“情”与“志”的讨论，在中西抒情诗学中也占有很重要的地位。

---

① 张法：《中西美学与文化精神》，北京大学出版社1994年版，第267页。

② 张法：《中西美学与文化精神》，北京大学出版社1994年版，第266页。

③ 余虹：《中国文论与西方诗学》，三联书店1999年版，第185页。

④ [美]刘若愚：《中国诗学》，韩铁椿、蒋小雯译，长江文艺出版社1991年版，第124页。

情志之辨，在中国诗学史上占据着无法替代的位置，可以说，中国的诗学史就是以这二者为基本线索展开的。这里所说的“志”是裨补时阙，专事教化的天下之志；“情”是抒发怀抱，发一己之思的个人之情。

“诗言志”的理论最早见于《尚书·尧典》：“诗言志，歌永言，声依永，律和声，八音克谐，无相夺伦，神人以和。”孔子在称赞子产时也说：“言以足志，文以足言。”(《左传·襄公二十五年》)孟子也有著名的“以意逆志”说。《毛诗序》提出：“诗者，志之所之也，在心为志，发言为诗。情动于中而形于言。”这是对“诗言志”传统的进一步规范化，同时，又具备了“诗缘情”说的萌芽，只是这种萌芽还包裹于礼乐的道德之中。到了汉代，一方面，作为独尊儒学的结果，“诗言志”作为正统的诗学观被确立下来；另一方面，则产生了一批专门从事文学写作的御用文人，如司马相如、东方朔等。这激发了“缘情”论的发展。作为文学自觉时代的魏晋南北朝，曹丕的“文气”说，完全冲破了“诗言志”的传统，强调文学应当抒发个人的情感，而陆机的《文赋》中“诗缘情而绮靡”的命题，可以视作“情”正式脱离“志”，开始成为独立的审美对象和诗学主题。中国的诗学中，情与志可以比较清晰地画出一条界线。主情说者，如唐代的李商隐，他在《上崔华州书》中写道：“岂古所谓周公、孔子者独能焉？……以是有行道不系今古，直挥笔为文，不爱攘取经史，讳忌时世。”他对文必周、孔的做法非常反感，提倡为文必须要有真情实感。明清时代，主情说很发达，出现了性灵说、童心说、有情天下说、诗以道情性说、生命哀情说等诗学主张。而主志一派，由于在中国诗学传统中占据着统治地位，其理论更是无法数计。不过，在情、志分界的背后，也有一部分诗学家主张情志合一。如刘勰在《文心雕龙·明诗》中说：“诗者，持也，持人情性。三百之蔽，义归无邪，持之为训，有符焉尔。”这是典型的诗言志说。不过紧接着，他又说：“人禀七情，应物斯感，感物吟志，莫非自然。”①这又是典型的诗缘情说。中国诗学中最富论争性的问题，在刘勰这里变成了一而二，二而一的转换。

在西方诗学中，没有明确的关于情与志的论述，但是情与志的问题同样存在。在柏拉图的《理想国》中，强调对诗与诗人的鉴定：“我以为我们首先应该审查做故事的人，做得好，我们就选择；做得坏，我们就抛弃。……规范是这样：无论写的是史诗，抒情诗，还是悲剧，神本来是什么样，就应该描写成什么样。”②所谓神本来的样子，就是要求诗人的作品必须对于城邦公民的道德修养的提高有益，而像赫西俄德、荷马所讲的故事中充满了神的各种丑行，显然这对于教化公民是有害的，所以必须被排除在理想国之外。柏拉图对于诗人提出的明确要求，实际上就是要求“诗”要言志，要为政治、伦理服务。在亚里士多德那里，产生了与中国“诗缘情”相类似的观点，即提出了“净化”说。亚里士多德认为，人的情绪积蓄到一定时候，必须依靠一些渠道将其发泄出来，从而达到心灵的净化，诗就起着这种作用。净化说强调个人情感的抒发，同中国的“缘情”说在基本的理论观点上是一致的。

情与志，可以看成是对个体与整体、审美与伦理的不同侧重。志侧重于整体，情侧重于个体。志强调对于文学功能的整体把握，力图从形而上的高度发展出文学的哲学气质，

① (梁)刘勰：《文心雕龙·明诗》。

② 伍蠡甫、胡经之：《西方文艺理论名著选编》，北京大学出版社1985年版，第20页。

并将其纳入到整个居于现实之上的思想形态领域之中。而情则强调文学的个体意识，它看重的是文学作为一个情感和审美的存在，而不是政治、伦理的存在。由此，也就自然而然的生出了一种相对于志而言的现实气息。在中国的诗学中，“志”几乎始终占据着正统地位，但却无法抹杀掉“情”的价值，更无法取代“情”的特殊位置以及给人们带来的审美感受。因为，中国的诗学从总体上来说，是现实的诗学，“志”虽然从来都高举着明道教化、体察民风、弥补时弊等极具现实精神的旗帜，然而，在不知不觉中已经脱离了现实，而自我陶醉于救济民病以及由此带来的虚幻的社会使命感之中。而“情”由于一直处于次要地位，且与人民的实际生活感受切合，表达出的往往是人民对生活的各种体味，感悟人生的各种滋味，这是一般百姓的心态和情感，所以反而比志更具有现实精神。正是由于情的这种现实品格，使得它始终在中国诗学中占有一席之地。与中国诗学的情、志论之间的关系不同，西方的情、志说则是混合共存的。古典主义讲求“崇古”，这个“古”，既包含着柏拉图的思想，也包含着亚里士多德传统，所以，古典主义者们并举“自然”与“理性”的旗帜，贺拉斯说：“诗人的愿望应该是给人益处和乐趣，他写的东西应该给人以快感，同时又对生活有帮助。……如果是一出毫无益处的戏剧，长老的‘百人连’就会把它驱下舞台；如果这出戏毫无趣味，高傲的青年骑士便会掉头不顾。寓教于乐，既劝谕读者，又使他喜爱，才能符合众望。”①“寓教于乐”就是对于情志合一理念的贯彻。这多少与中国的刘勰的理论主张相合拍。

第三节　中西诗学作品的对比分析

整体理论的比较阐发和具体诗学范畴的比较分析是中西比较诗学的两大研究方法。后者由于将中国诗学与西方诗学进行相互阐发式解读，就这种方法本身而言，它不失为一种有效的引进西方诗学和介绍中国诗学的途径。同时，通过具体诗学观点的对比分析，挖掘中西诗学的共通规律，从而为建设“世界诗学”奠定基础。从中西诗学比较研究的角度来说，就是要将最具地域特征的诗学观点，放在同一平面上加以分析。本节旨在对中西诗学中具有开创性的著作及反映了中西诗学统一性的作品进行比较分析，从而得出一些有益的结论。

一、《文心雕龙》和《诗学》

（一）本体论：从“原道”、“宗经”到“诗是模仿”

刘勰的《文心雕龙》与亚里士多德的《诗学》在中西诗学领域中具有开创性意义是毋庸讳言的。《文心雕龙》所具有的宏大体系在中国诗学史上是“空前绝后”的。章学诚在《文史通义·诗话》中赞赏其“笼罩群言”、“体大而虑周”。自从初唐刘知几认识到这部巨著的重大价值开始，对于《文心雕龙》的研究虽几经浮沉，总体上讲是在不断地走向深入。《诗学》在西方，对它的研究和推崇相对于中国之于《文心雕龙》是有着过之而无不及的。对于这两者的讨论，首先就要从诗学的本体论出发。

《文心雕龙》的本体论部分，即其“文之枢纽”。它包括了《原道》、《征圣》、《宗经》、

① 伍蠡甫、胡经之：《西方文艺理论名著选编》，北京大学出版社1985年版，第108页。

《正纬》、《辨骚》。在《原道》中提出“辞之所以能鼓天下者，乃道之文也”。将文学作为道的载体，“在终极意义上，言、象、形、貌作为‘道之文’乃是道的作品，而心、天、地、物不过是‘道’借用来呈现自身之文的中介罢了”①。需要指出的是，此处的道，不是一般意义上的儒家之道，而是自然之道，可以理解为一种宇宙自然的秩序。所谓“心生而言立，言立而文明，自然之道也”，强调的就是文学创作作为一种自然生成的过程，它所体现的是天地的本来面貌。接着，刘勰提出了对于前人的继承的重要意义。《征圣》是要在思想上继承古人，《宗经》则是要在创作上继承古人。在确立了经的权威地位之后，对经进行解释的纬自然承接《宗经》而成第四部分《正纬》，面对纬书中的各种流弊，刘勰认为“但世忧文隐，好生矫诞，真虽存矣，伪亦凭焉”②。古人的作品，真伪并存，如何甄别、如何取舍呢？刘勰提出了“按经验纬”的方法。他列举了纬之“四伪”，详细论证了对于纬书的区别方法。文之枢纽的最后一部分是《辨骚》，依周振甫的看法，《辨骚》实为“变骚”，“刘勰在‘体乎经’里提出的文学创作的指导思想，必须要同‘变乎骚’相结合。只有文学创作上有了新变，才是文学的发展”③。由此，将文之枢纽部分结合起来看，则是一个完整的诗学观，即“文”是对自然秩序的反映，它是在有选择地继承前人思想和创作方法上，不断创新、发展的。

相对《文心雕龙》的本体观，亚里士多德的《诗学》则将“诗”之本体定位于模仿。《诗学》以及柏拉图对话中的模仿都表示，一件艺术品是按照事物的先后模式制成的，但亚里士多德在《诗学》中摈弃了柏拉图理式原则之空泛观念，提出了“模仿论”的完整理论体系。亚里士多德的模仿对象是自然，这个自然，不是普通意义上的自然界，而是灵魂。他认为：身体与灵魂的关系即质料与形式的关系，“灵魂必定是在一个物体的形式的内部就潜存着生命的那种意义上的一种实质。但是实质是现实，因而灵魂就是具有上述特征的身体的现实”，“灵魂是一个潜存着生命的自然体的第一级的现实”④。亚里士多德关于悲剧要描写符合必然规律的东西，正是上述那种潜存着生命的灵魂。由此，中西这两部代表性诗学著作在本体论上的差别是明显而耐人寻味的。《文心雕龙》从外部的大秩序出发，引证前人，着重变通，意在建设一个历时性的诗学本体观。而《诗学》则由内部的灵魂出发，把焦点放在带有普通、永恒性的一般存在之上，意在建设一个共时性的诗学本体观。另外，两者又交叉于对本体的追求上，《文心雕龙》的自然之道既可以理解为外在的宇宙秩序，也可以理解为内在的自然之心；《诗学》的灵魂观，也是既可以理解为内在的物体的本质，也可以理解为外在的自然体的本质，即他所说的“自然体的第一级的现实”。

（二）文体论：《明诗》和悲剧意识

诗和悲剧是中西各自最重要的文体，关于它们的讨论是对本体论讨论的延伸。

在西方，史诗与悲剧是主要的文体，但在《诗学》中，亚里士多德选择的是悲剧，这

① 余虹：《中国文论与西方诗学》，三联书店 1999 年版，第 205 页。

② 刘勰：《文心雕龙 · 正纬》，浙江古籍出版社 2001 年版，第 15 页。

③ 周振甫：《文心雕龙注释》，人民文学出版社 1981 年版，第 28 页。

④ ［英］罗素：《西方哲学史》，何兆武、［英］李约瑟译，商务印书馆 1963 年版，第 221 ~ 222 页。

是有其历史的原因的。法国理论家让·贝西埃在其主编的《诗学史》中说:“史诗的王牌包括它的传统地位、贵族气质和听史诗的简便性。而悲剧呢,则要依赖演员的表演艺术,有时候,他们可能会错误地阐释剧本。但是,尤其面对文盲观众时,他们与聆听吟游诗人朗诵的听众相似——阅读(anaginoskein)毕竟是少数精英的享受——悲剧相对于朗诵和阅读的优势,在于模仿生活的生动方式。”①在亚里士多德看来,自然和对自然的模仿,是文艺的真正目标,而悲剧正好符合这一要求。与之相比较,诗在中国的情况就没有上述那样复杂,因为它无与伦比的传统和由此造成的权威性,使得它必然成为重点阐释的文体。当然,任何一种对文体的阐释都必然是作者诗学观的表现。对于诗,不同的诗学家可以作出截然不同的结论。刘勰的看法是“诗者,持也,持人情性。”这里的持,既可以理解为扶持义,儒家的诗教便是这种意思;也可以理解为表现义,情感的自然抒发是诗的最根本的任务。这可以解释为什么刘勰在将诗定义为“在心为志,发言为诗”时,又说“人禀七情,应物斯感,感物吟志,莫非自然”②。在他看来,志和情都是诗的一种含义。从比较的角度看,应物斯感,禀情而为诗主要是一种从内向外的表现,而亚里士多德的悲剧模仿则主要是一种从外向内的再现。

“诗有恒裁,思无定位,随性适分,鲜能通圆。”③表明了刘勰的海纳百川的审美胸怀,这无疑也代表了中国传统诗学的审美观,最好的佐证就是《诗经》。程亚林在《近代诗学》中说:“《诗经》自由而又广泛地抒写了人在宇宙自然、社会人事中的各种思想情感,它让颂美讽刺之辞并列,肃穆端庄、‘浮荡轻佻’之篇杂陈,就充分体现了这一观念,表现了古人淳朴诚挚、天真无邪的生命活力。”④与此形成鲜明对照的是亚里士多德对悲剧中的崇高感的钟爱,他说:“喜剧倾向于表现比今天的人差的人,悲剧则倾向于表现比今天的人好的人。”⑤这种对于悲喜剧的划分对西方的影响非常深远。卢梭也说:“我们的各种丑角之所以模仿美好的行为,是为了贬低它们的价值,是为了把它们弄得可笑;由于他们感到自己卑贱,所以就力图使自己能够跟比他们高尚的人列于同等的地位。”⑥在西方,对于喜剧总被认为是较为低劣的,而对于悲剧以及由此而带来的崇高的美感,则认为是高贵而富于诗学气质的,文克尔曼所说的“高贵的单纯和静穆的伟大”就是对于这种美学观的总结。

中国之诗本身就是一个包容性极强的文体,而西方悲剧则是对于内容有很大限制的文体。刘勰在论述的所有文体中,将诗放在第一位,固然由于诗是中国最早的文体,但更重要的是诗体现了对于其他文体在审美旨趣上的统摄力。亚里士多德则更是从六个方面(情节、性格、思想、言语、唱段和戏景)入手,把悲剧做成一个精致的文体,表现出对悲剧的偏爱。

《文心雕龙》与《诗学》对于文体的不同侧重以及各自反映出的美学思想,是由于文学

① [法]让·贝西埃等:《诗学史》上册,史忠义译,百花文艺出版社2002年版,第27页。
② 刘勰:《文心雕龙·明诗》,浙江古籍出版社2001年版,第25页。
③ 刘勰:《文心雕龙·明诗》,浙江古籍出版社2001年版,第30页。
④ 程亚林:《近代诗学》,湖南人民出版社2000年版,第13页。
⑤ [古希腊]亚里士多德:《诗学》,陈中梅译,商务印书馆1996年版,第38页。
⑥ [法]卢梭:《爱弥儿》,李平沤译,商务印书馆1978年版,第114~115页。

本质的不同认识造成的。中国大宇宙式的文学本体观，给予了诗以宽容、博大的审美气度以及包容式的文体品格。西方内在灵魂(亦可称为小宇宙)的文学本体观，使悲剧能够通过缜密的思考，从而具备完满的形式和崇高的气质。

(三)创作论：《神思》和情节

关于“神思”一词，杨明照在《文心雕龙校注拾遗》中指出，其最早出现于曹植的《宝刀赋》“据神思而造象”中，后宗炳在《历代名画记》中也说“万趣融其神思”①。在《文心雕龙》里，刘勰将其形容为“形在江海之上，心存魏阙之下”②。《神思》是《文心雕龙》创作论的核心和总纲，“驭文之首术，谋篇之大端”说明了此篇对于以下诸篇的概括作用。“创作论以下各篇所讨论的问题，本篇从物与情、物与言和情与言三种关系的角度，概括地提出了他的基本主张和要求。”③神思在刘勰看来，已不是一个简单的构思、想象的阶段，而是涵盖了整个创作过程的主旨性纲领。所以在这一篇中，他不仅谈到了如何构思，还对如何表达情思，如何形诸篇章，以及它们之间的复杂关系等都有所论及。而在亚里士多德的《诗学》中，统一全书的是涉及创作论的情节，这是他的创作论的基础。情节之外的其他五个要素如性格、思想、言语、唱段和戏景等都是以情节为中心，根据情节的需要而展开。亚里士多德说：“因为在悲剧里，情节是第一，也是最重要的成分。根据定义，悲剧是对一个完整划一，且具一定长度的行动的模仿，因为有的事物虽然可能完整，却没有足够的长度。……作品的长度要以能容纳可表现人物从败逆之境转入顺达之境或从顺达之境转入败逆之境的一系列按可然或必然的原则依次组织起来的事件为宜。”④由此看来，情节是亚氏悲剧创作观的核心。

在《神思》中，刘勰提出了以下问题：

(1) 构思就是要作家的精神与物象相融会。“故思理为妙，神与物游。”

(2)构思时要做到精神专一，进入一种虚静状态。“是以陶钧文思，贵在虚静，疏瀹五藏，澡雪精神。”

(3)构思以丰富的学识和阅历做基础。“积学以储宝，酌理以富才，研阅以穷照，驯致以怿辞。”

(4)构思的表达，即构思的天马行空与表达时所受的实际语言限制的矛盾，常常表现为“言不尽意”或言难尽意及其解决的方法。“方其搦翰，气倍辞前；暨乎篇成，半折心始。”“密则无际，疏则千里。”“是以秉心养术，无务苦虑；含章司契，不必劳情也。”

(5)构思与表达快慢的利弊及其解决方法。“若夫骏发之士，心总要术；敏在虑前，应机立断。覃思之人，情饶歧路；鉴在疑后，研虑方定。机敏故造次而成功，虑疑故愈久而致绩。”“理郁者苦贫，辞溺者伤乱。然则博见为馈贫之粮，贯一为拯乱之药，博而能一，亦有助乎心力矣。”⑤

在这里，“思——情——言”的关系是这一系列问题的主线。

① 杨明照：《文心雕龙校注拾遗》，上海古籍出版社 1982 年版，第 229 页。

② (梁)刘勰：《文心雕龙・神思》。

③ 陆侃如、牟世金：《文心雕龙译注》，齐鲁书社 1982 年版，第 84 页。

④ [古希腊]亚里士多德：《诗学》，陈中梅译，商务印书馆 1996 年版，第 75 页。

⑤ (梁)刘勰：《文心雕龙・神思》。

在《诗学》中，亚里士多德对有关情节的问题也有如下详细表述：

(1)关于一个整一情节的定义："一个完整的事物由起始、中段和结尾组成。起始指不必承继它者，但要接受其它存在或后来者的出于自然之承继的部分。与之相反，结尾指本身自然地承继它者，但不再接受承继的部分，它的承继或是因为出于必须，或是因为符合多数的情况。中段指自然地承上启下的部分。"

(2)简单情节与复杂情节："所谓'简单行动'，正如上文解释过的，指连贯、整一，其中的变化没有突转或发现伴随的行动。所谓'复杂行动'，指其中的变化有发现或突转，或有此二者伴随的行动。"

(3)组织情节："最完美的悲剧结构就是复杂型、而不是简单型的。""一个构思精良的情节必然是单线的……它应该表现人物从顺达之境转入败逆之境。"

(4)情节是产生恐惧与怜悯的本来手段："恐惧与怜悯可以出自戏景，亦可以出自情节本身的构合，后一种方式比较好，有造诣的诗人才会这么做。组织情节要注重技艺，使人即使不看演出而仅听叙述，也会对事情的结局感到悚然和产生怜悯之情。"

(5)情节的揭晓或发现："在所有的发现中，最好的应出自事件本身。"

(6)情节中的结和解："剧外事件，经常再加上一些剧内事件，组成结；其余的剧内事件则构成解。所谓'结'，始于最初的部分，止于人物即将转入顺境或逆境的前一刻；所谓'解'，始于变化的开始，止于剧终。"①

所有这些关于情节的论述都围绕着情节整一这个核心理论展开。

神思与情节虽然在具体内涵上有着较大的差异，但它们却同为创作论中的核心命题，从对两者的重视以及具体的阐发中可以看出中西诗学在创作论上的同与异：中国诗学重视的是对创作论中"思接千载，视通万里" 的神思的高度觉悟。神思立于文之外，又统领着文的全部内容，注重的是构思的飘逸。亚里士多德的情节论，则是对模仿理论的忠诚贯彻，它注重的是具体的事件、人物的行为和结构的安排。"神思"强调的是情景的多层联系，如在这一篇文章中，刘勰主张结合"意"、"情"、"言"而组成一个立体的结构。神思既要体现在构思本身，也要体现在与情感、意象、语言的融合之中，这样才能彰显神思的"神"之所在，而情节则强调个体的突出，并不太强调情、意、景的融合。如果要说融合的话，也是要其他要素来如何依附情节，从而使结构严谨而不松散。亚里士多德说过，诗的本体是灵魂，或称为第一现实，灵魂存在于物体或身体之中，它可以被理解为使一物区别于他物同时又获得统一性的东西。灵魂给予物体的这种特性便带有独立和与众不同的品质。在创作论中，他将这种品质给了情节，从而使他在创作论中确立了一个基点。悲剧中有关创作论问题的论述都是对于情节的探讨或者说就是在寻求一条通过情节对于第一现实进行成功的模仿的途径。

二、《人间词话》的比较诗学精神

(一)"有我之境"与"无我之境"

中西诗学在中国学人中进行第一次真正意义上的融合的人应该是王国维。钱钟书在

① ［古希腊］亚里士多德：《诗学》，陈中梅译，第9、10、13、14、16、18章，商务印书馆1996年版。

《谈艺录》中说："公度(指黄遵宪)其不免于流者乎。……故其诗有新事物，而无新理致。……严几道(指严复)号西学巨子，而《瘉壄堂诗》词律谨饬，安于故步……几道本乏深湛之思，治西学亦求卑之无甚高论者，如斯宾塞、穆勒、赫胥黎辈；所译之书，理不胜词，斯乃识趣所囿也。老辈惟王静安(指王国维)，少作时时流露西学义谛，庶几水中之盐味，而非眼里之金屑。"①钱钟书将黄遵宪、严复和王国维三位"西学东渐"的主将加以比较，认为只有王国维才真正达到了对中西文化的融会，而不似黄遵宪与严复那样只是生硬的拿来，缺乏领会。叶嘉莹认为《人间词话》正是这方面的代表作。她说："至于《人间词话》则是他脱弃了西方理论之局限以后的作品，他所致力的乃是运用自己的思想见解，尝试将某些西方思想中之重要概念融会到中国旧有的传统批评中来。……事实上他却曾为这种陈腐的体式注入新观念的血液，而且在外表不具理论体系的形式下，也曾为中国诗词之评赏拟具了一套简单的理论雏形。"②王国维将西方哲学、美学、文艺学的各种思想与中国传统诗学思想加以对比，并试图进行中西诗学的相互阐释，这其中最有代表性的理论就是"有我之境"与"无我之境"。

"泪眼问花花不语，乱红飞过秋千去"，"可堪孤馆闭春寒，杜鹃声里斜阳暮"，有我之境也。"采菊东篱下，悠然见南山"，"寒波淡淡起，白鸟悠悠下"，无我之境也。"有我之境，物皆着我之色彩。无我之境，不知何者为我，何者为物。此即主观诗与客观诗之所由分也。(按：此十四字原已删去)古人为词，写有我之境者为多，然非不能写无我之境，此在豪杰之士能自树立耳。"③

一般认为，王国维的这个理论是由叔本华的哲学观点而来。佛雏在《王国维诗学研究》中说："王氏区分两境的理论基础，跟德国哲学家叔本华关于审美静观的观点、关于抒情诗的观点，有极其密切的关系。叔氏云：'在审美的静观方式中，我们已经发现两个不可分割的组成部分：客体的知识，不是作为个别事物，而是作为柏拉图式的观念，即作为该事物全体族类的永恒的形式……观照者的自我意识，不是作为个人，而是作为纯粹的无意志的认识主体。'王氏把这种'纯粹的无意志的认识主体'称之为'知之我'或'纯粹无欲之我'；而现实的有意志的'个人'，则称之为'欲之我'或'特别(按即个别)之我'。"④"有我之境"就是以"欲之我"观物，在这种观照中，一方面物与"我"相冲突，使"我"产生情绪的激动；另一方面又以其美吸引"我"，使"我"进入宁静的审美观照，由"动"入"静"之间产生的境界就是"有我之境"。"无我之境"是以"知之我"观物，在这种观照中，物与我合一，我以纯客观的审美心境，观照出外物(审美和创作对象)的一种最纯粹的美的形式，这美的形式不是个体的，而是这种美的"类"或"理式"。王国维的"有"、"无"之境说在中国也可以找到理论的源头。庄子的"以天合天"说就是一例。"当是时也，无公朝；其巧专，而外骨消。然后入山林，观天性；形躯至矣，然后成见鐻，然后加手焉；不然，则已；则以天合天。"⑤佛雏说，这里"后一个'天'，是指体现物(创作对象)的内在本性的纯

① 钱钟书：《谈艺录》，商务印书馆 1984 年版，第 23 ~ 24 页。

② 叶嘉莹：《王国维及其文学批评》，广东人民出版社 1982 年版，第 212 页。

③ 王国维：《人间词话　人间词》，谭汝为校注，群言出版社 1995 年版，第 2 页。

④ 佛雏：《王国维诗学研究》，北京大学出版社 1999 年版，第 238 页。

⑤ 杨柳桥：《庄子译诂》，上海古籍出版社 1991 年版，第 371 页。

粹形式；前一个‘天’，则是一位不但撇去一切‘庆赏爵禄’、‘非誉巧拙’之见，而且达到‘辄然忘吾有四肢形体’的人，即自然(天)化了的人。”①这种理论与王国维的有、无之境在实质上是一致的。叔本华提出“认识的纯粹主体”理论，它就是无意志，无我。“它不仅是审美静观所必备的主观条件，而且是达成审美静观的及其最后归宿。”②所以，无论是有我之境，还是无我之境，都是对认识的纯粹主体的表现，也即是对无意识、无我的表现。而庄子要求以一种“坐忘”般的状态去迎于物，并在这一过程中，达到物我相契，物我为一。应该注意的是，以天合天，决不意味着“我”作为一个主体的完全消解，而是以一种较高境界的面貌出现。

对于王国维的“有”、“无”之境说，历来学界就有非常多的争论。朱光潜在《诗论》中依据移情说将其解释为“同物之境”和“超物之境”，“他所谓‘以我观物，故物皆着我之色彩’，就是‘移情作用’……移情作用是凝神注视，物我两忘的结果，叔本华所谓‘消失自我’。……与其说‘有我之境’与‘无我之境’，似不如说‘超物之境’和‘同物之境’，因为严格地说，诗在任何境界中都必须有我，都必须为自我性格、情趣和经验的返照。”③叶嘉莹对此则有不同看法，她说：“然而后一例的‘可堪孤馆闭春寒，杜鹃声里斜阳暮’，则其中实在看不出什么明显的‘移情作用’……可见朱氏所说的‘同物之境’，实在并不同于王氏所说的‘有我之境’。”④叶朗也提出有、无之境的划分“不是从意象与情趣的关系上见出，而是从语言和意象的关系上见出”⑤。这种争论是王国维诗学具有丰富内涵的一种反映，同时也证明了王国维诗学思想对于中西诗学的融合与贯通。正是由于他将中国传统诗学与西方诗学熔于一炉，造成了其诗学思想既呈现出西方理性的光芒，同时又不失中国传统诗论的体悟之美，这才有了从不同角度对其进行解读的可能。

(二)“千秋壮观君知否，黑海西头望大秦”——比较诗学的核心精神

王国维的诗学思想标志着中国传统诗学向西方汲取营养的开始。这种努力，在他之前，就已经有人在做，但很明显，这种尝试并不成功。由梁启超发起并深为赞许的“诗界革命”，在一定程度上都有新瓶装旧酒之嫌，主要就在于众多的诗人和学者，对于西方的诗学只是简单的拿来，而没有在中西这两个截然不同的诗学体系之间找到一座桥梁。所以，很多西方理论被介绍进来时，要么就不为人所了解，要么就“理不胜词”。而王国维却能从此中脱离出来，“对于拿来之西学，王国维不仅能够‘吃掉’，而且还将其消化得几乎不见痕迹，其诗学比较的成就之所以至今仍然难以超越，原因正在于此”⑥。他早年受教于罗振玉主持的东文学社，该学社以传播西学为己任，王国维正是在此时开始大量接触西方哲学、美学、文学等方面的知识，后又游学日本，进一步扩大了视野，使其有更多的机会博览中西经典。王国维最早阅读的西方著作是康德的《纯粹理性批判》，然而初读之时，觉得康氏之书非常晦涩，“至先天分析论几全不可解”，继而转攻叔本

① 佛雏：《王国维诗学研究》，北京大学出版社1999年版，第247页。

② 佛雏：《王国维诗学研究》，北京大学出版社1999年版，第244页。

③ 朱光潜：《诗论》，上海古籍出版社2001年版，第50~51页。

④ 叶嘉莹：《王国维及其文学批评》，广东人民出版社1982年版，第228页。

⑤ 叶朗：《中国美学史大纲》，上海人民出版社1985年版，第72、619页。

⑥ 杨乃乔：《比较文学概论》，北京大学出版社2002年版，第337页。

华，如获至宝。他感到西方哲学自柏拉图和康德之后，叔本华是又一大家，“自汗德以降至于今百有余年，哲学上之进步几何？其有绍述汗德之说而正其误谬以组织完全之哲学系统者，叔本华一人而已矣”①。但他对叔本华的哲学决非全盘接受。如他对于叔氏的伦理观中的“解脱”观就存有自己的看法，他说：“根据叔氏哲学，人类与万物的根本都是同一个‘意志’，那么如果不是一切人类与万物都拒绝其‘意志’的话，一个人的‘意志’是不可能拒绝的。因为‘意志’在这个人身上不过是一小部分，而大部分则存在于别人与万物之中。……‘试问释迦示寂以后，基督尸十字架以来，人类及万物之欲生奚若？其痛苦又奚若？吾知其不异于昔也。’”②这种观点体现了王国维对西学研究中的独特心解。

王国维的比较诗学的精神，正如他在诗中写的那样：“千秋壮观君知否，黑海西头望大秦。”这就是说，既不能落入西方诗学之中不能自拔，也不能纠缠于传统诗学而忘了目标。而是要具备世界眼光，跳出两个独立自在的诗学体系，站在客观的位置上，将两者放在同一平面上进行研究。王国维的这种诗学眼光对中国诗学建构是有帮助的。纵观20世纪中西诗学的交流和联系，主要是西学的输入、被接纳并与中土诗学相互融合，这一方面大大丰富了中国诗学的内涵，赋世界性于民族性，对整个20世纪的中国诗学乃至整个文艺的建设提供了有力的帮助；另一方面，也由于被动式的接受而放松了对于本土诗学的挖掘和建构，使得长期以来中国诗学似乎越来越缺少民族性。虽然在这个过程中，也体现了一些中外诗学的互动，然而这并不能算真正意义上的比较诗学。真正意义上的比较诗学，应该是在中国文化的大背景下，对中国的诗学及各种文艺进行西方诗学化的阐释，同时又要用世界诗学的眼光，努力挖掘中国传统诗学这个被忽视很久的宝藏，以它来救治中国诗学的“失语症”。中西诗学应该平等对话。这个问题实际上早已引起中外学者的注意，如华裔美国学者刘若愚的《中国的文学理论》，就是根据艾布拉姆斯《镜与灯》的艺术四要素说，将中国的文学理念概括为六种形态，在极精练地概括了中国诗学的总体形态的同时，又不失中国传统诗学的精神内核。华人学者叶维廉的《比较诗学》，也能以世界诗学的胸怀进行中西诗学的阐释。可以说，王国维所开创的一条中西诗学比较的道路，已越来越宽阔。曹顺庆在《中西比较诗学》中，摆脱了表象层面上的一般比较，是抽取了中西诗学的若干核心概念进行对比分析，既就具体问题做出了较深层次的分析，也通过这些问题使人对中西诗学有一个总体把握。另外，黄药眠、童庆炳主编的《中西比较诗学体系》(1991年)、张法的《中西美学比较与文化精神》(1994年)、饶芃子等著的《中西比较文艺学》(2000年)等，都对中国比较诗学的学科开拓和创新进行了有益的探索。当然，我们将期待有更多的中西比较诗学的学术专著出现。

◎思考题

1. 中西方的历史文化对中西诗学的形成与发展起着怎样的作用？具体体现在哪些方面？

① 祖保泉、张晓云：《王国维与人间词话》，上海古籍出版社1990年版，第10页。

② 祖保泉、张晓云：《王国维与人间词话》，上海古籍出版社1990年版，第16页。

2. 简述宗教、哲学与诗学的关系以及它们对诗学的影响。

3. 中西诗学的理论形态的比较研究分为哪几个方面？试以其中一个方面为例，说明中西诗学理论研究的方法和意义。

4. 运用中西诗学的比较理论来说明文学之真与历史之真的关系。

5. 以“有我之境”与“无我之境”的理论来阐述比较文学的核心精神。

第十六章　跨学科比较研究

第一节　文学与其他艺术

文学与其他艺术的比较研究是跨学科比较文学研究的一个重要内容。通过两者的比校，有助于我们更全面、更深刻地认识文学的本质特征，同时了解文学与其他艺术之间的联系和影响，以便在艺术实践中自觉地扬长避短，充分发挥文学艺术的特长和优势，或者取长补短，吸收和融合其他艺术的特长，以丰富和发展语言艺术。

中外历代的美学家、艺术家、文艺理论家都十分重视探讨文学和其他艺术的相互关系。中国古代文论《毛诗序》中，就分析了诗、歌、舞三者之间不同的艺术联系与区别。亚里士多德的《诗学》根据模仿的媒介、对象和方式的不同，最早区分了诗与其他艺术的差别。狄德罗比较了诗歌、音乐、绘画反映生活的不同艺术手段，即诗歌用语言、音乐用音响、绘画用色彩。莱辛在其论著《拉奥孔》(又名《论绘画与诗的界限》)中，通过“拉奥孔”这一题材比较了古典雕塑与古典诗歌的不同，从而探讨了诗与造型艺术的区别。黑格尔则从理念和形象的吻合关系出发，把艺术按历史阶段划分为象征型、古典型和浪漫型，每种类型之下又分成建筑、雕刻、音乐、诗歌等若干类。上述学者的论述均不乏精辟的见解和合理的因素，为我们今天深入研究文学与其他艺术的相互关系提供了宝贵的借鉴。但是，随着社会的发展和现代科学技术的进步，文学与其他艺术本身也在发展变化，各种艺术门类之间的关系也在发展变化，因此，我们必须用崭新的目光、科学的方法来审视和研究这个日新月异的艺术大世界。

文学与其他艺术比较研究的领域是十分广阔的，本节不可能全面涉及，我们仅从总体角度，就文学与其他艺术的类同性与差异性、文学与其他艺术的历史纠结、文学与其他艺术的联系方式等问题进行综合考察。

一、文学与其他艺术的类同性与差异性

文学与其他艺术之间之所以能够进行跨学科比较文学研究，就在于两者之间存在着“可比性”的基础，即文艺现象中的类同与差异。单纯相同或完全相异的现象和事物，毫无比较的价值，也就无“可比性”可言。只有同时具备类同和差异两重关系的艺术现象，才具有可比的价值。文学和其他艺术之间同中有异，异中有同，而且在这种异同关系中显示出某种规

律性的东西。

(一)类同性

文学和其他艺术作为一种特殊的社会意识形态，都是外界社会和人的内心生活的反映，它们在描绘形象、表达情感和运用想象等方面，显示出有别于其他意识形态领域的共同特征。

形象——艺术作品的载体。任何种类的艺术都离不开形象的描绘，形象是艺术作品的载体。没有形象，艺术本身也就不存在了。因此，形象性是文学与其他艺术的一个共同的、基本的特征。俄国普列汉诺夫也说过：艺术“既表现人们的感情，也表现人们的思想，但是并非抽象地表现，而是用生动的形象来表现。这就是艺术的最主要的特点”①。

人是一切社会关系的总和，是现实生活的主体，因此，塑造人物形象便成为艺术创作的重要内容。艺术形象作为一个广泛的概念，除了人物形象之外，与人物密切相关的生活环境和自然环境，具有审美价值的建筑物，音乐艺术中由乐音所创造的某种气氛、所抒发的某种情感，乃至我国传统文论、画论中所说的意境、意象和境界，等等，也都属于艺术形象的范畴。

艺术形象是以具体可感性和概括性相统一，客观性与主观性相融合为其主要特点的。也就是说，艺术作品在对某种生活现象具体生动的描写中，概括出同类事物某种普遍的意义，在对客观生活图景的描绘中，渗透着艺术家本身的个性特征和强烈的主观因素，既给人以美感享受，又给人以思想启迪。

艺术形象的塑造往往把“形似”之外的“神似”作为审美理想的更高追求。欧阳修说过：“状难写之景，如在目前，含不尽之意，见于言外，斯为至矣。”刘勰亦强调“拟容取心”。文论如此，画论亦然。苏轼认为：“论画以形似，见与儿童邻。”②可见，无论是作文，还是绘画，贵在以形传神。优秀的艺术作品，当是完美的艺术形式与深刻的思想内涵的完美统一。

情感——艺术创作的动力。艺术情感是指渗透了审美内容的特殊感情和情绪，它既以生活中一般情感为基础，又以其个性鲜明的感染性和美感特征而与一般情感相区别，是典型化了的人类高层次的情感形态，即审美情感。情感性是有别于其他意识形态的另一个重要特征。

情感既是艺术作品的要素之一，又是艺术创作的动力。中外文艺理论家都十分重视情感在艺术创作活动中的重要地位和作用。《文心雕龙·物色》篇有云：“情以物迁，辞以情发。”刘勰在这里论述了物、情、文三者的关系：外界景物激发、兴起、影响着作者的感情，作者心中有了情志，就要凭借文辞进行抒发，“为情而造文”。别林斯基也说过：“没有情感就没有诗人，也没有诗。”③情感在音乐、绘画创作中亦十分重要。《乐记》中所谓“感于物而动，故形于声”及画论中所谓“感物而动，情即生焉”云云，无不说明了艺术创作中的情感作用。

生活是情感的源泉。动情的事物是艺术家捕捉和酿造情感的酶剂。艺术家对生活的感

① ［俄］普列汉诺夫：《没有地址的信》，人民文学出版社 1962 年版，第 4 页。

② (北宋)苏轼：《苏东坡集》前集卷 16,《书鄢陵王主簿所画折枝二首》之一。

③ ［苏］别林斯基：《别林斯基论文学》，梁真译，新文艺出版社 1958 年版，第 14 页。

受愈深刻，酿造的情感也就愈浓烈。优秀的艺术作品总是凝聚着艺术家独特的审美体验和审美情感。优秀的艺术作品必定具有以情感人、以情化人的艺术魅力。很难设想，一个对生活冷漠的人能够创作出感人的艺术作品来。

想象——艺术家最杰出的艺术本领。想象是形象思维的主要方式，是艺术家们创造艺术形象时的一种特有的心理活动，它贯穿于文学和其他艺术整个创作过程中。

艺术想象区别于科学想象和技术想象的主要之点就在于不带直接的功利目的，并伴随着喜、怒、哀、乐等情感，与情感互相作用着。对此，高尔基曾作过风趣生动的对比："科学工作者研究公羊时，用不着想象自己也是一头公羊，但是文学家则不然，他虽慷慨，却必须想象自己是个吝啬鬼，他虽毫无私心，却必须觉得自己是个贪婪的守财奴，他虽意志薄弱，但却必须令人信服地描写出一个意志坚强的人。"①

文学创作之所以需要想象，是因为文学作品中所描绘的人物形象和生活图景是作家在对实际生活体验的基础上，按照自己思想意图和美学理想虚构出来的。缺乏想象，虚构便难以进行。此外，作家在创作过程中，在设身处地体验自己所表现的对象时，也要运用想象。

想象在绘画、戏剧、建筑、音乐等艺术创作中，同样具有重要作用。达·芬奇认为画家的头脑应该像一面镜子，里面充满了各种物象。前苏联戏剧家斯坦尼斯拉夫斯基强调演员要"更灵活地想象"，使演员所扮演的人物的生活和演员本人的生活在某些瞬间突然完全融合在一起。也就是说，演员只有通过想象，才能进入角色。中国戏曲中的虚拟表演更具想象的韵味。演员将他想象中的对象，如骑马、坐轿、上楼、开门等等意象，外化为一种形体动作。而观众则通过角色的外化动作，感知这想象之中的对象。

真正的创造就是艺术想象的活动。作家、艺术家们正因为发挥了想象这一作用于人类发展如此之大的功能，才铸造出充盈艺术精品的神圣殿堂。文学中的阿佛洛狄忒与林黛玉，电影中的《泰坦尼克号》与《红河谷》、绘画中的《拾穗者》与《清明上河图》、建筑中的金字塔与黄鹤楼、音乐中的《命运交响曲》与《二泉映月》以及民间工艺中的剪纸与根雕，等等，无一不与艺术想象有着密切的关系。

（二）差异性

上面我们探讨了文学与其他艺术之间的类同性，但并不意味着它们之间没有差异性。类同性的存在使它们成为艺术大家庭中的成员，成为姊妹艺术；差异性的存在，则使它们形成各自独立的艺术门类，于是便有相互的阐发与补充，便有技巧的借鉴与功能的交错。

文学以语言文字为媒介和手段，它区别于其他艺术最主要的特征是：反映社会生活的广阔性，艺术形象的间接性，语言文字的准确性、鲜明性和生动性。文学在写人状物上可以"精骛八极"，抒情表意上可以"心游万仞"。也就是说，世界上没有文学不能描写的对象。由于语言只是一种代表概念的符号，因此，文学中的艺术形象只有通过读者的联想、想象才能获取。此外，文学语言准确、鲜明而生动，它不仅可以阐明深邃、复杂的思想观点，同时，亦可传达丰富、细腻的情感意识。由于文学具备上述区别于其他艺术的显著特征和特殊功能，而且又是多种艺术的基础，因此，人们有时将文学与艺术并列相称。文学体裁按作品形态划分，主要有诗歌、散文、小说、戏剧等。由于戏剧不是单纯的语言艺

① ［苏］高尔基：《论文学》，孟昌等译，人民文学出版社1978年版，第317页。

术，它必须通过舞台表演的二度创作，才能最终实现其艺术目的，故而常被列入综合艺术的范畴。

文学与音乐等表情艺术相比较，差异性是十分明显的。两者虽同属时间艺术，但音乐是用有组织的乐音构成艺术形象，通过表达人的思想感情来反映社会生活。其本质属性是抒情性。文学以直接叙述生活事件、描绘人物形象为主旨。尽管文学亦可表达情感，特别是抒情诗以抒发情感为特征，但在表达瞬间复杂的、细腻的感情时却难以言传。其次，音乐作品的音乐形象及情感内涵往往具有多义性、模糊性的特点，而文学中无论是主题的表达，还是形象的塑造，都是十分明晰的。此外，音乐又是一种表演艺术，音乐形象的塑造，必须经过表演这个环节才能为人们所感知而产生艺术效果，而文学形象却是作家用语言文字直接创造出来的。

文学与绘画、雕塑、摄影等造型艺术之间的差异性亦是一目了然的。文学属于时间艺术，绘画、雕塑、摄影等属于空间艺术。造型艺术以线条、颜料、纸张、蜡泥、石块、木料、金属等为媒介手段，塑造出具有强烈视觉效果的静态艺术形象和艺术形体。造型性、直观性为其重要特征。一幅绘画、一尊塑像、一件摄影作品，欣赏者均可凭借视觉感官直接感受。文学因语言本身不能构成直观形象，只能通过语言的引导，在作者和读者的联想和想象中呈现形象。造型艺术采用的题材是有限的自然物象，文学却可描绘广阔无垠、千变万化的社会人生。造型艺术以刻画形象外形为特长，文学却可多侧面、多层次地表现事物的外形与内质、历史与现实。造型艺术通常描摹“美”的事物，但对于文学来说，“美”和“丑”的事物均可作为描写的对象，只是生活的“丑”经过作家创造性的劳动之后，已经具有了审美意义。

建筑艺术、园林艺术、实用工艺等实用艺术基本上都是通过具有实体性的物质材料，创造出具有实用性和审美性的静态艺术作品。实用艺术不直接模拟或再现客观对象，而是通过美的形式来表现艺术家的思想情感和丰富的文化内涵。文学与之相比，除了所使用的媒介材料和艺术形象的塑造等方面有明显不同外，在反映客观现实的态度上亦有所不同。由于实用艺术以物质材料和结构状况显示了物质文明的进步和科学技术的发展，实用艺术的成果都是对客观现实生活的肯定与赞扬。文学作品在反映客观现实生活时，有的歌颂，有的鞭挞，有的同情，有的憎恨……其态度是千差万别的。

文学与戏剧、戏曲、电影、电视等综合艺术最重要的区别就在于文学是时间艺术，而综合艺术则是一种时空艺术。文学中的艺术形象是在叙述事件的发生、发展、高潮、结局的变化过程中形成的，占有一定的时间过程。戏剧、电影等综合艺术既是在空间内显现的时间艺术，又是在时间内延续的空间艺术，两者有机地融合在一起。其次，文学是单一的艺术门类，综合艺术则吸收了各门艺术中的多种艺术元素，并将它们融会在自己的表现手段中，具有综合性的审美特征。此外，文学创作活动一般是个体劳动，具有鲜明的个人意识。综合艺术的创作则是一种集体创作，各个艺术部门都在创作过程中发挥着不可缺少的作用。

二、文学与其他艺术的历史纠结

（一）原始艺术中的诗、歌、舞三位一体

“艺术起源”研究的大量成果表明：早在远古时代，文学与绘画、音乐、舞蹈、雕塑

等史前艺术之间便存在着水乳交融的亲缘关系，原始人类随着思想观念的逐渐明晰，情感意识的日益丰富，他们在艰苦辛劳的狩猎、采集活动之余，沐浴落日的余晖，面对熊熊燃烧的篝火，会情不自禁地手舞足蹈，且歌且唱起来，作为原始艺术的诗、歌、舞便由此产生，并彼此纠结，混生共态，形成一个综合的艺术体。

许多艺术史家认为，舞蹈是原始社会中最重要的艺术，并且总是和音乐、诗歌不可分割地结合在一起，也就是歌、舞、乐三者融为一体。我国汉代及汉代以前的典籍，均不乏这方面的论述。例如，《毛诗正义·诗大序》说："诗者，志之所之也，在心为志，发言为诗。情动于中而形于言。言之不足，故嗟叹之，嗟叹之不足，故永歌之；永歌之不足，不知手之舞之、足之蹈之也。"又如，《礼记·乐记·乐象》说："诗，言其志也；歌，咏其声也；舞，动其容也。三者本于心，然后乐器从之。"如果说这两段文字从诗、乐、舞三者对于人们抒发情感的逻辑关系和顺序上阐明了诗、乐、舞三位一体的必然性，那么《吕氏春秋·古乐篇》中的一段事实描述则说明了原始艺术中的诗、乐、舞三位一体的客观存在性："昔葛天氏之乐，三人操牛尾，投足以歌八阕：一曰《载民》，二曰《玄鸟》，三曰《遂草木》，四曰《奋五谷》，五曰《敬天常》，六曰《建帝功》("建"，高亨等据《太平御览》等改为"达")，七曰《依地德》，八曰《总禽兽之极》。"从这段文字的描述中，我们不难想象出"葛天氏之乐"的动人情景：三名舞者操着牛尾，伴和节拍，唱起八阕歌曲，"投足"起舞。那"八阕"标题歌曲所蕴涵的内容是十分丰富的，或歌颂图腾，或颂扬人间帝王，或赞美天神地祇，或祈求农事顺达。在非洲，一种被称为"布须曼"的原始部族也同样是踏着旁观者的节拍，和着旁观者的歌声进行舞蹈的。此外，古希腊的诗论、古印度的舞论以及古代中国的乐论亦都将诗、乐、舞作为艺术的结合体予以论述。这些都有力地说明世界各地的原始艺术，大抵都呈现为诗、乐、舞等艺术因素同源混生的状态。只是到了后来，经过漫长的历史发展，随着文明的进化，脑体劳动的分离，社会剩余财富的产生，诗、乐、舞才逐渐分离出来，发展成为各自独立的艺术。

(二)近代艺术在同一思潮或流派中的并存与汇通

文艺史上，任何一种思潮和流派的产生，都与当时的政治背景、经济制度和文化状况密切相关，是社会矛盾与思想斗争在文艺领域里的反映，亦是文学艺术自身发展规律使然。文学与音乐、绘画、舞蹈、建筑等虽为不同的艺术门类，但又同属意识形态领域，它们在政治、经济以及哲学、宗教、道德、自然科学等多元文化因素的合力作用下，如百川入海，汇集到同一的文艺思潮或流派之中，同存共处，会通影响，体现出"姊妹艺术"的亲缘关系。这一点，在西方近代文艺思潮的演变过程中表现得最为明显。

文艺复兴时期，欧洲出现了与中世纪封建神学相对立的、以"人"为中心的人文主义思潮。受到人文主义思想影响的诗人、小说家、戏剧家和画家、雕塑家并肩战斗，反对神权、神性，宣扬人权、人性；反对蒙昧主义，崇尚科学知识；反对神秘梦幻，面向现实人生。意大利早期人文主义作家彼得拉克、薄伽丘、阿里奥斯托等人在《歌集》、《十日谈》、《疯狂的罗兰》等诗文著作中，抨击封建教会，反对禁欲主义，歌唱现实生活。佛罗伦萨的波提切利、达·芬奇、拉斐尔等都是经受了人文主义思想洗礼的杰出画家。他们的绘画作品亦具有反封建、反教会的特点。波提切利的名画《维纳斯的诞生》中裸体的维纳斯，那洋溢着青春气息的肉体，犹如从贝壳中露出的一粒珍珠，这是对中世纪宗教禁欲主义的公开挑战。有绘画"神品"之称的达·芬奇的《蒙娜·丽莎》描绘了现实生活中的一个年轻女性，以她温雅的微笑，揭起了人性觉醒的旗帜，赞颂了生命的可贵。由此可见，作为早期人文主义者的诗人和画家，他们在政治态度、美学思想、艺术风格等方面均有一致或相似的地方。

17 世纪流行于欧洲，特别是法国的古典主义是继欧洲文艺复兴后出现的一种资产阶级的文艺思潮。它是法国新兴资产阶级在政治上借助中央王权与贵族阶级进行的曲折斗争在文艺上的反映。其艺术特征表现为以古希腊、罗马艺术为楷模，崇尚理性，追求艺术完美，恪守“三一律”。法国古典主义戏剧家高乃依、莫里哀，“维也纳古典乐派”的海顿、莫扎特，新古典主义画派的大卫等人或与古典主义文艺思潮有直接渊源关系，或受其影响，他们的作品均烙上了古典主义的深深印迹。

浪漫主义是 19 世纪初期在欧洲出现的一种主要文艺思潮，它是法国资产阶级大革命后，欧洲封建制度开始崩溃，资本主义制度逐渐确立和巩固，民主运动和民族解放运动高涨时期的产物。它提倡以感情代替理性，着力描绘自然景物，采用夸张手法，注意搜集民间创作和歌谣作为创作素材。

浪漫主义首先发生在文学领域，随后波及戏剧、音乐、绘画、雕塑等其他艺术领域。德国的霍夫曼、海涅，英国的华兹华斯、拜伦、雪莱，法国的夏多布里昂、雨果，俄国的普希金、莱蒙托夫等都是浪漫主义文学思潮的代表人物。雨果的长篇小说《巴黎圣母院》以丰富的想象、奇特的情节、鲜明的对照、浓郁的抒情、五光十色的景物，凝结成一部浪漫主义的杰作。

与文学相呼应，德国音乐大师贝多芬以脍炙人口的《热情奏鸣曲》、《命运交响曲》等乐曲打开了音乐通向浪漫主义的大门。接踵而来的便是韦伯、舒伯特、舒曼和柏辽兹等乐坛巨擘吹响了执意追求纯粹理想世界和迷恋于幻想音乐的号角。在此期间，浪漫主义的绘画、雕塑亦取得了相当高的成就。籍里柯的《梅杜萨之筏》以饱满的热情、强烈的明暗对比、起伏动荡的构图效果、鲜明的民主精神，体现了浪漫主义绘画的艺术特色，被称为法国 19 世纪初期“浪漫主义先导的第一张绘画”。雕塑家吕德是浪漫主义雕塑方面的杰出代表。所作巴黎凯旋门上的浮雕《马赛曲》取材于 1792 年法国人民保卫共和国的革命斗争。浮雕画面不大，但却显得庄严、雄壮，雕塑人物不多，但构思巧妙，人物似从墙壁深处走出，造成一种动感和千军万马的声势。

19 世纪下半叶，浪漫主义日益蜕化，陷入了“为艺术而艺术”的境地，批判现实主义文艺思潮勃然兴起，它继承和发展了文艺复兴时期人文主义思潮兴起以来的现实主义传统，以广泛地反映社会现实生活，塑造典型环境中的典型人物，强烈的批判精神为其基本特征。法国的作家巴尔扎克、画家米勒、雕塑家罗丹，英国作家狄更斯，俄国作家列夫·托尔斯泰、作曲家穆索尔斯基、画家列宾，挪威戏剧家易卜生等均是这一时期的杰出代表。俄罗斯以列宾、苏里柯夫等人为代表的“巡回画派”和以作曲家、音乐家穆索尔斯基、巴拉基列夫等人为代表的“强力集团”均受批判现实主义作家车尔尼雪夫斯基革命民主主义思想的影响，反对沙皇和教会，反对“为艺术而艺术”，强调艺术必须反映现实，创作出了如列宾的绘画《伏尔加纤夫》、穆索尔斯基的歌剧《鲍里斯·戈东诺夫》等现实主义的艺术作品。

始于 19 世纪末，流行于 20 世纪许多欧美国家的现代主义艺术尽管流派纷呈，花样翻新，各自标新立异，甚至彼此之间还有某种矛盾，但却有着共同的社会根源和思想基础。

艺术上突破传统表现手法，广泛运用象征、暗示、对比、意象等手法来发掘人物内心的隐秘，因而故事情节荒诞不经，人物形象扑朔迷离，篇章结构波谲云诡，思想涵义深奥隐秘，曲折地反映了垄断资本主义的弊端及人们的精神面貌。因此，各个艺术流派之间相互影响、彼此纠结的现象普遍存在。

20 世纪初期产生于德国的表现主义文艺思潮最先出现于绘画领域，主张力图通过线条和色彩的组合，表现事物的内在本质和画家的情感。绘画流派的这一主张很快渗透到音乐、舞蹈、文学等领域。表现主义音乐由于强调自我主观的绝对表现，故而要求采用异乎寻常的音乐语言。如奥地利作曲家勋柏格的作品就充分运用了尖锐的不协和弦、无调性、咏叙性演唱、急剧变化的旋律以及由一极端移向另一极端的力度变化，等等。和表现主义的绘画、音乐一样，现代派舞蹈在新的人道主义思想影响下，强调要通过自由任意的跳跃，直接抒发和表现主观独特的感情。

在文学领域，最先接受表现主义思想的则是以贝歇尔、魏尔菲尔和裴特甘兹为首的诗人。接着，斯特林堡、恩斯特·托勒、盖欧尔格·凯撒等戏剧家，卡夫卡等小说家纷纷加入表现主义作家队伍。至 20、30 年代，表现主义的热潮席卷整个欧洲。

未来主义亦是西方现代主义文艺产生较早的文艺流派，其发展过程与表现主义恰恰相反，它最早产生于文学领域，然后拓展至绘画、音乐等艺术领域。其创始人为意大利诗人费利波·托马索·马里内蒂。1909 年 2 月 20 日，他在法国《费加罗报》上发表了《未来主义宣言》，正式宣告这个新流派跨入文艺殿堂。于是，一群诗人、画家很快聚集在他的周围。诗人有阿尔多·帕拉泽斯基、吉约姆·阿波利奈尔等，画家有乌姆伯托·波丘尼、卡洛·卡腊等人。他们认为，当今世界飞速发展，文艺要跟上时代，就必须抛弃传统文化这个累赘，创造出“一种新的美”——“速力的美”。在未来主义文艺运动中，诗人与画家携手合作，互相援助。如诗人阿波利奈尔撰写《反传统的未来派》一文，为画家辩护，号召进行一场文艺革命。正因为同一思潮中的诗歌与绘画存在着相通的地方，故而，艺术史上以艺术风格来表示的分期序列，如“哥特式、文艺复兴、巴洛克、罗可可、浪漫主义、比德迈尔式（Biedermeier）、现实主义、印象主义、表现主义”影响了文学史家，以至在欧洲的一些文学史著作中，出现了类似的分期序列①。

三、文学与其他艺术交互作用的几种方式

文学与其他艺术因各具特点而卓然自立，又因类同相似而纠结联系，互为援应。正因为如此，艺术世界才显得五彩斑斓，流动多变。下面，我们不妨将它们彼此联系、交互作用的几种主要方式略加陈述。

配合。为了使某种艺术更加突出和完美，用其他艺术予以补充和辅助。如在诗集或小说中配以精美的插图，在画幅上题写意境幽远的诗句，诗歌朗诵时伴以优美动听的乐曲等，均是常见的配合方式。

郑板桥曾画一竹画，画面一丛凤竹，坚忍不拔，苍劲豪迈，正直向上。画上配诗一首：“衙斋卧听萧萧竹，疑是民间疾苦声；些小吾曹州县吏，一枝一叶总关情。”画上还盖有一方朱印：“七品官耳。’这是郑板桥在山东潍县任职时的作品，深刻地表现了一个七品

① 乐黛云：《中西比较文学教程》，高等教育出版社 1988 年版，第 227 页。

芝麻官体察民情，为民做主的虔诚愿望。由于诗、印的配合，画的意旨显得更加高远。

孕育。一种艺术从另一种艺术中受到启发，获得灵感，从而孕育出富有新意的艺术作品来。德国作曲家门德尔松所作《仲夏夜之梦》序曲是从莎士比亚同名戏剧中获取灵感的。乐曲用音乐的语言通过奏鸣曲式的结构描写了神仙境界，极富幻想的情趣和意境。英国诗人济慈欣赏法国画家洛兰的一幅绘画后，从一只雕有神话和田园风景图案的古瓮上受到启发，孕育了一首长达50行的诗歌名篇《希腊古瓮颂》。

吸取。一种艺术借鉴吸收他种艺术的有关内容、材料或技巧方法，用以丰富完善自己。常见的情形有：主题题材的借鉴，人物情节的借取，艺术技巧的借用等。

题材借鉴在文学史、艺术史上屡见不鲜，下面仅以古希腊神话为例加以说明。古希腊神话因具有人神同形同性、想象丰富、形象生动等特点，因而不仅是希腊艺术的“武库”和“土壤”，而且也是后世文学和艺术的“武库”和“土壤”。古希腊悲剧的题材大多取自荷马史诗，埃斯库罗斯的《被缚的普罗米修斯》、索福克勒斯的《俄狄浦斯王》均是著名的例子。建筑方面，如在雅典曾有宙斯的神庙；雕塑方面，如现藏于罗马梵蒂冈宫贝尔威德尔的阿波罗神像，藏于巴黎卢浮宫的米洛斯岛的维纳斯女神像；绘画方面，如意大利达·芬奇的《丽达和天鹅》(天鹅为宙斯的化身)、波提切利的《维纳斯的诞生》、德国克兰纳赫的《维纳斯与小爱神》、西班牙魏拉斯开斯的《镜子前面的维纳斯》、法国大卫的《阿力斯和雅典娜的战斗》等等，都是以希腊神话为创作题材的。

人物形象与情节的借取与重塑在文艺史上亦不乏其例。我国女雕塑家张得蒂的铜雕《东方的邀请》便借助了但丁文学名著《神曲》中描述的贝雅特里齐引导但丁飞越九重天游历天堂的人物和情节。铜塑正中，气质凝重的但丁和端庄优雅的贝阿德丽采并肩前行，脚下云彩飘浮，鲜花飞撒，一对极乐鸟在天堂的门楣上振翅欲飞，整个构图既显示出庄严的气氛，又有活泼亲密的情爱，准确地表现了但丁和贝雅特里齐的形象和神韵。1985 年 5 月 26 日，这尊铜像在意大利拉文纳被授予意大利共和国总统奖。此外，还有许多艺术作品是直接以文学中的人物形象命名的。如柏辽兹的交响曲《哈罗尔德在意大利》的音乐形象源于拜伦的叙事长诗《恰尔德·哈罗尔德游记》，《罗密欧与朱丽叶》来自莎士比亚的同名悲剧；李斯特的《浮士德交响曲》来自歌德诗剧《浮士德》；阎肃编剧、羊鸣等谱曲的七场歌剧《江姐》来自罗广斌、杨益言的长篇小说《红岩》；法国现实主义画家杜米埃的讽刺漫画《高康大》来自拉伯雷的长篇小说《巨人传》。

技巧的借用如果得当，能够获得极佳的艺术效果。音乐、绘画中的许多表现手段和创作技巧常常被诗人、作家所借用，从而使文学作品具有丰富的音乐性和绘画感。法国作家罗曼·罗兰的长篇小说《约翰·克里斯朵夫》吸取音乐技巧，采用交响乐曲四乐章的结构方式来构建小说框架，从而使小说具有浓厚的音乐特色。

改编。从媒介学的角度来看，改编是文学与其他艺术门类(主要是戏剧、电影、舞剧、歌剧、电视等)之间发生文学交流及影响作用的重要流传途径与方式。改编主要有两种情形：其一是将文学作品改编为其他艺术形式。戏剧如小仲马的《茶花女》改编自他的同名小说。戏曲如上海京剧院的《智取威虎山》是根据曲波的长篇小说《林海雪原》并参考话剧《智取威虎山》改编而成的。电影、电视改编已蔚然成风，取得了令人瞩目的成就。许多世界文学名著经过改编，搬上银幕或荧屏，产生巨大反响。如雨果的《巴黎圣母院》、司汤达的《红与黑》、列夫·托尔斯泰的《战争与和平》以及中国的古典文学名著《红楼梦》、《三国演义》、《水浒传》、《西游记》等均被改编为电影或电视上映。日本作家松本清张的764部作品便有500余部被改编为电影。其二是将其他艺术作品改编为文学作品。目前，见诸杂志报端的所谓电影故事、电视故事、戏剧故事可属这种类型。改编是一项极其艰巨、复杂而又严肃的工作，它要求改编者不仅要尊重原作，而且还应具有创新精神。

文学与其他艺术门类交互作用、彼此联系的方式，除了上面所说的几种外，还有结合、综合等。前者是文学与其他某一种艺术结合起来，融为一体，产生新的艺术品种，如诗歌(即歌词)与乐曲结合而为歌曲。后者是文学与其他多种艺术成分融合起来，形成综合艺术，如舞台戏剧、歌剧、舞剧、电影、电视等。无论是因结合，或因综合而形成的新的艺术品种都不是原有艺术元素的简单拼凑、混合和相加，而是一种有机的组合，形成具有自身特质的新的艺术整体。

第二节　文学与宗教

文学与宗教在其产生之初就已存在着混生未分的交叉互渗关系。尽管在以后的发展成熟过程中形成了各自的学科规范和特色，分属于两种不同的社会意识形态，但相互之间的融合补充、对立抗争一直没有中断。许多文学作品都浸透着宗教的汁液，许多宗教故事都是文学创作的题材。反过来，宗教也常常借文学为其宣传教理教义服务，并且许多宗教典籍既是宗教学圣典，又是文学总集，如印度的《吠陀》、希伯莱的《旧约・圣经》、阿拉伯人的《古兰经》以及大量的佛经故事中，文学与宗教是杂糅一体、难以剥离的。

从整体上看，世界三大宗教对文学的影响最为巨大深远。西方文学受基督教的影响最深，阿拉伯文学受伊斯兰教的影响最大。中国文学则主要受到佛教影响。为了论述的方便，下面将主要介绍西方文学与基督教、中国文学与佛教、阿拉伯文学与伊斯兰教的关系。

一、西方文学与基督教

在西方，基督教是其重要的精神支柱。在西方文化传统中，人们对文学与基督教关系的认识开始于中世纪，那时基督教是凌驾于其他意识形态之上的精神信仰，且政教不分，代上帝发言的教皇的权力超过了世俗的统治者，中世纪哲学就是神学的婢女。所以，在基督教神学里，神学一直将哲学与文学统一在自身的信仰下发展，呈宗教、哲学与文学三位一体的共生状态。如托马斯・阿奎那所说："艺术作品起源于人的心灵，后者又为上帝的形象和创造物。"①

近代以来，随着文艺复兴和宗教改革运动的全面展开，基督教统摄一切的绝对权威开始动摇，人文思想得到了弘扬，但人们仍然摆脱不了基督神学的影响，宗教意识如影随形地渗透于西方人生活的方方面面。如意大利人文主义先驱薄迦丘虽然写了《十日谈》揭露僧侣阶层的伪善，抨击禁欲主义，歌颂爱情与享乐等现世生活，但在文学与宗教神学的关系问题上却认为"不是诗是神学，而且神学也是诗"②。

20世纪以来，科学与人文得到了前所未有的发展，基督教的价值观念已与时代显得

---

① 伍蠡甫：《西方文论选》上册，上海译文出版社1979年版，第152、176页。

② 伍蠡甫：《西方文论选》上册，上海译文出版社1979年版，第152、176页。

格格不入，有人基于此提出了“上帝之死”的口号，但人文精神与基督神学的内在联系并未消失。在不少作家笔下，人文精神与基督教情怀有着水乳交融的内在一致性，并以潜移默化的方式影响着人们对文化精神的建构。

西方文学与基督教的关系主要体现在《圣经》对西方文学的影响上，其主要形式是宗教意识的渗透，故事题材的采用和艺术形式的借鉴。在近代至现当代的西方文学中，《圣经》的影响更是广泛而深远的。

在英国，《圣经》的影响几乎渗透到所有的文学体裁之中。“英国诗歌之父”乔叟在自己的诗作中曾数十次地提到亚当、扫罗、参孙、保罗、以赛亚等《圣经》人物，且多达300余次地提及耶稣。莎士比亚的大量戏剧作品都直接或间接地引用了《圣经》中的内容，平均每部戏剧可达14次之多。弥尔顿的第一首成功诗作《耶稣诞生的早晨》就是赞颂耶稣的；其三大诗作《失乐园》、《复乐园》、《力士参孙》则分别取材于《圣经》中的《创世纪》、《马太福音》和《士师记》。约翰·班扬的《天路历程》对一个基督徒追求天国幸福所走过旅程的描述主要取材于《圣经》。哈代、王尔德、康拉德、乔伊斯、劳伦斯等现当代作家的作品，或以《圣经》为素材，或以《圣经》人物为原型，或借用《圣经》的情节结构、表现手法，可以说，这些作家无一不受到《圣经》的滋养。

在法国，夏多布里昂的《基督教真谛》对基督教教义进行了文学图解。古典主义悲剧的奠基人高乃依在《圣经》题材、体裁、手法的影响下，写出了名剧《波列央克特》。拉辛采用《圣经》题材写成的《以斯帖记》和《亚他利亚记》，借古讽今，表示了对当时现实的不满。雨果的《悲惨世界》的道德感化主题及仁爱、宽恕思想，也直接源自基督教神学思想。

在美国，从殖民地时期的作家开始，就有意识地在《圣经》影响下进行创作。霍桑的《红字》、罗伯特·弗洛斯特的《理性的面具》都有一种基督教情绪。尤金·奥尼尔的许多表现主义剧作如《拉撒路笑了》在素材、人物、意象等方面和《圣经》有密切关联。对《圣经》中原型意象的借用是美国许多作品的一大特点：福克纳《喧嚣与骚动》中主人公所涉及的事件与《圣经》中耶稣的经历相对应；海明威笔下的“伊甸园”显然是《圣经》中“伊甸乐园”的化用；约瑟夫·海勒的《上帝知道》借用了《圣经》中大卫和所罗门的原型。

在德国和俄国，歌德的代表作《浮士德》，不仅《天上序幕》是模仿《圣经》中《约伯记》写作而成，而且主要人物形象之一的靡菲斯特也取自《约伯记》的相关人物原型。俄国文坛泰斗列夫·托尔斯泰，在思想观念上以《圣经》中的神学理念形成了以“勿以暴力抗恶”、“道德的自我完善”和“博爱”为核心的“托尔斯泰主义”。在小说创作上他则大量借用基督教名词和宗教意识，借用上帝的仁爱去寻找人性复活的良方，《复活》即是一例。

总之，《圣经》的乳汁哺育了一代又一代的西方作家，可以说：一部《圣经》就是理解西方文学的“巨大密码”。

二、中国文学与佛教

佛教起源于印度，东汉初年传入中国，魏晋以后，佛教广泛流行。隋唐时期佛教的传播臻于极致，大小乘教义的传译流布，对中国的思想文化产生了广泛而深刻的影响，至唐开元年间，历代译著包括中国佛教著述已达1 076部，5 048卷。宋、元、明、清以后，佛教逐渐走向衰落。

《佛经》是佛教的经典，是佛祖释迦牟尼训导弟子的言行说教，由其弟子传述汇编而成。后来人们也把佛教徒假托释迦牟尼言行的著作以及其他佛教著述统称为“佛经”。

佛教借助《佛经》在中国近2000年的传播过程中，不仅给中国思想文化，而且也给文学带来深刻影响，中国文学无论是思想内容还是艺术形式，都留有佛教的印迹。

首先是佛教观念对中国文学的渗透。

“空”是佛教空宗的基本教义，传入中国后由于迎合了中下阶层人们的思想趣味而被接受，并借文学得以传播。王梵志的诗歌《一身本无利》是此类作品的典型代表。取象于组成生物的“四大”要素——土、水、风、火，传达了四大皆空、人生无常的思想。白居易受佛教影响极深，在其诗作中常常流露出人生幻灭的感喟，例如《晏坐闲吟》中的“赖学禅门非悲定，千愁万念一时空”，《眼睛》中的“千药万方治不得，唯应闭目学头陀”等都是典型的诗句。此外，曹植《送应氏》中的“天地终无极，人命若朝霜”；苏东坡《念奴娇·赤壁怀古》中的“人生如梦，一樽还酹江月”；曹操《短歌行》中的“对酒当歌，人生几何，譬如朝露，去日苦多”等，无不表露了人生虚幻诸法皆空的佛理思想。

“因果报应”是佛教的另一基本教义，对中国小说的影响尤为明显。文学家冯梦龙编纂的话本《喻世明言》中有不少篇章是阐述三世轮回业报思想的。在“三言二拍”、《济公传》、《水浒传》等作品中轮回报应的观念也有明显体现。

其次，佛教还对中国文学形式上的革新有影响。

佛教影响中国文学文体形式上的变化，其显著标志是“变文”的产生。唐代以前的文体，仅有散文和韵文二体，佛经使用的则是韵散相糅的文体，伴随佛典的译介，这种文体与民间歌曲形式相融合，最终形成了一种韵散结合的“变文”。后来元代的“弹词”、“鼓词”，金元之际的“诸宫调”等体式，究其渊源则来自“变文”。

随着佛典的翻译和传入，也给中国带来了异邦的音韵学、各类术语、音乐等，不仅丰富了中国文学的语法、词汇，而且加速了中国小说、戏剧的发展进程。尤其是大量的禅宗语言和佛家用语的移入，扩大了语言的表现能力，为文学著作增添了新的光彩。如“因缘”、“彼岸”、“众生”、“祖师”、“清规戒律”、“极乐世界”、“放下屠刀、立地成佛”、“神通”等，有些词汇已成为人们习用的口头语。

“禅言诗”是佛教禅宗思想东传后形成的一种新的文体样式。它把禅意或禅思引入诗中，从而达到深化作品的蕴意和含蓄性的目的。除明显宣扬禅理的一些诗作外，“禅言诗”确实给中国诗歌带来了空灵深远的意境，发展了中国古典诗歌原有的追求淡泊、悠远的艺术风格，如苏轼的《琴诗》本于《楞严经》，但却更有发人深省的理趣。

此外，佛教传入我国，给中国古代文论也带来了勃勃生机。诗人墨客不仅在诗歌创作上“以禅入诗”、“以禅喻诗”，而且在理论上借用佛教术语来品诗论文，使中国古代大量诗论、画论等浸润着佛理禅趣。举凡王维、孟浩然、白居易、苏轼、钟嵘、刘勰、王士祯、袁枚等均是如此。

三、阿拉伯文学与伊斯兰教

伊斯兰教对阿拉伯文学的影响，主要来自于《古兰经》这部经典。《古兰经》由“麦加篇”与“麦地那篇”两部分组成，主要记述了先知穆罕默德的传教情形，尊奉安拉为创造宇宙万物的惟一主宰，阐述了政治、经济、制度、律例、宗教主张及道德伦理规范。其间夹杂着各种神话、传说、故事、寓言、谚语等。

作为一部宗教经典，《古兰经》的宗教学价值之高自不待言，但它对阿拉伯文学的影响也是非常大的。

首先，它促使阿拉伯诗歌发生了历史性的转折，为其注入了浓厚的宗教意识。诗是阿拉伯文学最早出现的一种文学体裁。蒙昧时期，名叫“卡色达”的诗体十分流行，这种诗体语言粗犷朴实，有一定格律和结构，生动地反映了古阿拉伯人的游牧生活。“悬诗”是这一时期古诗体的代表，长期雄踞文坛，充满异教热情，出现过许多不朽杰作。随着伊斯兰教的兴起以及宗教思想的传播，不仅为阿拉伯文学涂上了浓厚的宗教色彩，而且也促使诗歌发生了重大转折。严肃的教义压抑了异教精神，诗人的想象力为宗教所缚，许多诗歌成为支持和宣传宗教思想的工具。诗行中充满警句和格言，宗教意识浓厚，致使诗坛呈现出冷落萧条的景象。至哈里发统治后，诗歌方才显现复兴势头。

其次，《古兰经》为阿拉伯文学提供了范本和题材来源。阿拔斯时期的散文家贾兹，可以说是由研读《古兰经》而走上文坛的，他的几部重要著作均受到《古兰经》的影响。如《方圆》的内容多来自《古兰经》及圣训中，文学选集《表达与阐述》包含着《古兰经》某些章节的内容。《动物》一书的素材也来源《古兰经》。穆罕默德时代的阿里·本·艾比·塔里布把《古兰经》思想作为创作的指南，文学巨著《修辞坦途》反复要求人们遵循《古兰经》教导，致力于崇高事业。

另外《古兰经》对阿拉伯文学文体和语言也产生了巨大影响。《古兰经》是一部散文体经典，其独特的散文文体，给阿拉伯散文注入了新的活力。它在散文体的基础上，借鉴综合蒙昧时期的古诗、咒语及卜爻韵辞的某些表现手法，生成了一种既讲究节奏韵律，又不为旧式格律所困的新奇美妙的散文文体，推动了阿拉伯散文的发展。在语言上，它突破了蒙昧时期的语言规范，对阿拉伯文学语言产生了巨大影响。直到现在，仍有许多作家反复研读《古兰经》，从中吸取宗教和语言的知识，有人甚至刻意模仿《古兰经》的语言风格。

第三节　文学与社会科学

文学与社会科学存在着多维交叉的意义链，涉及社会学、哲学、心理学、政治学等多个领域。前面第九章第三节跨学科研究视域中已从理论上对此作了扼要梳理，现仅以文学与哲学、文学与心理学为例，在实践层面上介绍其间的相互关系。

一、文学与哲学

从比较的角度考察，“文学可以看做思想史和哲学史的一种记录，因为文学史与人类的理智史是平行的，并反映了理智史。不论是清晰的陈述，还是间接的暗喻，都往往表明一个诗人忠于某种哲学，或者表明他对某种著名的哲学有直接的知识，至少说明他了解该哲学的一般观点”①。文学与哲学的上述联系，在文学与存在主义、文学与结构主义中表现得十分明显。

作为非理性主义哲学思潮的存在主义，产生于20世纪20年代的德国，第二次世界大战后在欧洲广泛传播，50年代发展到顶峰，在法国尤为风行。它反对研究思维与存在的

① ［美］韦勒克等：《文学理论》，刘象愚译，生活·读书·新知三联书店1984年版，第114页。

关系等这样一些传统哲学问题，而追问个人的存在价值。存在主义的“存在”不是指向物质世界，而是指向个人的“自我意识”、“纯粹的精神自我”。伴随着对存在的反思，逐步生成了“存在先于本质”、“自由选择”、“他人即地狱”等主张。

从本质上讲，存在主义文学和存在主义哲学是合二为一的。存在主义作家的成功之处在于把这种哲学巧妙地运用于小说和戏剧，使之增加了社会内涵，并引起强烈反响。反过来，这些小说和戏剧又赋予存在主义哲学思想以物质外壳。可以说，存在主义哲学借文学而得到传播。

就西方文学来说，法国文学是存在主义文学的典型代表。20 世纪 30 年代，集哲学家、散文家、剧作家、评论家于一身的马塞尔，其作品就承载了存在主义的精神本质，因当时不合时宜而未引起人们的重视。而作为法国存在主义文学的代表人物萨特，不仅在思想上继承并发展了存在主义的哲学思想，写出了极具影响的哲学著作《存在与虚无》，而且还在其丰富的文学实践中，艺术地呈现了存在主义思想。另一位法国著名作家加缪，尽管他不承认自己是存在主义作家，但他的代表作《局外人》却一直被人们认为是最能体现存在主义哲学思想的作品之一。西蒙娜·德·波伏瓦是萨特的终生伴侣，也是阐述萨特存在主义思想的代表人物。在其他国家，俄国的陀思妥耶夫斯基、奥地利的卡夫卡、美国的诺曼·梅勒和索尔·贝娄，他们的作品都直接或间接地带有存在主义思想倾向。可以说，在西方 20 世纪 50 年代后，各种文学流派和文学思潮都或多或少带有存在主义的影子。

由于存在主义文学与存在主义哲学的依存关系，存在主义哲学的基本命题，如存在先于本质、自由选择、世界和人的处境的荒诞性等都在存在主义文学中体现出来。如萨特的日记体小说《恶心》，通过这种生理和心理反映，来说明现实生活的荒诞。《苍蝇》、《禁闭》则用神话传说和虚构的荒诞情节，反映了主人公对“自由选择”、“他人即地狱”的哲学思考。波伏瓦的第一部小说《女客》，以亲身体验表现了人与人的难以沟通以及由此产生的陌生感和荒诞感。

总之，存在主义文学常常把人的孤独、焦虑、烦恼、绝望等主观情绪，上升到哲学层面对人的生存价值进行思考，终而得出人生是荒诞的、世界是荒诞的等悲观主义结论。

作为对存在主义哲学之反拨的结构主义，产生于存在主义之后，于 20 世纪 60 年代形成一股强大的哲学潮流。

按结构主义思想理路，文学是个符号系统，是一个完整的自我调节的实体。文学作品是某一抽象结构的体现，是按语言的规律组织起来的语言的产物，是独立的整体。一般可分为表层和深层两层结构。表层结构是可感知的现象的外部联系，无须过多研究。深层是现象的内在联系，不仅要重视，而且要用高度抽象的手段将潜藏在作品中的内在结构找出来，即通过现象寻找本质，发现内在的结构关系和模式。如前苏联民间故事研究者普洛普的《民间故事的结构形态》一书，书中对 100 个民间故事的异同进行比较分析，从繁杂的故事内容和形式中总结出 7 种“行为范围”和 31 种固定元素或“功能”，从而揭示出了故事的一般结构模式。

法国结构主义代表人物罗兰·巴特在《论拉辛》一书中，用行为模式的方法对拉辛所有剧本的情节进行高度抽象，得出这样一个行为公式：“A 对 B 拥有全权。A 爱 B，却不为 B 所爱。”如拉辛的代表作《安德洛玛刻》，皮洛斯(A)爱上他的女俘安德洛玛刻(B)，而安德洛玛刻却矢志忠于亡夫而并不爱皮洛斯。根据这一模式，还可深入分析和把握作者的创作心理和创作意图。

法国另一位结构主义批评家热拉尔·热奈特，在他的《修辞格》一书中分析了荷马史诗、《一千零一夜》、《吉尔·布拉斯》、《追忆逝水年华》等作品，根据叙述者是否在场和是否是故事中人物这两条标准，抽象出了一套叙事作品的结构类型：A. 叙述者不在场，也不是故事主人公，如《伊利亚特》；B. 叙述者不在场，却是故事主人公，如吉尔·布拉斯；C. 叙述者在场，但讲述的是他人的故事，如《一千零一夜》；D. 叙述者在场，讲述的是自己的事，如《奥德赛》中的俄底修斯。这四种类型不仅概括了作者、叙述者、人物三者之间的关系，而且发现了这些故事的叙事规则。

美国学者哈南在《早期的中国短篇小说》一文中，运用结构主义叙事学的"层次学说"、句法结构、体裁和小说分类等方法，从三个方面分析了中国短篇小说。第一，研究小说的结构布局，将其分为单体布局和联合布局两种。单体布局即"冲突—解决"的格式，如《三国演义》、《水浒传》等。联合布局即"不只是一种任意的文学技巧，同时也是人用于看待生活的世界"的观点。如《儒林外史》在结构上首先使一批各自独立的插曲组成"单体"，再将"单体"协调成"整体"。第二，研究小说人物的层次，将小说人物分为五层：一层是神灵；二层是传奇英雄；三层是"高级模仿型"；四层是"低级模仿型"；五层是"讥弄型"。根据小说的人物层次来判断它应属于何种类型的作品。第三，研究小说的叙事语式。认为中国小说运用了第一人称的"我知观点"和第三人称的"他知观点"，构成了评论式、描述式、表达式三种叙述语态。他的研究具有一定的启发意义。

由此可知，从文学与哲学相互渗透、相互影响的视域考察文学，是深刻认识文学现象及其发展规律的一条有效途径。

二、文学与心理学

文学作品是人写的，也是写人的，文学从其创作主体到作品中人物，从文学欣赏到文学研究都离不开人的心理活动，这就意味着文学与心理学之间具有不可分离的血缘关系。心理学对文学的渗透和影响，文学对心理学的融合与反映，是我们考察文学与心理学之间关系的两个基本立场。现以文学与精神分析学为例作一介绍。

精神分析学说是现代心理学史上的一种重要理论，创始人是奥地利精神病理学家弗洛伊德。其主要理论有：无意识与性本能、泛性论、梦的解析、人格结构理论等。从整体上讲弗洛伊德的精神分析理论对文学创作和文学批评的影响非常大。

弗洛伊德认为，人从孩提时代开始就有性的冲动，由于受社会道德伦理的压抑，这种冲动一直处于无意识的深处。这种本能冲动最初表现在儿童暗恋异性父母而嫉妒仇视同性父母的倾向之中。他借用古希腊神话中的俄狄浦斯杀父娶母的故事和厄勒克特拉为父报仇的故事来说明这种倾向的作用，称之为"俄狄浦斯情绪"和"厄勒克特拉情结"。弗洛伊德认为这些"情结"反映在"文明人"身上，则表现在笔误、幻想、梦或是艺术活动之中。就艺术来说，艺术的本质就是这些乖戾、被压抑的性欲在想象中的具体反映。艺术作品是性的"情结"的升华，是把性冲动转化为社会可以接受的形式。

弗洛伊德在《文学和艺术品的精神分析》论文集中分析达·芬奇绘画激情时就把艺术家幼年时期留在无意识中的恋母情结和其创造力联系在一起，形成了一个独特的分析视角。在《陀思妥耶夫斯基和弑父罪》一文里，对《卡拉玛佐夫兄弟》、《俄狄浦斯王》、《哈姆雷特》三部都有弑父主题的作品进行剖析，阐述作家是如何用文学形式来表现“俄狄浦斯情结”的。从主题上看，三部作品尽管时空不同，却都涉及了“弑父”这一共同主题，俄狄浦斯弑父娶母、哈姆雷特的叔父杀兄娶嫂、德米特里因与其父共爱一女而想杀父。弗洛伊德认为这正是蛰伏在人的无意识中的恋母的本能冲动顽强地通过人的精神活动以伪装的方式表现出来的缘故。这些乱伦主题的作品，不能简单地归结为偶然的巧合。从表现方法上看，弗洛伊德认为，由于“俄狄浦斯情结”为社会伦理道德所不耻，所以始终没有进入意识领域，是作家使之“升华”为社会可以接受的形式。由于社会不断进步，表现形式也随之变化。在古代《俄狄浦斯王》剧中，主人公俄狄浦斯即犯罪者，他是如何一步步走上杀父娶母的乱伦之路的，被赤裸裸地呈现在观众面前。近代《哈姆雷特》剧中，害死国王娶王后的凶手，不是哈姆雷特而是其叔父。但是，弗洛伊德却从哈姆雷特为父报仇的举动中窥见了不正常现象：“他本应为父报仇雪恨，可奇怪的是，他竟对此无能为力。”据此，他认为哈姆雷特身上似有“俄狄浦斯情结”在作祟。在现代《卡拉玛佐夫兄弟》一书中，弑父之罪是卡拉玛佐夫的私生子所为，他自然有明显的杀人动机，但是从感情到心理都希望弑父的是德米特里，因为他不能容忍与其父同享一女的事实。所以弗洛伊德认为，表现这种情绪，纯属无意识行为，是神秘的升华能力使然。可见从古到今，作家都无意识地运用了“缓和的手段”对俄狄浦斯情结进行“转化和掩饰”，造成了“主人公是无意识犯罪”的假象。进而将其上升到普遍性上来观照。

从以上论述看，心理学确实极大地影响了文学创作、文学批评和文学理论，而文学又常常是心理学理论、原则、方法的融合或印证的有益领域。英国学者特里林在《弗洛伊德与文学》一文中论及二者间的关系时指出：“心理分析学说对文学产生了巨大的影响，是不足为怪的。不过，两者之间有往有来，文学本身对于弗洛伊德的影响也并不下于弗洛伊德对于文学的影响。”①特里林还追寻了从狄德罗《拉摩的侄儿》中拉摩的自我暴露和卢梭在《忏悔录》中关于童年的自我陈述开始的文学与心理学的关系。以后的许多作家如华兹华斯、柯勒律治、阿诺德、雪莱、托马斯·曼、乔伊斯等，都和心理学发生过这样或那样的联系。

由于文学和心理学密切联系，所以通过心理学来分析文学作品，将是比较文学研究中一个重要的领域。

第四节　文学与自然科学

相对于文学与艺术、文学与宗教、文学与社会科学的关系而言，文学与自然科学的联系相对要疏远一点。自然科学研究的是自然本体，按照自然规律的要求，以严谨客观的科学态度把握自然，通过理论预设、科学实验、观察分析、反复验证等方法来揭示自然，达到对真理的认识及重大发现、发明和创造。因此，自然科学具有可重复性和不以人的意志为转移等特点。而文学是“人学”，是人的精神现象学，它以语言为媒介构建艺术形象，反映深广的社会历史内容，揭示复杂变幻的人性和人生，带有鲜明的主体性特征和不可重复性。两者有着根本的不同。但这并不妨碍相互之间的有机联系，并不妨碍对其作综合

---

① ［英］特里林：《弗洛伊德与文学》，载江西省文联文艺理论研究室：《外国现代文艺批评方法论》，江西人民出版社 1985 年版。

性、系统性、整体性研究。事实上，文学与自然科学的联系和相互影响是多元的、客观存在的。早在1914年，列宁就曾预言20世纪将会出现从自然科学奔向社会科学的更为强大的潮流。随着现代科学的进步与发展，自然科学融入社会科学、融入文学的趋势日益明显，且表现出强大的潜在力量。

在第九章第三节中，我们简要介绍过文学与自然科学的联系和影响，着重谈了几个问题：推动人类历史进步的一致性；科学是文学表现的主要对象；科学是文学和文学研究理论、观念和方法的重要来源。本节将对文学与自然科学相关学科的相互联系和影响进行具体论述和进一步探讨。

一、文学与数学

文学与数学的会通性，主要体现在方法论的启示上。数学方法是运用纯逻辑的抽象概念、理论和方法，对研究对象进行本质、结构方面的描述、计算和推导，然后作出论断的一种研究方法。随着文学研究的逐步深入，数学方法已被广泛地运用于文学研究之中。

首先是统计学方法的运用。把统计的方法运用于文学批评和研究可以辨认出有争议作品的真正作者。如美国学者门登霍尔就曾撰文提倡建立作品的“词谱”，用以识别作家。并且以狄更斯、萨克雷、米尔等几位作家的作品进行试验性统计，结果证明“狄更斯”三字词用得最多，“萨克雷”三字词用得也不少，不过二者在词长频率上有差别；而“米尔”二字词用得最普遍。他们三人的词长频率都不同。前苏联学者谢盖尔在计算机上分析了《尤利西斯》的词汇频率，用词汇的统计来说明“意识流”方法的特点。近年来，统计学方法又被用于研究作家风格的发展变化，以判断作品的创作顺序。还有人运用统计学方式判别文类，以将科学哲学著作与文学作品区别开来。

其次是模糊数学方法的运用。模糊数学是数学家查德创立的，他在精确的基础普通集合论外，提出了模糊集合的概念，使数学从二值逻辑移位到连续值逻辑上来，即在非此即彼之间出现了中介和桥梁，描述这一中介流程的逻辑就是连续值逻辑。这样不仅事物的对立的两极可以联系，相互渗透，而且数学与文学之间也不存在联系的障碍了。

传统文学研究中的一些观念非常像二值逻辑基础上的普通集合论，如认为莫泊桑的小说《项链》中的主人公玛蒂尔特这一形象不是一个爱虚荣的小资产阶级妇女，就是深受男权社会压迫的普通女性悲剧命运的代表；认为雨果不是浪漫主义作家，就是现实主义作家；中国当代小说《人生》中的主人公高加林不是卑鄙的个人主义者，就是有志的农村青年等。这些分析判断依据的还是用精确概念来描述表象模糊的事物的二值逻辑方法。模糊集合观念的出现，使文学研究中的上述现象不再纠缠于非此即彼的二值之争，而使研究者能以相对的立场去把握对象复杂变化的过程，对其作出深刻描述。如高加林是在农村发生大变革的形势下，在追求自我价值的过程中，由于个人主义思想的膨胀，其单纯的心灵才开始发生变化，从而进行挣扎、扭曲、变形的。在揭示这一艺术形象在生活道路转折点上那些相互联系、相互融通之处的审美价值的同时，尤其要展现不和谐的表面行动向深层的不安于现状、奋斗追求的内心世界运动的趋势。

又比如说，如果我们不用连续逻辑的思维方法去研究“天书”般复杂的作品《失乐园》，就无法理解撒旦这一反叛者的革命意义，就无法理解作者“失乐园”后那种失落感。而且只有这一思维方式，才能揭示《堂吉诃德》中主人公从好人变为“疯子”的原因以及受骑士小说毒害后身心变态的发展过程，才能发现这一艺术形象可笑可悲、美好与丑恶现实二值之间所包含的新兴资产阶级人道主义的精神价值。所以，借助模糊集合的概念和连续值逻辑的思维方法，可以从新角度去分析研究中外文学史上许多世界观矛盾的作家，把握许多难以理解的成功的艺术典型，同时也为读者的审美再创造提供广阔的阐释空间。

二、文学与系统论和信息论

系统论、信息论对于20世纪文学的影响不亚于19世纪自然科学中进化论对文学理论、文学创作、文学批评乃至于文学史研究所产生的影响。

系统论强调在广泛联系中把事物作为一个整体来进行宏观的研究。系统论的创始人之一贝塔朗菲认为，系统就是处于一定相互关系中，并与环境发生关系的各组成部分或要素的总体，它要求把事物作为某个系统的要素来研究。任何事物必属于某一系统，脱离此系统就会进入彼系统，而系统的整体功能并不等于其各组成部分的功能的简单相加，整体大于各部分的总和，它具有各组成部分单独存在时并不具备的功能。因为任何物质都不是组成它的原子在孤立状态下的性质的机械积累，任何一个生物体的整体功能也不能归结为那些单个细胞性质的简单相加，但它们又是整体的一部分。正是这种部分与整体的对立统一决定着现实世界的生活，这即是系统论根本原则"整体性悖论"。系统论的主要研究对象是抽象的结构和运动形式，由于形式化和高度的抽象性，就会大量采用数学手段来进行演绎推理和定量分析。因此，从方法论上说，系统论的特点是数学化。

文学研究作为一种科学研究也可以引进系统论的原则和方法。如传统的文学研究方法往往把作家、作品、读者、世界这一有机的信息网络割裂开来分析，或只作线性的单向联系。这种孤立的单向研究不能说没有意义，可能在某些方面还可达到相当的深刻性，但这些局部的部分功能相加，其总和决不等于作者—作品—读者—世界这一系统的总的功能。从系统论角度看，文学作为一种活动会涉及诸多因素，如作者要在"世界"的制约下写出作品，其本身也是"世界"的一部分；作品是作者审美意识的物化形态，又是读者欣赏阅读的客观对象；读者对作品的接受和再创造又反作用于作家。艾布拉姆斯在《镜与灯》中总结的文学活动四要素——作家、作品、读者、世界——与系统论的方法原则有内在的相似之处。

系统论提供了结构观念，为文学研究打开了新局面。例如，西方学者曾对意大利名著《十日谈》中的100个故事进行系统分析，他们把作品的叙述结构分为四个层次：最基本的层次是词类，名词代表人物，动词代表动作，形容词代表属性。第二个层次是命题，它由某个人物做什么动作，或具有什么属性而构成。第三个层次是由数个命题合成的序列即比较完整的情节。最后一个层次是由多个情节序列构成的故事。他把作品中的100个故事，按上述叙述结构加以分解(即进行"解构")，然后进行"重组"，以便找出这些复杂故事的基本模式。

20世纪80年代以来，系统论开始影响到我国的文学研究领域。张世君的《哈代"性格与环境小说"的悲剧系统》一文打响了第一炮。文章运用系统分析的方法将哈代四部内容毫无联系的小说编织成一个多层次、多系列的悲剧网络体系，具有开拓意义。林兴宅1984年发表的《论阿Q性格系统》是将系统论用于文学研究的力作。该文熟练地把阿Q的多重性格作为一个系统进行分析，将其性格内部的许多元素分别组成许多对立统一的性格系列，并找出其性格系列的突出特征，最后作出阿Q性格的自然质是奴性的典型的价值判断，并指出其性格的三个功能质，从而深化了阿Q性格的分析，发现了这一复杂文学典型永久艺术魅力之所在。

信息论是运用信息的理论分析研究某系统的性能和运动规律的科学方法。它要求人们以研究对象和由它发出的信息之间的某种对应关系为依据。所谓“信息”指的是人们在适应外部世界的过程中和外部世界进行交换的内容。无论是文学创作，还是批评、欣赏，实际上都可以看做是信息交换过程。文学艺术成果是作者把对生活的感知转换成信息加以存储，建立信息库，在必要的情况下将积累的信息进行筛选，用外界可以理解的符号编排成各种体裁的作品输出。作品输出后，还要及时注意和吸收反馈信息(即对作品的评论、争鸣、引用等)，以便使创作上升到更高的水平。而读者、欣赏者或评论者要将作者输出的信息按照自己的理解，根据自身的修养、情趣、专长、爱好等，编译成自己可以接受的信息，在存储之后形成某种反馈信息输出。这样在作者和读者之间就建立起一个信息回流系统。在传播、接受、反馈这一信息的流通过程中，循环流动的信息愈经过传送者主观的筛选、编译，就愈丰富，愈具有文学性，也愈能影响作者和读者本身。因此，伟大的作品不仅能影响一代风尚，而且会产生永久的艺术魅力。

三、文学与物理学

从热力学第二定律所引出的耗散结构和熵的观念，也渗透到文学研究领域之中。热力学第二定律告诉我们，在某一种能量转变成另一种能量的过程中，全部能量做功的能力减少了。这是因为能量以两种形式出现：一种是位能，如：电能、热能、机械能等；另一种是动能，动能由被无秩序的运动所激发的分子所产生，位能可被用来产生动能。例如摩擦生热，这是从较高层次的机械能做功(即释放能量)后转化为较低层次的热能。在机械能转变成热能的过程中，能量消耗了，全部能量做功的能力也就减小了。这就导致了熵的概念。“熵”是混乱程度的测量标准，在一个封闭的体系中，层次较高的、有秩序的位能做功耗散，产生层次较低的、较无秩序的、混乱的动能，这是一个不可逆的(例如热能不可能回复到原来的能)、能量愈来愈少终至衰竭的过程，也是测量混乱程度的“熵”愈来愈大的过程。熵的增大打破了一切秩序，也就是淹没了一切事物的区别和特点而使一切趋于单调、统一和混沌。

“熵”的观念在美国小说中引起很大反响，最著名的美国作家如索尔·贝娄、厄普代克、梅勒都曾在他们的作品中多次谈到熵的问题，著名的美国后现代主义作家品钦的第一篇短篇小说的题目就是《熵》。他的作品，如后来的《万有引力之虹》等无不笼罩着“熵”的阴影。女作家苏珊·松塔在她的名作《死箱》中所描写的一切事物都在瓦解、衰竭，趋向于最后的同质与死寂，这种担忧与恐惧在当代美国作家的许多作品里都能找到。美国作家因此被视为有可能阻止这种倾向的“反熵”英雄。

艺术家可以起“反熵”的作用，因为他们的作品只要不是陈词滥调，就会带来一定的信息，信息就是“负熵”，信息打破旧的统一和沉寂，减低了混沌的程度也就是减低了“熵量”。事实上，正是作家刻意创新，不断降低熟悉度，追述“陌生化”的化身使他们成为“反熵的英雄”。

比较文学的研究不是A－B－C的线性演化史，而是一个随时加进了外来因素的不平衡态。它不仅研究其他文学系统对某种文学系统的影响，而且也研究自然科学、社会科学、其他艺术乃至环境和时代对文学的影响及其所造成的不平衡态，以及这种不平衡态如何打破无序的平衡态而产生新的有序性的不平衡态，这种新的不平衡既继承着原来的旧质，又产生了新质而开始了新阶段。

四、文学与计算机

文学与计算机的关系，主要表现在计算机对文学研究和创作的辅助性上。西方曾有过将计算机用于研究狄更斯作品真伪的尝试。狄更斯于1870年逝世时，最后一部作品《艾德温·德鲁德之谜》是未完成的手稿。许多热心的模仿者都企图完成它，有几部狗尾续貂的续书居然得以发表。其中佛蒙特的年轻技工和巫师T. P. 詹姆斯完成得最为出色。他声言自己几乎不熟悉狄更斯及其作品，并宣称他1873年得以完成这部小说，是因为狄更斯继续生存的灵魂出现，告诉他这样写的。詹姆斯的宣传激起人们很大的热情和好奇心。加利福尼亚的两位学者计划用电脑进行审查。约翰·肯尼迪大学的灵学家杰里·萨福温和研究生乔·科菲指出：计算机能通过不同作者用词的频率、词长、词序、节奏、韵律、特征词等的综合分类统计，为分析作家的写作风格与特色编制程序，然后比较两篇文学作品，并测定出它们是否出于同一人之手。

在20世纪80年代的一次国际性的《红楼梦》学术讨论会上，有人用电子计算机上得出的数据证明《红楼梦》后四十回系曹雪芹所写，而并非高鹗所续，这一结论使我国的红学家们大吃一惊。这种结论正确与否姑且不论，但毕竟是计算机被运用到文学研究之中的一种尝试，这种将作品中诸种要素转化为可计算的数据，输入计算机进行计算、分析，并得出结论的做法可以说是大胆的尝试。1983年，据报道武汉大学已将老舍的《骆驼祥子》全部输入电子计算机，不仅统计出它的总字数和单字数，并编排了《频率表》和《函字索引》。

自然科学的新发展对于文学研究是有深远意义的。这是因为作为自然一部分的“人”与自然本身原来就有一致性，科学家们把这种现象称为“数学的和谐”，这种和谐在各门学科中都是相通的。因此，研究自然科学的新成就、新方法，并将其应用到文学领域中来，肯定会为文学研究与文学创作打开新的局面，作出新的贡献。

第五节　实例分析：《约翰·克利斯朵夫》的音乐性

罗曼·罗兰在给友人的信中说，“我现在正在写一部音乐小说”，“《约翰·克利斯朵夫》是一部音乐小说”①。的确，《约翰·克利斯朵夫》这部享誉世界的长篇小说无论是在人物形象的塑造上，还是在篇章结构的营建、语言节奏的安排以及音乐环境的描写等方面，均蕴含着丰富的音乐性，称得上一部真正的音乐小说。

罗兰笔下的约翰·克利斯朵夫主要是以伟大音乐家贝多芬为原型的艺术形象，作者的创作意图旨在把小说主人公熔铸成贝多芬式的“英雄”。小说的第一卷《黎明》几乎完全取材于贝多芬的生平事迹。贝多芬有着雄狮般坚毅勇猛的性格，有着不向贵族社会低头弯腰的反抗精神，甚至他那锐利的目光、蓬松的头发、粗犷的面部线条亦显示着与现实社会的对立。他早年深受启蒙运动和法国资产阶级革命影响，毕生竭力追求“自由、平等、博

---

① 罗大冈：《论罗曼·罗兰》，上海人民出版社1984年版，第186页。

爱”的理想，他的许多音乐作品反映当时资产阶级反封建、争民主的革命热情及其理想中的英雄性格。英国著名戏剧家萧伯纳在《贝多芬百年祭》中，称其为“反抗性的化身”。

罗曼·罗兰将贝多芬的这种音乐性格和精神特质融化于克利斯朵夫的形象之中。他在着手写作这部小说之前就曾说过：约翰·克利斯朵夫“这个人物从《反抗》开始。人物肯定了，要反抗”①。克利斯朵夫这个天才的音乐家有着与贝多芬相同的经历，从童年时代起，心中就播下了反抗的种子。克利斯朵夫6岁时，他随母亲到公爵府中帮厨，面对少爷和小姐们的侮辱和打骂，他挥拳相击，第一次采取了反抗的行动。11岁时，他的音乐才能为公爵所赏识，当上了宫廷的一名小提琴手，常常“替那些笨蛋演奏”，用音乐侍候他们，他的自尊心受到了极大的伤害。他教贵族小姐弥娜弹钢琴，两人产生了爱情，但他却遭到贵族夫人的奚落和训斥，这件事使他饱尝了门第差别、阶级歧视的苦味。自此，他对现实社会生活中的弊病和污垢有了更深刻的认识，反抗性愈趋强烈。他敢于公开顶撞公爵，他痛恨军国主义分子，他讨厌资产阶级暴发户、同情劳动人民，他鄙视无病呻吟的靡靡之音，他敢于在官方推崇的音乐会上对那些矫揉造作的歌唱家们放声嘲笑。

文学要写人，其最高境界，莫过于写出人的灵魂，写出人的心理。作为音乐主人公的约翰·克利斯朵夫之所以被刻画得栩栩如生，真切感人，就在于作者运用音乐手法，极其细腻生动地描绘出了这位音乐家的内心世界，从而使这一人物具有一种丰富的、深含的意蕴美和音乐美。卷一第二部中有这样一段音乐心理描写：克利斯朵夫的父亲为了利用儿子的音乐才能赚钱，对他又打又骂，逼他练琴。克利斯朵夫极不情愿，他靠在楼梯的窗口，眺望屋下奔流的莱茵河，水声激发了他的音乐感——

> 连续不断的澎湃的水声包围着他，使他头晕眼花。他受着这永久的，控制一切的梦境吸引。波涛汹涌，急促的节奏又轻快又热烈地往前冲刺。而多少音乐又跟着那些节奏冒上来，像葡萄藤沿着树干扶摇直上：其中有钢琴上清脆的琶音，有凄凉哀怨的提琴，也有缠绵婉转的长笛……那些风景隐灭了。河流也隐灭了。只有一片柔和的，暮霭苍茫的气氛在那里浮动。克利斯朵夫感动得心都颤抖了……
>
> ……终于河流入海，不见了……音乐在那里回旋打转，舞曲的美妙在节奏疯狂似的来回摆动；一切都卷入它们所向无敌的漩涡中去了……自由的心灵神游太空，有如为空气陶醉的飞燕，尖声呼叫着翱翔天际……欢乐啊！欢乐啊！什么都没有了！……哦！那才是无穷的幸福！

早在2 500多年前，哲学家毕达哥拉斯就宣称“宇宙空间包含着音乐”。但是，对于宇宙空间的音乐，又有多少人能感知它呢？然而，在罗曼·罗兰笔下，克利斯朵夫在儿时便对音乐具有一种特殊的敏感和觉醒，万事万物在他的心中都会产生音乐的回响。这里，有对大自然的热爱，有对音乐艺术的向往，有对自由和幸福生活的憧憬。小说把散文诗的文学形式、水声引起的音乐想象以及人物的心理分析和谐地结合起来，形成独特、新颖的风格。

从结构上看，作者匠心独运，采用交响乐曲四乐章的结构方式来构建小说框架。罗兰在1921年《约翰·克利斯朵夫》四册本原序中写道：“现在我们不以故事为程序而以感情

① 金铿然、骆雪涓：《罗曼·罗兰回忆录》，浙江文艺出版社1984年版，第255页。

为程序，不以逻辑的、外在的因素为先后，而以艺术的、内在的因素为先后，以气氛与调性(tonalité)来做结合作品的原则。这样，整个作品就改分为四册，相当于交响曲的四个乐章。”①

第一册由《黎明》、《清晨》、《少年》三卷组成，犹如交响乐的序曲，描写音乐主人公少年时代的生活以及他的感官与感情的觉醒。第二册的《反抗》、《节场》二卷，构成了交响乐的第一乐章，表现了主人公与社会的激烈冲突。第三册包括《安多纳德》、《户内》、《女朋友》三卷，可视为交响乐的第二乐章，其内容与上一章恰成对比，“是一片温和恬静的气氛，咏叹友谊与纯洁的爱情的悲歌”②。第四册《燃烧的荆棘》、《复旦》采用了交响乐中“快板”和“急板”的节奏，“写的是生命中途的大难关，是‘怀疑’与破坏性极强的‘情欲’的狂飙，是内心的疾风暴雨，差不多一切都要被摧毁了”。小说结尾部分可视为交响乐的末乐章。克利斯朵夫于弥留之际，回顾了自己的一生，感悟到“一切悲欢苦乐，是非得失，都是相对的；一切对立的、冲突的因素，最后都归于和谐”③；“和谐”成了爱与恨结合起来的庄严的配偶。

在上述总体结构中，喜怒哀乐、悲欢离合、成败得失等各种对立的因素搭配组合在一起，彼此冲击应和，形成交响乐旋律的洪流，最后趋于和谐与统一。整个作品，气势浩荡，浑然一体，鸣响着人道主义与英雄主义的强音。

节奏是音乐的骨架，是乐曲结构的基本因素。对于不同形态的节奏组合，人们通过自己的感觉、知觉、联想获得不同的表情意义。宽广的节奏辽阔壮丽，密集的节奏活跃紧张，规整的节奏庄重平稳，自由的节奏舒缓悠长。罗兰借鉴音乐节奏的这种表意特征，使《约翰·克利斯朵夫》的文学语言具有鲜明强烈的节奏感。下面，让我们共同欣赏罗兰对莱茵河夜色的描写吧。

> 它的咆哮静下来了：那才是无限温柔的细语，银铃的低鸣，清朗的钟声，儿童的欢笑，曼妙的轻歌，回旋缭绕的音乐。伟大的母性之声，它是永远不歇的！④

上面所引文句，尽管因翻译而失去一些韵味，但从字里行间，我们仍可感觉到文学语言的节奏感与作者心灵音乐的旋律线。这段景物描写通过带有排比句式的规整的语言节奏形式，描绘了河水的低缓和柔和，赋予莱茵河以“伟大的母性”的品格，表达了作者对大自然的热爱。

小说的音乐性不仅表现在人物形象的塑造、框架结构的营建和语言节奏的运用等方面，而且还体现在音乐环境的描写上。

作者在《约翰·克利斯朵夫》中，除了采用人物演唱或演奏这种客观性音乐来创造音乐环境外，还将自然的音响引入小说，赋予它们以音乐的节奏和旋律，使之成为渲染环境气氛，表现人物情绪的手段和方法。综观西方文学史，客观性音乐的描绘在小说作品中随

---

① ［法］罗曼·罗兰：《约翰 ·克利斯朵夫》(一)，罗大冈译，原序，人民文学出版社 1957 年版。

② ［法］罗曼·罗兰：《约翰·克利斯朵夫》(一)，罗大冈译，原序，人民文学出版社 1957 年版。

③ ［法］罗大冈：《约翰·克利斯朵夫》译本序，人民文学出版社 1957 年版，第 11 页。

④ ［法］罗曼·罗兰：《约翰·克利斯朵夫》(一)，罗大冈译，人民文学出版社 1957 年版，第 17 页。

处可见，那些回荡着哀乐的葬礼，高唱着欢歌的婚宴，弹奏着小夜曲的窗前求爱，以及各种盛大的舞会、音乐会等，无一不是动人的音乐场面。然而，像罗兰娴熟地把自然音响转化为音乐艺术形象的作品似不多见。

罗兰对自然音响的描绘主要有以下几种形式：

其一，让客观性音乐与自然音响相比拟。如他听见父亲在钢琴上试音的时候，“从中奏出一组轻快的琶音，仿佛阵雨之后，暖和的微风在林间湿透的枝条上吹下一阵淅沥的细雨”，“突然有阵瀑布的声音，管风琴响了”。自然音响细雨的声音、瀑布的声音分别与钢琴上轻快的琶音以及管风琴的声音相比拟，贴切而生动，引起读者丰富的联想。

其二，将自然音响拟人或拟物。如“波涛汹涌，急促的节奏又轻快又热烈地往前冲刺。而多少音乐又跟着那些节奏冒上来，像葡萄藤沿着树干扶摇直上”①。又如“一只很小的鸟停在近边的树枝上开始唱起来，唱得非常热烈。……水在那里喁语。开花的麦秆在微风中波动，簌簌作响；白杨萧萧，打着寒噤。路旁的篱垣后面，园中看不见的蜜蜂散布出那种芬芳的音乐”②。在这两段引文中，前者将波涛的声音这一自然音响赋予音乐的节奏，然后以扶摇直上的葡萄藤作喻，形容波涛向前翻滚推进之势。后者从听觉入手，采用拟人化的手法，赋予小鸟、流水、麦秆、白杨、蜜蜂以人的情感与声音，特别是“园中看不见的蜜蜂散布出那种芬芳的音乐”一句，打通了听觉、视觉，甚至嗅觉之间的界限，让各种感官沉醉于美妙的天籁之中。难怪罗兰曾经发出过这样的感叹：“……一切都是音乐。一切都在颤动，以至石头。整个宇宙是一曲巨大的、难得的音乐。”③

其三，主导音响的设置。在小说中，莱茵河的水声，圣・马丁寺的钟声反复出现，“永远是它们深沉而熟悉的声音在歌唱……”④这种注入了生命节奏与情感旋律的声音成了统驭小说的主导音响。它不仅在结构上起到了照应首尾，引导和控制故事情节进程的作用，而且为音乐主人公命运的演进提供了一个特殊的音响世界，给读者理解作品中人物奔流不息的思想感情以暗示的线索。

《约翰・克利斯朵夫》这部音乐小说出版后，以其丰富深刻的思想内容、独特的艺术风格，赢得了国内外读者的高度赞誉。1916 年，罗曼・罗兰因此而荣膺 1915 年度诺贝尔文学奖，奠定了他在世界文坛上的地位。半个多世纪以来，这部文学史上的交响曲，以其宏伟的气魄、激越的旋律震撼着世界读者的心灵。

◎思考题

1. 简述文学与其他艺术的类同性与差异性。
2. 以西方文学与基督教为例，简述文学与宗教的相互关系。
3. 举例说明文学与哲学、心理学之间的互渗关系。
4. 如何理解文学与自然科学之间的相互关系，请举例说明。

---

① ［法］罗曼・罗兰：《约翰・克利斯朵夫》，罗大冈译，人民文学出版社 1957 年版，第 75、147 页。
② ［法］罗曼・罗兰：《约翰・克利斯朵夫》，罗大冈译，人民文学出版社 1957 年版，第 75、147 页。
③ 金铿然、骆雪涓译：《罗曼・罗兰回忆录》，浙江文艺出版社 1984 年版，第 15 页。
④ ［法］罗曼・罗兰：《约翰・克利斯朵夫》，罗大冈译，人民文学出版社 1957 年版，第 17 页。

主要参考文献

教　科　书

1. 卢康华、孙景尧:《比较文学导论》，黑龙江人民出版社 1984 年版。
2. 陈挺:《比较文学简编》，华东师范大学出版社 1986 年版。
3. 北京师范大学中文系比较文学研究组:《比较文学研究资料》，北京师范大学出版社 1986 年版。
4. 乐黛云:《中西比较文学教程》，高等教育出版社 1988 年版。
5. 曹顺庆:《中西比较诗学》，北京出版社 1988 年版。
6. 刘圣效:《比较文学概论》，湖南人民出版社 1989 年版。
7. 刘波主:《中西比较文学教学参考书》，高等教育出版社 1990 年版。
8. 童庆炳:《中西比较诗学体系》，人民文学出版社 1991 年版。
9. 李万钧:《中西比较文学史》，海峡文艺出版社 1995 年版。
10. 陈惇、孙景尧、谢天振:《比较文学》，高等教育出版社 1997 年版。
11. 张铁夫:《新编比较文学教程》，湖南人民出版社 1997 年版。
12. 乐黛云:《比较文学原理新编》，北京大学出版社 1998 年版。
13. 饶芃子等:《中西比较文艺学》，中国社会科学出版社 1999 年版。
14. 陈惇、刘象愚:《比较文学概论》，北京师范大学出版社 2000 年版。
15. 梁工:《比较文学概观》，河南大学出版社 2000 年版。
16. 刘献彪、刘介民:《比较文学教程》，中国青年出版社 2001 年版。
17. 杨乃乔:《比较文学概论》，北京大学出版社 2002 年版。
18. 王向远:《比较文学学科新论》，江西教育出版社 2002 年版。
19. 方汉文:《比较文学高等原理》，南方出版社 2002 年版。
20. 杨义、陈圣生:《中国比较文学批评史纲》，福建教育出版社 2002 年版。

理 论 著 作

21. [法]梵·第根:《比较文学论》，戴望舒译，商务印书馆 1937 年版。
22. [法]洛里哀:《比较文学史》，傅东华译，上海商务印书馆 1937 年版。
23. 古添洪:《比较文学的垦拓在台湾》，台湾东大图书公司 1976 年版。
24. 钱钟书:《管锥编》，中华书局 1979 年版。
25. [加拿大]叶嘉莹:《王国维及其文学批评》，广东人民出版社 1982 年版。
26. 张隆溪:《比较文学译文集》，北京大学出版社 1982 年版。

27. [美]叶维廉:《比较诗学》，台湾东大图书公司 1983 年版。
28. 赵毅衡:《远游的诗神》，四川人民出版社 1983 年版。
29. [法]基亚:《比较文学》，颜保译，北京大学出版社 1983 年版。
30. 陈鹏翔:《主题学研究论文集》，台湾东大图书公司 1983 年版。
31. [美]韦勒克、沃伦:《文学理论》，刘象愚译，三联书店 1984 年版。
32. 王国维:《王国维戏曲论文集》，中国戏剧出版社 1984 年版。
33. 张隆溪、温儒敏:《比较文学论文集》，北京大学出版社 1984 年版。
34. 刘介民:《比较文学译文选》，湖南人民出版社 1984 年版。
35. 干永昌、廖鸿钧、倪蕊琴:《比较文学研究译文集》，上海译文出版社 1985 年版。
36. [荷]佛克玛、易布思:《二十世纪文学理论》，林书武、陈圣生等译，生活、读书、新知三联书店 1988 年版。
37. 叶舒宪:《神话——原型批评》，陕西师范大学出版社 1987 年版。
38. [法]列维·布留尔:《原始思维》，丁由译，商务印书馆 1987 年版。
39. [美]乌尔利希·韦斯坦因:《比较文学与文学理论》，刘象愚译，辽宁人民出版社 1987 年版。
40. [法]弗朗西斯·约斯特:《比较文学导论》，廖鸿钧等译，湖南文艺出版社 1988 年版。
41. [美]艾布拉姆斯:《镜与灯》，郦稚牛等译，北京大学出版社 1989 年版。
42. [德]麦克斯·缪勒:《比较神话学》，金泽译，上海文艺出版社 1989 年版。
43. [意]维柯:《新科学》，朱光潜译，商务印书馆 1989 年版。
44. [日]松浦友久:《中国诗歌原理》，孙昌武、郑天刚译，辽宁教育出版社 1990 年版。
45. 钱林森:《中国文学在法国》，花城出版社 1990 年版。
46. [法]彼埃尔·布吕奈尔等:《何谓比较文学》，黄慧珍等译，上海社会科学出版社 1991 年版。
47. [美]刘若愚:《中国诗学》，韩铁椿、蒋小雯译，长江文艺出版社 1991 年版。
48. 张法:《中西美学与文化精神》，北京大学出版社 1994 年版。
49. [俄]赫拉普钦科:《赫拉普钦科文学论文集》，张捷、刘逢祺译，人民文学出版社 1997 年版。
50. 杨乃乔:《悖立与整合》，文化艺术出版社 1998 年版。
51. 蔡先保:《文学与其他艺术比较研究》，武汉测绘科技大学出版社 1998 年版。
52. 乐黛云:《文化传递与形象》，北京大学出版社 1999 年版。
53. 谢天振:《译介学》，上海外语教育出版社 1999 年版。
54. 余虹:《中国文论与西方诗学》，三联书店 1999 年版。
55. 王宁:《比较文学与当代文化批评》，人民文学出版社 2000 年版。
56. 孟华:《比较文学形象学》，北京大学出版社 2001 年版。
57. 朱光潜:《诗论》，上海古籍出版社 2001 年版。
58. 梁展:《全球化话语》，上海三联书店 2002 年版。
59. [法]让·贝西埃等:《诗学史》，史忠义译，百花文艺出版社 2002 年版。
60. [俄]维谢洛夫斯基:《历史诗学》，刘宁译，百花文艺出版社 2003 年版。
61. 辜正坤:《中西诗比较鉴赏与翻译理论》，清华大学出版社 2003 年版。

后　　记

这部《比较文学理论与实践》是从2002年开始酝酿、筹划的，经过近20位长期从事比较文学教学和研究的教师及科研工作者的持续努力才得以正式出版。自20世纪80年代中叶以来，比较文学在中国发展得非常迅速，全国各高等院校普遍开出了比较文学概论及各类专题课程。形势的发展对这门课程提出了新的要求，长期的比较文学的教学为这门课程积累了丰富的实践经验。可以说，这部著作是在近20年比较文学教学实践的基础上，根据教学规律和广大学生对这门课程的教学内容在接受过程中的实际要求而撰写出来的。因此，本书的编写宗旨非常明确，那就是要针对比较文学教学的实际要求来编写这本教材，比如教材内容的组织和编排如何适应学生的实际接受能力和知识结构，教材如何既能培养学生一种新的人文主义精神和开放式的全球意识，同时又能给学生一些实际具体的知识和技能，让学生通过学习后能真正了解和掌握从事比较文学研究的最一般的方法，能通过自己的努力去尝试进行比较文学的研究。为此，本书对比较文学所涉及的各种问题进行了详略处理，加强了本书第三部分各文体类别进行具体比较研究的内容，使教师在课堂上，能依据课本对不同民族的艺术类别和文学作品作具体的比较和审美价值评判，使学生对比较文学有一个具体的感性的认识。

本书根据上述的思路，将所有内容分成上、中、下三编，共16章。上编主要讲比较文学的学科定位，中编集中讲比较文学理论，下编则是比较文学研究实践。各章撰写人员的分工情况如下：第一章朱宝荣，第二章王锡明、朱道卫，第三、六章谭素钦，第四、五章张佑周，第七章甘滢，第八章常芳，第九章李定清，第十章叶绪民、李满花，第十一章胡书义，第十二章何岳球，第十三章李锋、赵小琪，第十四章吴春兰、陈雅谦，第十五章叶绪民、李锋，第十六章蔡先保、李定清。全书由叶绪民教授统稿。此外，长江大学李家宝教授、周霜老师，四川内江师范学院张建华教授等也参加了本书的筹划、讨论及部分编写工作。本书在整个编写过程中还得到了湖北长江大学领导、福建集美大学中文系、武汉大学出版社、中南民族大学图书馆等单位的大力支持，在此谨表示诚挚的谢意。

任何一部作品当它一出版就必然要接受社会的检验，本书由于是众人合作的产物，因此，必然存在某些不平衡、不统一，甚至不够妥当的地方。在此，诚请各位专家、学者和广大读者不吝赐教，给我们提出宝贵意见，以便我们做进一步的修改，使这部教材成为大家真正喜爱的作品。

2004年9月16日于鹤园

后　记